高等院校教育学类专业课程教材
教师教育国家级精品资源共享课配套教材
北京师范大学中国基础教育质量监测协同创新中心自主课题资助

教育测量与评价（第2版）

Jiaoyu Celiang yu Pingjia

主　编　朱德全　徐小容
副主编　李　鹏

U0852322

高等教育出版社·北京

内容提要

本书是教师教育国家级精品资源共享课配套教材《教育测量与评价》的修订版，在第一版的基础上，统整了教育测量、教育统计与教育评价三大领域，涵盖了学校发展测评、课堂教学测评、教师专业发展测评、学生学业成就测评四大内容体系，有效契合了中共中央、国务院印发的《深化新时代教育评价改革总体方案》中关于改革学校评价、改革教师评价、改革学生评价的任务要求，以助推引导教师潜心育人评价制度的健全以及促进学生全面发展的评价办法更加多元任务的落实。

全书专门设计了配套课程资源的二维码，实现了纸质教材和数字化资源、课程的有机融合，率先推进测量与评价学习资源的网络化、移动化与便捷化。本书博采众长，体系简明，方便学习和实践运用，既可以作为教育学类专业本科生、研究生的教材，也适合教育管理与评估人员、教学科研人员以及对教育测量与评价感兴趣的人员阅读。

图书在版编目(CIP)数据

教育测量与评价 / 朱德全，徐小容主编 . --2 版 . -- 北京 ：高等教育出版社，2022.9(2025.2重印)

ISBN 978-7-04-057087-8

Ⅰ.①教… Ⅱ.①朱… ②徐… Ⅲ.①教育测验-高等学校-教材②教育评估-高等学校-教材 Ⅳ.①G40-058.1

中国版本图书馆 CIP 数据核字(2021)第 200043 号

策划编辑 贾玉玲　责任编辑 贾玉玲　封面设计 张 楠　版式设计 杨 树
插图绘制 黄云燕　责任校对 高 歌　责任印制 高 峰

出版发行 高等教育出版社
社　　址 北京市西城区德外大街 4 号
邮政编码 100120
印　　刷 北京市艺辉印刷有限公司
开　　本 787 mm×1092 mm 1/16
印　　张 20.75
字　　数 480 千字
购书热线 010-58581118
咨询电话 400-810-0598
网　　址 http://www.hep.edu.cn
　　　　 http://www.hep.com.cn
网上订购 http://www.hepmall.com.cn
　　　　 http://www.hepmall.com
　　　　 http://www.hepmall.cn
版　　次 2016 年 7 月第 1 版
　　　　 2022 年 9 月第 2 版
印　　次 2025 年 2 月第 4 次印刷
定　　价 49.80 元

本书如有缺页、倒页、脱页等质量问题，请到所购图书销售部门联系调换
版权所有 侵权必究
物 料 号 57087-00

重印说明

为贯彻党中央、国务院关于加强和改进新形势下大中小学教材建设的意见，全面、准确、系统体现习近平新时代中国特色社会主义思想和党的二十大精神内涵，全面贯彻党的教育方针，落实立德树人根本任务，充分发挥教材的铸魂育人功能，服务教育高质量发展和教育强国建设，在本次重印前，主编按照教育部《普通高等学校教材管理办法》中的教材编写要求，以习近平新时代中国特色社会主义思想为指导，对教材内容与知识体系进行了全面梳理和完善，更新了一些内容，力求反映中国特色社会主义实践，反映相关学科教学和科研最新进展。

教材建设是一项战略工程、基础工程、系统工程，要持之以恒，久久为功。本次重印前的一些订正得益于部分热心读者提出的宝贵意见，在此谨表示真诚的谢意。期望广大师生在使用本教材的过程中继续提出宝贵意见，以便我们后续组织修订此教材。

前言

“百年大计，教育为本。教育大计，教师为本。”为全面提高教师培养质量，教育部于2012年推出了“教师教育国家级精品资源共享课建设计划”，并将其纳入“高等学校本科教学质量与教学改革工程”。“教育测量与评价”作为教师教育国家级精品资源共享课，推进了学习资源的网络化、移动化与便捷化，同时，为贯彻落实党的二十大报告“推进教育数字化，建设全民终身学习的学习型社会，学习型大国”的要求，本书作为“教育测量与评价”课程配套教材的修订版，在编写的过程中除贯彻教师教育国家级精品资源共享课配套教材的总体要求外，还力争体现“教育测量与评价”自身的学科品性和特色。

第一，打造了领域全覆盖的教学内容体系，推进了教育测量与评价理论与方法的融合、创新。本书在第一版的基础上进行修订，博采众长，统整了教育测量、教育统计与教育评价三大领域，涵盖了学校发展测评、课堂教学测评、教师发展测评、学生学业成就测评等不同领域的理论与实践知识。一方面，既总结了我国历史上和现代教育测量与评价的理论成果和实践经验，又合理吸收了国外先进理论，探索建立具有中国特色的教育测量与评价的科学体系。另一方面，坚持理论阐述与方法介绍相结合的原则，透过教育测量与评价揭示教育现象背后的客观规律，使教育测量与评价的理论方法与社会实践相统一，重塑教育测量与评价的学科品性。全书为教师教学提供了丰富的素材，更为学习者的学习提供了依据，既可以作为教育学类各专业本科生、研究生的教材，也适合教育管理与评估人员、教学科研人员以及对教育测量与评价感兴趣的人员阅读。

第二，建构了多元灵活的教学方法与学习支持系统，助推了方法创新与学生发展的理性融合。本书在以“学为主体”的教学原则指引下，建设了先进的学生学习支持系统，通过目标导学、知识导图、案例插播、推荐阅读、本章小结、思考与练习、推荐阅读等版块设计，为学生打造了具有人性化的“第三自然”学习空间，尤其是教材配套二维码资源的建设，为学生自主学习提供了必要的教学引导和重要支持，在丰富本书资源样态的同时，也使学生的自主学习与教材的导引学习实现了对接和融合，有效契合了中共中央、国务院印发的《深化新时代教育评价改革总体方案》中关于改革学校评价、改革教师评价、改革学生评价的任务要求，并促进了《方案》关于引导教师潜心育人评价制度的健全，促进学生全面发展的评价办法更加多元的任务落实。有效实现了教育测量与评价的工具性与价值性的理性统一，提升了课程的科学性与效益性。

第三，整合了前期多维资源体系，确保了教材的高质量。本书合理借助精品资源共享课的系列电子资源，成功构建成一个内容丰富、体系完备、技术成熟的资源系统。资源建设整体参照《教师教育课程标准(试行)》的课程理念和实施要求,资源内容力求体现先进教育思想、开放兼容的教师教育内容与方法体系。在使用的过程中,建议将爱课程网上的教师教育国家级精品资源共享课“教育测量与评价”与纸质教材、二维码资源有机融合,把课程和纸质教材作为两条主线,二维码资源作为辅助学习资源。

我国开展教育测量与评价的历史是悠久的,但是,现代教育测量与评价的发展却相对滞后,编写和修订一本优秀的《教育测量与评价》教材更是一项艰难的课题,这其中凝聚了编写团队的大量心血。《教育测量与评价》(第 2 版)各章节的编写分工如下:第一章,朱德全、陈凤英、徐小容;第二章,朱德全、吴虑、熊晴;第三章,朱德全、徐小容;第四章,朱德全、徐小容;第五章,朱德全、徐小容、冯丹;第六章,吴乐乐、张莎杉;第七章,林克松、谈卓林;第八章,朱德全、曾欢;第九章,朱德全、吴虑、王志远;第十章,朱德全、马鸿霞;第十一章,朱德全、李鹏;第十二章,李鹏、刘培培;第十三章,吕鹏、石献记;第十四章,李鹏、杨磊;第十五章,李鹏,曹渡帆。全书由朱德全、徐小容设计框架、统稿并修订。

在编写的过程中,我们参考和借鉴了国内外众多研究者的成果,在此表示感谢。同时也由衷感谢高等教育出版社魏延娜编辑以及相关工作人员的大力支持与鼎力帮助。尽管我们不断地追求完美,但囿于水平有限,书中难免会有一些不足和不当之处,恳请读者批评指正。

教育是一种信仰!尽管教育测量与评价的研究山高水长,任重而道远,但是,人的思想境界可以更高,探索之路可以走得更远。因为,路就在脚下!

主编
2022 年 10 月于西南大学

目录

第一章　教育测量与评价概论

学习目标

1. 理解教育测量和教育评价的含义及两者的差异。
2. 了解教育测量与评价的功能。
3. 了解教育测量与评价的类型。

知识导图

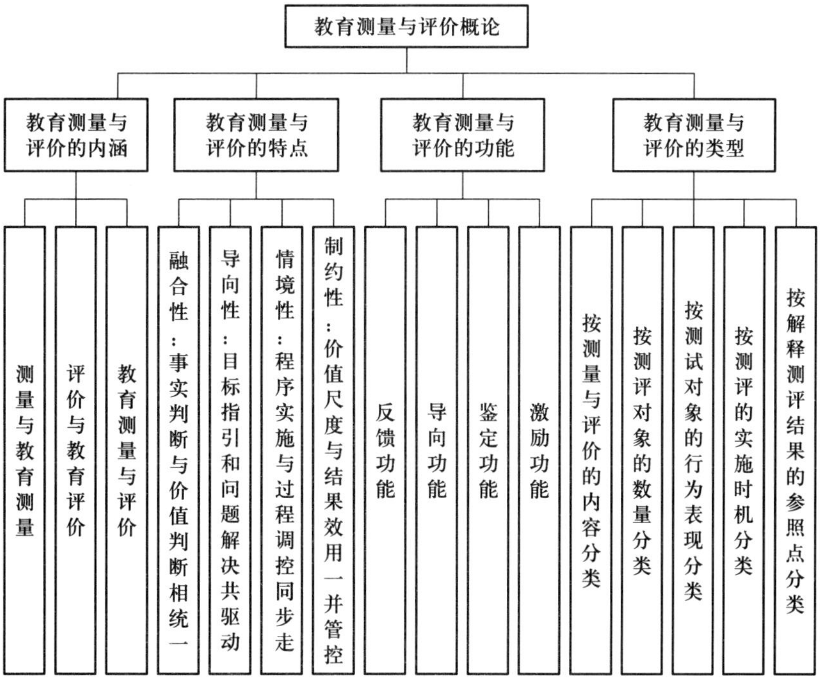

教育测量与评价是教育科学体系中的一门重要学科。从诞生至今，它为教育科学的发展、教育改革的推进作出了重要贡献，尤其是在教育改革与发展的实践过程中，它扮演着

风向标和助推器的角色，贯穿、引领和改造着教育实践①，而且已经发展成为与教育基础理论、教育发展并列的教育科学研究的三大研究课题之一②③。学习教育测量与评价的内涵、掌握教育测量与评价的特点和功能，是确立教育测量与评价学科体系的首要任务。

第一节　教育测量与评价的内涵

【图片】教育测量与评价

真正具有思想和科学的洞见，只有通过概念所作的劳动才能获得。④ 因为概念是思维的最小单位，人类在认识事物的过程中，把所感受到的事物的共同特征抽离出来，加以概括就形成了概念。⑤ 教育测量与评价涵盖了测量与教育测量、评价与教育评价、教育测量与评价三组基本概念，它们共同构成了这个学科的基本框架。

一、测量与教育测量

测量最开始是数学、物理学、测绘学等学科的专利技术。一直到20世纪，才开始被应用到教育学与心理学的研究领域。测量作为一种工具和手段，在教育测量与评价的研究中扮演着至关重要的角色。

（一）测量

“凡物的存在必有其数量，”“凡有数量的现象都可以测量。”⑥ 1919年，美国心理学家桑代克（Thorndike，E. L.）曾说：“凡客观存在的事物都有其数量。”1939年，麦柯尔（McCall，W. A.）进一步指出：“凡有其数量的事物都可能测量。”⑦ 然而，千百年来，人们对于“什么是测量”这一问题的看法，却莫衷一是。《说文》记载“测，深所至也。”“量，称轻重也。”在中国最古朴的认知中，测量就是“尺丈长短、秤衡轻重”的一种生活实践。在西方，史蒂文斯（Stevens，S. S.）认为测量就是“根据法则给事物赋予数量”⑧。洛德（Lord，F. M.）和诺维克（Novick，M. R.）则在1968年修正了这一定义，提出测量指的是客体的属性而非客体本身。⑨ 综合史蒂文斯和洛德等人的观点，我们可以发现：测量包含三个基本要素，即法则、对象、指派数字。

1. 法则

法则是指导测量如何进行的一种准则或方法，即人们依据什么来进行测量。法则是一个测量所具备的最重要的特性，如果法则不科学或不可靠，那么得到的测量结果就会出现偏差，从而失去测量的意义。简单来说就是，尺子不准确，测量的结果就无法令人信服。另外，对于同一个测量客体，采用不同的法则进行测量，结果必然会存在差异。例如，测

① 邹卓鹏. 发刊词［J］. 教育测量与评价（理论版），2008（1）：66.
② 胡中锋. 教育评价学［M］. 2版. 北京：中国人民大学出版社，2013：1.
③ 辛涛，李雪燕. 教育评价理论与实践的新进展［J］. 清华大学教育研究，2005（6）：38-43.
④ 黑格尔. 精神现象学：上卷［M］. 贺麟，王玖兴，译. 北京：商务印书馆，1979：48.
⑤ 吴家国. 什么是概念［J］. 前线，1962（6）：20-21.
⑥ 张民选. 回应、协商与共同建构：“第四代评价理论”评述［J］. 外国教育资料，1995（3）：53-59.
⑦ 王书林. 心理与教育测量：上［M］. 福州：福建教育出版社，2008：3-4.
⑧ STEVENS D S. Handbook of Experimental Psychology［M］. New York：John Wiley & Sons，1951：36.
⑨ 戴忠恒. 关于心理测量的几个问题［J］. 心理科学通讯录，1984（2）：27.

量桌子的高度时，用不同刻度的尺子去度量，其结果肯定是不一样的。当然，对客观世界的物体进行测量，如测量物体的高度、质量等，由于有公认的测量法则或尺度，一般不会出现大的偏差。但是对人们的某些特性（如心理特征）进行测量时，则往往会出现较大的偏差。

2. 对象

对象即对事物及其属性进行测量，也就是测量的对象或目标。在实际测量当中，客体的物理属性由于其存在形式较为具体，通常容易直接测量出来，如物体的高度、质量、体积、温度等。而客体的心理属性则由于存在形式较为抽象，往往不容易被直接测量。例如，因为语言能力属于人的心理特征，所以很难直接进行测量的。但是人的心理活动会通过人的外在具体特征和行为体现出来，所以只能通过测量其外显行为或外在表现特征来推断语言能力的高低。

3. 指派数字

指派数字就是用不同的数字或符号来代表某一事物或事物某一属性的量，这是测量结果的表现形式。测量的结果以数字或符号的形式呈现出来，这是区别测量与定性评价的重要标志之一。数字本身没有实际意义，只是一种符号，只有当数字被用来指代事物的某种属性时，它才变成了量化的数，并可以对其进行解释和分析。比如，张三在某次数学测试中得了 87 分，李四得了 92 分，我们可以说李四比张三多考了 5 分。另外，在一定的条件下，还可以对数据进行运算，根据结果对事物的属性进行推测。

（二）教育测量

桑代克在 1904 年提出了“教育测量”一词。教育测量是测量技术与行为在教育领域内的迁移，它根据一定的法则用数量对教育效果或教育过程加以确定。广义的教育测量泛指运用测量手段对教育活动进行量的测定，如教育投入、教育过程各要素、教育效果等；狭义的教育测量专指按一定规则对学生的知识、智能、个性发展、思想品德等进行量的测定。

教育测量的过程实质上是将教育效果或者教育过程数量化，注重对教育效果或教育过程从量的规定性上进行描述。教育测量的法则具有三大要素：参照点、单位和量具。

1. 参照点

参照点就是计算事物数量的起点，即零点。参照点不同，其测量结果就不同，而且会导致测量结果之间不具有可比性。也就是说，在进行测量时，要有相同的计算事物数量的零点，这样所测得的相同结果才具有相同的意义。参照点分为绝对零点和相对零点。测量量具上的零点是绝对零点。相对零点是人为确定的参照点，即以相对的零点作为计算的起点。

2. 单位

单位是测量的基本要素之一，没有单位就无法解释测量结果的性质。理想的测量单位应具备以下两个条件：第一，有确定的意义，同样的单位，不同人所理解的意义相同；第二，有相等的价值，相邻单位之间不仅距离相等，而且意义相同。如，用厘米（cm）、米（m）作为测量长度的单位，用克（g）、千克（kg）作为测量质量的单位。

【拓展阅读】可测性的确认：心理与教育测量的认识论基础

3. 量具

量具又被称为测量工具。如尺子是测量长短的量具，天平是权衡质量的量具。在教育测量中所使用的量具，又称量表，多以文字试题的形式出现，也有以图形、符号、操作等形式。根据量表的参照点和单位的差异，教育测量的量表可以分为称名量表、顺序量表、等距量表和比率量表。

二、评价与教育评价

最初的评价是指人的本能性判断与选择①，现在的评价主要是指科学评价。评价在教育学里的运用由来已久，早在《学记》中就有记载："比年入学，中年考校。一年视离经辨志，三年视敬业乐群，五年视博习亲师，七年视论学取友，谓之小成。九年知类通达，强立而不反，谓之大成。"教育评价是基于教育测量与教育统计的价值判断，包含了评价目标、评价主体、评价内容、评价标准、评价技术与评价结果等多种因素。

（一）评价

我国北宋时期就已经出现"评价"一词，《宋史》中有"市物不评价，市人知而不欺"的说法。这里的评价是指讨价还价、评论货物价格的意思。在英语中，"评价"用evaluation一词来表示，"E"是指导出，"valuation"是价值的意思，其词源学意义为"引出和阐发价值"。《现代汉语大辞典》中对"评价"的解释是："评价，泛指衡量人物或事物的价值。"② 由此可以看出，评价是对人或事物进行价值判断的行为，也意味着对某一事物的价值予以一般的衡量。③

正确的方法论和价值观是保证评价结果可靠性的基本条件。在哲学里，存在着多种价值观，其中，辩证唯物主义的价值观认为价值是主体对客体的特殊作用，是主观性和客观性的统一，科学的评价必须是辩证唯物主义价值观主导下的判断活动。④

（二）教育评价

美国学者泰勒（Tyler R. W.）在其著名的"八年研究"报告（即《史密斯-泰勒报告》）中，首次提出并正式使用了"教育评价"这一概念。他早期的观点认为，"教育评价过程在本质上是确定课程和教学大纲实现教育目标的程度的过程"⑤。1966年，斯塔弗尔比姆（Stufflebeam，D. L.）对泰勒的评价理论提出了异议，他主张："教育评价不应局限于评判决策者确定的教育目标所达到预期效果的程度，而应该是收集有关教育方案实施全过程及其成果的资料，为决策提供信息的过程。"⑥ 1983年，克隆巴赫（Cronbach，L. J.）在其题为《通过评价改进课程》的著作中，把教育评价的内涵阐述为"一个搜集和报告对课程研制有指导意义的信息的过程"⑦。1986年，在《教育评价概念的变化》中，泰勒对之前的陈述做了修订，认为教育评价是"检验教育思想和计划的过程"⑧。

尽管关于教育评价概念的界定众说纷纭，但是，教育评价的核心要素却是恒定的。教

---

① 邱均平，文庭孝，等. 评价学：理论·方法·实践［M］. 北京：科学出版社，2010：3.

② 阮智富，郭忠新. 现代汉语大辞典·上册［M］. 上海：上海辞书出版社，2009：519.

③ 胡中锋. 教育评价学［M］. 2版. 北京：中国人民大学出版社，2013：3.

④ 王学荣. 马克思主义的"新世界观"是"辩证唯物主义、历史唯物主义与实践唯物主义三位一体"的世界观：商榷、就教于王玉樑研究员［J］. 宁夏社会科学，2013（3）：124-127.

⑤ 陶西平. 教育评价辞典［M］. 北京：北京师范大学出版社，1998：9.

⑥ Stufflebeam D L. A depth study of the evaluation requirement［J］. Theory Into Practice，1966，5（3）：121-133.

⑦ Cronbach L J. Course Improvement through Evaluation［M］. Boston：Kluwer-Nijhoff. 1983：101-115.

⑧ Tyler R W. Changing concepts of educational evaluation［J］. Journal of Education Research，1986，10（1）：1-113.

育评价是根据一定的价值标准和教育目标，利用测量和非测量的方法系统地收集资料信息，对教育信息作出价值判断，并为教育决策提供依据的过程。[1] 其中，评价目的、评价主体、评价理念、评价内容、评价标准、评价方法以及评价结果共同构成了教育评价的完整体系。

1. 评价目的

评价目的是教育评价活动的重要组成部分，也是一切教育评价活动的起点。教育评价的目的经历了四种类型变化——鉴定目的、诊断目的、改进目的和发展目的。[2] 教育评价的目的主要包括三个方面的内容。第一，教育评价的目的在于改进教育过程。正如斯塔弗尔比姆所说："评价目的不是为了证明，而是为了改进。"[3] 第二，教育评价的目的在于协助教育决策。教育评价通过对有关教育活动的状态、成果等情况进行信息的收集和整理，从而为教育活动决策提供依据。第三，教育评价的目的在于促进人的主动发展。第四代教育评价思想以"回应"各种与评价利益相关的人为出发点，指出"不管什么样的评价，也不管是如何科学、客观的评价理论和模式，在本质上都是'人的心理建构'"[4]。

2. 评价主体

教育评价的主体必须是根据评价的实际和结果，就改善今后的教育工作及其效果而能够采取某些措施的人。结果导向评价模式下的教育评价主体相对比较单一，新时代我们要建立科学的、符合时代要求的教育评价制度，就必需拓宽教育评价的主体。[5] 具体来说，可以是以下四类：教育管理与决策者、教育教学活动的实施者、教育的接受者、教育评价信息的使用者。[6] 这四类参与教育评价并作为评价活动实施的主体，主要还是基于各自的目的和职能。教育管理与决策者，比如校长、教育行政系统的工作人员等，他们参与教育评价主要是为了获得重要信息，从而改进教育管理与决策；教育教学活动的实施者主要是教师，他们参与教育评价主要是为了掌握教育教学的现状、发现问题以改进教学工作；教育的接受者主要是学生，他们参与教育评价是为了更好地了解自己，以及学校教育的目的、环境、内容、方法，进而改善学习；教育评价信息的使用者主要是指家长、评估人员等，他们参与教育评价可以从更加广阔的视角来检查学校的教育质量，对人才培养的效果进行综合性的价值判断。

【拓展阅读】
回归教育本体：当前我国教育评价体系改革刍议

3. 评价理念

教育是人的活动，教育评价是关于教、学、学生、教师、学校乃至教育发展价值判断的复杂问题。因此，需要坚持人本、公正、科学和发展的基本原则和理念。其中，人本是教育评价首先需要坚持的理念。在"以人为本"的基础之上，教学质量评估还应该以教育为本，也就是说，教育评价是符合教育与人的发展规律的评估。其次，教育评价的公正理

---

① 朱德全，宋乃庆. 教育统计与测评技术［M］. 重庆：西南师范大学出版社，2008：185.
② 梁桂莲. 教育评价目的再剖析［J］. 教育与教学研究，2013，27（12）：9-11.
③ Stufflebeam D L. Educational evaluation and decision making［J］. Journal of Mathematical Psychology，1971，24（2）：163-175.
④ 张民选. 回应、协商与共同构建："第四代评价理论"述评［J］. 外国教育资料，1995（3）：53-59.
⑤ 马陆亭，王小梅，刘复兴，等. 深化新时代教育评价改革研究（笔谈）［J］. 中国高教研究，2020（11）：1-6.
⑥ 蔡敏. 论教育评价的主体多元化［J］. 教育研究与实验，2003（1）：21-25.

念主要是指评估结果公平、公开，而且符合社会与公众的利益诉求。[①] 教育评价的公正理念贯穿于评价过程、评价目的、评价方法等评价要素中。科学性主要体现为评估队伍、评估标准的专业化以及评估组织与实施的精细化。最后，教育制度与教育内容具备一定的时代背景特征，教育评价除了要具备时代特征、符合时代要求外，还要有一定的可持续发展性，这样，才能真正为评估对象和大众服务、让他们受益，才能使教育质量不断得到提高，达到评估的目的。[②] 因此，教育评价应该以可持续发展为理念，推动教育事业的可持续发展。

4. 评价内容

教育评价内容是评价目的的具体化，而且与评价对象紧密相关。传统的教育评价偏重于以学生为对象进行，现代教育评价则强调对教育领域内一切教育活动的评价。[③] 事实上，不管教育活动如何复杂，影响因素何其繁多，最终都存在一个“输出端”，即学生的发展。因此，一切教育活动只能围绕学生的发展而进行。以此为逻辑起点，教育评价的内容与对象可以分为以下四个方面（如图 1-1 所示）：一是教育对象与发展的微观层面的评价，包括学生学业成就、心智发展、道德表现等；二是影响教育对象发展的直接因素的中观评价，包括教师、课程、班级、学校管理、办学条件等；三是影响教育对象发展的间接因素的宏观评价，包括教育制度、教育政策、教育思想、社会环境等；四是教育评价活动的元评价，包括教育评价的理念、技术等。[④]

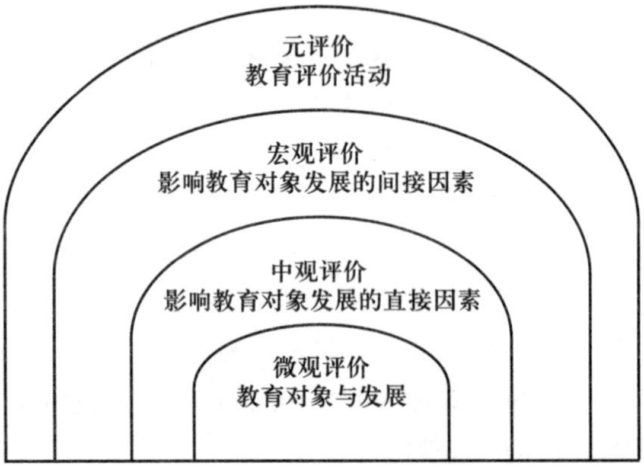

图 1-1 教育评价的内容与对象

5. 评价标准

教育评价标准是教育评价活动的基本依据与参照。[⑤] 评价标准包含了两个方面的基本内容：一是价值判断问题。在教育评价标准的选择与制订过程中，判断的基础决定着评价标准的科学性、可行性与公共认可度。教育评价标准可以分为相对标准和绝对标准两类。

---

① 周甜. 中小学教学质量元评价研究：以重庆市 A 区义务教育教学评估为个案［D］. 重庆：西南大学，2015：23-25.

② 刘本固. 教育评价的理论与实践［M］. 杭州：浙江教育出版社，2003：39.

③ 吴迪. 多元性：素质教育评价的特征［J］. 中国教育学刊，2001（4）：40-42.

④ 魏志强. 教育评价对象系统探析［J］. 中国成人教育，2009（8）：5-7.

⑤ 史秋衡，闫飞龙. 对高等教育评价哲学的探讨［J］. 高等教育研究，2008（8）：31-37.

二是教育价值基准线的问题。教育整体价值的基准线是国家和政府的标准，教育外在价值的基准线是市场与社会的标准，教育内在价值的基准线是学校的标准，教育个体价值的基准线则是学生的标准。[①] 评价标准的制订，是各种类型评价方案设计的核心。在对教育价值进行判断时，必须要有一个衡量和判断的客观标准。若评价标准不明确，评价活动就会变得模糊不清。若评价标准不当，评价结果就难以达到客观、精确的效果。

6. 评价方法

教育评价方法是人们为了认识教育活动的价值，以教育活动的某一要素或者全部活动为对象，采用一定分析方式获取数据，在进行价值判断过程中所采取的活动方式、程序和手段的总称。[②] 教育评价方法与评价技术、评价模式共同构成了教育评价过程的核心要素。教育评价的过程一般包括评价准备阶段、评价实施阶段和评价结果处理阶段，这三个阶段组成了教育评价的全貌。教育评价的方法、技术与手段是教育评价过程中下位的操作策略，而稳定的技术、方法与手段就构成了教育评价的模式与方式。从现代教育评价的发展历史来看，最为常见、影响最为广泛的评价模式主要有以下六种：泰勒的目标导向模式、斯塔弗尔比姆的决策制定模式、斯克里文（Scriven，M.）的目标游离模式、艾斯纳（Eisner，E. W.）的批判与鉴赏模式、欧文斯（Owens，T.）的对手模式、斯塔克（Stake，R. E.）的回应模式。"[③] 核心的教育评价方法主要包括：① 评价指标的权数确定；② 评价信息的搜集与整理；③ 高等教育评价信息的分析方法；④ 价值判断的方法。[④] 当前，比较成熟的教育评价技术有层次分析法（AHP）、数据包络分析法（DEA）、模糊数学评价法、灰色系统评价法等。

7. 评价结果

教育评价结果是指采用一定的方式呈现教育评价的结论。首先，评价结果形式可以多元化。教育评价的结果，可以用数量化的形式、语言描述的形式，以及数量和语言描述相结合的形式来呈现。当前教育评价的结果主要通过评价报告书的方式呈现，当然也有其他的方式。其次，评价结果的质量是核心。评价结果的质量主要是指评价结论的信度、效度和区分度。具体来说，就是评价报告是否有助于学校今后改进工作，评价结果是否具有权威性，服务对象是否有反馈与申诉的权利。因此，呈现评价结果时要具有时效性、内容的完整性和清晰性，评价结果要对教育现象或教育活动作出较为全面、客观、公正的反馈。最后，评价结果的价值在于使用。一项教育评价结束之后，其评价结果是否能引导利益相关者加以利用至关重要。当然，从评价管理的角度来说，预防评估结果被误解滥用，评价结果公布是否有助于被评价学校得到社会和公众认可等，也是重要的评价工作事宜。

三、教育测量与评价

教育测量与教育评价是教育测评的"一体两面"，其中，教育测量是获得数据的直接手段，教育评价则对测量数据进行分析判断，进而作出决策。两者合二为一，共同构成了

---

① 闫飞龙. 高等教育评价标准的本质问题与多元化［J］. 清华大学教育研究，2011，32（5）：62-67.

② 张远增. 教育评价方法认识与教育评价实践建议［J］. 教育科学研究，2003（9）：33-36.

③ 姚峥嵘，孙玲. 教育评价模式的理论假设分析及其对我国教育评价的启示［J］. 江苏行政学院学报，2012（3）：73-77.

④ 沈志莉. 高等教育评价方法述评［J］. 国家高级教育行政学院学报，2002（6）：93-94.

教育测量与评价的学科体系。

（一）教育测量与评价的内涵

教育测量与评价是根据一定的教育目标，通过测量手段全面、系统地收集信息和资料，对教育过程作出价值判断的过程。在教育测量与评价的系统中，“测量”与“评价”分别担任不同的角色，“测量”偏重于方法和手段，“评价”偏重于结果与目的。教育测量与评价这一概念的提出，打破了原有的基于主观经验或主观愿望进行评价的局限。教育测量与评价是基于测量所获得的信息和资料，作出更加科学、客观和公正的价值判断。

【微视频】教育测量与评价的概念实质

【拓展阅读】教育测量与评价的概念实质

教育评价是对教育活动进行价值判断，要对教育价值作出科学、正确的判断，就必须对评价对象进行客观的事实描述。从这一意义上来说，教育测量是教育评价的基础，教育评价需要在教育测量所获得的客观事实描述之上进行，它是对教育测量结果的解释与应用，只有对测量结果进行评价才能解释测量数据的实际意义。但是，教育测量是为了获得数据，从而对教育现象或教育活动作出事实判断；而教育评价强调对教育现象或教育活动作出价值判断。教育测量是对教育活动进行量的描述，它关心的是数量的获得，活动较为单一；教育评价强调对事物进行质的判定，包含定量分析与定性分析两个方面，活动是多重的。教育测量主要运用测量的方法去获得事物的数量特征；而教育评价是在运用测量或非测量方法的基础上进行的价值判断活动。

（二）几个相关概念辨析

教育测量、教育统计、教育评价、教育评估和教育评定等相关概念是教育测量与评价学科体系里的几个子概念。对这几组概念加以区分，有助于更为准确地理解教育测量与评价的内涵。

1. 教育测量与教育统计

教育统计学是将统计学的理论和方法运用于教育领域，研究教育现象的数量特征与关系的一门应用学科。教育测量和教育统计都是实践性很强的应用学科，它们之间有着密切的联系。一方面，教育测量通过测验所获得的大量信息，需要经过统计处理才会有意义，否则这些测量的数据只是一堆杂乱无章、无确定含义的数字，没有任何价值。另一方面，教育统计要对教育测量所得的数据资料进行分析，这些数据资料必须是正确、可靠的，否则统计的结果和教育中的实际情况将会产生误差。由此可见，教育统计为教育测量提供了数据分析的方法及工具，而教育测量为教育统计提供了可靠的资料信息。

2. 教育评价、教育评估与教育评定

教育评价、教育评估和教育评定是较为相似的三个概念，三者既相互联系又相互区别。从认识论的角度出发，评价、评估和评定的本质都是精神对物质、意识对存在进行评判的实践活动。“评”含有评价、评判的意思，因此，不管是教育评价、教育评估，还是教育评定，都含有对教育进行价值判断的意思。

但是这三个概念又是相互区别的，从词意上分析，“估”含有“估计”“推测”之意，“定”有“断定”“确定”的含义。虽然教育评估与教育评定都是教育价值判断的过程，但是教育评估在这一过程中的模糊性更强；而教育评定的精确性更高。如何区别教育评估与教育评定呢？可以依据评价对象涉及因素的多少和复杂程度的大小来区别：在评价对象涉及因素较多、复杂程度较大时，教育评价采用精确的定量分析方法比较困难，因此，可采用定量与定性结合、客观统计资料与质性描述资料相结合的手段进行教育价值判断，在此使用“评估”就比较贴切，如对教育机构和教育方案的评价。在评价对象涉及因素较少、复杂程度较小时，可以用测验方法进行较为精确的测量，在此就使用“评定”这一概念，如对学生的评价。教育评价、教育评估与教育评定三者的关系如图 1-2 所示。

教育评价
- 教育评定(对学生的评价)
- 教育评估(对教育机构和教育方案的评价)

图 1-2　教育评价、教育评估与教育评定三者的关系

【拓展阅读】
科学教育研究新进展：美国新一代科学教育测评

【拓展阅读】
教育测量在教育评价中的角色

第二节　教育测量与评价的特点

教育测量与评价作为一门应用型的工具性学科，在学科特点上兼具了教育测量和教育评价的基本特点，同时又有着自身的学科品格。

一、融合性：事实判断与价值判断相统一

【拓展阅读】
大数据教育测评的规训隐忧：对教育工具化的哲学审视

事实判断和价值判断是人们认识客观世界和自我的两种最为基本的方式，也是教育测量与评价的核心。其中，事实判断是指对客观状态所作的描述性判断，它主要解决“是什么”“怎么样”的问题。价值判断是主体对客体的价值作出的判断，主要解决“有什么意义”的问题。教育测量对教育活动中的事实数据进行收集和整理，形成可量化的数据资料，提供事实判断所需要的最基本的凭证；教育评价基于数据分析与数据统计，对教育测量的资料得出一个定性或定量的结论。因此，教育测量与评价的本质是对教育现象进行事实判断与价值判断。

事实判断与价值判断是教育测量与评价工作的两个流程，但是科学合理的价值判断需要以对教育现象的事实判断为基础。否则，对教育的价值判断就会成为毫无根据的主观推测。因此，教育测量与评价是事实判断和价值判断的统一体，基于一定事实判断而进行价值判断，才能达到准确、真实地测评教育活动的目的。所以，教育测量与评价具有事实判断与价值判断相融合的特点。

二、导向性：目标指引和问题解决共驱动

任何一项教育测量与评价活动都必须具有一定的针对性，也就是说，教育测量与评价是为了解决某一项具体问题而实施的。不仅如此，教育测量与评价不仅需要在实施中有具体的目标，还要达成和实现各种教育的目标。教育目标是根据人与社会发展的需要，对教育活动的目的、方向和要求的具体规定，是教育活动的结果所应达到的标准，它是教育工作的出发点和归宿，是衡量教育教学质量的基本标准，是评价教育活动成效的依据。因此，教育测量与评价不能脱离教育目标的要求，而是要在一定的目标导向下进行，并解决具体的问题。

教育测量与评价的导向性还表现在教育测量与评价结果的价值上。教育测量与评价是为了解决具体的问题，但是，这其中还有一个测评结果的引导力问题。教育测量与评价能够实现一部分既定的目标，也能在目标之外达成一些意想不到的效果。因此，一项教育测量与评价的具体工作可以解决一些问题，并为教育工作本身提供参考。这就是教育测量与评价“以评促教”的结果性导向作用，它基于目标实现和问题解决，从而引导教育实践工作的进一步展开。

三、情境性：程序实施与过程调控同步走

教育测量与评价具有情境性特点，主要表现在两个方面。从横向上看，教育现象受多方面因素的影响，因此在对其进行测量与评价时要具有全面性和系统性，综合地考虑教育测量与评价的场域情境。从纵向上看，任何教育现象都是发展变化的，因此，教育测量与评价必须具有情境性，不能仅看教育现象在某一时间段的表现，而是要放置在具体的场域情境中。比如，不能以学生某一次考试的分数，而片面地评价学生的学习能力和努力程度等。因此，教育测量与评价活动必须通过多种测验与调查方式，全面、系统地获得具体情境中评价对象的信息资料。

教育测量与评价不仅仅是按部就班地执行评估方案，要实现教育测评的系统性，需要程序实施与过程调控的同步走，才能实现有效的情境性教育测量与评价。在标准化的测评程序中，按照已有的方案逐步实施，并在过程中不断地调控和调节，将评估程序一步步执行，并不断修正和调整评估的策略、方法，进而实现全方位、多方面对教育活动进行系统测评的目的。因此，教育测量与评价的过程具有情境性的特征，是程序实施和对策调整相统一的过程。

四、制约性：价值尺度与结果效用一并管控

【拓展阅读】为了更好地学习：增进教育测评有效性的基本原则

评价主体的不同、评价标准的绝对化和评价者价值观的差异，导致教育测量与评价具有一定的制约性，这种制约性主要是指教育测评结果的作用效力。不同的评价主体对同一教育现象可能会存在不同的认识偏好，不同评价者的不同价值观对同一教育现象也有可能得出不同的测评结果。在测评过程中，应将测评价值尺度与测评结果效用进行有机整合，而不能仅依赖测评价值标准或仅看评价结果来判断教育现象，以免教育测评走入“唯标准是图”或“唯结果是图”的困境。

教育测量与评价作为教育管理的重要手段，其目的是改进教育教学工作，提高教育教学质量，这是施测者和受测者共同的目标。为提高教育测量与评价的科学性与客观性，打破教育测量与评价的制约性，需将测量与评价的价值标准与测量与评价结果进行有效统整。不仅如此，还要不断强化和利用测量与评价结果与结论，发挥教育测量与评价价值尺度和激励工具的作用。

第三节 教育测量与评价的功能

教育测量与评价的功能是其自身所具有的效能，或者所发挥的积极作用。认识教育测量与评价的功能，是为了在教育活动中更好地加以运用，使其充分发挥积极作用。

【微视频】
教育测量与评价的功能

一、反馈功能

教育测量与评价的反馈功能是指教育测评结果可以为教育工作者提供可靠的决策信息和依据。一般来说，教育测量与评价的反馈功能主要是通过一定手段的测评，发现教育教学中的各种问题，促进教育教学的发展。教育测量与评价的反馈可以分为三个阶段的三种类型，分别是教育教学活动前的诊断性测评、教育教学活动中的形成性测评和教育教学活动结束后的终结性测评。

【拓展阅读】
教育测量与评价的功能

诊断性测评是在某项活动开始之前，为使教育教学计划更加有效地实施而进行的。例如，通过诊断性测评，了解学生对学习活动的准备情况，从而根据学生的已有学习水平采取适当的教学方法。在此基础上，教师能够针对不同发展水平的学生进行因材施教，实现让所有学生获得最大限度发展的目的。

形成性测评是指在教学过程中，为引导教育教学前进或使教育教学活动更加完善而进行的测评。在具体的教学活动中，通过形成性测评，教师能及时了解阶段性教学的结果和学生学习的进展情况、存在问题等，从而及时调整和改进教学工作。

终结性测评注重的是对教学结果的测评，借此对被测评者所取得的成绩做出鉴定，以反馈到后续的教育教学中，从而改进教学活动。如学期末各门学科的考试与考核，其目的是考查学生学习是否达到了各科教学目标的基本要求。

二、导向功能

任何教育教学活动总是围绕特定的培养目标而展开，教育教学活动的具体实践是达到预期目标的关键。教育测量与评价起着检验教学效果的作用，了解教学实际效果与预设目标之间的差距，并促进被测评者朝着理想标准与目标不断努力。因此，教育测量与评价对学校教育教学改革起着定向导航的作用，并为其提供动力支持。一般来说，教育测量与评价的导向功能主要包括以下三个方面。

第一，对学校教学管理的导向功能。科学、客观、公正的教育测评，能提高教育管理的科学性，有效地改变长期以来凭主观经验衡量教育效果的做法。教育测量与评价对合理地使用教育经费、科学地选拔人才、制定教育政策、进行教育规划等都起着重要作用，是教育管理不可或缺的手段。

第二，对教师教学的导向功能。教育测评可以通过测评目标的指引，为教学指明方向，即指明教师的教和学生的学应达到的目标。评价过程中的不断反馈和调节，可以使教师随时了解学生的学习程度，发现教学过程中存在的问题，不断改进。

第三，对学生学习的导向功能。教育测量与评价能够让学生明确自己与学习目标之间的差距，为学生的进一步学习指明方向，引领学生不断朝着教学目标而努力。

三、鉴定功能

亚里士多德（Aristotle）曾经说过："人类所需要的知识有三种，即理论、实用、鉴定。"① 简单来说，教育测量与评价的鉴定功能就是通过教育测评对教育活动成效优劣加以甄别。具体来说，就是考查教育测量与评价的对象是否达到了教育目标，对其优劣程度、水平高低进行鉴定。早期教育测量与评价以鉴定功能为主，如泰勒的"行为目标模式"发挥的作用就是鉴定实际教学达到预设教育目标的程度。教育测量与评价鉴定功能的发挥，取决于测评内容和测评标准的科学性及测评结果的可靠性。

在教育测量与评价中，鉴定可以归纳为三种类型，即水平鉴定、评优鉴定和资格鉴定。水平鉴定即根据一定的标准，鉴定一定对象达到测评标准的程度，如鉴定学生的学业成绩水平、教师的教学水平等。评优鉴定即通过对一定对象相互之间的比较，评定优者，如评定优秀学生、优秀教师等。资格鉴定即对一定对象是否具有从事某种活动的资格进行鉴定，如教师资格鉴定等。

四、激励功能

教育测量与评价的激励功能是指教育测评具有激发测评对象行为动机，使其为实现预期目标而不断进取的内在动力的效能，主要包括对教师的激励与对学生的激励两个方面。

第一，对教师的激励。通过教育测量与评价可以使教师发现自己在教学中的缺失和不足，从而激励教师朝着一定的方向努力。

第二，对学生的激励。教学测量与评价所提供的反馈信息不仅可以调节教学活动，而且可以激励学生的学习情绪，进一步激发学习动机。当学生感受到自己取得了较好的学习效果，则可以满足其"获得成功"的需要，从而带来愉快的情绪体验，进一步增强其学习动机。如果测评的结果不是很理想，往往会引起学生不愉快的情绪体验，在这种情况下，可以促使学生把压力变成动力，从反面来激发学生的学习动机，同样也能发挥教育测评的激励功能。

第四节 教育测量与评价的类型

教育测量与评价的类型众多，依据不同的分类标准可以划分成不同的类型。一般来说，教育测量与评价的分类标准主要有以下五种：按测评内容分类、按测评对象的数量分类、按测评对象的行为表现分类、按测量与评价的实施时机分类、按解释测量与评价结果

---

① 亚里士多德. 亚里士多德全集：第3卷［M］. 苗力田，译. 北京：中国人民大学出版社，2009：125.

的参照点分类。但是，各种类型之间的划分也并非相互割裂、彼此独立的，不同类型之间会相互联系，乃至彼此包容。

一、按测量与评价的内容分类

教育测量与评价所要探究的领域广阔，一种测验难以包含完整，因此，在编制测评工具时会包含有不同内容的测验。而依据其中内容的不同，测验可以分为学业成就测验、能力倾向测验、智力测验和人格测验四种类型。

（一）学业成就测验

学业成就测验主要是对学生的学习效果进行测量，它是关于教学目标的考试，一般是对学生学过的知识以及完成的学习任务作终结性评价。学业成就测验往往具有较明确的测量范围，一般包括知识的测量和技能的测量，这类测验是标准化测验中数量最多的，也是学校范围内最常见的、学生最经常遇到的测验类型。国家、地方组织的标准化升学考试，学校平时组织的期中、期末考试，教师自编的课堂测验等都属于学业成就测验。学业成就测验通常也可分为学科测验和综合测验。学科测验在学校教育中较为常见，主要是测量学生掌握某个学科的知识和技能情况，如数学测验、语文测验等；综合测验是针对多类别学科知识和技能进行的，如文科综合测验、理科综合测验等。

【拓展阅读】新西兰音乐学业成就测评及其启示

（二）智力测验

智力测验的目的主要是测量受测者的智力，以判断其智力水平的高低，测验范围包括受测者的观察力、记忆力、想象力、判断力、创造力等，所有关于人的普通心智功能的测验均为智力测验。智力测验从编制到施测再到分数的解释均有严格的要求，也是一个“标准化”的过程。而要编制出一套能够广泛使用的智力测验量表，更是一项浩大的工程，需要耗费大量的人力、财力和物力。

智力测验起始于20世纪的法国，比纳（Binet A.）与其助手西蒙（Simon T.）编制出了世界上第一个智力测验量表，测验者根据受测者的各种反应对受测者评分，以求得受测者的智力年龄和智力商数，自此智力测验被人们认识并逐渐得到重视。随着认知科学、脑科学以及人工智能的深层次发展，智力测验的内容也得到进一步发展，主要分为三类：一是基于心理测量学的智力测验，二是基于神经心理学的智力测验，三是基于智力系统观的智力测验。[①] 现有的智力测验可以测量个体从婴儿到老年各个不同年龄阶段的智力水平。常用的智力测验工具有《比纳-西蒙智力量表》《斯坦福-比纳量表》《韦克斯勒智力量表》《瑞文标准推理测验》及我国陆志伟和吴天敏修订的《比纳智力量表》等。智力测验在教育中的作用主要表现在三个方面：第一，借助智力测验选拔出智力超常儿童进入较高阶段和水平的学习，筛选出智力落后儿童以有针对性地采取特殊教育，使其得到正常发展；第二，通过智力测验诊断学生在观察力、记忆力、想象力、判断力、创造力等方面的不足，及时采取补救措施以弥补其智力缺陷；第三，通过智力测验发现学生智力在哪些方面异常突出，以便重点培养。在学校教育中，尤其是在基础教育阶段，有效地发挥智力测验的作用，可以为教师更好地因材施教提供依据。

---

① 王穗苹，莫雷，张卫. 当代智力测验的进展及特点［J］. 华南师范大学学报（社会科学版），1999（6）：69-73.

（三）能力倾向测验

能力倾向测验旨在预测受测者在将来某个新情境中可能表现出来的才能，是一种关于个人潜能的探测性测验。能力倾向测验是经过高度标准化程序编制而成的。这类测验的目的在于深入了解受测者某个方面的特长和发展倾向，常被用于选拔人才。能力倾向测验主要包括两种类型：一类是测量受测者的一般能力倾向如学习能力倾向测验；另一类偏重于测量受测者的特殊能力，如职业能力倾向测验。下面简要介绍两种较典型的能力倾向测验。

1. 学习能力倾向测验

学习能力倾向测验旨在测量学生的一般学习能力，以考查学生是否具备完成学业所必需的学习与研究上的潜在能力。当前具有代表性的学习能力倾向测验有美国的《大学学习能力倾向测验》（SAT）和本纳特（Bennett）等人编制的《鉴别能力倾向测验》（DAT）。SAT 测验是精心编制的标准化测验，每年大约举行 5 次，其成绩是美国多数高校招生的依据之一。此类测验主要涉及对学生语言能力和数学能力的测试，题型以客观选择题为主，测试时间为 3 个小时，大约 150 道题，采用标准分数评分制度，是美国最有影响的一种大学入学考试。DAT 测验主要用于初、高中阶段学生的教育与职业咨询，由抽象推理、机械推理、言语推理、文书速度和准确度、空间关系、数的能力、语言运用、拼写八个分测验构成，其测验结果主要以能力剖面图的形式呈现，从而更为直观地了解学生在不同能力倾向上的差异。DAT 测验因其信度、效度较高且具有完善的常模，被众多学者视为多重学习能力倾向测验的典范。

2. 职业能力倾向测验

职业能力倾向测验旨在测量受测者从事某项职业活动所具有的潜能，从而预测其在一定职业领域内取得成功的可能性。在我国，《行政职业能力测验》是职业能力倾向测验中具有代表性的测验之一，这种测验作为国家公务员考试的一项笔试内容而被多数人熟知。以 2021 年国家公务员《行政职业能力测验》为例，它主要包括五个部分的测试内容：常识判断、言语理解与表达、数量关系、判断推理和资料分析。该测验以客观性试题为主，考试时限为 120 分钟，满分 100 分，主要考查阅读理解、逻辑推理、应变创新等方面的能力。这类测验多由政府部门组织国内相关领域的专家编制而成，编制程序严格，具有较高的信度和效度，是一种在人才考核上发挥着重要作用的标准化测验。

（四）人格测验

人格测验也称个性测验，其目的是测量受测者个体行为独特性和倾向性等人格心理特征，如受测者的性格、气质、兴趣、情绪、动机等方面的人格心理特征和个性倾向性，即对个性中除能力以外的部分进行测验，通过专门针对人格特点的标准化测量工具，以各项指标测量受测者的特定人格特征，比如性格测验、意志测验、兴趣测验、品格测验等。人格测验的方法主要有两类，一类是结构明确的问卷测验，另一类是结构不明确的投射测验。进行人格测验的问卷一般是经过标准化处理的测验量表，具有较高的信度和效度，主要由各种涉及个人心理特征的问题构成，并进一步分出多个维度或分量表，以反映不同的人格特征。常用的人格问卷主要有《艾森克人格问卷》《卡特尔 16 项人格因素问卷》以及《明尼苏达多相人格调查表》等。投射测验是心理学中测量人格的一种常用方法，其基本假设是人们在面对模糊的刺激情境时，经常能将隐藏在潜意识中的欲望、需求暴露出来。人格测验正是基于投射测验的这种假设，以深层次探索受测者的内心活动，从而反映受测者人格特征的测验。在人格测验中，最为常见的投射测验有《罗夏墨迹测验》和《主题统觉测验》，此外还有《句子完成法》《逆境对话测验》《房树人测验》等其他种类的投射测验。

二、按测评对象的数量分类

教育测量与评价在实施中既有针对个人而进行的个别测验，也有针对团体而进行的团体测验，这是按照测评对象的数量来进行的分类。

（一）个别测验

个别测验指在规定的同一时间内施测者每次只能对一个受测者进行测验，即一对一形式的测验。个别测验多用于特殊教育的测验、智力测验以及心理特征测验，如《外语口试测验》《音乐表演测验》《主题统觉测验》等。这种测验的优点是施测者能与受测者有更多的交流机会，能够建立起比较和谐融洽的合作关系，施测者可以仔细观察受测者的言语、情绪和行为，获得更多的信息，受测者也易于合作，所以测验结果较为准确可靠。对于一些特殊的受测者，如幼儿、智力障碍者等，经常会采用个别测验的方式。这类测验的缺点是费时、费力，测验实施的标准化也不易实现，如一些智力测验的程序相当繁复，测验的施测者必须经过专业训练才能胜任。

（二）团体测验

团体测验与个别测验相反，是指在规定的同一时间内施测者用相同的测试内容，对许多人进行的测验，即一对多的测验。各种人格量表、团体智力测验、一般的教育测验（学校举行的期中、期末考试以及全国、全省、全市组织的统考）等都是集体进行的，均属于团体测验。这种测验多用于较大规模的人才选用及摸底工作。它的优点是，施测者不必接受严格的专业训练即可担任，而且可以在短时间内收集到大量的测量数据，非常有效率，因而在教育、人事选拔中被广泛使用。它的缺点是，由于受测者较多，不能对每一位受测者的行为进行有效的控制，并做切实的观察与记录，容易产生测量误差，因而，其测验结果相对来说不及个别测验真实准确。

三、按测评对象的行为表现分类

【微视频】
最佳行为测验与典型行为测验

在教育测量与评价对象的身上有其个人的行为表现印记，根据在测验实施中对对象行为表现的要求，大致可以分为两种：一种是要求测试受测者某种能力的最佳水平；另一种只要求测试其行为，收集受测者的行为表现而不对其能力水平进行评判。据此可将测验分为最佳行为测验和典型行为测验两种类型。

（一）最佳行为测验

最佳行为测验主要以受测者的最佳行为表现为测量目的，希望测量出受测者在某方面的最佳水平，它是建立在能力基础上的测评。在学校，教师主要依据学生的最佳行为表现对其学业成就进行评定。通常各级教育部门组织的升学考试和测试、学校教学后组织的各种考试等，在性质上都属于最佳行为测量。这是因为在竞争的情境下，受测者为获得自我能力认可的心理需求或是为晋升某一职位，而全面地展现自己的最佳行为。在学校情境中，学生在学科成就测验上获得的分数，均可视为他们的最佳行为表现。

（二）典型行为测验

典型行为测验的主要目的是测量受测者是否具备某种（或某些）特定的典型行为，而非测评受测者的能力高低。典型行为测量要求受测者在特定的情境下，按照其习惯方式作出反应，以其平常的典型状况来回答问题，答案没有正确与错误之分。对受测者的人格、情感、态度、价值观等方面的测量，就属于典型行为测量。在发展性测评日益占据重要地位的今天，无论是对教师还是学生的测评，具有彰显个性发展理念的典型行为测评越来越具有重要意义。

四、按测评的实施时机分类

布卢姆学派按照评价在教学中实施的时机和所起的不同作用将评价分为诊断性评价、形成性评价和终结性评价三类。这三种评价在教学活动中适用于不同的教学阶段，具有不同的教学功能。根据这种按时机进行的评价分类，在国内学校课堂教学过程中，测验也相应地按照测评的实施时机不同被分为诊断性测验、形成性测验和终结性测验。

（一）诊断性测验

顾名思义，诊断性测验主要是起诊断性作用的测验。按其在教学活动中的实施时机主要分为两种情况：第一种是在教学活动进行之前实施的测验，主要是对学生的现有知识水平和能力发展情况进行检测，测量学生是否具备完成某一学习任务或工作任务的最低知识和能力，旨在了解学生的准备情况，因而也是一定形式的准备性测验。如在学习统计学课程之前，可事先测验学生是否具备必要的数学知识；在学习测量学之前，可事先测验学生是否具有必要的统计学知识等。第二种是在形成性测验之后进行的，是对学习过程中经常出现学习困难的学生进行的测评，旨在诊断并探明问题发生的原因，以及时对学习困难的学生进行个别辅导，帮助他们改善学习习惯，改进学习方法并克服学习障碍，进而跟上班级整体的教学进度。

（二）形成性测验

形成性测验是在教学进程中实施的测验，主要用以测量学生目前的学习情况和学习目标的实现程度，从而提供形成性反馈信息，通常又被称为进展性测验。这种测验主要有两种功能：首先，通过测验，教师可获得教学过程中的连续性反馈信息，包括学生的学习进展情况、学生的学习特点、学习成效等全面的信息，以便教师根据反馈信息及时反思并修正自身的教学方式，提高教学质量。其次，通过测验，学生可获得自身学习情况的反馈信息，及时发现问题并修正自身的学习习惯和学习方式，提高学习质量。形成性测验特别强调单元教学所要达到的学习结果，主要表现为各学科进行的单元测验，这是教学过程必不可少的中间环节。

【微视频】诊断性、形成性、终结性测评的区别

（三）终结性测验

终结性测验主要是在某一教学阶段结束时进行的测验，即在一个学期、一门课程或完成课程中某些重要内容的学习之后对学生学习情况进行的综合评定。这种测验的主要目的是了解学生在完成某一阶段的学习活动后，在知识、能力、思想和心理等方面的发展变化，从而为各类教育决策提供参考依据，如学校在完成某个阶段的教学后所进行的期中考试、期末考试、毕业考试等。

五、按解释测评结果的参照点分类

在对教育测评结果进行解释时，使用者会根据参照点来进行对比分析，以固定受测者的结果范围。参照点通常有两种，一种是依据常模来进行结果解释，另一种是依据原来的所定目的进行解释。根据这两种参照点，测验可分为常模参照测验和目标参照测验两种。

（一）常模参照测验

常模参照测验是一种以已建立的常模为标准，衡量受测者成绩在特定团体中的相对位置，并以此来解释分数意义的测验。所谓常模，即个人之间进行比较的标准。在学校教育中，某科的常模是指确定的某团体在该科考试中的平均水平，如平均数和标准差。常模参照测验的主要目的是把测验分数作横向比较，即将某考生成绩和其他考生成绩相比，以此决定该生排名。学生测验所得分数也只有跟其所在团体的常模比较后，才能显示出该生的水平。由此看来，常模参照测验采用的是相对的观点来解释学生的学业成就，常用于选拔性、竞赛性活动以及能力分组等方面，我国每年举行的中考、高考等考试就属于此类测验。

常模参照测验一般用百分等级和标准分数等相对分数来表示，例如，在某个团体中，某个考生的数学成绩为第 80 个百分等级，那么说明这个团体中有 80%的考生数学成绩在该生之下。这种测验的预期是团体测验成绩总体呈正态分布，成绩围绕在总体平均分周围的考生占绝大多数，而趋近于高分端和低分端的人数则相对较少，因而在编制测验时就必须考虑到让测验的难度呈正态分布，测验的大多数题目为中等难度，少数为较难和较易。这种测验虽能对学生的知识掌握情况进行有效的考核，但不能确定学生学业成就的实际水平以及达到目标的实际程度，因而具有一定的局限性。

（二）目标参照测验

目标参照测验主要是测量受测者掌握的知识与测量目标之间的关系，它是根据原来确定的所希望达到的教学目标来解释分数意义的测验。在实施过程中，主要是将受测者的表现与既定的教学目标或行为标准进行比较，以评价受测者达到教学目标或标准的程度。这种测验多以教育教学目标（或课程标准、教学大纲）为参照标准，故被称作目标参照测验或标准参照测验。与常模参照测验不同的是，这种测验的特点是强调紧扣目标，受测者个体的成绩不需要与团体的平均水平进行比较，只需要通过评定其成绩达成既定目标的程度来判断优劣。目标参照测验通常用合格与不合格、录取与未录取、达标与不达标等绝对分数来表示，如医生、律师、驾驶员的执照考试等，受测者的成绩只要达标即可获得相应的资格。在学校教学中，为了考查学生达成教学目标的程度，以及对知识技能的掌握程度，学校组织的测验一般都采用目标参照测验。

目标参照测验的试题编制主要以教学目标为参照标准，将教学目标层层分解为各级指标，测验的试题也主要根据这些指标进行编制。测验的目的除了甄选之外，也能较好地确定学生的知识技能达成目标的程度，起到良好的诊断作用，为学生及时发现问题、教师及时修正教学提供有利的反馈信息。

本章小结

教育测量与评价是教育科学领域中的一门应用学科，在教育教学过程中具有重要而广泛的应用价值。在本章主要论述了以下四个方面的内容：第一，教育测量与评价的内涵；第二，教育测量与评价的特点；第三，教育测量与评价的功能；第四，教育测量与评价的类型。学习者通过对这四个内容的学习，了解教育测量与评价的一般原理和方法，树立科学的教育测量与评价理念，初步具备开展教育测量与评价的能力。

思考与练习

1. 简述教育测量和教育评价各自的含义。
2. 简述教育测量与教育评价之间的区别与联系。
3. 有人认为教育测量在教学实践中没有什么实际应用价值。针对这一观点，谈谈你的认识和看法。

推荐阅读

1. 雷新勇. 关于教育评价改革的若干思考［J］. 中国考试，2020（9）：10-14.
2. 周洪宇. 以科学的教育评价推动新时代教育学发展［J］. 中国教育学刊，2020（12）：1-2.
3. 范涌峰，宋乃庆. 大数据时代的教育测评模型及其范式构建［J］. 中国社会科学，2019（12）：139-155.

第二章　教育测量与评价的历史发展

学习目标

1. 了解教育测量与评价发展的历史脉络及代表性事件。
2. 掌握教育测量与评价的重要理论及模式。
3. 准确把握未来教育测量与评价的发展趋势。

知识导图

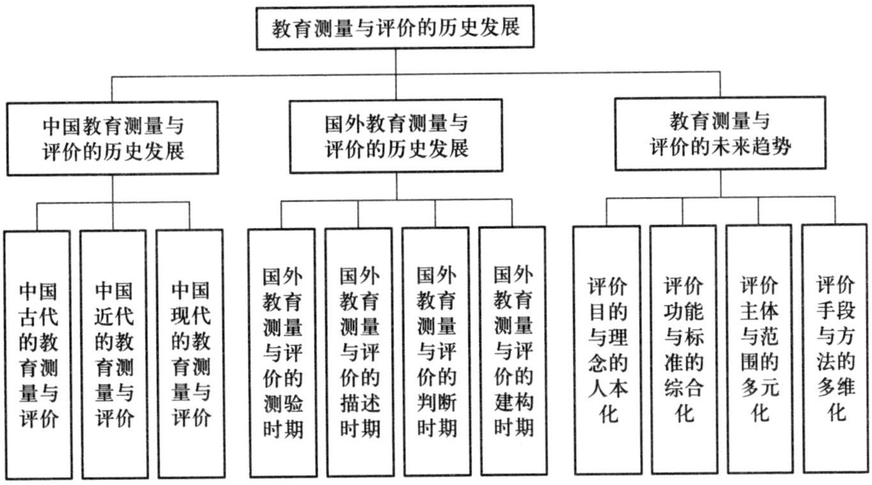

早在西周时期，我国就初步建立了学校教育制度，教育测量与评价也就应运而生。《学记》所载“比年入学，中年考校”就是对当时考核制度的阐述，这也是国内外众多学者公认的世界上最早的人才测量与评价制度。而组织化、系统化的教育测量与评价活动则始于中国隋朝的科举制，该制度在中国延续了约 1 300 年，影响范围波及世界各国。尽管教育测量与评价起源于我国，但其走上科学化发展道路并形成理论体系则始于 20 世纪 30 年代的美国。

【拓展阅读】教育测量与评价的历史沿流

第一节 中国教育测量与评价的历史发展

在教育评价概念正式提出之前，教育评价和教育测量被看作具有同样的含义，从这个意义上说，教育测量与评价的源流实质上就是教育测量的源流。我国古代考试制度发达，开创了教育测量的先河，历朝历代都通过考试选拔人才，影响最大的是延续了近 1 300 年的科举制。

一、中国古代的教育测量与评价

以科举考试制度为分水岭，中国古代教育测量与评价的发展历程可分为两个阶段：第一阶段是从西周到南北朝，属于教育测量与评价的萌芽期；第二阶段是从隋朝开创科举制到清末废除，属于教育测量与评价的发展期。

（一）中国古代的人才选举制度

中国古代的教育测量与评价主要是指科举制形成以前的人才选拔制度，经历了从西周到魏晋南北朝 1 600 年左右的时间，先后出现了选士制度、察举制、九品中正制等主要的测评与考核制度。

1. 西周的选士制度

“学而优则仕”，古代的学校教育与选士制度紧密相连。我国西周时期基本形成了完整的两类两级官学系统，即国学与乡学两类。国学又包括大学、小学两级。“大学在郊，天子曰辟雍，诸侯曰泮宫。”“小学在公宫南之左。”（《礼记·王制》）官学的主要功能是选士，西周的选士制度包括乡里选士、诸侯贡士和国学选士三部分，主要对学生的德行和道艺，即道德品质和学识能力进行考核，具体表现为“六德”（即知、仁、圣、义、忠、和）、“六行”（即孝、友、睦、姻、任、恤）、“六艺”（即礼、乐、射、御、书、数）。

乡里选士从地方教化开始，由掌管土地和教化的大司徒颁政教禁令，“以乡三物教化万民而宾兴之”（《周礼·大司徒》），让乡吏施教于民，乡大夫负责定期考核和推荐，将贤者和能者选送司徒，此谓“乡里选士”，主要在周天子直辖的乡内进行。诸侯贡士则在王畿之外的诸侯国进行，即“诸侯岁献贡士于天子”，“大国三人，次国二人，小国一人”（《射义》），诸侯贡士的时间和人数均有规定，并且天子还要亲自考核所贡之士，依其质量对诸侯国进行奖惩。国学选士从大学开始，与大学考试制度联系紧密。《学记》记载：“比年入学，中年考校，一年视离经辨志，三年视敬业乐群，五年视博习亲师，七年视论学取友，谓之小成；九年知类通达，强力而不反，谓之大成。”① 大乐正从达到“大成”的学生中选拔优秀者推荐给司马，方为进士；而后“司马辩论官材，论进士之贤者以告于王，而定其论，然后官之”（《礼记·王制》），即司马通过考核进士，从而确定贤良达士并授予官爵。可见，作为世界上最早的人才评价选拔制度，西周的选士制度已基本具备了一套严格的程序和规则，这为中国古代教育测量与评价的发展奠定了基础。

---

① 孙希旦. 礼记集解［M］. 北京：中华书局，1989：642.

2. 两汉察举制

两汉人才的选拔，有察举、征辟、任子与纳赀等多种方式，其中最重要的是察举制，即考察推举人才。“察举制肇始于高祖刘邦，初步形成于文帝，定制于武帝。”① 察举制分为岁举和特举，岁举是常科选士制度，包括孝廉和茂才两个科目，由各郡国定期定额举荐。西汉时举孝廉不需参加考试就可授予官爵，而在东汉则必须先参加笔试，即“先举后试”，目的是考察才能，成绩优秀者方可为官。特举亦称召举，是皇帝根据需要不定期下诏书临时决定的特科选士制度，皇帝指定科目并亲自策试，按对策水平授官。《汉书·文帝纪》记载：汉文帝前元十五年（公元前165年）举贤良，文帝出题，题目为“朕之不得、吏之不平、政之不宣、民之不宁”四个策目。这是我国最早的考试题目，也是世界上最早有记载的笔试。察举制开考试制度之先河，如汉武帝制定“岁考制”，后改为两年一试，主要采用“口试”“策试”“射策”等形式考查学生。此外，考试选贤制度不仅适用于学生，太学里的老师也要通过考试评价后才能被任用，如《文献通考·太学》中记载：“始试而后用，盖欲其为人之师范，则不容不先试其能否也。”② 可见，两汉时期学校教育考试制度初步成形，开创了中国古代教育测量与评价推动人才选拔的新章程。

3. 魏晋南北朝的九品中正制

东汉末年，政治腐败，宦官专权、外戚干政，察举制背离了举贤良方正的初衷，加之魏晋南北朝初期国家战乱，可谓“学校久替，人士流播”，乡举里选的察举制无法再继续实行。延康元年（公元220年），魏文帝曹丕采纳吏部尚书陈群的建议，以九品中正制（九品官人法）取代了察举制。九品中正制首先要求设置中正（品评人才的官职名称），司徒依据“贤有识鉴”的标准，选举中央官员在其原籍的郡或州担任小中正和大中正；其次品第人物，中正依据家世、才能和德行对与之同籍的士人进行等第评定，共分为上上、上中、上下、中上、中中、中下、下上、下中、下下九品。品第并非固定不变，中正每月召集一次会议评定或升降士人品第，每三年调整一次品第，称为“清定”。最后按品授官，中正将品第士人的有关材料造成表册，定期送交司徒府，以供吏部选官参考，通常要求官位尊卑与品第高低相符。③ 九品中正制秉承“唯才是举，不计门第”的原则问世。《宋书》所载“盖以论人才优劣，非为世族高卑”，正是对九品中正制初衷的诠释，也是对东汉末期察举制弊病的否定，在一定程度上保证了人才选拔的有序开展。但到了魏晋后期，世族势力膨胀，中正被世族大官垄断，九品中正制沦为其巩固门阀的工具，品第士人仅看家世门第，忽略了才能德行，以致西晋形成了“上品无寒门，下品无士族”的局面。随着门阀制度的衰败，九品中正制在隋朝最终被取代。

（二）科举制度的源起与发展

科举制产生于隋朝，发展于唐朝，废除于清末，是我国封建社会中持续时间最长、影响最大的选士制度。不同于察举制和九品中正制，科举制强调以考试为主，推荐为辅，更加重视考试成绩，进一步巩固了教育测量与评价在人才选拔中的作用。

---

① 刘虹. 中国古代选士制度史［M］. 长沙：湖南教育出版社，1992：29.

② 杨学为. 中国考试制度史资料选编［M］. 合肥：黄山书社，1992：3.

③ 任继愈. 中国文化史知识丛书［M］. 北京：商务印书馆，1997：49.

隋初国家统一后，地主经济得到了较大发展，庶族地主势力增强，迫切要求建立新的选官制度，以打破门阀士族对政治的垄断。隋文帝废除了九品中正制，根据社会需要创设了新的选举科目，分科取士初现端倪。大业二年（公元606年），隋炀帝始设进士科，这标志着科举制正式登上历史舞台，考试作为我国古代教育测量与评价的基本形式得以确立。

唐朝时，科举制日益完善，首先，表现为科目繁多，除沿袭了隋朝的秀才科、明经科和进士科外，还开设了十余门衍生科目和实用型科目。其次，表现为形成了一套严格的组织管理程序，明确规定了考试的类型、科目、时间及考生来源。唐朝的科举考试类型包括常科和制科，武则天时期开创了殿试。常科通常每年进行一次，又称岁举，参加者为“生徒”和“乡贡”①，考试科目有秀才、明经、进士、明书、明算、道科等，其中明经和进士两科倍受尊崇，但等第最高的秀才科由于难度最大而备受冷落；制科完全由皇帝下诏决定，考试时间、科目与录取人数依皇帝喜好而定，且大多是皇帝亲自监考，特殊情况下会由宰相监视；殿试则在“殿陛”内进行，皇帝亲自主考问策。为避免舞弊行为，不仅制订了考试时亲属回避的制度，还要求对试卷进行糊名密封，《新唐书·选举志》记载：“初，试选人皆糊名，令学士考刺”。最后，考试方式也是多样的，包括帖经、经义（墨义和口试）、策问和诗赋等。唐朝的科举制开创了布衣和官吏皆可平等参加考试的先河，巩固了教育测量与评价制度。

宋代的科举制基本沿袭了唐朝，但也有所发展。考试科目大体分为进士、童子、武举等，其中进士科最受重视，其内容包括诗赋、策论和儒家经义。进士前三名分别被称为状元、榜眼和探花。科举考试分贡举和制举两种，贡举分州试、省试和殿试三级，每三年举行一次，士子要依次通过本州考试和礼部考试，方能参加殿试。宋代殿试成为定制，由皇帝亲自策试，通过考试成为“及第”后，才能获得官职。制举是贡举的补充，由皇帝临时下诏不定期进行，唯恐遗漏优秀人才，考生无需经过地方保送。宋代科举取消了门第上的限制，扩大了取士范围，录取名额剧增，《宋史·选举志》记载宋太宗“亲选多士，殆忘饥渴，召见临问，观其才技而用之，庶使田野无遗贤，而朝廷多君子迹”，以致出现“宋有天下三百载，视汉唐疆域之广不及，而人才之盛过之”（《范文正公集》补编《重修文政书院记》）的盛况。与唐朝不同的是，宋朝通过考试即可授官，而不是只取得做官资格，也不需参加吏部考核。此外，宋朝对科举舞弊的防治更加严密，实行糊名、誊录、回避和锁院制，提高了教育测量与评价的公平性。

元代科举制实行时间虽短，但极具特色。一是确立了左榜和右榜，蒙古人、色目人为“右榜”，而汉人、南人为“左榜”，各分三甲，这就导致元朝出现了两榜状元；② 二是程朱理学被纳入考试范围；三是结合宋代的做法，将考试明确为乡试、会试和殿试三级；四是更加严格的规范科举考场制度，《元史·选举志》详细记载了科举搜检、士子答题、考卷验收、考试资格、惩办规定、考务纪律等众多条文规定，更加保证了教育测量与评价的公平性。

---

① “生徒”是指从皇家国子监所辖之六学选拔出来的在籍生；“乡贡”是指由地方州、县长官择优选出的在家自学的士人，两者统称“贡生”。

② 王凯旋. 明代科举制度研究［D］. 长春：吉林大学，2005：11.

明代科举制的发展达到了鼎盛时期，学校的教育地位逐步凸显，《明史·选举志一》有记载："学校以教育之，科目以登进之""科举必由学校，而学校起家可不由科举。"明朝学校分中央国学和地方官学，各地方府、州、县的学校要通过童生试选拔学生，且名额固定，《明史·选举志一》记载："生员之数，府学四十人，州、县以次减十。"明朝科举考试分乡试、会试和殿试三级，乡试三年一次，共三场，以四书五经命题，考查经史时务策，通过乡试即为中举，第一名称解元；会试时间、内容和场次与乡试相同，通过会试成为贡士，第一名称会元；殿试由皇帝出题，只考一场，设三甲，一甲设三名，分别成为状元、榜眼和探花。此外，明宪宗成化年间（1465—1487），八股文开始盛行。八股文的结构由破题、承题、起讲、入题、起股、中股、后股、束股和大结八个部分组成，题目源于四书五经中的原句，文章的思想观点必须以程朱学派的注解为准，对写作句式、语气等也有严格规定。由于八股取士制度僵化刻板，严重束缚了人们的思想，阻碍了学校教育的发展。

【微视频】国内教育测量与评价的历史沿流

清朝的科举制与明代大体相仿，依然采用八股取士的方法，考试内容更加空泛，阅卷较为随意，科场舞弊现象丛生，学校沦为科举考试的附庸。戊戌变法后，兴学校、废科举势在必行。1905 年清政府宣布从次年（1906 年）丙午科起停止科举考试，这标志着科举制在历经了近 1 300 年的演变后，最终退出了历史舞台。

科举制开创了教育测量与评价的新的模式，在教育史上具有重要地位，其强调人才选拔的公平性和真实性，促进了现代教育测量与评价的发展。但是，随着科举制的发展，特别是在封建社会中，科举制也产生了一些消极影响。科举制将教育和做官紧密联系，使儒学逐渐成为统治者奴化臣民的工具，八股取士更在一定程度上导致了教育沦为科举的附庸，不仅束缚了知识分子的思想，更形成了教条主义、形式主义的不良风气，严重毒害了知识分子的精神面貌，败坏了学校和社会风气。

二、中国近代的教育测量与评价

尽管教育测量与评价发源于中国古代，并得到了淋漓尽致的发展，但这种优势并未在近代社会中保持下来。虽然在"五四运动"前后到 1922 年和 20 世纪 30 年代初到抗日战争爆发前，我国开始引介和改造外国教育测量与评价的研究成果，并出现过两个发展高潮，但由于饱受战争摧残，这一时期我国的教育测量与评价时断时续，尤其是随着抗日战争的全面爆发，教育测量与评价运动被迫中断。自此，我国的教育测量与评价水平与西方各国拉开了较大距离。

（一）引介和改造各种测验量表

1919 年五四运动爆发后，国民思想得到了空前解放，此时西方的教育测量与评价思想迅速传入我国，一时间各种自编的、引介的测验量表大量涌现。1918 年，俞子夷根据美国心理学家桑代克（E. L. Thorndike）《书法量表》的编制程序，自编《小学国文毛笔书法量表》，这是出现在我国最早的标准测验；1926 年，陶行知秉承"教学做合一"的原则，编制了我国最早的学校评价量表《乡村小学比赛表》，内容全面涵盖了教师、学生、教学设施、教学的自然和社会成果、经费等多方面的评价。该量表体现的对于学生全面发展、个性发展，教学改革结果，物力、财力的实际效益的评价思想，在世界上是非常早且具有创见的。[①] 此外，该时期智力测验的研究较为盛行。1922 年，美国测验学专家麦柯尔（W. A. McCall）受中华教育改进社的邀请来华讲学，并主持编制了各种应用测验；次年，中国教育改进社组织了全国性的小学教育调查，涉及 22 个城市和 11 个乡镇，共测验 9.2 万名儿童；1924 年，陆志伟将《斯坦福-比纳量表》进行了多次修订并发表。至 1925 年前后，我国编成的中小学教育测量多达几十种，如廖世承的《中学文法测验》、陈鹤琴的《小学文法测验》、中央大学教育学院编制的《小学算术测验》《小学国语默读测验》等。抗日战争爆发后，艾伟组织中央大学的一些师生继续编制测验量表，如《中学语文理解力量表与汉字测验》等。

（二）开展测量理论研究

近代我国学者致力于测量理论研究，引发了 20 世纪二三十年代的教育测量运动，并取得一定的成就，主要表现为测量课程的开设以及《测验》杂志的创办。1920 年，廖世承和陈鹤琴在南京高等师范学校开设测量课程，并于 1921 年出版了《智力测验法》一书，这是我国正式应用科学心理测验的开端，标志着我国教育测量与评价运动的开始。1922 年，由费培杰翻译的比纳—西蒙《儿童心智发达测量法》、张秉洁和胡国钰的《教育测量》、吴天敏的《中国比纳西蒙智力测验之经过（第二次修订）》等大批教育测验类理论著作相继出版。在艾伟、陆志伟、陈鹤琴等人的倡议组织下，中国教育测量学会于 1931 年成立，开始对测验理论进行专门研究，这是我国教育测量和评价方面的第一个学术研究组织。1932 年，《测验》杂志创刊，教育测量与评价出现研究高潮。中国教育测量与评价运动仅持续了十余年，在此期间关于教育测量与评价的研究逐渐开始，后因 1937 年日本全面侵华而被迫中断。

三、中国现代的教育测量与评价

随着社会经济的发展和教育改革的推进，教育测量与评价在教育领域中的地位越来越重要。20 世纪中期以后，我国通过引进西方先进的理论与方法着力复苏教育测量与评价的本土研究。

（一）教育测量与评价复苏

新中国成立初期，我国的教育主要以学习苏联模式为主，对学生的测评，也是借鉴苏联的五级分制法，即依据学生的成绩，按照规定的各级分数标准计分。20 世纪 60 年代，由于中苏关系的破裂及后来“文化大革命”的影响，我国的教育测量与评价研究基本处于停滞状态。在这期间，西方的教育测量与评价思想和制度未能及时引进，我国教育测量与评价发展滞后。在此背景下，我国对教育测量与评价的需求日益迫切，恢复并重建势在必行。随着教育改革的不断深化，如何端正办学方向，提高教育质量，保障教育事业的健康发展，需要强有力的监控与指导；如何科学地测评教师和学生，克服片面追求升学率的弊端等都迫切需要教育测量与评价的理论指导。

直至 1977 年，我国恢复了高考制度，部分地区和学校积极开展教育测量与评价的研究和实践，现代教育测量与评价的理论研究和实践得以恢复和发展。1981 年和 1983 年，

---

① 朱德全，宋乃庆. 教育统计与测评技术［M］. 重庆：西南师范大学出版社，2013：224.

国务院学位委员会对全国高等院校进行了评议，并在浙江大学开展评议试点工作。同年，华东师范大学心理系与上海市教科所联合进行了新的学科考试研究，开启了我国的学科评价工作。1985 年 6 月，教育部在黑龙江镜泊湖召开教育工作会议，这标志着我国教育教学评价工作的起步。1986 年，国家教委成立了督导司，各地行政部门也设立了督导机构，加强了对教育的管理与监督，一时间有关教育测量与评价的工作蓬勃开展。此外，20 世纪 80 年代中期以后，教育测量与评价课程陆续在高等师范院校开设；20 世纪 90 年代中期部分师范院校开始招收教育评价的研究生。同时，关于教育测量与评价的论文、专著大量涌现，其范围覆盖了教育测量与评价的理论构建与实践技术，学校评价、学生评价、教师评价、课程评价、考试评价、学科评价等各类评价工作开始全面复苏。

这一时期，尤其是改革开放后，随着教育改革的不断深入，以及我国教育实践发展的需要，教育测量与评价受到了人们的普遍重视，并逐步得到了恢复和发展。加之国外先进的教育测量与评价思想纷纷传入我国，使得我国教育测量与评价在理论和实践上都获得了空前发展，开始走上科学化、规范化道路。

（二）教育测量与评价蓬勃发展

为满足改革和发展教育的需要，我国在系统引入并学习西方教育测量与评价的理论和科学方法的基础上，开展了有规模、有组织的本土化研究。尤其是在 20 世纪 80 年代中后期，关于教育测量与评价的研究活动如雨后春笋般涌现，概括起来主要有以下三点。

一是成立研讨班和举行学术会议，广泛开展对外交流与合作。1985 年 4 月，教育部主持召开了标准化测试及选拔考试国际讨论会。同年 6 月，教育部召开了“高等工程教育评价专题讨论会”，这是我国首次召开的全国性教育评价研讨会。1986 年 9 月，布卢姆（B. S. Bloom）受邀来华举办“教育评价专题学术报告会”。1987 年 8 月，我国的北京大学和美国的“美中教育服务机构”联合举办了首次“中美教育评估研讨会”。通过这些学术交流活动，国外先进的教育测量与评价理念纷纷传入我国，有力地推动了我国教育测量与评价的发展，缩短了我国与欧美各国的差距。

二是在借鉴国外理念的基础上积极开展本土化研究，加强理论与实践的联系，构建具有中国特色的教育测量与评价体系。1982 年，吴天敏修订的中国版《比纳-西蒙》量表出版，龚耀先修订了韦克斯勒《成人智力量表》《成人记忆量表》和艾森克的《人格量表》等，林传鼎和张厚粲编制了中国《少年儿童学习能力测验》等工具。除此之外，广大理论研究者与实践工作者紧密结合，运用教育测量理论对高考进行科学分析，在试卷编制、成绩计算等方面进行了深入研究。基于教育评价理论的指导，我国还编制了各种评价方案，并进行了相关试验。最具代表性的是《基础教育课程改革纲要（试行）》中有关评价改革的建议，不仅指出评价改革的目标是“改变课程评价过分强调甄别与选拔的功能，发挥评价促进学生发展、教师提高和改进教学实践的功能”，还要求建立三个评价体系以促进学生发展。可见，我国教育评价的价值取向正在转向以人为本、关注过程和关注发展。

三是关于教育测量与评价的行政法规文件相继出台，专门的教育评价机构成立。如 1984 年，我国正式加入了“国际教育成就评价协会”，并在中央教科所建立了“中国国际教育评价中心”，这标志着我国现代教育评价研究和实践的开始；1990 年，我国出台了《普通高等学校教育评估暂行规定》，这是新中国成立以来第一个关于教育评价的行政法规文件，标志着我国的教育评价工作开始走向规范化和制度化；1993 年，《中国教育改革和发展纲要》颁布，该文件对各级各类教育质量标准及评估指标体系的建立作了明确规定。在研究队伍方面，也呈现出了专门化与规范化的趋势。全国各地先后设立了专门的测量与评价机构，比如，1988 年 12 月，中国教育学会教育统计与测量研究会成立；1990 年，全国普通教育评价专业委员会的成立，标志着我国第一个教育评价学术团体成立。由此可见，我国现代教育测量与评价工作有了较好的制度保障和人才支持。

进入 21 世纪后，我国的教育测量与评价进入了深化与发展时期。一方面，教育评价的体制机制逐渐完善。自第八次新课改以来，我国深入推进了教育评价的科学化发展。2014 年，教育部印发《关于全面深化课程改革落实立德树人根本任务的意见》，其中指出要加强考试招生和评价的育人导向，加快推进考试招生制度改革，指明了教育评价在新时期的发展方向。2020 年 10 月，中共中央、国务院正式印发《深化新时代教育评价改革总体方案》，这是我国第一个关于教育评价系统改革的文件，也是指导深化新时代教育评价改革的纲领性文件。该文件明确把立德树人成效作为根本标准；坚决克服唯分数、唯升学、唯文凭、唯论文、唯帽子的顽瘴痼疾；坚持科学有效，改进结果评价，强化过程评价，探索增值评价，健全综合评价。另一方面，在教育信息化的背景下，教育测量与评价的实践形式呈现多元化发展。一些教育测量理论，包括真分数理论、项目反应理论、概化理论，还包括效度理论、信度理论、等值、链接、定标、考试开发理论和技术、评分量表理论等，在实践中得到了广泛的应用。同时，随着人工智能、大数据等技术的运用，还出现了学习增值评价、自适应测试和学科能力测验等。然而在教育测量与评价的发展过程中，我国在很多方面还存在较大的发展空间，这就要求我国应该更加重视教育测量与评价在理论和实践领域的纵深发展，构建符合中国实际、具有世界水平的教育测量与评价体系，加快推进教育现代化、建设教育强国、办好人民满意的教育。

第二节 国外教育测量与评价的历史发展

在 20 世纪 30 年代以前，教育测量与评价无论在理论上或是实践上都未形成体系。学界对于划分西方教育测量与评价的历史阶段，有着不同的看法。一个学科的产生与发展往往没有一个绝对鲜明的界限，而只有一个相对清楚的时间段。

【微视频】国外教育测量与评价的历史沿流

美国评价专家古巴（E. G. Guba）和林肯（Y. S. Lincolu）于 1989 年出版了《第四代教育评价》一书，其中提出了第四代教育评价的基本理论。将教育评价的发展过程划分为了四大时期：第一代评价理论是从 19 世纪末到 20 世纪 30 年代，以考试和测验为主要特征；第二代评价理论是从 20 世纪 30 年代到 20 世纪 50 年代，以泰勒模式为代表；第三代评价理论是从 1957 年到 20 世纪 80 年代，以把评价作为一种价值判断；第四代评价理论从 20 世纪 80 年代中期开始直至今天，共同建构、全面参与、多元价值的评价思想也逐渐兴起和发展。根据这一划分依据，我们把国外教育测量与评价的发展阶段分为测验时期、描述时期、判断时期与建构时期。

一、国外教育测量与评价的测验时期

19 世纪中叶，工业革命推动了自由资本主义在欧美的全盛发展，激烈的自由竞争刺激了考试制度的推行，如上大学要参加考试，做售货员要参加考试，当海军也要参加考试，……但早期的笔试随意性较大，合理性受到了质疑。在这种情况下，一些学者试图开发相关量表，加之实验心理学的异军突起，心理测验的方法被引入到教育测量中，使得教育测验逐步向客观化和科学化发展。

（一）笔试的引入

在 19 世纪上半叶以前，西方的教育测量与评价主要以口试的形式存在。学校对学生的考评采用逐个口试的方式进行，这种针对不同学生采用不同问题进行口试的考核方式，缺乏统一的测量与评价标准，且效率较低。随着工业革命的发展和学校教育的普及，这种逐一口试的方式显然不能满足现实的需要。1702 年，英国剑桥大学率先用笔试代替了口试，成为西方学校笔试的开端，随后美国也在公立初、中等教育学校实行笔试，这在教育测评史上具有划时代的意义。1845 年，美国著名教育家贺拉斯・曼（H. Mann）提出在波士顿市采用笔试的方式考查学生，并迅速得到了推广和发展，开辟了用相同试卷测量众多学生的新篇章。笔试的引入，是教育测量与评价向标准化、客观化方向发展的重要体现，但早期的笔试在命题和评分过程中随意性较大，客观性不强。

（二）科学测验的发端

为了客观、科学地评定学生的笔试成绩，增强教育测评的可靠性，许多研究者开始进行量表开发。1864 年，英国学者费舍（G. Fisher）编制了《作业量表集》，这是他根据所搜集到的不同水平学生的语法、拼字、算术、作文、历史等学科成绩样本编制而成，在一定程度上为学生成绩的测评提供了客观标准。费舍的工作具有开创性，他被后人称为客观化考试的先驱者。但由于该量表主要是依据费舍本人的主观经验而制定的，因此客观性受到了限制。

1869 年，英国遗传学家高尔顿（F. Galton）在长期研究个体差异的基础上，发表了《遗传的天才》一书，拉开了教育测量的序幕。1879 年，德国心理学家冯特（W. Wundt）在德国莱比锡大学成立了心理学实验室，开始用实验的方法研究心理现象，还探索出了一套测量方法，这为教育测量与评价的发展提供了指导。1883 年，高尔顿在其著作《人类才能及其发展的研究》一书中首先提出了“测验”“心理测验”两个术语，并于 1884 年创设了“人类学测量实验室”，设计出许多统计方法，更好地促进了教育测评结果的量化。之后，美国学者莱斯（J. Rice）提出要用统一测验的方法去考查学生的成绩，在 1895 年至 1905 年间，他编制了拼写、算术、语言等测验，其中拼写测验就是让学生根据要求写出单词，他曾对 20 所学校的 16 000 名学生做了 50 个单词的拼写测验，并于 1897 年公布测验结果，引起了人们的极大关注，增强了学术界对教育测量与评价的重视程度，他本人也被誉为客观测验的创始人。

这一时期出现了许多比较有代表性的标准测验。如在智力测验方面，1905 年，法国的比纳（A. Binet）及其助手西蒙（T. Simon）设计了第一个智力量表，即《比纳-西蒙量表》，后又分别于 1908 年和 1911 年进行了修订，不仅废除旧测验，添加新测验，并将“智力年龄”引入量表，奠定了智力测量的基础，在心理与教育测量史上具有划时代的意义。美国斯坦福大学心理学教授推孟（L. M. Terman）对《比纳-西蒙量表》进行了长达五年的研究和修订，并于1916年推出了研究成果《斯坦福量表》，测试内容更加多元，适用范围更加广泛，加之引入了“智力商数”，使得测验结果也更加明确。在人格测验方面，1921年华纳德（G. G. Fernald）尝试进行了人格测验；1924年至1929年，哈芝恩（H. Hartshorne）等人组织了人格教育委员会，专门研究人格测验工具，并不断加以改进，使之精密程度提高。1904年，教育测量之父桑代克出版了《心理与社会测验学导论》一书，详细介绍了统计方法和编制测验的基本原理，并提出“凡物的存在必有其数量”的著名论断，为教育测量学的发展提供了理论支撑。1908年，桑代克的学生斯顿（C. Y. Stone）发表了数学标准测验，次年桑代克根据统计学原理，编写了《书法量表》《作文量表》《图画量表》等标准测量工具，使教育测量走上了科学化道路。1922年，美国测量学家麦柯尔提出“凡有数量的东西都可以测量”的论断。正是基于桑代克和麦柯尔等人的倡导和创新，美国的成就测验、人格测验等多种标准化测验得到了较快发展，且成立了专门的测验研究机构，有效推动了教育测量的发展。

概括而言，测验时期的教育测量与评价追求测量结果的客观化与标准化，通过编制各种测量量表，并按照严格的规范和精准的指标来测定学生的各种心理品质。“智力测验”是当时最流行的工具，并一度成为衡量学生一切成就的标准。作为第一代评价理论，评价的实质是“测量”，因此这一时期可称为“测验时代”。客观地说，教育测量固然有利于对学生的学业成就进行精确化评价，但是一方面它并不能说明学生的学习状态、兴趣、情感以及其他各种能力，不利于学生的个性发展；另一方面，这一时期的测验只强调了信度，并不足以说明效度。

二、国外教育测量与评价的描述时期

随着教育测量运动的发展，人们逐渐认识到，教育测量虽能使考试更加客观和标准，避免了传统测验的主观片面性，但其只侧重对学生知识掌握情况的测量与评价，而忽视了学习兴趣、态度和人格等发展方面，这就难以实现对学生的全面评价。因此，从20世纪30年代起，人们开始反思教育测量与评价，寻求更科学的方法，真正的教育测量与评价应运而生。这一时期为20世纪30年代到50年代，以泰勒模式为代表，主要特征是对测验结果进行“描述”。

（一）“教育评价”的提出

【拓展阅读】
八年研究

1929—1933年，经济危机席卷了美国，教育上危机也随即而来。经济大萧条的背景下，大量工人下岗、工厂倒闭，一时间社会上出现了大批失业青年。于是他们便纷纷涌向学校，使得学校的学生人数空前扩大。由于当时美国中学受大学入学考试的评价指挥棒影响，所开设的课程无法适应失业青年的需要。为解决这一矛盾，美国俄亥俄州的泰勒（R. W. Tyler）受进步主义教育协会邀请，主持了为期八年的课程与评价研究。泰勒及其同事在7所大学和30余所中学中开展了教育改革实验。在该实验中，泰勒等人设计了两百余种标准测验，提出了新的量表和评估理论，并在1942年发布的《史密斯-泰勒》报告中，正式提出了“教育评价”概念，即“在本质上，评价过程乃是一种测量课程

和教学方案在多大程度上达到了教育目标的过程”[①]，使之与教育测量区别开来，因此泰勒被称为“教育评价之父”。泰勒极为重视教育目标，他认为对教学效果的评价应该以教育目标为指导，教学活动的结果要尽量达到预期的教学目标。基于此，泰勒主张行为目标模式的教育评价思想，这在历史上有着深远的影响，后期的多种评价思想都是在其基础上衍生的。

（二）对目标的“描述”解释

泰勒认为，如果教育的目标是高级智慧技能，那么就应该针对这些技能进行测量，但以往教育测量运动的测验多是围绕教科书展开的，测验内容只是要求学生记诵教材的知识内容，却无法说明人的高级智慧技能，如学习兴趣、创造力、社会态度等。由此，泰勒提出了教育评价较为完整的指导思想和方法：第一，教育是改变人的行动方式的过程；第二，教育目标是指人的各种行动方式的变化；第三，教育能够根据对该目标实际完成情况的分析进行评价；第四，人的行动是复杂的，所以要从各个方面进行评价；第五，仅靠纸笔的测验是不充分的，应采用包括观察行动在内的更为广泛的方法。同时，泰勒将教育评价过程分为四个步骤：首先，确定教育目标；其次，设计评价情境；再次，选择和编制评价工具；最后，分析评价结果。

【拓展阅读】泰勒的课程评价模式述评

为了更加明确各类教育目标，使教育评价达到预期效果，1956 年美国心理学家布卢姆对认知领域的教育目标进行了科学分类，随后克拉斯沃尔（D. R. Krathwohl）等人又对情意、技能领域的教育目标进行了分类研究。以上研究充实和完善了教育目标分类理论，使教育评价走上了科学化的发展道路。

这一时期评价目标不再只是关注学生本身，而是更加关注什么样的学习目标模式对学生最有效；评价手段也从单一的纸笔测验扩展到对观察、问卷、访谈等方法的运用。泰勒所提出的教育评价在对已有测验结果的基础上增加了“描述性”解释，评价者要描述学生的行为表现，以及教育目标在多大程度上得以实现，因此这一时期被称作“描述时代”。

三、国外教育测量与评价的判断时期

早期的教育测量与教育评价一般是具有相同意义的，但自 20 世纪 30 年代教育测量遭到批判后，教育评价引起了人们的普遍重视，一时间关于成为了主要研究对象，同时教育测量也在反思中继续前进。尤其是 20 世纪 60 年代后，新的测量理论和模式相继问世，如项目反应理论、潜在等级分析理论、概化理论等，各种理论兼容并蓄，使得教育测量的理论与实践进入了深入发展阶段。

（一）各种教育评价模式的涌现

1957 年，苏联人造卫星发射成功，震惊美国朝野。1958 年，美国颁布了《国防教育法》进行课程改革，制定了数学、自然科学和外语教学的改革方案，并拨出专款用于评价这些课程改革。在此过程中，部分评价工作者开始对泰勒的目标模式进行批判质疑，并从不同角度对教育评价进行了研究，由此各种评价的理论观点和方法应运而生。

---

① 王致和. 高等学校教育评估［M］. 北京：北京师范大学出版社，1995：18.

1963年，格拉泽（R. Glaser）提出要用标准参照测验代替常模参照测验，主张教育评价应当重视目标评价。同年，克龙巴赫（Cronbach）主张将评价作为搜集和报告对课程研究有指导意义的信息的过程，而不应该成为评价竞争成绩的工具。1966年，斯塔弗尔比姆（D. L. Stufflebeam）提出了决策导向（即CIPP）评价模式，他认为评价不能仅局限于目标的达到程度，而应对整个方案的实施全程进行评价，包括背景评价、输入评价、过程评价、成果评价，同时还强调对目标的合理性和可行性的评价。1967年，斯克里文（M. Scriven）提出了目标游离模式，他反对对既定目标进行评价，强调评价中被评价者的利益和需要，评价应当以"活动参与者的意图"为依据，具有民主性和开放性。1973年，斯塔克（R. E. Stake）提出应答评价模式，他主张价值观念的多元化，通过客观描述使评价结果具有弹性。此外，还有欧文斯（T. Owens）等人提出的对手模式。这些不同的教育评价模式为教育评价的发展带来了生机，有利于传统评价方式的革新。

（二）把评价作为一种价值判断

这一时期涌现出了多种评价模式，它们适用于不同的范围，使得教育测量与评价呈现出生机勃勃的发展趋势。而且各种评价杂志机构、评价中心、评价委员会纷纷创立，极大程度地推动了教育测量与评价的发展。第三代教育评价理论是基于教育价值论的研究范式，其重视客观事实与主观标准的价值判断，因此"判断"成为这一时期的特色。

把评价作为价值判断的过程，强调评价不能停留于描述时期对预定目标的结果描述，需要对预定目标本身进行价值判断。因此，评价要突破预定目标这一不变的标准限制，考虑到过程本身的价值。较之于测验时期与描述时期，判断时期将"价值判断"的问题引入到教育测量与评价中，而且将之作为教育评价工作的重点。可以看出，20世纪50年代以来的教育测量与评价不仅要收集各种参数去描述事实，更要帮助其制定一定的判断标准。由此，西方国家的教育测量与评价真正进入到专业化的发展时期。

四、国外教育测量与评价的建构时期

20世纪80年代以来，西方教育测量与评价的发展进入了相对稳定的成熟期，各种研究机构、测量组织、评价组织和专业性杂志、专著等纷纷涌现，教育测量与评价的专业化水平得以不断提高。这一时期被称作建构时期，影响较为深远的是由古巴和林肯提出的第四代教育评价的基本理论、英国的发展性教师评价制度和美国的表现性评定等。

（一）第四代教育评价理论

古巴和林肯是"第四代教育评价"的创立者，这一思想最早出现在他们合著的《有效的评价》和《自然主义的研究》这两篇文章中。1989年，他们的《第四代教育评价》专著出版，将教育评价之前经历的三种理论形态称之为"前三代教育评价"理论，并提出了第四代教育评价理论的基本观点。

古巴和林肯首先指出了"前三代教育评价"理论存在的不足：一是把评价对象及其他一切有关的人排除在外，容易造成评价者与评价对象之间的紧张关系；二是忽视了其他价值体系在评价中的作用，没有关注到文化差异造成的"价值差异"，使得评价难以被各种文化背景下的人普遍接受；三是过分强调评价中的"科学方法"，缺少对背景因素的重视，导致评价过程缺少灵活性。基于此，他们提出了第四代教育评价理论，其核心思想是共同建构、全面参与和多元价值。

“第四代教育评价理论”的主要观点是：第一，把“评价”看作所有参与评价的人共同建构的过程，关注每个人的人格与尊严，打破了评价者与评价对象之间的对立紧张关系，强调人人平等，提升了评价对象的“主体”地位；第二，认为评价的实质是参与评价的主体对评价对象的主观认识，要通过“协商”形成“心理建构”；第三，评价与参与评价活动的人们的生理、心理以及社会和文化条件有关，这些物质性、精神性条件是评价工作得以顺利开展的基础。但是第四代教育评价也存在片面性。一方面，它对“前三代评价”的批驳缺乏辩证的观点，只是简单地进行了全面否定；另一方面，其虽然主张“建构主义的方法”，但完全信奉建构主义的相对本体论，排斥世界的客观性，具有陷入唯心主义的嫌疑。

（二）发展性教师评价制度

1985 年，英国颁布《把学校办得更好》白皮书，开始推行以促进教师未来发展为目的的发展性教师评价制度。此前，英国主要实施的是以奖惩为目的的教师评价制度，即以对教师表现的评价结果为依据，作出解聘、降级、减薪或加薪、晋级等决定。由于该评价是自上而下的，且未能充分调动教师的积极性，因此，发展性教师评价应运而生。发展性教师评价主张教师之间要相互进行评价，让评价者与评价对象共同参与制定未来的发展目标，而非把评价作为奖惩的机制。这种新型评价方式有效地促进了教师的专业发展。

（三）表现性评定

表现性评定是目前国际上较为流行的一种学生成绩的评定方式，它建立在对传统测验方式批判的基础上。第一，表现性评定认为传统的测验方式没有关注到学生未来成功所需要的能力；第二，传统评定方式重视的是学生的学习结果而非学习过程；第三，传统评定方式，如标准化测验，每年只会进行一两次，无法连续追踪学生的学业过程。20 世纪 80 年代，表现性评定在艺术、历史、写作等学科中得到运用，美国一些州也采取了立法的形式加以规定，对学生的学业成绩评价要从标准化测验转向表现性评定。在国家层面，新标准方案也尝试使用表现性评定，并建议国家教育目标委员会将此方法运用于国家教育考试系统中。

第三节　教育测量与评价的未来趋势

纵观国内外教育测量与评价的发展历程，其专业化、现代化程度越来越高，未来的教育测量与评价也必将沿着此方向深入发展。2020 年 10 月，中共中央、国务院印发了《深化新时代教育评价改革总体方案》，为此后教育测量与评价的发展指明了方向。具体而言，未来教育测量与评价的特点及发展趋势主要体现在以下四个方面。

【拓展阅读】
教育评价的历史变迁

一、评价目的与理念的人本化

早期的教育测量与评价侧重于对学生知识、技能的考查，目的在于鉴定和选拔人才。但随着教育的发展，教育测量与评价所关注的重点不再是如何鉴别学生，而是如何激励学生，更加重视学生的主体性与能动性，因为人们意识到教育测量与评价只是一种手段，其最终目的是促进学生的发展。因此，未来的教育测量与评价将把视野重新投向人本身的发展，注重人的个体意识与精神成长，强调评价不仅是为了选拔与甄别，更是为了人的全面发展，使学生学会自我评价，并在此过程中发现自己、肯定自己、成就自己，其根本目的在于促使个体最大可能地实现其价值。这种评价目的是基于人本主义教育的价值取向而提出的，旨在通过评价揭示教育的内在价值，促使个体在评价过程中深入理解自身的内心世界与精神生活，并通过评价引导个体进行反思与修正，进而明确对人生意义与幸福生活的追求。

二、评价功能与标准的综合化

教育测量与评价具有多重功能，如诊断功能、选拔功能、导向功能、发展功能以及管理功能等。在早期的教育测量与评价中，诊断功能与选拔功能占据了主导位置。但教育测量与评价本身不是目的，而是一种方法，是为实现教育目的和教育目标而服务的。在推进教育现代化，实现教育高质量发展的背景下，教育测量与评价的功能将日趋综合化，在发挥已有基本功能的基础上，要强化其发展性功能，通过教育测量与评价促进学生全面发展、引领教师专业发展、推进学校质量发展。在教育测量与评价的过程中，贯彻落实立德树人教育根本任务，把立德树人成效作为教育测量与评价的根本标准，同时优化完善各级各类学校的评价标准，从“同质唯一”的标准走向“多元综合”的标准，改变“一把尺子量所有”的评价局面，坚决克服唯分数、唯升学、唯文凭、唯论文、唯帽子的顽瘴痼疾。

三、评价主体与范围的多元化

以往的教育测量与评价主要是由教师主导的，学生是被评价者，而随着新课改以来，以学生为本的思想不断深入人心，在教育测量与评价中，教师逐渐从主导者变为指导者，学生逐渐从被评价者成为评价主体。未来的教育测量与评价将由单一主体向多元化主体演变，学生、家长、教师、专家等教育活动的利益相关者都将广泛参与到教育测量与评价中。多元主体的参与有利于消除各主体间测量与评价的信息差以及因信息不对称而产生的主体间的权力差，由此确保多元主体在教育测量与评价中的平等地位，使评价主体从一种紧张猜忌的对立关系走向共生发展的价值关系。同时，各主体的广泛参与，对测量与评价全程的各要素、各环节进行动态分析，使得教育测量与评价的过程更加开放。此外，教育测量与评价几乎涵盖了教育的所有领域和过程，如学生评价、教师评价、课程评价、教学评价、质量监测等。面向未来，教育测量与评价的范围也更为广阔和全面，从知识水平的测量转向对人的素养的全面评价，不仅将突破传统知识测评的片面性，而且更加关注对学生学科素养、情感态度、问题解决能力、合作探究能力、终身学习能力与实践创新能力等方面的全面评价。

四、评价手段与方法的多维化

随着信息技术的发展和网络的普及，现代科学技术被广泛运用于当代的教育测量与评价，计算机化测验成为新的发展趋势，教育测量与评价的现代化程度不断加强。在此背景下，未来的教育测量与评价将与信息技术实现深度融合，并从单一机械的纸笔测验走向多维灵活的评价形式。一是在方法的使用上，不再片面追求实验设计或单纯地进行量化处理，而是强调定量与定性相结合。而且在大数据的支持下，结构化、半结构化和非结构化数据可以进行综合处理，完成对定量评价和定性评价的统整，有效避免因单一量化评价导致的绝对性，从而增强评价结论的科学性。二是在工具的开发与使用上，基于信息技术情境下的测评工具不断涌现，如以游戏操作情境实现对学生高阶思维能力的测量；在技术情境下实时跟踪教与学的动态互动，监测教学质量等。值得强调的是，技术的介入固然有利于确保教育测量与评价结果的有效性与科学性，但我们应该持有更加审慎的态度对待教育测量与评价，以保证其结果的合理性。由于不同个体所具备的条件、所面临的情况可能不一样，用统一的标准进行测量与评价难以得到有效的结果。因此，采取更加谨慎的态度，进行更加全面地分析，这是教育测量与评价发展的必然走向。

本章小结

本章主要从国内与国外两个角度梳理了教育测量与评价的发展历程，并在此基础上，展望了未来教育测量与评价的发展趋势。中国的教育测量与评价以时间轴为单位，大致分为三个阶段：古代的教育测量与评价以科举制为分水岭，包括古代人才选拔制度的萌芽期与科举制时期两个阶段；近代的教育测量与评价开始引介和改造外国教育测量与评价的研究成果，出现过两个发展小高潮，但受战争影响，发展时断时续；现代的教育测量与评价全面复苏并蓬勃发展，走上了开放化、本土化与规范化的发展道路。国外的教育测量与评价发展以古巴与林肯的“第四代评价理论”为划分依据，包括四个时期：测验时期（19世纪—20世纪30年代），以考试和测验为主要特征；描述时期（20世纪30年代—50年代），以泰勒模式为代表，关注对目标的解释；判断时期（20世纪50年代—80年代），把评价作为一种价值判断；建构时期（20世纪80年代至今），强调共同建构、全面参与、多元价值的评价思想。面向未来，教育测量与评价的发展主要呈现出四大趋势，即评价目的与理念的人本化、评价功能与标准的综合化、评价主体与范围的多元化以及评价手段与方法的多维化。

思考与练习

1. 简述教育测量运动与教育评价运动。
2. 简述20世纪初期教育科学化运动对我国教育测量与评价的影响。
3. 概括教育测量与评价的未来发展趋势。

推荐阅读

1. 蔡晓良，庄穆. 国外教育评价模式演进及启示［J］. 高教发展与评估，2013，29（2）：37-44.

2. 刘志军，徐彬. 教育评价：应然性与实然性的博弈及超越［J］. 教育研究，2019，

40（5）：10-17.

3. 刘振天. 教育评价破“五唯”重在立“四新”［J］. 国家教育行政学院学报，2020（11）：13-15.

4. 袁建林，刘红云. 过程性测量：教育测量的新范式［J］. 中国考试，2020（12）：1-9.

5. 宋怡，马宏佳. 加拿大安大略省 K-12 学校有效性评估框架述评［J］. 教育测量与评价，2020（10）：26-35.

第三章　教育测量与评价的基础理论

学习目标

1. 理解经典测量理论、项目反应理论、概化理论的核心观点、优缺点及在实践中的应用。

2. 理解发展性评价理论的内涵、特点、类型及应用。

知识导图

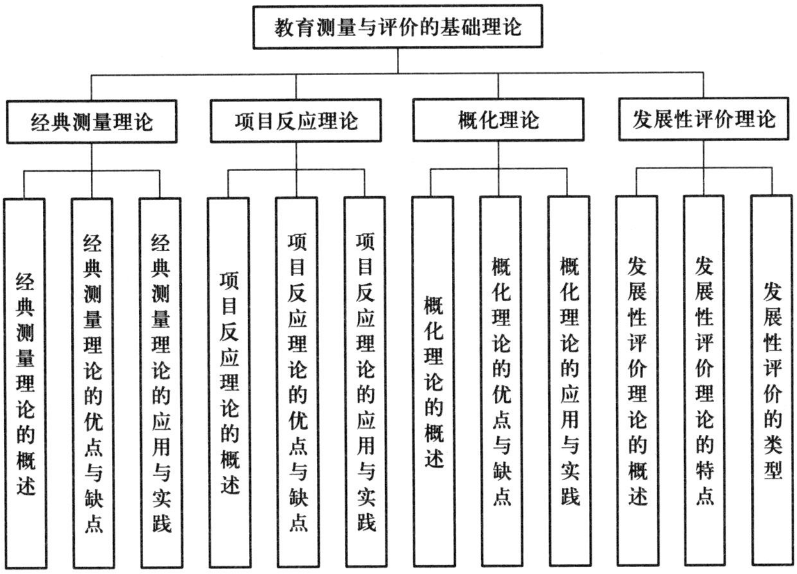

随着教育改革的不断深化，社会各界对教育改革的成效越发关注，希望通过科学的手段对教育改革的成效作出合理判断，由此对教育测量与评价寄予厚望并不断提出更高的要求，进而推动了教育测量与评价在理论上与实践上的发展。理论并不是苍白的，而是行动的先导。作为测评实施工作的基础和指导，教育测量与评价的理论主要涉及教育测量学与教育评价学两大领域，涵盖了经典测量理论、项目反应理论、概化理论、发展性评价理论等基础理论。

第一节 经典测量理论

经典测量理论是测量史上最早出现的测量理论，有着悠久的发展历程。经典测量理论以真分数模型为基石，通常又被称为“真分数理论”，是最早实现数学形式化的测量理论。

【拓展阅读】经典测量理论的概述

一、经典测量理论的概述

经典测量理论萌芽于17世纪第莫菲尔（Demoirer）关于测量的随机误差服从正态分布的思想。到19世纪初期，斯皮尔曼（Spearman）、皮尔逊（Pearson）等人在智力测验方面的研究将经典测量理论向前推进了一步，于20世纪30年代形成了较为完整的体系。1968年，洛德和诺维克在《心理测验分数的统计理论》一书中对经典测量理论进行了详细的阐释，将其推至顶峰状态，有效地实现了向现代测量理论的转换。经典测量理论对心理与教育测量理论和实践的贡献是巨大的，它往往被认为是后期出现的一些测量理论的基础，如今的一些通用测验依旧是根据经典测验的方法编制的，我国关于教育测验的信度与效度理论，也是以经典测量理论为基础的。

（一）经典测量理论的“三个核心词”

经典统计测量的“三个核心词”，即“真分数”“观测分数”和“误差分数”。真分数（true score，一般记作 T），即被测者在所测特质上的真实值。被试在无数个平行测验上得分的平均值称为期望值，一般记作 ε。观测分数或观测值（observed score，一般记作 X），即用一定的测量工具进行测量而直接获得的值，也叫实得分数。若一个人的某种心理特质可以用平行测验反复测量足够多次，则其观测分数的平均值接近于真分数，用公式表示为：$\varepsilon=T$。但是，由于测量往往伴随有误差的存在，致使观测值并不一定等于所测特质的真实值，而测量误差所导致的偏差分数即为误差分数（error score，一般记作 E）。测量误差越小，观测分数越接近或逼近真分数。可见，观测分数必然由测量的真分数和测量的误差分数共同构成，若要获得测量的真实值，需要从测量的观测分数中将误差分离出来。观测分数（X）与真分数（T）之间是一种线性关系，并只相差一个随机误差，即：$X=T+E$。

（二）经典测量理论的“三个基本假设”

假设之一：真分数的恒定性。具体是指在某个特定的问题情境中，反映个体某心理特质水平与程度的真分数是假定不变的，其为一个常数，具有某种程度的稳定性，因而测量的任务就是估计这一真分数的大小。

假设之二：误差具有完全随机性。误差的完全随机假设又包括三个方面的含义。第一，测量误差是一个平均数为零的正态随机变量。其基本含义为，在多次测量中，观测分数会出现上下波动的情况，测量误差也会出现正负之分，若误差值为正数，代表观测分数高于实际的分数；若误差值为负数，则代表观测分数低于实际的分数。在测量中，如果测量的次数足够多，正负误差之间便会相互抵消，那么测量误差的和、平均数都刚好为零。其数学表达式为：$\sum(E)=0$，$\overline{E}=0$（其中 E 为测量误差）。第二，测量误差分数与真分数之间相互独立，也可以说是误差分数与真分数之间的相关为零。其数学表达式为：$\rho(T, E)=0$。第三，测量误差之间以及测量误差和所测特质外的其他变量之间也是彼此独立的，相关性为零。其数学表达式为：$\rho(E_1, E_2)=0$。而由第二条和第三条结论可以得知，E 只是随机误差，其并没有被包含在系统误差之内。不仅如此，平行测验的误差分数之间的相对独立性，也进一步保证了误差的随机性。

假设之三：观测分数是真分数与误差分数之和。这假定观测分数与真分数之间是一种线性关系，用表达式可以表示为：$X=T+E$。这也是真分数理论的经典数学模型。

（三）经典测量理论的“两个重要推论”

在真分数理论三个基本假设的基础上，经典测量理论又进一步提出了以下两个相关的重要推论。

第一，在一组测验中受测者的真分数的平均数与其观测分数的平均数相等。根据经典测量理论的真分数数学定义，此推论明显成立。用数学表达式表示为：$\overline{T}=\overline{X}$。

第二，观测分数变异数（方差）是真分数变异数（方差）与误差分数变异数（方差）之和。用数学表达式表示为：$S_X^2=S_T^2+S_E^2$。

总之，经典测量理论正是在上述几个核心概念、真分数理论及其基本假设和推论的基础上，构建起来并发展成熟的重要理论。

二、经典测量理论的优点与缺点

经典测量理论自形成以来，被教育理论与实践者加以广泛传播、运用，应用范围非常广泛，为大多数研究者所了解。随着对该理论的深入研究，研究者们对经典测量理论的优点和不足进行了区分和归纳，为后来的研究人员选择合适的测量方法提供了参考。

（一）经典测量理论的主要优点

经典测量理论作为最早产生的测量理论，是其他理论形成并发展的基石。在测量理论高度发展并具有多样类型的今天，经典测量理论仍旧占据着极为重要的地位。它建立在较简单的数学模型之上，计算方便，易被人们理解与接受，得以在世界范围内推广。目前来看，经典测量理论的优点主要表现在如下三个方面。

1. 具有广泛的适用性

经典测量理论建立在弱假设的基础上，而这些弱假设条件又容易被大多数测验数据资料所满足，因而其在实际应用上具有广泛的适用性。对国内测量的实际而言，因经典测量理论假设条件易于被满足，现如今国内许多测验的编制以及实施仍以经典测量理论为基础，说明其具有广泛的适用性。

2. 易于理解和掌握

经典测量理论经过长时间的锤炼与发展，已具备一套较为完善的理论体系。其以真分数理论为基础，形成了对题目和测验进行统计分析的方法，而这些方法在理论上直观明了，在计算上易于操作，容易被广大教育工作者理解、掌握并得以广泛传播。

3. 易于测量本土化的实现

我国的教育工作者在具体使用经典测量理论的过程中，因其所具有的优势，更能结合教育教学实践的实际情况，便逐步对其进行了发展与完善，从而形成了一套适合我国教育教学实践的本土化应用方法和原则。①

（二）经典测量理论的局限与不足

由于经典测量理论的一些方法和假设并不完备，随着大范围推广，在各个具体领域的实际运用中，其缺陷和不足也就不断地暴露出来。具体表现在如下三点②。

第一，经典测量理论在实际使用中所求得的项目统计指标具有不稳定性，容易受到受测者样本选取的影响。首先，在项目难度上，由于样本在选取过程中具有较多的不确定性，从而造成项目难度值出现各种偏差。项目的难度即答对该项目的人数占参加测验总人数的比值，通常指受测者在该项目上的通过率。例如，在抽取的样本中，受测者能力水平较高，那么测验题目对于他们而言相对容易，他们在项目的通过率上普遍偏高，因此题目的难度就小；而受测者能力水平较低，在同样的项目上的通过率就普遍偏低，此时该项目的难度值就偏高。其次，在区分度上，同样受到受测者样本选取的影响，测验区分度会出现大小不一的情况。如果测验选取的受测者样本同质，受测者能力相差不大，那么高分组与低分组答对项目的比例就会相差不多，该测验项目的区分度就较低；如果测验选取的受测者样本异质，受测者能力参差不齐，那么该测验项目的区分度就较高。由此可见，取样会严重影响到测验的各项统计指标，这使得经典测量理论并不能有效解决测验的等值、适应性和标准参照性测验的编制等问题。

第二，经典测量理论下的项目统计量和受测者测验得分往往是分别求得的，因此，受测者测验得分与测验统计量之间无法建立起一定的函数关系。另外，由于测验过程中存在着诸多的不确定性因素，这使得对受测者能力的估计会随测验的变化而不同。

第三，经典测量理论中提到了两个重要假设条件，即严格意义上的平行测验以及测验误差与真分数之间不相关，这在实际的测验操作中是很难控制并实现的。例如，在真正的测验实践操作中，受测者的各方面心理因素，如受测者的动机、记忆、焦虑程度等都足以影响假设条件的成立。此外，由于经典测量理论的信度值仅是低限估计，在实际测量中只能假定所有受测者的测量误差都一样，而这又在一定程度上反映了受测者所得分数信息的误差性，使得测量主体难以实施与受测者实际能力水平相当的测试，从而难以确保受测者在测验中发挥出最佳水平。

三、经典测量理论的应用与实践

经典测量理论自 20 世纪 20 年代传入我国，经过几十年的发展后，逐渐具有了本土化的特色。最初经典测量理论在我国被广泛运用于心理测量，随后因教育领域发展的需要得到了更为深入的推广。可以说，在 20 世纪的大多数时间里，经典测量理论都占据着极其重要的地位，其真分数模型为整个教育与心理测量的基本理论与实践奠定了成长的基石。经典测量理论的一整套理论及统计分析的方法，在教育测验编制的程序和要求，在测验项目的质量分析等方面都发挥着重要的影响。目前国内人才测评所用的量表多是在经典测验的基础上编制而成的，尤其在应用于常见的标准化测验上，经典测量理论优势突出。虽然经典测量理论仍存在很多不足，并有被更为先进的理论所取代的趋势，但由于其自身优势

---

① 张敏强．20 世纪教育测量学发展的回顾与现状评析［J］．教育研究，1999（11）：32-37.

② 张敏强．教育测量学［M］．北京：人民教育出版社，2014：53-54.

的存在，在今后相当长的时间内，它依旧会在教育和心理研究中发挥重要作用。

第二节 项目反应理论

项目反应理论作为测量史上又一个重要理论，孕育于对经典测量理论的改造和发展过程中。到如今，经过理论与实践的反复运用，项目反应理论已经形成了自成体系的核心内容和特征，并在国内外都得到了一定程度的实际运用。

一、项目反应理论的概述

【拓展阅读】项目反应理论的概述及发展

随着经典测量理论在实践运用中逐渐暴露出越来越多的缺点，一些测量专家便开始思考是否有更为科学的测量理论来指导实践，但由于经典测量理论在测量界地位稳固，并且其有诸多优点，因此研究者们便在经典测量理论的基础上进行了新的研究，项目反应理论便在对经典测量理论的改造中孕育而成。1950 年，拉萨斯费尔德（Lazarsfeld）第一次提出了“潜在特质”这一概念。1952 年，被誉为“项目反应理论之父”的洛德在其博士论文中第一次对项目反应理论作了系统阐述，从而宣告了项目反应理论的诞生。1965 年，洛德进行了一项对十万多份样本的大规模研究，以证实其之前提出的一系列假设和问题，由此，对项目反应理论的研究，便在世界范围内大规模地展开。随后，伯恩波姆（A. Birnbaum）系统地解决了项目反应理论的一些模型存在的数学问题，使得项目反应理论更加成熟，这标志着项目反应理论体系的基本形成。

项目反应理论是依据一定的数学模型，用项目特征参数估计受测者潜在特质的一种测量理论，通常又被称为项目特征曲线理论或潜在特质理论。项目反应理论假设每个受测者都具有某种相对稳定的内在特质，从而支配他们对相应的测验作出反应，并造成这种反应具有一致性。由于这种特质具有内部的潜在性而不能被直接观察到，因而又被称为“潜在特质”，通常以希腊字母 θ 表示。在实际测验中，通常用测验总分来估算受测者的潜在能力，这与经典测量理论通过与常模进行比较以评价受测者的相对能力是有区别的。项目反应理论认为，教育与心理测量的基本任务就是定量地估计受测者的每一种心理特质，用估计所得的特质去预测并解释受测者在相应情境中可能发生的行为反应。

项目反应理论主要采用数学建模和相关的统计分析方法，重点探讨受测者的潜在能力与测验项目之间的函数关系。区别于经典测量理论，项目反应理论着眼于对测验的项目进行考察，而不是将测验整体作为考察对象，从而分析测验项目与其他项目及与其所构成的整个测验之间的关系。项目反应理论下的测验，每一项目都有自己的项目特征曲线，以此描述每一受测者在测验项目上的正确与错误反应概率。若用字母 θ 表示受测者的某种潜在特质或能力，那么 $P_i(\theta)$ 则表示受测者在项目 i 上的正确反应概率。由此而言，整个项目反应理论的关键在于探索受测者的潜在特质 θ 与其在项目 i 上的正确反应概率 $P_i(\theta)$ 之间的函数关系。

（一）项目反应理论的基本假设

项目反应理论建立在强假设基础上，其基本假设如下。

1. 假设一：能力单维性假设

这一假设假定影响受测者对测验项目作出反应的只有一种潜在特质或能力，受测者的某一测验结果只取决于此，其他特质或能力对受测者反应的影响均可忽略不计。

2. 假设二：局部独立性假设

这一假设具体指受测者对测验的任一项目的反应仅受其特质水平的影响，并不受其他测验项目反应的干扰和影响。测验项目之间是互不相关的，同一特质水平的受测者对不同测验的反应在统计上是独立的。

3. 假设三：项目特征曲线假设

项目反应理论认为，由于受测者对测验项目的反应与其潜在特质之间有着某种特殊关系，因而可以根据受测者在某测验项目上的正确反应率和其能力之间的函数关系，建构一种项目反应模型。若以图像的形式将这种函数关系表示出来则是项目特征曲线。由于项目特征曲线的假设不是建立在传统的先从理论再到函数关系的推导过程上，而是基于先假定存在某种形式的项目特征曲线，再根据曲线找出对应的函数关系式这一推导过程，因而项目特征曲线的假设，其实质是一种对未来函数关系的假设。

（二）项目反应理论的典型模型

项目反应理论的模型较多，如 Rasch 模型、Logistic 模型、Normal Ogive 模型等，项目反应理论通常通过这些数学模型对项目的特征进行描述。因为 Logistic 模型是使用范围最广的模型，现主要对其予以介绍。

因参数的不同，Logistic 模型可以分为单参数 Logistic 模型、双参数 Logistic 模型和三参数 Logistic 模型。三参数 Logistic 模型主要由难度、区分度、猜测参数来刻画其项目特征函数，其表达式为：

$$P_i(\theta)=c_i+\frac{(1-c_i)}{1+e^{-1.7a_i(\theta-b_i)}}$$

其中，a_i 表示测验项目 i 的区分度参数，其数值越大，说明测验项目对受测者的区分程度越高；b_i 表示测验项目 i 的难度参数，其数值越大，说明测验项目的难度系数越低；c_i 表示测验项目 i 的猜测参数，其数值越大，说明无论受测者的能力高低，均越容易被猜对；e 表示自然对数之底，其值约为 2.718 28。若猜测参数 $c_i=0$（即受测者无法猜对测验项目），三参数就变成了双参数，此时，双参数 Logistic 模型的表达式也就相应地发生变化，如下所示：

$$P_i(\theta)=\frac{1}{1+e^{-1.7a_i(\theta-b_i)}}$$

当猜测参数 $c_i=0$ 且区分度参数 $a_i=1$ 时，此时便得到了单参数 Logistic 模型，其表达式为：

$$P_i(\theta)=\frac{1}{1+e^{-1.7(\theta-b_i)}}$$

以上三种 Logistic 参数模型各有其适用范围及优缺点。具体而言，三参数 Logistic 模型涵盖的项目信息较为全面，能够反映测验的真实情况，但在实际使用过程中，却因模型复杂而给参数估计工作带来了诸多麻烦；双参数 Logistic 模型需要有一定的使用情境，即要求测验项目的猜测系数要比较小；单参数 Logistic 模型因其相对简单，使用方便，适用性和使用范围都相对较广，但对项目参数的性质要求较为苛刻。在现实工作中，根据测量实际的需要进行模型选择尤为重要。

（三）项目反应理论的项目特征曲线

根据特征函数可以画出项目特征曲线，下面就以三参数 Logistic 模型为例对其项目特征曲线进行简要介绍。

如图 3-1 所示，三参数 Logistic 模型项目特征曲线，实际上是一条以拐点为对称中心的曲线。拐点处的斜率 a，即是斜率的最大值，表示测验项目的区分度，其数值越大，说明其区分程度越高；图中拐点所对应的 θ 值（拐点在横轴上的投影）即 b，表示测验项目的难度；而图中特征曲线的截距 c，则表示项目的猜测参数；曲线的拐点在纵轴上的投影正好落在 c 与 1 之间的中点 $\frac{1+c}{2}$ 上。项目特征曲线较好地反映了受测者的能力与测验项目之间的关系，其主要表示具有某种能力 θ 的受测者，在某测验项目上的答对概率 $P_i(\theta)$，因而，只要受测者的能力值是已知的，就能较好地预测其答对某测验项目的概率。

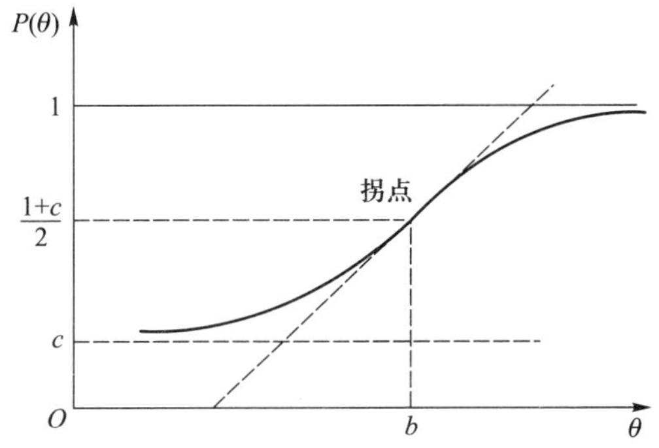

图 3-1 三参数 Logistic 模型项目特征曲线

二、项目反应理论的优点与缺点

项目反应理论自诞生以来，在理论与实践的检验中，得到了使用者的认可，但不可避免地也会有一些局限性阻碍其发展。

（一）项目反应理论的主要优点

项目反应理论在对经典测量理论改进和革新的基础上产生，是现代测量理论中最具有代表性的一种测量理论，为当代以至今后一切教育与心理测量理论的发展奠定了良好的基础。项目反应理论的优点主要集中在以下五方面。

第一，项目反应理论测验项目的参数具有不变性。项目反应理论对测验项目参数的估计独立于受测者组，因而，对项目参数的估计不会因为样本的不同而各异；且受测者在各测验项目上的作答也是彼此独立的，对受测者的能力估计也不依赖于受测者组的参数，不受受测者组能力分布的影响，仅由受测者的潜在特质水平决定。项目反应理论的参数不变性，是该理论进行其他推论的前提。项目反应理论的这一优点是经典测量理论无法比拟的。

第二，项目反应理论将受测者的特质或能力水平与项目难度水平的取值都定义在同一度量系统上，使得两者可以更方便地进行直接比较，从而真实地反映受测者的特质或能力水平与难度之间的关系和本质。

第三，项目反应理论定义了经典测量理论中没有提及的项目信息函数和测验信息函数，这为有效控制测量误差，使测验能够更精确地估计和反映每个受测者的特质或能力水平提供了方便。项目反应理论对测验标准误差的估计主要是通过计算得到的测验信息函数来实现的，并以此作为区间估计，实现了对测量误差的估计，为更准确地估计受测者的特质或能力水平提供了准确信息，从而开拓了一种新的测验信度观。另外，项目反应理论通过调整测验项目的数量来实现对测量精确度的调整，为实施部分精确度高且具有相同水平的个别测验提供了有效的工具。

第四，项目反应理论编制了自适应测验，并实现了计算机化，从而提供了一种新的测验实施方式。这不但有效提高了测验的信效度和实施效率，而且开辟了现代信息技术和心理与教育测量技术有效结合的新路径。

第五，项目反应理论从计量学角度对各类测验的编制、题库建设、试卷的自动生成、项目功能差异分析等方面，都实现了某种程度的创新，因而具有经典测量理论无法比拟的优势，被人们誉为现代测量理论。

（二）项目反应理论的局限与不足

随着科学技术以及教育与心理测量理论与实践的发展，项目反应理论也逐渐暴露出其自身的不足，其局限性主要表现在如下三个方面。

第一，项目反应理论对数学模型与实测数据的拟合度要求较高。在项目反应理论的实际运用中，由于实测数据与数学模型的拟合度会受到受测者样本容量、测验项目数量的影响，因而在作项目分析时，必须对拟合度进行统计检验。只有当拟合度高的时候，项目反应理论的优点才能有效地发挥出来。

第二，项目反应理论是一维性假设，其合理性还有待验证。项目反应理论提出的假设认为，在人的学习活动中只有一种特质或能力起着决定性作用，其他特质或能力的作用非常弱甚至可以忽略不计。实际上项目反应理论提出的这种假设是一个强假设条件，现实中很难找到一种能够验证的方法。目前，虽然用因素分析方法可以检验对一组测验项目作一维性假设的合理性，但在实际操作上却困难重重。如果采用四分相关或者采用 Φ 相关等方法，在一定程度上也较难满足其条件或者难以避免繁复的计算。

第三，项目反应理论在运用上较受限制。目前项目反应理论的运用仍以两级计分模型为主，在多维模型、多级与连续计分模型的研究上还比较薄弱。项目反应理论多建立在复杂的数学模型上，由于计算复杂，工作量大，多采用计算机技术，使得其运用与推广的范围相对受到了限制。

三、项目反应理论的应用与实践

与经典测量理论相比，项目反应理论主要建立在复杂的数学模型基础上，其复杂的模型公式给参数估计工作带来了许多计算上的困难，对多数教育与心理研究者来说，要深入理解并灵活运用项目反应理论就显得比较困难。项目反应理论本身的复杂性及其固有的缺陷，使其在国内的发展应用较为受限，因此不断克服项目反应理论本身以及实践运用上的缺陷，使其方法精确且在运用上易于操作，成为项目反应理论研究的一个方向。相对于经典测量理论，项目反应理论对推进未来教育与心理测量发展的意义更为重大。随着计算机技术的飞速发展，项目反应理论借助计算机运算速度快、精确性高等优势，并有效结合统计学的方法，解决了计算工作量大以及计算过程复杂等一些问题。特别是建立在项目反应理论基础上的计算机适应性测验，它借助计算机抽取项目样本，使得受测者在项目反应过程中所遇到的困难可以被确定在某一具体项目范围内。不仅如此，这种实现计算机化的适用性测验在提高测验的信度、效度等方面也优势明显，因而项目反应理论的这种教育与心理测量技术跟现代信息技术有效结合的计算机适应性测评，已经蓬勃兴起并呈现出巨大的发展前景。

第三节 概化理论

概化理论作为与项目反应理论同期出现的重要测量理论，是经典测量理论和误差分析相结合的产物。因此，概化理论的产生既有对经典测量理论的反思，又有对教育测量与评价前景所需要的进一步研究，是测评需求发展的产物。经过了大约半个世纪的发展，研究者已经清楚地对概化理论的核心概念、特征等进行了解读、完善，并在实践中得以展示。

一、概化理论的概述

经典测量理论由于本身的缺陷，如它所提出的严格平行测验假设要求子测验在内容、信度、效度等方面完全相同，它对测量误差的笼统划分与控制等，在实际的教育与心理测量中逐渐暴露出诸多问题。概化理论的研究者们在建立项目特征函数、形成项目反应理论独特体系的同时，对经典测量理论进行了改进和创新，并在对测验误差的来源和结构进行深入分析，有效结合方差分析辅助测验的基础上，创建了从宏观上研究测验性质的新理论——概化理论，为教育与心理测量对于信度和测量误差的研究开辟了新的思路。

1963 年，克隆巴赫等人在《英国统计心理学杂志》上发表了题为《概化理论：信度理论的丰富和发展》的论文。这标志着概化理论的正式诞生。随后，克隆巴赫等人又提出了概化理论的基本框架，在经典测量理论的基础上建构了一个全新的概念体系，到 20 世纪 90 年代，概化理论已经发展成为一种与项目反应理论同等重要的现代测量理论，并被广泛运用于测验的信度、测量误差的估计等研究中。概括理论是在继承经典测验理论的标准化技术和项目分析技术等方法的基础上发展起来的，通过吸收实验设计的原理和方法，改良了真分数理论和参数估计方法。而要更清晰地认识概化理论，先要对其涉及的几个核心概念有充分认识。

（一）概化理论的核心概念

1. 测量目标

测量目标指的是测量者所希望的用数据描述和研究的某种特质，在教育测量中通常是指人的能力及成就等。多数的测量目标指向的是受测者的个体心理品质，通常是对“测量谁”和“测量什么”等问题的回答，测量目标就是对测量工作中所涉及的受测者心理特质水平的认识及运用。

2. 测量侧面

测量侧面是指影响测量过程和结果的各种内外因素，通常指特定的测量条件。通常情况下，一个测量侧面就是影响测量结果某一方面的测量条件，如对受测者写作水平的测验，评分者是一个测量侧面，一份测验被多个评分者评阅也是一个测量侧面，测验的试题又是一个测量侧面。不仅如此，测验的实施过程、受测者的心境、测验的环境等均可作为不同的测量侧面。此外，测量侧面的数量就是该侧面的水平。比如在一项考查受测者英语写作水平的测试中，要求每个受测者完成两篇不同题目的英语作文，并交由四个教师进行评阅，这里的测验题目和评阅教师便是两组测量条件或两个测量侧面。题目这一测量侧面因涉及两个不同的题目而包括两个水平，评阅教师这一测量侧面因有四个教师而包括四个水平。实际上，测量侧面又可划分为随机侧面和固定侧面两类。随机侧面主要指在测量分析中，某侧面内的水平是该侧面内所有水平中随机取得的一个样本。在较大规模的统一测验中，测验的评分者或测验的试题不可能每次都相同，这种因变化的评分者所组成的测量侧面以及因变化的试题所组成的测量侧面，均称为随机侧面。在各次实施的测验中，固定侧面的所在水平始终保持不变，分析所取得的侧面水平也并不是随机取样的。例如，要测查受测者的某种心理特质，通常会用标准化的心理测验进行测量，而标准化心理测验的题目始终一致，这种在测验题目上保持不变的侧面就是固定侧面。因而，在编制标准化测验中，往往通过固定它们的测量侧面而实现它们的标准化。

3. 测量情境

概化理论认为，任何测量均处在特定的情境关系中，对测量情境关系的考察是研究测量本身的重要手段，测量情境主要由测量目标和测量侧面组成。因而，要研究测量情境，必定要涉及测量目标和测量侧面的问题。测量目标主要在于回答“测量谁”和“测量什么”的问题，测量侧面主要回答“怎么测量”的问题。测量侧面对测量的信度、效度有较大的影响，是测量误差的重要来源。测量情境不同，测量的误差结构以及误差量均会不同，因而要提高测量质量，对测量情境关系的调整极为重要。

概化理论对测量情境关系的另一个作用体现在测验的真分数和信度上。测量情境主要由测量目标和测量侧面构成，而这两者的变动比较大。一方面，测量目标具有可变性，当对测量侧面进行固定时，它便会转化成测量目标的一部分，这使得测量目标变得局域化；另一方面，当测量目标随测量的实际需要发生改变时，它就可能完全转变。由此可见，对于同一受测者，其所处的情境关系不一样，真分数便会不同。与经典测量理论不同的是，概化理论用“全域分数”这一概念代替了真分数概念，全域分数是测量目标在具体测量情境中得到的分数。真分数有多种，因此全域分数也有多种。此外，概化理论在全域分数的基础上又提出了概括力系数这一概念，并用“概括力系数”代替了“信度”的概念。概括力系数即全域分数方差与总方差的比，其中总方差又包括全域分数方差和误差分数方差。由此可知，当全域分数方差不变，误差分数方差增大时，概括力系数则降低，从而信度降低；而当全域分数方差增大，误差分数方差不变时，概括力系数就会增大，则信度提高。由此可见，由于测量目标和测量侧面随测量情境关系发生变化时，概括力系数即信度也会有多种，即使受测者个体不变，也会存在多重信度。总之，概化理论从测量情境关系出发，提出了多种真分数和多种不同信度系数的理念，并采用一套系统方法以辨明多种误差方差的来源，由此形成了概化理论研究的基本思想。

（二）概化理论的测验设计

概化理论提出，要全面分析测验的性质，需要在实施前进行测验设计。概化理论的测验设计包括对测量目标、测量侧面、各测量侧面水平的确定以及对测验数据采集方法的设计。测验数据采集的方法主要有全交叉采集、相互嵌套采集以及交叉与嵌套混合采集三种类型。其中全交叉采集主要是指对所有测量侧面的所有水平上的所有测量目标进行测量的数据采集方法；嵌套采集指某个测量侧面的各个水平分别被包含在另一个测量侧面的各个水平之中施测的数据采集方法；混合采集则混合了以上两种数据采集方法，主要用于三个及三个以上测量侧面的情况。[①] 这三种数据采集方法的设计分别被称为交叉设计、嵌套设计和混合设计，它们在使用中各具优势，尤其是交叉设计的数据信息最为丰富。在具体的测量实践中，单侧面交叉设计、双侧面交叉设计、三侧面交叉设计、三侧面嵌套设计等较为常用。在测验设计的选择中，虽然测量的侧面及其水平越多，对测验的分析越全面，但在具体操作中却相对难以把握，因而，对测验设计的使用主要依具体使用情境而定。

（三）概化研究和决策研究

概化理论的统计分析主要由概化研究和决策研究两个阶段构成。概化研究也被称为G研究，决策研究也被称为D研究。一般说来，G研究主要为D研究作准备，即通过G研究辅助设计一项具有充分概括力的D研究。因此，G研究一般是在D研究之前进行的，D研究主要在G研究的基础上展开。

概化理论假设存在一个可接受的观察全域，即包含了在所有可能的测量条件下进行所有可能的观察，测量就是从这个全域中随机抽取一个样本。G研究阶段主要是在对观察域数据的分析基础上进行的。概化理论认为G研究的主要目的是定量估计观察域中测量目标的方差以及各测量侧面所产生的测量误差方差，主要采用方差分量分析的方法将观测数据总体方差进行分解，并估计各因素期望方差。运用方差分量分析法将数据总体方差进行分解，主要分解为测量目标主效应方差、测量侧面主效应方差以及各种交互效应方差三大类。

在对数据总体方差进行分解后，便是运用方差分量分析法通过利用样本方差来估计各种效应的期望均方。[②] 通过G研究能够实现对各种效应期望均方的估计，为后续的D研究打好基础。概化理论中的D研究，相当于经典测量理论里的分数转换与解释的环节，包括对测量的信度和效度等的评价，主要是在G研究的基础上，对所收集的信息进行解释或作出决策。具体来说，D研究是通过考察在不同测验设计下测验的概括力系数变化状况，探究控制误差的有效方法，以作出最优的设计决策。要进行D研究，必定要事先对概化全域进行界定，即包括研究者所期望达到的、将研究结果推广到的所有侧面和水平数，从而需要对测量结果作出决策，以便确定相应的测量误差和概括力系数，继而在概化全域下进行各效应方差分析，并对绝对误差和相对误差进行估计，在此基础上对测验的信度进行分析，从而实现最优化决策。

二、概化理论的优点与缺点

概化理论是在对经典测量理论和项目反应理论改造基础上形成的，但这不是说概化理论就是一种完美化的测量理论，它也有自身的优点与不足。

（一）概化理论的主要优点

概化理论区别于项目反应理论，并在某些方面具有经典测量理论无法比拟的优点，主

① 戴海琦，张峰，陈雪枫. 心理与教育测量［M］. 广州：暨南大学出版社，2005：446.

② 戴海琦，张峰，陈雪枫. 心理与教育测量［M］. 广州：暨南大学出版社，2005：447.

要表现在以下三个方面。

第一，理论假设条件比较容易满足且更加切实可行。概化理论克服了经典测量理论中“经典平行测量假设”的不足，并提出了“随机平行测验假设”，这一假设使得分析问题的条件变得更容易满足，在理论运用上更加切实可行。

第二，控制测量误差的方法可行且易于操作。概化理论根据不同的测量情境对测量误差的来源进行估计，将方差分析技术引入测量领域，将测验变异分成了几个不同的部分，使其对应特定的误差来源，这种将误差来源进行分解的方法使得测量误差更易控制，有效弥补了经典测量理论对误差笼统界定的缺陷。

第三，概化理论在一定程度上推进了测量质量的提升。概化理论强调对测验的整体设计，对引起信度变化的测量条件进行了具体考察，并将多种测量条件引起的信度变化反映出来，提升了测量推断的准确性，赋予了传统信度观以新的内涵。

（二）概化理论的局限与不足

任何一个测量理论的提出均有自身特定的适应情境，因而也存在具体运用上的局限与不足。概化理论的局限与不足主要表现在以下三个方面。

第一，概化理论在多维性测量的研究和运用上较为受限。概化理论强调受测者心理特质的单维性，在实际运用中同样强调试题样组的同质性。然而在现实中心理特质往往是多维性的，致使概化理论在多维性测量方面不太适用，从而使得其在实践中受到一定的限制。

第二，概化理论在计量方法上的局限性，影响其作用的有效发挥。概化理论以方差分析为基础，并以方差分量估计考察各类误差源，但由于数据结构较为复杂，方差分量估计的值往往具有不确定性，甚至有负值情况的出现，在实测研究中较难解释。这也是概化理论在具体运用中难以避免的问题。

第三，概化理论在测量运用上对实测的事先指导略显不足。概化理论在实测的事先指导上对研究者的测量素质要求较高，不仅要求研究者必须具备较高的测验设计水平，而且对研究者的测量技能，如实测监控能力等方面，也要求严格，从而限制了概化理论在实测的事先指导上的运用。

三、概化理论的应用与实践

【拓展阅读】经典测量理论、概化理论及项目反应理论比较研究

概化理论由于自身的复杂性，在诞生初期并没有得到迅速的推广，随着越来越多的研究者加入到对它的研究中，到 20 世纪 90 年代，概化理论在其内涵上或是研究水平上得到了较大的发展，如在方差分析基础上发展起来的单变量概化理论，基于多元方差分析的多元概化理论等。概化理论的深入发展使其具有了广泛的推广价值，并被越来越多地运用于测验分数的推广性、评分者信度估计、临界分数误差估计以及标准参照测验的信度研究之中，尤其是单侧面随机交叉设计与随机双侧面设计在实践中更是被广泛运用。概化理论经过纵深发展，已成为与项目反应理论同等重要的现代测量理论。概化理论在我国的应用与发展相对较缓慢，经历了较长的实验研究阶段，现主要运用于考核、面试等主观性测评中。

第四节 发展性评价理论

发展性评价作为现代教育评价领域的重要范畴，强调评价对象发展的过程性。自产生以来，经过研究者和实践者的努力，发展性评价不仅有完整的概念，还具有自己定型后的特征，在实践中也渗透到教师发展评价、学校发展评价和学生发展评价中，形成了发展性评价理论体系。

一、发展性评价理论的概述

发展性评价最初作为一种评价理念出现，随着评价理论和实践的深入而逐渐发展成一套理论体系。发展性评价作为包含了教师发展评价、学校发展评价、学生发展评价等多个评价范畴的整体系统，其对评价对象持续发展变化的动态过程的强调，也为现今的教育教学评价指引了方向。

发展性评价理论主要是在对以奖惩为主要目的的传统评价的反思和批判基础上建立起来的。在教育评价史上，以泰勒模式为首的前三代评价观，主要采用的是“预定式评价”，强调评价的鉴别、奖惩和选拔功能，而这种传统式的评价忽视了评价的核心功能，即对工作的改进，使得评价丧失了根本的价值理性。正如斯塔弗尔比姆所言，“评价最重要的意图不是为了证明，而是为了改进”①。因此，对评价的发展与改进功能的理性回归越来越受到教育评价工作者的重视。直到20世纪80年代，随着以改进工作为评价目的、以民主协商为核心思想的第四代评价观的兴起，西方国家掀起了一场评价改革运动。以英国为首的发达国家开始逐渐采用发展性教育评价代替以往弊大于利的以鉴别和奖惩为主要目的的传统教育评价制度，继而发展性教育评价逐渐在这场教育评价改革运动中蔓延与发展开来。②

发展性评价最早源于20世纪80年代初期来自英国开放大学教育学院的纳托尔和克利夫特等人的思想，此时的发展性评价主要运用在对教师的评价方面。在这之前的英国，对教师个体的考核主要局限在对见习教师的评价考核上，针对在岗、在职的非见习教师的评价非常少且不成系统。1984年，纳托尔和克利夫特等人围绕“学校或学院教师的系统考评方案”展开了历时两年的课题研究，发现在英国，绝大多数教师对当时盛行的奖惩性评价制度表现出了不满，这种评价制度只是评价者向被评者单方面进行的评价，评价者与被评者之间缺少双向的沟通交流，这种单向度的评价制度只注重对被评者效能的评定，没有切实地促进被评者自身的发展。继而，英国教育与科学部授权以萨福克为首的研究小组，在纳托尔和克利夫特等人的研究成果基础上，提出了评价结果与奖惩脱钩，评价注重教师专业与个性发展，评价者素质提升以及评价方法改进等措施。至此，英国在全国范围内开展了发展性评价，其理念与方法也逐渐延伸到其他国家，发展性评价理论应运而生。

① 瞿葆奎. 教育学文集·教育评价［M］. 北京：人民教育出版社，1989：289.

② 卢立涛. 国外发展性学校评价研究综述［J］. 外国教育研究，2008（10）：20-25.

二、发展性评价理论的特点

针对以往评价无法改进教学、无法促进评价对象发展等弊端，发展性评价从评价目的和功能角度出发，强调对事物持续发展变化过程的关注，并以评价结果来促进评价对象的改进和发展。与其他评价方式相比，发展性评价具有自身的特色，其特点主要表现在以下六个方面。

（一）非奖惩性

发展性评价建立在对奖惩性评价批判和反思的基础上，因而它摒弃了奖惩性评价在评价过程中存在的一些不足，评价的主要目的是促进评价对象的过程性发展，并非以评价对象的解聘、晋级、加薪等为目的。

（二）协作性

发展性评价强调评价者与评价对象共同协商评价目标，使评价对象能积极参与到评价过程中，在一定程度上反映了评价的民主性，更有利于评价对象的发展。

（三）诊断性

发展性评价是评价者与评价对象对被评价者的发展特征、发展现状及发展水平的共同认定过程，描述并分析被评价者在发展中存在的优势与不足，为评价者与评价对象的共同改进提供建议与参考。

（四）过程性

区别于奖惩性评价对评价对象发展结果的关注，发展性评价主要强调对评价对象发展过程的评价，并以过程性的评价促进评价对象过程性的发展。

（五）个体差异性

发展性评价并不追求片面统一的评价标准，而是基于个体特有的身心发展状态，关注不同个体间发展的差异性，有针对性地促进评价对象的发展。

（六）评价主体多元性

传统评价观的评价主体主要局限于评价者，评价对象作为评价客体被动地参与到评价活动中。发展性评价除了强调评价对象主动参与评价活动并与评价者共同商讨评价目标外，其他与评价活动有关的人员，只要能够为评价对象的发展贡献力量，均可直接或间接地参与到评价活动中去，从而体现评价主体的多元性，以共同促进评价对象的发展。

三、发展性评价的类型

发展性评价的本质意义是通过评价本身促进评价对象的改进和发展。现今评价理论界对发展性评价还没有一个统一的划分类型，从对已有资料的掌握情况来看，发展性评价的类型一般会根据评价的对象不同而划分为三种类型，即发展性教师评价、发展性学生评价和发展性学校评价。

【拓展阅读】发展性教师评价的内涵及特点

（一）发展性教师评价

发展性教师评价是教师积极参与评价活动，在教师与评价者之间双向互动并建立互信关系的基础上，共同商定教师发展的目标，基于目标对教师过去的成绩、当前的工作表现进行价值评判，并对教师未来的各方面发展提供指引的一种过程性评价。发展性教师评价的实施过程主要包括五个环节，即明确评价的目标、确定评价的主体、制订评价指标体系、开展评价活动以及总结与反馈评价结果，而每个环节又有各自不同的任务与内容。

1. 明确评价的目标

明确的评价目标是实施发展性教师评价的前提。发展性教师评价目标是教师与评价者共同商定的，主要以教师发展的具体目标为基础，如教师的前提素质、过程素质、工作绩效以及教师的其他工作等，基于这几个层面的具体内容再设定相应的具体发展目标。由于各个教师自身发展的差异性，在具体目标的设定上也会有一定的差别。

2. 确定评价的主体

发展性教师评价的评价主体具有多元性，针对某次具体的评价项目，评价主体的构成也会有所不同。明确评价主体是进行有效评价的先决条件。评价主体确定的具体方法包括：评价者与被评价者间的双向选择、被评价者逆向选择自己的评价者、领导或会议决定、抽签决定等。评价者一般为业务骨干、领导小组成员、骨干教师及校外聘请的专家等，大多数情况下由具有较高素质或业务水平的人员担当。

3. 制订评价指标体系

评价指标体系的确立首先是对评价目标的层层剖析，进而根据目标确定评价的具体指标，并在此基础上为各项指标设定权重并建立评价标准，从而为正式开展评价奠定基础。

4. 开展评价活动

发展性教师评价活动的开展程序如下：（1）评价双方的初次见面，评价双方根据评价者拟定的面谈议程进行初次面谈；（2）教师信息的收集，在初次面谈后，基于评价的指标体系对教师信息的收集成为评价的关键环节，对教师信息的收集主要通过教师自评、课堂听课、广泛征求第三方意见和查阅文献等方式进行；（3）评价面谈，主要是对教师一定时间段内的工作情况的总结，指出其中的优点和不足，并提出解决问题的方法。

5. 总结与反馈评价结果

总结是对发展性评价实施阶段收集到的信息的诊断性评估，主要以撰写评价报告的形式进行。在撰写完评价报告后，需要对被评教师的评价意见加以反馈，不仅要指出教师在工作中存在的不足，更要肯定教师取得的进步，以促进被评教师的长远发展。

（二）发展性学生评价

发展性学生评价是依据一定的教育目标与价值理念，引导学生积极参与评价活动并与评价者建立互信关系，在此基础上共同商定评价双方认可的评价目标，并基于目标对学生的全面素质进行判断，旨在以评价促进学生的全面发展。发展性学生评价是发展性评价延伸拓展的重要领域。目前对发展性学生评价的领域逐渐细化到学生发展的各个方面，依评价标准的不同，发展性学生评价的划分也不同。如按照学生发展的内容划分，可以分为发展性学生知识能力素质评价、发展性学生思想道德素质评价、发展性学生身心素质评价、发展性学生综合素质评价；若依据学生发展的目标划分，可以分为发展性学生认知评价、发展性学生情感评价、发展性学生动作技能评价；若依据学生学习的科目，可以划分为语文发展性评价、数学发展性评价、英语发展性评价等。

与发展性教师评价不同，发展性学生评价的对象更多，范围更广，形式更为复杂，在实施上也会遵循不同的程序。总体而言其实施程序包括以下五点。

1. 确定评价目标

发展性学生评价目标主要包括学科评价目标和一般性评价目标。学科评价目标是教师和学生开展学科学习活动要达到的预期结果，主要依据国家制定的各个学科的课程标准进行目标确立。一般性评价目标主要是对涉及学生个体全面发展的基本素质，如学习能力、道德品质、交流合作、运动健康、审美鉴赏等方面确定所要达到的层次。

2. 选择评价方法并设计评价工具

发展性学生评价的方法种类较多，如教师自编测验、评定量表法、表现性评价法、成长记录袋评价法等，不同的方法适用于不同的评价情境，因而评价方法的选择需要根据评价的内容和评价对象的特点而定，一般以质性评价方法居多。评价工具一般以评价表的形式呈现，有时可直接使用现有的评价表，但多数情况下需要评价者根据评价内容及评价对象的特点自行设计评价工具。

3. 全面收集评价信息

评价信息的客观、全面、真实是进行发展性学生评价的基本前提，因而评价主体在实施评价时务必选择切实的信息源，运用有效的方法和手段，在保证与评价目标一致的前提下，多渠道、全面地收集评价信息，为评价主体客观、准确地对学生发展进行价值判断作好铺垫。

4. 整理并分析评价信息

收集到评价信息之后便是对其的整理与分析。评价者首先要通过去粗取精与去伪存真的方式对所收集到的原始信息进行整理，进而对量化材料进行统计分析或标准化处理，对定性材料进行逻辑分析与论证，最后以评价报告的形式客观描述学生发展性评价的总体情况。

5. 反馈评价信息

反馈评价信息是进行发展性学生评价的最后一步，也是尤为关键的一步。发展性学生评价的目的是要让学生扬长避短，重在改进，意在发展，因而对学生评价信息的反馈，不仅要将学生发展过程的信息客观地反馈给学生，还要注重信息反馈的策略，以便促进学生更好地认知自我发展的状况，帮助学生提出自我改进的意见并制订改进计划，从而为学生的长远发展打好基础。

（三）发展性学校评价

发展性学校评价，是指在现代教育发展目标与理念的指引下，以学校的可持续发展为目的，对学校的办学方向、办学条件、教学与管理、办学效益等发展情况进行价值判断的一种评价。学校评价是一项复杂的系统工作，发展性学校评价的实施一般包括三个阶段，即学校自评自建阶段、专家进校评价阶段、评价整改阶段。

1. 自评自建阶段

学校的自评自建实质是学校的自评，也称为学校的内部评价，是学校自我分析、自我总结、自我研究与自我改进的过程。学校自评自建是通过建立自我评价机制，全面收集能反映学校工作的各项资料、数据，在对资料数据进行整理、分析的基础上形成学校自评报告，从而为后面阶段的评价奠定基础的过程。

2. 专家进校评价阶段

专家进校评价阶段的实质是他评，属于外部评价。专家进校的评价程序一般包括以下六步：第一步是听取学校汇报。专家进校后，通过听取学校的汇报，从而更高效、快捷地了解学校的发展特色及独特的校园文化，初步掌握学校发展的第一手资料。第二步是阅读自评报告。专家通过阅读学校的自评报告，发现学校在发展中的优势与不足，以及有哪些需要改进的地方。第三步是实地调研考察。专家通过实地调研，考察学校发展的实际情况，获得更加真实的材料和信息。第四步是汇总评价情况。这是对前几个步骤中获取的学校发展材料去粗取精、去伪存真的过程，进而全面分析评价材料。第五步是形成评价结论。评价结论是在全面分析评估材料的基础上，对学校做出的评定结论，如优、良、中、差或优秀、良好、合格、不合格等。第六步是反馈评价意见。专家将评估结论及改进意见反馈给被评学校，以便学校进行后期的发展和改进。

3. 评价整改阶段

评价结果以及改进意见必须经由学校自身的活动才能真正发挥积极作用。在经过学校自评自建以及专家进校评价后，学校根据评价意见进行有针对性的改进与完善，是发展性评价顺利完成的关键。在评价整改阶段，学校是发展性评价的主体，此时，学校需要高效利用评价结果，根据评价意见来反思工作中出现的问题，找准解决问题的突破口，以有针对性地改进工作，扬长避短，实现学校的良性发展。

本章小结

教育测量与评价在理论上的日渐丰富并趋于完善，为其自身发展奠定了基石。国际上通行的教育测评理论主要有经典测量理论、项目反应理论、概化理论和发展性评价理论等。经典测量理论，又被称为“真分数理论”，是后期出现的一些测量理论的基础，建立在较简单的数学模型之上，计算方便，具有广泛的适用性，但易受测者样本选取的影响。项目反应理论是在对经典测量理论改进和革新的基础上产生的，是依据一定的数学模型，用项目特征参数估计被试潜在特质的一种测量理论，通常又被称为项目特征曲线理论或潜在特质理论，最大的优点是测验项目参数的不变性，但对数学模型与实测数据的拟合要求较高，应用上受限。概化理论是经典测验理论和误差分析相结合的产物，提出了多种真分数与不同信度系数观念，并设计了一套方法去研究测量误差方差的来源，被广泛运用于测验的信度、测量误差的估计等研究中，其优点在于控制测量误差的方法可行且易于操作，但在多维性测量的研究和运用上较为受限，计算方法也存在局限性。发展性评价理论强调对事物持续发展变化过程的关注，旨在以评价促进评价对象的改进和发展，具有非奖惩性、协作性、诊断性、过程性、个体差异性以及评价主体多元性等特征，是一个包含了教师发展评价、学校发展评价、学生发展评价等多个评价范畴的整体系统。

思考与练习

1. 简要说明经典测量理论的优势体现在哪些方面？
2. 简要论述项目反应理论的核心要义。
3. 说明概化理论的价值和缺点分别是什么。
4. 简要概述发展性学生评价的实施程序。

推荐阅读

1. 董婉玲. 教育测量和评估中多元概化理论的应用［J］. 沈阳大学学报（社会科学版），2014（1）：92-93.

2. 熊江玲. 经典测量理论、概化理论及项目反映理论比较研究［J］. 求索，2004（4）：99-100.

3. 冯艳宾，马洪超. 关于经典测量理论和项目反应理论中难度和区分度的探讨［J］. 中国考试，2012（4）：10-14.

4. 黄光扬. 教育测量与评价［M］. 上海：华东师范大学出版社，2012.

第四章 信度

学习目标

1. 理解信度的定义和功能。
2. 理解测量标准误的定义、使用方法及应用。
3. 掌握重测信度、复本信度、同质性信度及评分者信度的使用方法及条件。
4. 明确每种信度的误差变异来源。
5. 了解提高测验信度的方法。

知识导图

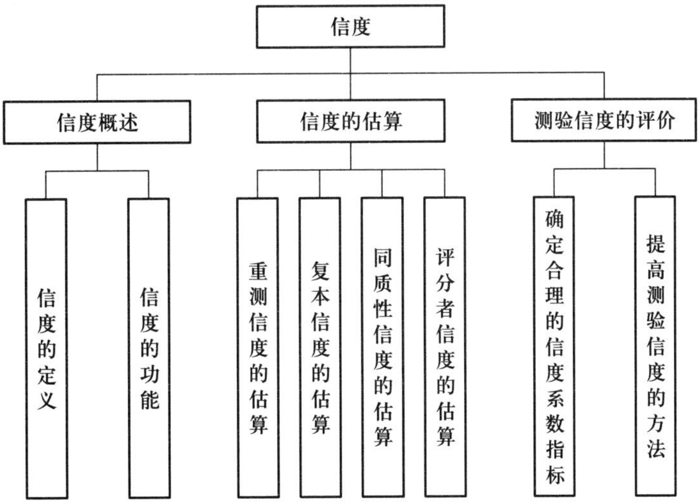

在日常生活中，人们不太可能用橡皮尺去测量物体的长度，也不太可能以脚步数去测量路程的长短，原因显而易见，橡皮尺具有弹性，人的步距不一，在这种情况下，不同的人或者同一个人在不同的时间去测量同一个物体或同一段路程，其结果必然存在较大差异，也就是说，测量的结果是不可靠的。同样，在教育测量当中，人们都会期待测验分数能够真实而稳定地反映测验对象的某种特质，而只有在保证测量稳定性的前提下才能正确判断测量结果的价值。本章将介绍教育测量与评价中的信度问题，也就是探讨测量结果提供稳定、可靠信息的程度问题。

第一节 信度概述

信度对于教育测量有着重要的意义，高信度的教育测量能为教育工作者提供更加可靠的信息，能让评价变得更客观，能让学生对自我的认识更加符合实际。在介绍信度的功能之前，首先了解信度的定义及功能。

一、信度的定义

【拓展阅读】
信度的涵义

信度是指可靠性或稳定性程度，测验的信度是指测量结果的可靠程度。在经典测量理论的真分数模型中，受测者在测验中所获得的测定值叫作实得分数或观察分数，记为 X；受测者在测验预测的心理特质上所具有的真实水平值叫作真分数，记为 T；在实际测验中，实得分数与真分数不会完全相等，二者之差称为测量误差（即误差分数），记为 E。因此理论上三者的关系式可以表示为：

$$X=T+E \qquad \text{（公式 4-1）}$$

上式中，E 可正可负，是随机产生的，从理论上说误差分数的期望值（均值）为 0，且 E 与 T 相互独立，也就是说二者相关为 0，根据这一假设，可推导出如下公式：

$$S_X^2=S_T^2+S_E^2 \qquad \text{（公式 4-2）}$$

式中 S_X^2 为实得分数的方差，S_T^2 为真分数的方差，S_E^2 为误差分数的方差。由此，信度（r_{XX}）可定义为真分数方差（S_T^2）与实得分数方差（S_X^2）的比率，用公式可以表示为：

$$r_{XX}=\frac{S_T^2}{S_X^2} \qquad \text{（公式 4-3）}$$

由此很容易得出下列公式：

$$r_{XX}=1-\frac{S_E^2}{S_X^2} \qquad \text{（公式 4-4）}$$

由以上公式可看出，信度的取值范围为［0，1］，误差分数的方差越小，信度的取值就越接近 1，也就是说，测量的信度越高。公式 4-3 和公式 4-4 并不能真正用于信度的计算，因为真分数实际为未知数，尽管真分数的操作定义是多次测量所得结果的均值，但在实际操作上很难做到，因此信度还有另外两个统计定义：

第一，信度是一个受测者团体的真分数与实得分数的相关系数的平方，即：

$$r_{XX}=\rho_{TX}^2 \qquad \text{（公式 4-5）}$$

第二，信度是一个受测者团体在测验 X（A 卷）上的实得分数与它任何一个平行测验 X'（B 卷）上的实得分数的相关系数，即：

$$r_{XX}=\rho_{XX'} \qquad \text{（公式 4-6）}$$

公式 4-6 具有实际操作意义，在教育测量中对信度的估算一般会采用相关分析的方法，也就是计算相关系数 $\rho_{XX'}$，以此来评估测验的一致性程度。

二、信度的功能

理解了信度的理论定义和统计定义后，可以看出信度是测量的必要条件。在教育测量中，它不仅可以用于评估测验的一致性程度，还可以为教育工作者提供其他可靠而有用的信息。总结起来信度的功能主要有以下三点。

（一）评估测量结果的一致性

通常来说，任何一个测量都应当具备较高的信度，在理想情况下，如果采用同一测量工具多次测量同一特质所获得的结果相同，那么可以认为这个测量的结果是可靠的。当然在实际测验中，由于各种影响因素的存在，测量结果不可能完全相同，这就需要用信度来衡量测量结果的一致性和稳定性程度。教育测量不同于其他类型的测量，有些时候它的测量对象是心理特征，所测特质不易把握，为使测量结果真实而稳定，高信度的教育测量是必要条件。根据信度的定义可知，信度的取值越接近 1，信度越高，说明误差分数所占的比重越小，测验的实得分数与真分数差距越小，测量结果的一致性程度也越高。相反，信度的取值越接近 0，信度越低，说明误差分数所占比重越大，测验的实得分数与真分数差距越大，所得结果也越不可靠。

（二）计算测量的标准误，正确解释个体测验分数

对于一次测验的结果，人们习惯于用一个确切的测验分数来表示，严格来讲这是不合理的。实际测验中误差不可避免，个人的实得分数有时比真分数高，有时比真分数低，还有可能与之相同，所以将个体的测验成绩视为一个孤立的点是不正确的。测出个体真分数的理想方法是对同一个人反复施测，对所得结果取平均值，但事实上这是不可能的。

在实践中，人们常用对一批不同受测者的两次测验来代替对同一个人的反复测试，如此每个个体两次测验所得分数的差异就是测量误差，由此可获得一个新的误差分数分布，而该分布的标准差就是测量的标准误。作为衡量一个测验测量误差大小的客观指标，测量的标准误可由信度的计算公式 4-4 推导如下：

$$S_E = S_X\sqrt{1-r_{XX}} \qquad \text{（公式 4-7）}$$

式中的 S_E 表示测量的标准误，S_X 表示实得分数的标准差，r_{XX} 表示测验信度。

有了测量的标准误，则可估计每个个体在真分数周围波动的误差值。由于个体的实得分数服从以真分数为数学期望值的正态分布，因此根据统计学区间估计的原理可知：

真分数落在实得分数 X 上下一个标准误区间，即在（$X-S_E$，$X+S_E$）的可能性为 68.25%；

真分数落在实得分数 X 上下两个标准误区间，即在（$X-2S_E$，$X+2S_E$）的可能性为 95.46%；

真分数落在实得分数 X 上下三个标准误区间，即在（$X-3S_E$，$X+3S_E$）的可能性为 99.74%。

例如，某测验的信度 $r_{XX}=0.90$，实得分数的标准差 $S_X=12$，由公式 4-7 可求得测量的标准误

$$S_E = S_X\sqrt{1-r_{XX}} = 12\sqrt{1-0.90} = 3.79$$

若某位受测者在该测验中获得了 80 分，则此人的真分数在（76.21，83.79）间的可能性为 68.25%，在（72.42，87.58）间的可能性为 95.46%。这些分数区间即真分数的置信区间，不同的置信水平影响着置信区间的大小。

根据公式 4-7 可知：信度越高，测量标准误越小，则误差分布范围越窄；信度越低，测量标准误越大，则误差分布范围越广。在解释个体的测验分数时，如果两个受测者的实得分数差距不大且以孤立的点来判断，那么所下的结论可能过于武断，所以应当先计算出各自的一个置信区间，再作出恰当的解释。

（三）计算差异的标准误，比较不同测验分数

上述讨论可用于解释同一测验中个体的测验分数，但实际上还可能存在对不同测验分数比较的情况。例如，某学生在一次物理测验中的成绩为 85 分，化学测验中的成绩为 82 分，这时不能通过直接进行原始分数的比较而得出该生的物理成绩比化学成绩好的结论。通常要比较不同测验分数的差异程度，首先要将原始分数转换为标准分数（Z 分数或 T 分数），这是为了让不同的测验分数具有相同的参照点和度量单位，然后以差异的标准误 S_{Ed} 来检验其差异的显著性。S_{Ed}的计算公式为：

$$S_{Ed}=\sqrt{S_{E_1}^2+S_{E_2}^2} \quad \text{（公式 4-8）}$$

式中 S_{E_1}和 S_{E_2}分别是两个测验的 Z 分数或 T 分数的标准误。由公式 4-7 可知：

$$S_{E_1}=S\sqrt{1-r_{XX}}$$

$$S_{E_2}=S\sqrt{1-r_{YY}}$$

$$S_{Ed}=S\sqrt{2-r_{XX}-r_{YY}} \quad \text{（公式 4-9）}$$

式中，S 为标准分数的标准差，一般 Z 分数的 $S=1$，T 分数的 $S=10$，r_{XX}和 r_{YY}分别为两个测验的信度。

[例 4-1] 一名学生同时参加了某次物理测验和化学测验，其成绩分别为 85 分和 82 分，测验其他数据如表 4-1 所示，比较该生两次测验成绩的差异情况。

表 4-1 学生某次物理测验和化学测验的信度、标准差和平均分

科目成绩	信度	标准差	平均分
物理成绩 X	0.85	12	82
化学成绩 Y	0.80	14	76

解：首先将两个原始分数转换为标准分数：

$$Z_X=\frac{X-\overline{X}}{S_X}=\frac{85-82}{12}=0.25$$

$$Z_Y=\frac{Y-\overline{Y}}{S_Y}=\frac{82-76}{14}=0.43$$

然后求差异的标准误：

$$S_{Ed}=S\sqrt{2-r_{XX}-r_{YY}}=\sqrt{2-0.85-0.80}=0.592$$

该生物理与化学的差异 $|Z|=|0.25-0.43|=0.18$，若选定显著水平 $\alpha=0.05$，临界值为 1.96，则 $1.96S_{Ed}=1.160$，显然 $0.18<1.160$，说明该生的物理测验分数和化学测验分数之间的差异不显著。

【拓展阅读】信度概括化理论

第二节 信度的估算

信度是一个受测者团体在测验 X 上的实得分数与它任何一个平行测验 X' 上的实得分数的相关系数。在教育测量中，对信度的估算通常用相关系数来表示测验结果的一致性程度。由于误差的来源不同，以及分析测验一致性的侧重点不同，信度的估算方法也有多种。

【拓展阅读】
信度的计算

一、重测信度的估算

重测信度是指用同一个量表在两个不同的时间内，对同一组受测者施测两次所得结果的一致性程度，其大小等于该组受测者在两次测验中实得分数的相关系数。在教育测量中，通常假设所测量的特质处于相对稳定的状态，也就是说，用同一量表对相同受测者测验两次，其结果应当是一致的、稳定的，不会随着时间的推移而改变。所以重测信度又被称为稳定性系数。

【微视频】
信度的
计算（一）

（一）重测信度的估算方法

计算重测信度常采用皮尔逊积差相关公式：

$$r_{XY}=\frac{N\sum XY-\sum X\sum Y}{\sqrt{N\sum X^2-(\sum X)^2}\sqrt{N\sum Y^2-(\sum Y)^2}} \qquad \text{（公式 4-10）}$$

式中，r_{XY}是两次测验结果的相关系数；

N 是受测者人数；

$\sum XY$ 是每位受测者两次测验分数的乘积之和；

$\sum X$ 和 $\sum Y$ 分别是受测者第一次测验分数之和与第二次测验分数之和；

$\sum X^2$ 和 $\sum Y^2$ 分别是受测者第一次测验分数平方之和与第二次测验分数平方之和。

【微视频】
信度的
计算（二）

［**例 4-2**］ 以某量表对 10 位学生进行一次测验，三个月后用原量表对其重测一次，前后两次的得分分别记为 X 和 Y，两次测验成绩如表 4-2 所示。计算其重测信度。

表 4-2 两次测验成绩

学生	X	Y	X^2	Y^2	XY
1	64	72	4 096	5 184	4 608
2	61	67	3 721	4 489	4 087
3	70	74	4 900	5 476	5 180
4	75	80	5 625	6 400	6 000
5	65	72	4 225	5 184	4 680
6	67	79	4 489	6 241	5 293
7	60	72	3 600	5 184	4 320

续表

学生	X	Y	X^2	Y^2	XY
8	67	78	4 489	6 084	5 226
9	63	70	3 969	4 900	4 410
10	65	75	4 225	5 625	4 875
	$\sum X=657$	$\sum Y=739$	$\sum X^2=43\ 339$	$\sum Y^2=54\ 767$	$\sum XY=48\ 679$

将表中各统计量代入公式 4-10 中可得：

$$r_{XY}=\frac{N\sum XY-\sum X\sum Y}{\sqrt{N\sum X^2-(\sum X)^2}\sqrt{N\sum Y^2-(\sum Y)^2}}$$

$$=\frac{10\times 48\ 679-657\times 739}{\sqrt{10\times 43\ 339-657^2}\sqrt{10\times 54\ 767-739^2}}$$

$$=0.77$$

注：在实际测验中样本应至少取到 30 以上，否则会因数据太少而使得求出的相关系数失去意义，此处是为了便于计算，帮助理解和熟悉公式而采用小样本。

（二）局限性与注意问题

重测信度的测验方式简单、明确，并且只需一套测验试题，这样既节省了编制另一套等值测验试题的时间与精力，同时由于题目相同，两次测验的属性也基本完全相同。尽管具有这些优点，重测信度也存在局限性。

首先，重测信度的大小受两次测验时间间隔长短的影响较为明显。时间间隔过短，受测者对第一次测验的记忆仍较为清晰，那么可能在第二次测验中会仅凭回忆作答，从而夸大了测验的稳定性；时间间隔过长，则在此期间受测者身心的发展、经验的积累、练习效应等干扰因素就无法控制，而且两次测验中受测者的主观状态也不尽相同，种种变化致使测验结果不能真实反映测验自身的稳定性。所以重测信度只适用于测量那些不会随时间推移而改变的特质，而两次测验的时距究竟要多长，应根据测验的目的、性质、类型、受测者的特点等因素来确定。

其次，选用重测法估计信度，最理想的情况就是能使受测者的遗忘与练习效应基本相同从而相互抵消，而且在两次测验的间隔时间内，要使受测者的学习效果基本不受影响。但事实上这些条件很难达到，所以有些测验适合用重测信度进行，有些则不适合。（1）重测信度适用于异质性测验而不适用于同质性测验。异质性测验指的是一个测验由若干不同的部分组成，而这些部分分别测量不同的异质行为或心理特质，它们之间不存在相关或者相关很低。针对异质性测验不能采用内部一致性方法加以评估，而应采用重测法估计信度。（2）重测信度适用于速度测验而不适用于难度测验。由于速度测验的试题数量多，且有时间限制，测验分数的个体差异取决于做题的速度，在这种情况下受测者无暇回忆，因此第二次测验受到第一次测验记忆的影响就较小。（3）重测信度还适用于运动技能的测验，体育当中有关跑、跳、投掷等项目的测验很少受到重复施测的影响，因此可采用重测法。（4）重测信度只适用于所测特质相对稳定的情况，一般受测者的大多数心理特质都具有相对稳定性，如 IQ 测验、人格测验，测量这些相对稳定的特质就比较适合。相反，像情绪测验、学业成就测验，这些测验测量的特质波动较大，或受受测者状况和测验情境变化影响较大的测验，都不能采用重测信度。

综上可知，重测信度存在多方面的局限性。实施两次测验会耗费较多的人力和物力，所以通常只有在没有复本且现实条件又允许重复施测的情况下才会采用。

二、复本信度的估算

为测量受测者的同一特质，可编制一些平行的等值测验，这些在性质、内容、题型、题量、难度、区分度、指导语说明以及时限等方面都相当但试题本身不相同的测验即为复本测验，又称平行测验。同一组受测者在两个平行测验上所得结果的一致性程度被称为复本信度，复本信度的大小等于同一组受测者在两个复本测验上所得分数的相关系数。

若在同一时间连续实施两个平行测验，这样的复本信度就叫作等值性系数，由于两次测验的时距极短，能避免受受测者身心变化、知识积累、练习效应等因素的干扰。等值性系数主要反映的是测验内容取样的差异。若将两个平行测验间隔一段时间施测，则这种复本信度就叫作等值稳定性系数。这时，内容取样的差异、有受测者随时间推移而发生的身心变化，测验实施的差异等都会成为制约因素。正是因为等值稳定性系数同时考察了测验的等值性和稳定性，所以相对于其他信度，这种信度的取值一般较低。事实上，等值稳定性系数是对测验信度最严格的标准和最全面的鉴定。

（一）复本信度的估算方法

计算复本信度采用皮尔逊积差相关公式（见公式 4-10）。

[例 4-3] 以两个复本测验 A 与 B 对 15 位学生连续施测，两次测验实得分数分别记为 X 和 Y，则测验结果如表 4-3 所示，计算该测验的信度。

表 4-3 15 位学生等值测验结果

学生	X	Y	X^2	Y^2	XY
1	81	83	6 561	6 889	6 723
2	74	78	5 476	6 084	5 772
3	80	79	6 400	6 241	6 320
4	88	90	7 744	8 100	7 920
5	81	81	6 561	6 561	6 561
6	88	90	7 744	8 100	7 920
7	87	86	7 569	7 396	7 482
8	83	88	6 889	7 744	7 304
9	79	76	6 241	5 776	6 004
10	86	84	7 396	7 056	7 224
11	87	86	7 569	7 396	7 482

续表

学生	X	Y	X^2	Y^2	XY
12	82	85	6 724	7 225	6 970
13	85	87	7 225	7 569	7 395
14	84	86	7 056	7 396	7 224
15	89	84	7 921	7 056	7 476
	$\sum X=1\ 254$	$\sum Y=1\ 263$	$\sum X^2=105\ 076$	$\sum Y^2=106\ 589$	$\sum XY=105\ 777$

解：将表中各统计量代入公式 4-10 中可得：

$$r_{XY}=\frac{N\sum XY-\sum X\sum Y}{\sqrt{N\sum X^2-(\sum X)^2}\sqrt{N\sum Y^2-(\sum Y)^2}}$$

$$=\frac{15\times105\ 777-1\ 254\times1\ 263}{\sqrt{15\times105\ 076-1\ 254^2}\sqrt{15\times106\ 589-1\ 263^2}}$$

$$=0.78$$

对复本测验的要求除了前面提到的各个方面以外，还需要考察两次实得分数的平均值和标准差。只有当两次的平均值和标准差比较接近且复本信度较高时，才能得出两个测验等值的结论。

根据表 4-3 的数据进行计算，得到的结果如表 4-4 所示：

表 4-4　两次测验的平均值与标准差

测验	$\overline{X}$	S
A	83.6	4.15
B	84.2	4.18

结果表明，两次测验的平均值与标准差都比较相近，且等值性系数也较高，由此可推断这两份测验材料是等值的。等值稳定性系数的计算过程同样如此，在这里不再举例说明。

（二）局限性与注意问题

等值性系数要求连续施测，两次测试间隔时间极短，这样可避免像重测信度中受测者在间隔时间内受到主观状态、客观环境等各种因素变化的影响。另外，采用复本测验的试题是不相同的，也就避免了第二次测验受到记忆的影响，所以复本信度的应用要比重测信度广泛，但它也存在一定的局限性。

首先，要编制出两份真正的复本测验，不仅要求两次测验在性质、内容、题型、题量、难度、区分度、指导语说明以及时限等方面都相当，还要求两次测验结果的平均值和标准差都相近，如此苛刻的条件很难全部达成，所以编制两份完全等值的测验是很困难的。其次，复本测验由于试题不同且受测者不受记忆的影响，所以它既适应于速度测验，也适用于难度测验。但尽管两次测验的试题不同，它们仍具有相似性，一旦受测者掌握了解题的原理后，就很容易将解题思路迁移到同类题目上，可能会因此失去复本的意义。最后，对于等值稳定性系数也存在与重测信度一样的制约因素，即两次测验间隔期间受测者身心发展、经验积累、练习效应等的变化，所以对两次测验间隔时间长短的把握非常重要。

三、同质性信度的估算

在实际工作中难以编制完全等值的复本，同一测验重复施测也会有诸多制约因素，所以需要一种只测验一次就能得出评价的信度，由此，人们更多地关注同质性信度。同质性信度指的是同一测验内部所有试题间的一致性程度，也叫作内部一致性信度，具体来说，就是指测验各个题目间得分的相关系数。

（一）同质性信度的估算方法

1. 分半信度

分半信度指将一个测验分成对等的两部分后，所有受测者在这两部分上所得分数的一致性程度。通常情况采用奇偶分半的方法，也就是将测验中的奇数题为一组，偶数题为另一组，计算两组的相关系数。但分半之后实际计算的是两个“半测验”得分的相关系数。测验长度减小会对信度产生影响，所以最后还需要用斯皮尔曼-布朗公式加以校正，以求得整个测验的信度。另外两个“半测验”可以看成极短时距内连续施测的两个平行测验，因此分半信度还可以归为等值性系数，其计算方法也与其相似。

斯皮尔曼-布朗公式为：

$$r_{XX}=\frac{2r_{hh}}{1+r_{hh}} \qquad \text{（公式 4-11）}$$

式中，r_{XX}为校正后整个测验的信度系数；r_{hh}为分半信度系数。

[例 4-4] 有一份由 100 道题构成的测验试卷，对 10 位学生进行施测，测验结果如表 4-5 所示，用分半法计算该测验的信度。

表 4-5　10 位学生奇偶数题测验结果

学生	奇数题总分 X_1	偶数题总分 X_2	X_1^2	X_2^2	X_1X_2
1	42	41	1 764	1 681	1 722
2	40	38	1 600	1 444	1 520
3	41	35	1 681	1 225	1 435
4	42	38	1 764	1 444	1 596
5	40	37	1 600	1 369	1 480
6	37	33	1 369	1 089	1 221
7	38	36	1 444	1 296	1 368
8	37	36	1 369	1 296	1 332
9	36	33	1 296	1 089	1 188
10	29	32	841	1 024	928
	$\sum X_1=382$	$\sum X_2=359$	$\sum X_1^2=14\ 728$	$\sum X_2^2=12\ 957$	$\sum X_1X_2=13\ 790$

将表中各统计量代入公式 4-10 中求相关系数：

$$r_{X_1X_2}=\frac{10\times13\ 790-382\times359}{\sqrt{10\times14\ 728-382^2}\ \sqrt{10\times12\ 957-359^2}}$$
$$=0.79$$

用斯皮尔曼-布朗公式校正如下：

$$r_{XX}=\frac{2r_{hh}}{1+r_{hh}}=\frac{2\times0.79}{1+0.79}=0.88$$

由此结果可看出，经校正后信度提高了。但使用斯皮尔曼-布朗公式有一个前提，即两个“半测验”的变异性必须相等，若其不等值，估算出的信度就会出现偏差，此时可从下列两个公式中选择其一直接求出测验的信度。

（1）弗兰纳根公式：

$$r_{XX}=2\left(1-\frac{S_a^2+S_b^2}{S_X^2}\right)\qquad（公式 4-12）$$

式中，S_a^2 和 S_b^2 分别表示所有受测者在两个“半测验”中得分的方差；S_X^2 表示所有受测者在整个测验上的总得分的方差。

（2）卢仑公式：

$$r_{XX}=1-\frac{S_d^2}{S_X^2}\qquad（公式 4-13）$$

式中，S_d^2 表示同一组受测者在两个“半测验”中得分之差的方差；S_X^2 表示所有受测者在整个测验上的总得分的方差。

2. 库德-理查逊信度

库德-理查逊信度，此方法仅适用于分析测验题目全为二分计分题（答对得 1 分，答错得 0 分）这类测验的内部一致性信度。库德-理查逊公式有若干个，其中最常用的是 KR_{20}和 KR_{21}公式。

（1）KR_{20}公式：

$$KR_{20}=\frac{K}{K-1}\left(1-\frac{\sum p_iq_i}{S_X^2}\right)\qquad（公式 4-14）$$

式中，KR_{20}为测验信度；K 为题目数；p_i 为答对第 i 题的人数的比例；q_i 为答错第 i 题的人数的比例；S_X^2 为测验总分的方差。

（2）KR_{21}公式：

$$KR_{21}=\frac{K}{K-1}\left[1-\frac{\overline{X}(K-\overline{X})}{KS_X^2}\right]\qquad（公式 4-15）$$

式中，KR_{21}为测验信度；K 为题目数，在数值上也等于试卷最多得分；$\overline{X}$ 为全体受测者测验总分的平均数；S_X^2 为测验总分的方差。

[例 4-5] 某测验试卷包含 8 个题目，对 10 名学生施测（答对得 1 分，答错得 0 分），

得分情况如表 4-6 所示，计算该测验的信度。

表 4-6 10 名学生二分记分题测验结果

学生	题目 1	2	3	4	5	6	7	8	总分 X
1	1	1	0	0	0	1	1	0	4
2	1	0	0	1	0	0	1	0	3
3	1	1	1	1	0	1	1	1	7
4	1	1	0	1	0	1	1	0	5
5	1	0	1	1	1	0	1	0	5
6	1	0	0	0	0	1	0	0	2
7	0	1	1	1	0	0	0	0	3
8	1	1	1	1	0	1	1	1	7
9	1	0	1	1	1	0	1	1	6
10	0	1	1	0	0	1	1	1	5
$\sum$	8	6	6	7	2	6	8	4	47
p	0.8	0.6	0.6	0.7	0.2	0.6	0.8	0.4	
q	0.2	0.4	0.4	0.3	0.8	0.4	0.2	0.6	
pq	0.16	0.24	0.24	0.21	0.16	0.24	0.16	0.24	$\sum pq=1.65$

解：根据表中数据可知 $K=8$，$\sum p_iq_i=1.65$，$S_X^2=2.9$，代入 KR_{20} 公式（即公式 4-14）得：

$$KR_{20}=\frac{K}{K-1}\left(1-\frac{\sum p_iq_i}{S_X^2}\right)=\frac{8}{8-1}\left(1-\frac{1.65}{2.9}\right)=0.49$$

若选择 KR_{21} 公式（即公式 4-15）估算该测验的信度，首先由表中数据计算得 $\overline{X}=4.7$，将其余统计量代入公式得：

$$KR_{21}=\frac{K}{K-1}\left[1-\frac{\overline{X}(K-\overline{X})}{KS_X^2}\right]=\frac{8}{8-1}\left[1-\frac{4.7\times(8-4.7)}{8\times2.9}\right]=0.38$$

从以上的计算结果可以看出，由这两个公式计算出的信度有较大的差异。这是由于 KR_{21} 公式的使用有一个重要的前提，即测验中所有试题的难度都相同，或者测验的平均难度为 0.50，否则 KR_{21} 公式会低估测验信度。

【拓展阅读】李·克隆巴赫的简介

3. 克隆巴赫 α 系数

当测验不仅包含二分计分题，还包括多重计分题，即受测者在同一个题目上可以获得 0 或 1 以外的其他不同分数时，要估计这种类型测验的信度可采用克隆巴赫（Cronbach）α 系数。其公式为：

$$\alpha=\frac{K}{K-1}\left(1-\frac{\sum S_i^2}{S_X^2}\right) \quad \text{（公式 4-16）}$$

式中，S_i^2 为所有受测者在第 i 题上得分的方差；其余量的含义与 KR_{20} 公式中的相同。

［例 4-6］ 某测验由 8 道主、客观题构成，对 10 名学生施测，得分情况如表 4-7 所示，计算该测验的信度。

表 4-7 10 名学生对 8 道主、客观题的测验结果

学生	题目								总分 X
	1	2	3	4	5	6	7	8	
1	8	9	11	7	10	12	12	9	78
2	7	12	10	6	9	9	10	8	71
3	5	10	9	4	11	8	8	7	62
4	8	11	12	8	11	10	9	12	81
5	7	12	11	7	6	9	10	8	70
6	5	9	9	6	9	8	8	6	60
7	6	10	11	5	7	10	9	8	66
8	8	11	12	9	10	7	11	10	78
9	4	8	10	10	9	9	8	6	64
10	7	10	8	8	9	11	12	8	73
S_i^2	2.06	1.73	1.79	3.33	2.54	2.23	2.46	3.29	$\sum S_i^2=19.43$

解：根据表中数据求出所有受测者总分的方差 $S_X^2=52.68$，然后将各统计量代入公式 4-16 得：

$$\alpha=\frac{K}{K-1}\left(1-\frac{\sum S_i^2}{S_X^2}\right)=\frac{8}{8-1}\left(1-\frac{19.43}{52.68}\right)=0.72$$

（二）局限性与注意问题

采用分半法估计测验信度要将测验分成对等的两部分，这就要求这两部分在内容、题型、题量、平均数、标准差等指标上都相等，实际上这是很难做到的。将一个测验分成两半的方法很多，同一测验分半的方法不同，所估计的信度值也就不同。通常情况下测验题目是按照由易到难的顺序排列，另外从测验开始到结束，受测者的主观状态也在发生改变，所以选择前后分半不能达到要求，一般采用按奇数题和偶数题分半的方法最接近对等分半的情况。当然，并不是所有求分半信度的测验都采用奇偶分半的方法，要根据实际情况以及测验的目的来选择合适的方法。

同质性信度的三种方法均不适用于速度测验。速度测验由难度较低的题目组成，其得分的个体差异主要取决于答题的数量，因此采用奇偶分半法、库德-理查逊公式、α 系数法估计出的信度可能会偏高。另外，同质性信度不适用于异质性测验，并非所有测验都要求题目间有较高的同质性，所以何时采用同质性信度要根据测验目的及具体的情况而定，当测验用于预测或者考查学生的学业成绩时，就无需考虑同质性，而用于验证某种心理学理论的构想和假设时就要求高度的同质性。

四、评分者信度的估算

若一个测验只由客观性试题组成，则无论评分者是谁，得分的差异都会很小。若一个测验的试题主观性很高，如作文测验、品德测验等，则评分者间的差异就成为必须要考虑的误差因素。这种测验不同于 α 系数法当中的测验，评分者以等级评分，因此不同的评分者对同一份试卷判定的等级往往不同，就造成了较大的差异。此时必须考察不同评分者对同一组受测者评分的一致性程度，即评分者信度。

（一）评分者信度的估算方法

这里介绍两种估算评分者信度的方法，根据评分者人数的不同选择相应的计算方法。若由两人评 N 份试卷或一人先后两次评 N 份试卷，则采用斯皮尔曼等级相关公式计算；若由三人以上的评分者评 N 份试卷，则采用肯德尔和谐系数公式计算。

1. 斯皮尔曼等级相关计算公式为：

$$\rho=1-\frac{6\sum D^2}{N(N^2-1)} \qquad \text{（公式 4-17）}$$

式中，ρ 为等级相关系数；

D 为二列变量对应的等级差值，也就是两位评分者对同一份试卷所评的等级之差；

N 为被评分的试卷数。

［例 4-7］有 A、B 两位评分者对 10 份作文试卷进行评分，每位学生的作文分数及等级如表 4-8 所示，计算这两位评分者评分的一致性。

表 4-8 两位评分者对 10 份试卷评阅结果

试卷	得分		等级		等级之差 D	D^2
	A	B	A	B		
1	35	37	4.5	2.5	2	4
2	30	30	8.5	8	0.5	0.25
3	38	39	1	1	0	0

续表

试卷	得分		等级		等级之差	D^2
	A	B	A	B	D	
4	36	37	3	2. 5	0. 5	0. 25
5	32	28	6	9	-3	9
6	30	33	8. 5	6	2. 5	6. 25
7	28	26	10	10	0	0
8	35	34	4. 5	5	-0. 5	0. 25
9	37	36	2	4	-2	4
10	31	32	7	7	0	0

解：根据表中数据求出$\sum D^2 = 24$，已知$N=10$，代入公式 4-17 得：

$$\rho = 1-\frac{6\sum D^2}{N(N^2-1)} = 1-\frac{6\times 24}{10(10^2-1)} = 0.85$$

2. 肯德尔和谐系数

肯德尔和谐系数的使用分两种情况。

（1）每个评分者的评定等级均无相同等级的情况，其计算公式为：

$$W=\frac{S}{\frac{1}{12}K^2(N^3-N)} \qquad \text{（公式 4-18）}$$

式中，W 为肯德尔和谐系数；

S 为每题等级之和的离均差平方和，即

$S=\sum(R_i-\overline{R}_i)^2=\sum R_i^2-\frac{(\sum R_i)^2}{N}$，其中 R_i 为第 i 题等级和；

K 为评分者人数；

N 为被评分的试卷数。

［**例 4-8**］有 A、B、C 三位评分者对 10 份作文试卷进行等级评定，评定结果如表 4-9 所示，计算这三位评分者评分的一致性。

表 4-9 3 位评分者对 10 份作文的等级评定结果

试卷	等级			等级和 R_i	等级和平方 R_i^2
	A	B	C		
1	2	3	2	7	49
2	4	5	6	15	225
3	7	6	7	20	400
4	1	1	3	5	25
5	9	8	9	26	676
6	6	4	5	15	225
7	5	7	4	16	256
8	3	2	1	6	36
9	10	10	10	30	900
10	8	9	8	25	625

解：根据表中数据求出 $\sum R_i=165$，$\sum R_i^2=3\ 417$，已知 $N=10$，$K=3$，代入公式 4-18 得：

$$W=\frac{S}{\frac{1}{12}K^2(N^3-N)}$$

$$=\frac{3\ 417-\frac{165^2}{10}}{\frac{1}{12}\times 3^2(10^3-10)}=0.94$$

最后要对 W 值进行统计检验，看其是否达到了显著水平。当 K 为 3~20 人，N 为 3~7 时，可直接查肯德尔和谐系数表进行显著性检验；当 N 大于 7 时，需要先把 W 值转化为 x^2 值，再对其进行显著性检验。转化公式为 $x^2=K(N-1)W$。例 4-8 中 $K=3$，$N=10$，所以 W 值要进行转化。

当 $N>7$ 的时候，检查 W 的显著性按照下列步骤：（1）需要把 W 代入下式求 $x^2=K(N-1)W$；（2）把计算出的 x^2，按照 $df=N-1$，查再查 x^2 显著性临界值表，若前者大于后者，则 W 达到显著水平，这个 W 有意义。所以本题将 $W=0.94$ 代入公式得 $x^2=25.38>x_{0.01}^2=21.666\ 0>x_{0.05}^2=16.919\ 0$，达到极显著水平。

（2）某个评分者评定等级有相同的情况，其计算公式为：

$$W=\frac{S}{\frac{1}{12}K^2(N^3-N)-K\sum T} \quad \text{（公式 4-19）}$$

式中，$T=\frac{\sum(n^3-n)}{12}$，n 为相同等级的个数，其余量代表的含义与公式 4-18 中的相同。

［**例 4-9**］有 A、B、C 三位评分者对 6 份绘画作品进行等级评定，根据评定等级对 6 份作品进行排名，结果如表 4-10 所示，计算这三位评分者评分的一致性。

表 4-10 三位评分者对 6 份作品的等级评定结果

作品	等级			等级和 R_i	等级和平方 R_i^2
	A	B	C		
1	2.5	2	3	7.5	56.25
2	1	2	1	4	16
3	4	5	3	12	144
4	6	6	5.5	17.5	306.25
5	2.5	2	3	7.5	56.25
6	5	4	5.5	14.5	210.25

解：从表 4-10 中的数据可看出评分者 A 评的作品中有两份都为 2.5，所以 $n=2$，则

$$T_A=\frac{2^3-2}{12}=0.5$$

评分者 B 评的作品中有 3 份都为 2，所以 $n=3$，则

$$T_B=\frac{3^3-3}{12}=2$$

评分者 C 评的作品中有 3 份都为 3，2 份都为 5.5，所以 $n_1=3$，$n_2=2$，则

$$T_C=\frac{3^3-3}{12}+\frac{2^3-2}{12}=2.5$$

$$\sum T=0.5+2+2.5=5$$

然后根据表中数据求出 $\sum R_i=63$，$\sum R_i^2=789$，已知 $N=6$，$K=3$，代入公式 4-19 得：

$$W=\frac{S}{\frac{1}{12}K^2(N^3-N)-K\sum T}$$

$$=\frac{789-\frac{63^2}{6}}{\frac{1}{12}\times 3^2(6^3-6)-3\times 5}$$

$$=0.89$$

最后仍然要对 W 值进行统计检验，看其是否达到了显著水平。例 4-9 中 $K=3$，$N=6$，所以无需将 W 值转化为 x^2 值，直接查肯德尔和谐系数表即可进行显著性检验。由计算可知，$S=661.5$，查［附录 2］可知，$S=661.5>S_{0.01}=122.8>S_{0.05}=103.9$，达到了极显著水平。

（二）适用情况与注意问题

评分者信度是为了评判主观性试题的评分可信度。评分者信度的估算要根据评分者的数量而采用不同的计算公式。当只有两个评分者或者一人先后进行两次评分时，则采用斯皮尔曼等级相关公式计算，在实际评卷中，若两位评分者评定等级是按照秩次的排列规则得到，那么用斯皮尔曼检验时，可直接用数据或用相应的等级数据进行运算，所得到的最终结果是相同的。若评分者有三人以上，则采用肯德尔和谐系数进行计算。肯德尔和谐系数又分为两种情况：一是评分者评定等级不相同的情况；二是评分者评定等级出现相同的情况。除了以上介绍的两种估算评分者信度的方法外，对于两个评分者对同一试题进行评分的情况还可以采用 Kappa 系数法、列联系数法、Pearson 积差相关法；对于多个评分者进行评分的情况还可以采用克隆巴赫 α 系数和多系列相关分析的方法。

第三节　测验信度的评价

在教育测量中通常是用相关系数来表示测验结果的一致性程度。在统计学中，相关系数只有在和求得相关系数的环境条件相联系时才能得到正确的解释。同样，在教育测量中，信度系数的值应该在何种区间内才能保证测验的可靠性，也必须和求得信度系数的具体环境条件联系起来。实际应用中确定测验的信度指标是一个比较复杂的问题，需根据具体的环境，如测验的目的、性质、内容、条件、估计信度的方法等具体情况而定。

一、确定合理的信度系数指标

从表 4-11 可看出，不同类型的信度系数有不同的应用范围，实际测验当中误差的来源是多种多样的，因此一个测验往往需要几种不同的信度来估计。例如，某项关于编制小学生数学能力测试量表的研究，在其信度检验方面，研究者采用了三个信度指标，即分半信度，克隆巴赫 α 系数，重测信度。结果该量表各领域的克隆巴赫 α 系数均达到 0.70 以上，分半信度经校正为 0.90，绝大部分分测试的重测信度也都达到 0.70 以上。这表明该量表的各项指标均达到了心理测量学对量表信度的要求，即该量表具有很好的信度，其测量结果稳定可靠。① 要确定一个合理的信度系数指标，不能用一个死的标准来衡量，这里提供几个一般性的标准作为参考。在一般情况下，标准化的学习成绩或能力测验，其信度应达到 0.90 以上；人格测验应达到 0.80 以上；标准化智力测验应达到 0.85 以上；教师自编的学习成绩测验应达到 0.60 以上。

表 4-11　各信度误差变异的来源及应用

信度类型	误差变异的来源	应用
重测信度	时间取样	适用于所测特质相对稳定的测验
复本信度（等值性系数）	内容取样	适用于速度、难度测验

① 吴捷，徐晟，马伟栋，等. 中国老年人怀旧感量表的编制［J］. 心理与行为研究，2019，17（2）：246-252.

续表

信度类型		误差变异的来源	应用
复本信度（等值稳定性系数）		时间和内容取样	适用于测量某特质的获得及其进展的测验
同质性信度	分半信度	内容取样	适用于难度测验
	库德-理查逊信度	内容的异质性	适用于二分计分题测验
	克隆巴赫 α 系数	内容的异质性	适用于多重计分题测验
评分者信度		评分者之间的差异	适用于含主观计分题的测验

二、提高测验信度的方法

要选择何种方法估计测验信度，总的来说主要考虑误差变异的来源，一个测验哪种误差大则采用该种误差来估计。根据测验信度影响因素的分析，可以总结出以下六种提高测验信度的方法。

（一）增加题目数量

通常情况下，测验的长度越长，也就是所包含的题目数量越多，其信度越高。这是由于试题越多，内容取样的范围越广，则可能扩大测验分数的分布范围，使得测验结果更为可靠。另外，测验题目越多，测验结果受偶然因素的影响越小，且随机误差相互抵消的可能性也越大，因而可以提高测验信度。

前面在介绍分半信度的计算方法时，为避免分半后试题数量减少影响整个测验的信度，就可以采用斯皮尔曼-布朗公式进行校正，由例 4-4 中可以看出校正后信度提高了，实际上分半信度的校正可以看作将测验长度增加到原测验长度的两倍。所以公式 4-11 $\left(r_{XX}=\dfrac{2r_{hh}}{1+r_{hh}}\right)$ 只是斯皮尔曼-布朗公式中的一个特例，根据此公式可推导出当测验长度增加到原测验长度 n 倍（$n>2$）时的信度系数，其公式为：

$$r_{nn}=\frac{nr_{XX}}{1+(n-1)r_{XX}} \quad \text{（公式 4-20）}$$

式中，r_{nn}为测验长度增加为原来 n 倍后的信度系数；

n 为改变后测验长度与原测验长度之比；

r_{XX}为原测验的信度系数。

例如，一个测验包含 10 个题目，其信度为 0.45，若把测验增加到原有长度的 3 倍，即 30 个题目，由上述公式计算可得其信度为 0.71，若增加到原有长度的 4 倍、5 倍、6 倍、7 倍，根据公式计算出其信度分别为 0.77、0.80、0.83、0.85，由此可看出测验长度的增加与信度系数的提高并不是等比例的。信度较小时，增加测验长度可使测验信度提高较多；但若信度已经较大，此时增加测验长度，测验信度提高较少。

那么应当如何把握测验长度，使信度达到预期的水平？可将公式 4-20 进行变形得到：

$$n=\frac{r_{nn}(1-r_{XX})}{r_{XX}(1-r_{nn})} \quad \text{（公式 4-21）}$$

所以如果已知原测验的信度 r_{XX}，以及期望将信度提高到 r_{nn}，问需要将测验长度增加到原来的几倍时，即可将数据代入上述公式中求出 n。

当然，测验的题目并非越多越好，一方面，在编制试题时，新增的题目要求与原有题目有相同的难度水平和鉴别力，因此增加的题目越多，耗费的时间、精力和经费也越多；另一方面，测验长度过长，受测者在心理上可能会产生疲倦及厌烦的情绪，反而降低了测验结果的可靠性。

（二）难度适中

测验的难度会影响测验的信度，这是因为难度的大小会直接影响到测验分数的分布。当难度太大时，受测者的得分大部分集中在低分段，形成正偏态分布；而难度太小时，受测者的得分大部分集中在高分段，形成负偏态分布。不管难度过大还是过小，受测者的得分都过于集中，因此分数之间的差异都较小，分数分布的范围也较窄，根据这些实得分数计算出的方差 S_X^2 也较小。由公式 4-4$\left(r_{XX}=1-\dfrac{S_E^2}{S_X^2}\right)$可以看出，当 S_X^2 较小时，所求出的信度 r_{XX}也较小，所以说测验过难或过易都会使信度下降，只有难度适中才能提高测验信度。经验表明，测验难度在 0.40～0.70 比较合适。

（三）内容同质

测验内容的同质性程度也会影响到测验的信度。内容的同质性指的是所要测量的特质的一致性。同质的测验内容由于其性质相同，各项目之间的内部一致性高，所测量出的特质的性质也相同，即受测者是否具备某方面相同的知识、技能或能力。相反，如果测验内容是异质的，测验由各种不同性质的题目组成，此时所测量的特质异质性程度高，即测量受测者是否具备各方面不同的知识、技能或者能力，这样测验结果的信度必然较低，这也是数学测验的信度往往高于语文测验的信度的原因。所以在编制测验时应注意不要将测验内容设置得过于庞杂，尽量使测验内容同质。

（四）程序统一

误差是影响信度的根本原因。任何测验都会产生误差，因此对测验中的受测者团体、施测者、施测过程、施测环境、测量工具等各方面产生的制约因素都要加以密切关注。当然，要求测验过程中程序的统一性是必然的，具体来说即要求测验开始的指导语、受测者答题方式、测验时间、测验条件、测验的组织、施测者的监考原则、分发回收试卷的方法等都要统一安排。

（五）时间充分

测验时间的把握也很重要，应根据大多数受测者的情况考虑测验时间的长短。测验的时间过短，受测者可能会迫于时间限制不能冷静从容地回答试题，某些能反映受测者水平的题目未能得到解答，这些情况都会降低测验的信度，因此要保证测验时间充分，使测验能真实反映受测者的实际水平。

【拓展阅读】如何避免信度滥用

（六）评分客观

不同评分者评阅试卷时会产生误差，而信度的估算都是根据测验实得分数而来的，若评分有误，计算出的信度自然是不准确的，所以对测验评分这一环节的把握非常重要。客观性的试题由于评分标准很明确，只要严格按照标准评分或由能正常工作的机器评分，一般不会出现错误。但是论文式测验、创新性测验、品德测验等包含主观性试题的测验，评分标准不可能像客观性试题那样明确、统一。对于这样的测验，首先要制订一个可供评分者参考的评分标准，其次，为了避免评分者个人主观因素的影响，可由多人评同一份试卷，所得结果误差较大的应选择复评，或者选择“流水线”的方式一个评分者只评一题。

本章小结

信度是指测量结果的稳定性程度或可靠性程度。在教育测量中对信度的估算一般采用相关分析的方法。基于对信度定义的理解，可以得出信度具有衡量测量结果的一致性和稳定性程度、正确解释个体测验分数、比较不同测验分数等功能。关于信度的估算方法，由于误差来源的不同，以及分析测验一致性的侧重点不同，主要有重测信度、复本信度、同质性信度和评分者信度四种类型。不同类型的信度有不同的应用范围，实际应用当中确定测验的信度指标需根据具体情况而定，主要应考虑误差变异来源的因素。通过增加题目数量，控制测验的难度保持适中，提高测验内容的同质性，保持测验程序的统一，确保测验时间充分和严格把关评分的客观性等方法可以提高测验的信度。

思考与练习

1. 重测信度的适用范围是什么？使用时应注意什么？
2. 复本信度的局限性是什么？
3. 影响分半信度的因素有哪些？
4. 克隆巴赫 α 系数的适用范围是什么？
5. 评分者信度的估算方法有哪些？
6. 根据下列四种情形，分别求出相应的信度。

(1) 重测信度

有一份速度测验，先后两次施测于 12 名学生，时间间隔为半年，结果如表 4-12 所示，求该速度测验的重测信度系数。(为了便于理解和计算，本章估计信度系数的例子都是小样组，实际应用时应该采用大样组。)

表 4-12

测验	被试											
	1	2	3	4	5	6	7	8	9	10	11	12
X_1	20	20	21	22	23	23	24	23	25	26	26	27
X_2	20	21	21	20	23	25	25	23	26	26	27	29
X_1X_2	400	420	441	440	529	575	600	529	650	676	702	783

参考答案：

根据表 2-1 和重测信度计算公式，可以算出：

$$\sum X_1X_2=6\ 745 \quad \sum X_1=280 \quad \sum X_2=286$$

$$\sum X_1^2=6\ 594 \quad \sum X_2^2=6\ 912$$

即可求出重测信度系数：

$$r_{X_1X_2}=\frac{\sum X_1X_2-\sum X_1X_2/N}{\sqrt{\sum X_1^2-(\sum X_1)^2/N}\sqrt{\sum X_2^2-(\sum X_2)^2/N}}$$

$$=\frac{6\ 745-280\times286/12}{\sqrt{6\ 594-280^2/12}\sqrt{6\ 912-286^2/12}}=0.94$$

(2) 复本信度

假设用 A、B 两型创造力复本测验对初中一年级 10 个学生施测。结果如表 4-13 所示，X_1、X_2分别代表 A、B 两型测验的实测分数，试求本次测验的复本信度。

表 4-13

测验	被试									
	1	2	3	4	5	6	7	8	9	10
X_1	20	19	19	18	17	16	14	13	12	10
X_2	20	20	18	16	15	17	12	11	13	9

参考答案：

经计算得出以下统计值：

$$\sum X_1X_2=2\ 494 \quad \sum X_1=158 \quad \sum X_2=151 \quad \sum X_1^2=2\ 600 \quad \sum X_2^2=2\ 409$$

运用计算公式

$$r_{X_1X_2}=\frac{\sum X_1X_2-\sum X_1\sum X_2/N}{\sqrt{\sum X_1^2-(\sum X_1)^2/N}\sqrt{\sum X_2^2-(\sum X_2)^2/N}}$$

$$=\frac{2\ 494-158\times151/10}{\sqrt{2\ 600-158^2/10}\sqrt{2\ 409-151^2/10}}=0.94$$

(3) 同质性信度

表 4-14 是 10 名学生在有 8 道测试题的一次测验中的具体的得分情况，请用分半法求该测验的同质性信度系数。

表 4-14

被试	测试题							
	1	2	3	4	5	6	7	8
1	0	1	0	0	0	0	0	0
2	1	0	1	1	0	1	0	0
3	1	1	0	1	0	0	0	0
4	1	1	1	1	1	0	0	0
5	1	1	1	1	1	1	1	1

续表

被试	测试题							
	1	2	3	4	5	6	7	8
6	1	1	0	1	1	1	1	1
7	1	0	1	1	1	0	0	0
8	1	1	1	1	1	1	0	0
9	1	1	1	1	1	0	1	1
10	0	1	1	0	0	0	0	0

参考答案：

设 X 为整个测验的实测分数，X_o为奇数题的实测分数，X_e为偶数题的实测分数。由表中数据可算得：

$$\overline{X}_o=2.4,\quad \overline{X}_e=2.3,\quad S_{X_o}=1.28,\quad S_{X_e}=1.10\quad \sum X_oX_e=65$$

$$r_{hh}=\frac{\sum X_oX_e/N-\overline{X}_o\overline{X}_e}{S_{X_o}S_{X_e}}$$

$$r_{hh}=\frac{65/10-2.4\times2.3}{1.28\times1.10}=0.70$$

r_{hh}的值需要用斯皮尔曼-布朗公式矫正：

$$r_{XX}=\frac{2\,r_{hh}}{1+r_{hh}}=\frac{2\times0.70}{1+0.70}=0.82$$

（4）评分者信度

三位专家给六篇论文评等级，结果如表 4-15 所示，试计算此次评分的评分者信度系数。

表 4-15

专家	论文评分					
	1	2	3	4	5	6
1	2	4	1	5	6	2
2	3	4	1	5	5	2
3	3	4	1	4	6	2
R_i	8	12	3	14	17	6

参考答案：

由表数据可得

$$\sum R_i=60\quad \sum R_i^2=738$$

由题意 $K=3$，$N=6$，带入公式可得：

$$W=\frac{\sum R_i^2-\frac{(\sum R_i)^2}{N}}{\frac{1}{12}K^2(N^3-N)}=\frac{738-60^2/6}{1/12\times 3^2(6^3-6)}=0.88$$

推荐阅读

1. 胡典顺，朱展霖. 基于 SPSS 与 AMOS 的问卷信度效度检验——以数学焦虑、数学态度和数学效能的关系研究为例［J］. 教育测量与评价，2020（11）：3-7.

2. 李灿，辛玲. 调查问卷的信度与效度的评价方法研究［J］. 中国卫生统计，2008（5）：541-544.

3. 段圆园. 教育调查问卷设计的基本原则及信效度检验方法［J］. 教育现代化，2019，6（28）：101-103.

4. 吴明隆. 问卷统计分析实物：SPSS 操作与应用［M］. 重庆：重庆大学出版社，2010.

附录 1　正态曲线下 Z 为正值的概率

Z	1.282	1.645	1.960	2.326	2.576	3.090	3.291	3.891	4.417
P	0.90	0.95	0.975	0.99	0.995	0.999	0.999 5	0.999 95	0.999 95
双侧 α	0.20	0.10	0.05	0.02	0.01	0.002	0.001	0.000 1	0.000 01

附录 2　肯德尔 W 系数显著性临界值表

（表中数字为实得平方和 S）

K	N					$N=3$	
	3	4	5	6	7	k	S
.05 显著水平							
3			64.4	103.9	157.3	9	54.0
4		49.5	88.4	143.3	217.0	12	71.9
5		62.6	112.3	182.4	276.2	14	83.8
6		75.7	136.1	221.4	335.2	16	95.8
8	48.1	101.7	183.7	209.0	453.1	18	107.7
10	60.0	127.8	231.2	376.7	571.0		
15	89.8	192.9	349.8	570.5	864.9		
20	119.7	258.0	468.5	764.4	158.7		
.01 显著水平							
3			75.6	122.8	185.6	9	75.9

续表

K	N					N=3	
	3	4	5	6	7	k	S
4		61. 4	109. 3	176. 2	265. 0	12	103. 5
5		80. 6	142. 8	229. 4	343. 8	14	121. 9
6		99. 5	176. 1	282. 4	422. 6	16	140. 2
8	66. 8	137. 4	242. 7	388. 3	579. 0	18	158. 6
10	85. 1	175. 3	309. 1	494. 0	737. 0		
15	131. 0	269. 8	475. 2	758. 2	1 129. 5		
20	177. 0	364. 2	641. 2	1 022. 2	1 521. 9		

附录 3 x^2 显著性临界值表

自由度	$x^2_{0.995}$	$x^2_{0.990}$	$x^2_{0.975}$	$x^2_{0.950}$	$x^2_{0.900}$
1	0. 000 039 3	0. 000 157 1	0. 000 982 1	0. 003 932 1	0. 015 790 8
2	0. 010 025 1	0. 020 100 7	0. 050 635 6	0. 102 587	0. 210 720
3	0. 071 721 2	0. 114 832	0. 215 795	0. 351 846	0. 584 375
4	0. 206 990	0. 297 110	0. 484 419	0. 710 721	1. 063 623
5	0. 411 740	0. 554 300	0. 831 211	1. 145 476	1. 610 31
6	0. 675 727	0. 872 085	1. 237 347	1. 635 39	2. 204 13
7	0. 989 265	1. 239 043	1. 689 87	2. 167 35	2. 833 11
8	1. 344 419	1. 646 482	2. 179 73	2. 732 64	3. 489 54
9	1. 734 926	2. 087 912	2. 700 39	3. 325 11	4. 168 16
10	2. 155 85	2. 558 21	3. 246 97	3. 940 30	4. 865 18
11	2. 603 21	3. 053 47	3. 815 75	4. 574 81	5. 577 79
12	3. 073 82	3. 570 56	4. 403 79	5. 226 03	6. 303 80
13	3. 565 03	4. 106 91	5. 008 74	5. 891 86	7. 041 50
14	4. 074 68	4. 660 43	5. 628 72	6. 570 63	7. 789 53
15	4. 600 94	5. 229 35	6. 262 14	7. 260 94	8. 546 75
16	5. 142 24	5. 812 21	6. 907 66	7. 961 64	9. 312 23
17	5. 697 24	6. 407 76	7. 564 18	8. 671 76	10. 085 2
18	6. 264 81	7. 014 91	8. 230 75	9. 390 46	10. 864 9
19	6. 843 98	7. 632 73	8. 906 55	10. 117 0	11. 650 9
20	7. 433 86	8. 260 40	9. 590 83	10. 850 8	12. 442 6

续表

自由度	$x^2_{0.995}$	$x^2_{0.990}$	$x^2_{0.975}$	$x^2_{0.950}$	$x^2_{0.900}$
21	8.033 66	8.897 20	10.282 93	11.591 3	13.239 6
22	8.642 72	9.542 49	10.982 3	12.338 0	14.041 5
23	9.260 42	10.195 67	11.688 5	13.090 5	14.847 9
24	9.886 23	10.856 4	12.401 1	13.848 4	15.658 7
25	10.519 7	11.524 0	13.119 7	14.611 4	16.473 4
26	11.160 3	12.198 1	13.843 9	15.379 1	17.291 9
27	11.807 6	12.878 6	14.573 3	16.151 3	18.113 8
28	12.461 3	13.564 8	15.307 9	16.927 9	18.939 2
29	13.121 1	14.256 5	16.047 1	17.708 3	19.767 7
30	13.786 7	14.953 5	16.790 8	18.492 6	20.599 2
40	20.706 5	22.164 3	24.433 1	26.509 3	29.050 5
50	27.990 7	29.706 7	32.357 4	34.764 2	37.688 6
60	35.534 6	37.484 8	40.481 7	43.187 9	46.458 9
70	43.275 2	45.441 8	18.757 6	51.739 3	55.329 0
80	51.172 0	53.540 0	57.153 2	60.391 5	64.277 8
90	59.196 3	61.754 1	65.646 6	69.126 0	73.291 2
100	67.327 6	70.064 8	74.221 9	77.929 5	82.358 1
150	109.142	112.668	117.985	122.692	128.275
200	152.241	156.432	162.728	168.279	174.835
300	240.663	245.972	253.912	260.878	269.068
400	330.903	337.155	346.482	354.641	364.207
500	422.303	429.388	439.936	449.147	459.926

自由度	$x^2_{0.100}$	$x^2_{0.050}$	$x^2_{0.025}$	$x^2_{0.010}$	$x^2_{0.005}$
1	2.705 54	3.841 46	5.023 89	6.634 90	7.879 44
2	4.605 17	5.991 47	7.377 76	9.210 34	10.596 6
3	6.251 39	7.814 73	9.348 40	11.344 9	12.838 1
4	7.779 44	9.487 73	11.143 3	13.276 7	14.860 2
5	9.236 35	11.070 5	12.832 5	15.086 3	16.749 6
6	10.644 6	12.591 6	14.449 4	16.811 9	18.547 6
7	12.017 0	14.067 1	16.012 8	18.475 3	20.277 7
8	13.361 6	15.507 3	17.534 6	20.090 2	21.955 0
9	14.683 7	16.919 0	19.022 8	21.666 0	23.589 3
10	15.987 1	18.307 0	20.483 1	23.209 3	25.188 2

续表

自由度	$x^2_{0.100}$	$x^2_{0.050}$	$x^2_{0.025}$	$x^2_{0.010}$	$x^2_{0.005}$
11	17. 275 0	19. 675 1	21. 920 0	24. 725 0	26. 756 9
12	18. 549 4	21. 026 1	23. 336 7	26. 217 0	28. 299 5
13	19. 811 9	22. 362 1	24. 735 6	27. 688 3	29. 819 4
14	21. 064 2	23. 684 8	26. 119 0	29. 141 3	31. 319 3
15	22. 307 2	24. 995 8	27. 488 4	30. 577 9	32. 801 3
16	23. 541 8	26. 296 2	28. 845 4	31. 999 9	34. 267 2
17	24. 769 0	27. 587 1	30. 191 0	33. 408 7	35. 718 5
18	25. 989 4	28. 869 3	31. 526 4	34. 805 3	37. 156 4
19	27. 203 6	30. 143 5	35. 852 3	36. 190 8	38. 582 2
20	28. 412 0	31. 410 4	34. 169 6	37. 566 2	39. 996 8
21	29. 615 1	32. 670 5	35. 478 9	38. 932 1	41. 401 0
22	30. 813 3	33. 924 4	36. 780 7	40. 289 4	42. 795 6
23	32. 006 9	35. 172 5	38. 075 7	41. 638 4	44. 181 3
24	33. 196 3	36. 415 1	39. 364 1	42. 979 8	45. 558 5
25	34. 381 6	37. 652 5	40. 646 5	44. 314 1	46. 927 8
26	36. 563 1	38. 885 2	41. 923 2	45. 641 7	48. 289 9
27	36. 741 2	40. 113 3	43. 194 4	46. 963 0	49. 644 9
28	37. 915 9	41. 337 2	44. 460 7	48. 278 2	50. 993 3
29	39. 087 5	42. 556 9	45. 722 2	49. 587 9	52. 335 6
30	40. 256 0	43. 772 9	46. 979 2	50. 892 2	53. 672 0
40	51. 805 0	55. 758 5	59. 341 7	63. 690 7	66. 765 9
50	63. 167 1	67. 504 8	71. 420 2	76. 153 9	79. 490 0
60	74. 397 0	79. 081 9	83. 297 6	88. 379 4	91. 951 7
70	85. 527 1	90. 531 2	95. 023 1	100. 425	104. 215
80	96. 578 2	101. 879	106. 629	112. 329	116. 321
90	107. 565	113. 145	118. 136	124. 116	128. 299
100	118. 498	124. 342	129. 561	135. 807	140. 169
150	172. 581	179. 581	185. 800	193. 208	198. 360
200	226. 021	233. 994	241. 058	249. 445	255. 264
300	331. 789	341. 395	349. 874	359. 906	366. 844
400	436. 649	447. 632	457. 306	468. 724	479. 606
500	540. 930	553. 127	563. 852	576. 493	585. 207

第五章　效度

学习目标

1. 理解效度的定义与性质。
2. 理解效度与信度的关系。
3. 掌握内容效度、效标关联效度及构想效度的含义及其验证方法。
4. 掌握提高测验效度的方法。

知识导图

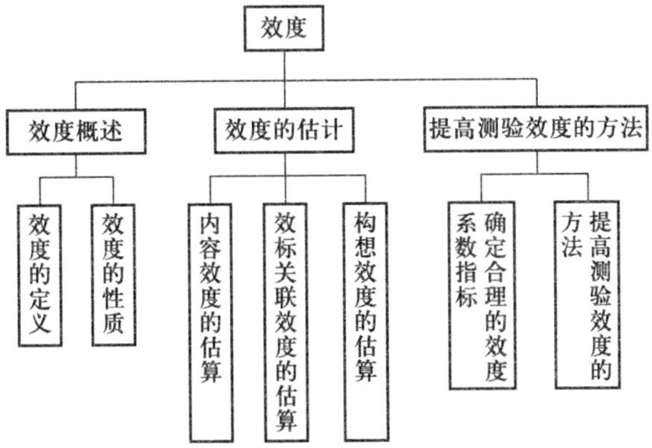

信度是任何一个测量所必备的质量特征，它表现为测量结果的一致性程度，但仅有稳定性并不能保证该测量符合质量要求。一台未经校准的电子秤在同一时间内反复称量同一物体，所得到的结果必然具有高度的一致性，但这些结果可能都不是准确的，这就是效度的问题。效度是测量必备的另一个质量特征，尤其对于教育测量来说，其目的在于依据测验引起的行为反应推测对其起决定作用的内部属性，因此，测验能够在多大程度上测量出所要测量的特质成为教育测量必须要考虑的问题。

第一节 效度概述

效度是衡量测验质量的重要依据，它主要回答两个方面的问题：一是测验是否测到了它想要测量的东西；二是测验能够测量到何种程度。因而，学习效度首先要理解其定义以及所具备的性质。

一、效度的定义

【拓展阅读】效度的涵义

效度是指有效性或正确性程度，测验效度是指某测验或量表能实际测出其所要测量的特性的程度。在教育测量理论中，效度（r_{XY}）被定义为在测量中与测量目的有关的真实变异数，即由所要测量的特质引起的有效变异（S_V^2）在总变异数（S_X^2）中所占的比例，即：

$$r_{XY}=\frac{S_V^2}{S_X^2} \quad \text{（公式 5-1）}$$

二、效度的性质

效度有如下五条性质。

第一，效度始终针对一定的测量目的。一个测验或量表的编制目的必然是测量某种特性，若能正确而真实地测量出所要的东西，那么针对这一特定目的而言，该测验或量表的效度较高；反之则效度较低。例如，《斯坦福-比纳智力量表》用于测量儿童智力的大小，必然具有较高的效度，但如果用于测量儿童的性格，其效度肯定很低。同一测验应用于不同的途径，即针对不同的目的而使用，就会产生多个效度，其高低程度也会不同，所以说不能脱离测量的目的来讨论效度。

第二，效度针对测量结果。测验或量表都是测量所使用的工具，只有运用这些工具进行实际的测量得出结果后，才能根据结果判断测量的有效性。鉴于此，效度的定义还可以阐述为测量结果能够正确反映所要测量特性的程度。

第三，效度只有程度上的差别。由于教育测量的对象是具有主观能动性的人及其心理活动，心理活动间接性和隐蔽性的特征使得测量不可能百分之百的准确，只有某种程度上的准确，所以效度只有程度上的差别，没有全或无的差别。通常情况下，在评价一个测量的效度时，不会说该测量结果“有效”或“无效”，而是在考虑特定测量目的的基础上，用高低来评判测验结果的有效性。

第四，效度是测量的随机误差和系统误差的综合反映。要准确掌握效度的定义，还必须从统计学的角度对效度作深入的分析。上一章的内容当中，提到了经典测量理论的真分数模型，进一步得出实得分数的方差（S_X^2）等于真分数的方差（S_T^2）加上误差分数的方差（S_E^2）。实质上在讨论效度时，还应将真分数的方差（S_T^2）分解为两个部分，一部分是由所要测量的特性所引起的真实变异，符合测量目的的真分数方差（S_V^2）；另一部分是由系统误差所引起的真实变异，且与测量目的无关的方差（S_I^2）。用公式可以表示为：

$$S_T^2=S_V^2+S_I^2 \quad \text{（公式 5-2）}$$

$$S_X^2=S_V^2+S_I^2+S_E^2 \qquad (公式 5-3)$$

从公式 5-2 和公式 5-3 可以看出，当随机误差的变异数（S_E^2）减少时，真分数的变异数（S_T^2）就会增加，从而给 S_V^2 增加提供可能，此时，能否提高效度还要再看系统误差的变异数（S_I^2）的大小，只有当 S_I^2 越小时，S_V^2 在 S_X^2 中所占的比重才会越大，也就是说效度才会越高。所以，效度是测量的随机误差和系统误差的综合反映。

第五，判断一个测量是否有效要从多方面搜集证据。随着测量理论和实践的发展，效度整体观逐步形成，并取代效度分类说，成为现代效度理论的核心思想。整体观强调效度是一个整体，是对分数及其使用的综合评价。效度不再是测试本身固有的属性，也不属于分数，而是对分数及其使用的解释的合理性，合理程度即为效度。因此，效度验证就被界定为多方面搜集证据对有关解释的合理性进行论证的过程，而之前传统效度理论中三种不同的效度类别也演变为不同类型的效度证据。[①] 所以说现代效度理论下关于效度的验证应当是全面而综合的，要强调证据和论证的过程，这就要求在评价一个测量时要多角度、多方面地去收集尽可能多的证据。

【拓展阅读】
效度概念的演变

第二节　效度的估计

从理论层面看，现今关于效度的整体观思想已普遍达成共识。要了解当前这一主流的效度观，首先应当知道效度是一个不断演变发展的概念，它经历了从分类说到整体观的演变历程。在这个漫长而持续的过程中，关于其发展阶段的划分，相关的专家学者众说纷纭，意见并不统一，但有一点比较一致，那就是“构念”或“构想”这一概念的提出和发展被视为效度发展史上的重大突破。1974 年美国心理学会在《教育与心理测验标准》中正式将效度划分为内容效度、效标关联效度和构想效度，至此进入效度“三分论”的时代。尽管如今的主流思想是以构想效度为核心的效度整体观，但强调基于测试分数的解释和使用的整体观思想，要求效度验证的过程应进行全面取证。

【拓展阅读】
效度的计算

一、内容效度的估算

内容效度是指测验内容是否足以代表测验目标内容的范畴。这种对测验目标内容的代表性使得内容效度中的“内容”具有广泛的意义。也就是说，内容效度关注的是测验题目对所要测量内容的全域的取样代表性。因此，如何保证测验内容的代表性成为内容效度验证的最大难点。由于所要测验的内容既可以是各种知识和技能，也可以是复杂的心理特质和行为表现，测验目标内容的范畴就变得难以界定，从而也会影响到测验题目选择的代表性。

【微视频】
效度的估算方法（一）

① 邓杰. 论语言测试效度的辩论方法：辩论逻辑与效度解释［D］. 上海：上海外国语大学，2011：26.

（一）内容效度的验证方法

1. 逻辑分析法

逻辑分析法是一种验证内容效度的典型方法，一般要求由一组本学科的专家根据所要测量特性的定义和对测量内容范围的界定，以及各部分内容所占的比重，以逻辑分析的方法判断测验题目与应测内容范围的符合程度。

【微视频】效度的估算方法（二）

逻辑分析法本质上是一种定性的方法，它主要由专家来进行评判。不同专家对内容范围会有不同的理解，这就使得对同一测验内容效度的判断可能不一致，另外也缺乏良好的数量指标来描述这种符合性的程度，这就涉及评分者信度的问题，也就必然会影响到对内容效度的评判。因此，有时也会将评分者信度作为内容效度评判的一个指标。除此之外，人们还试图用定量分析的办法去估计测验的内容效度。

例如，在学科成就测验中，首先要对有关的教材内容、课程标准以及教学目标进行全面而系统的分析，然后根据分析的结果编制测验的双向细目表，以明确测验的目的、所要考查的内容范围、所要达到的行为目标、各项主题所占的比重以及各个项目的数量。最后，专家们基于编制好的细目表对测验的内容效度进行评判。

2. 统计分析法

统计分析法主要有复本法和前后测比较法两种类型。

（1）复本法。编制两套独立的测验试题，要求试题的内容取自同样的教学内容范围，然后用这两套试题对同一组受测者施测，根据测验结果计算复本信度。若相关系数高，则可以将其作为评估内容效度的一个证据；若相关系数低，则说明两套测验试题中至少有一套的内容效度低。

（2）前后测比较法。首先，在进行某一知识或技能的教学、训练之前对同一组受测者实施前测，此时受测者对所要测验的内容应当是知之甚少的，然后在对有关内容进行教学、训练之后，再对该组受测者实施后测，根据两次测验结果差异的显著性来判断测验内容的有效性。若前后测结果有显著性差异，且后测结果优于前测，则表明测验所要测量的内容与教学的内容相符，即该测验的内容效度高；若前后测结果无显著性差异，则表明测验所要测量的内容与教学内容不相符，即该测验的内容效度低。

（二）局限性与注意问题

内容效度主要适用于教学情境下的学业成就测验，因为它主要的目的在于测试学生对某门学科知识及技能的掌握情况，而且通常具有明确的教学目标和教材内容，这就使得编制能正确代表教材内容且能反映学生预期行为变化的测验更具操作性。当然，要全面评价学业成就测验的有效性还需要其他类型的效度证据来加以解释和支持。另外，内容效度也适用于选拔性和分类性的职业测验，这类测验所要测的内容是实际工作中所需要的知识及技能。因此，编制此类测验通常要求事前细致分析实际工作中的内容，这样才能保证试题取样的代表性。而反映心理特质或心理过程的能力倾向测验以及人格测验并不适合用内容效度来分析其有效性。对于人的心理机能来说，由于其复杂的结构、内隐的行为、变化的过程，难以界定其概念，划分其范围，也就难以用内容效度来评判其测验的有效性。

针对内容效度，有一个需要注意与之区分的概念，即表面效度。表面效度是指从测验的表面来看测验内容是否有效地测量出想要的内容。表面效度与内容效度的区别在于表面效度是由受测者或非专业人士对测验做表面上的检查确定的，而内容效度主要是由相关专家详尽地、系统地对测验进行分析而作出的评判。另外，表面效度本质上并不算作一种效度，它不是效度的客观指标，但能对受测者的动机产生影响，因而在实际测验中也会影响到效度。例如，一个测验能以良好的外部形式加以展现，如用语明确、印刷质量好等，则受测者愿意配合，能够认真作答，以积极的态度完成测验，这就有利于内容效度的提高；与此相反，若一个测验外部形式差，用语艰涩难懂，印刷质量又差，受测者不清楚测验到底要测什么，也就难以用配合的态度完成测验，从而导致内容效度降低。所以说在实际测验中表面效度也是不容忽视的。通常情况下，最高行为测验可追求较高的表面效度，而典型行为测验，如人格测验、态度测验，由于不是所有受测者都愿意坦诚地表达内心的想法，可不强制要求高表面效度。

二、效标关联效度的估算

效标关联效度也称为实证效度，是指测验与某个外部效标的一致性程度。如果测验和效标的一致性程度高，那么测验的效标关联效度就高；反之，效度就低。通常情况下效标关联效度是用测验和效标之间的相关系数来表示的。根据获取效标的时间不同，效标关联效度可分为同时效度和预测效度两种。

同时效度是指在获得测验分数的同时也能在同一段时间内连续获得效标资料，计算这两者的相关系数，即测验的同时效度。同时效度通常关心的是测验和另一个已知有效的测验的相关程度，已知有效的测验是效标。在同一时段让受测者连续完成被检验的测验和作为效标的测验，在时间间隔很短的情况下，受测者的水平不会有大的变化。若两个测验的结果相关性高，则被检验的测验的效度高。若两个测验的结果相关性低，反映的是测验本身的差别，也说明了就该测验不能替代效标测验而达到相同的效果。例如，用一套教师自编的英语测验对高中一年级的学生施测，以考查学生对高一英语知识的掌握。为了确定这套自编测验的有效性，可以紧接着用一套公认的对测量高一学生英语成绩具有较高效度的标准测验施测于同一批学生，然后计算两次测验分数的相关系数。若相关系数高，则说明自编测验的效度高，可用于实际使用。

预测效度是指在获得测验分数以后，经过一段时间后再获取效标资料，计算这两者的相关系数，即测验的预测效度。预测效度主要是看测验和未来的某测验或受测者的行为之间的相关程度如何，以达到预测个体未来行为的目的。例如，高考是一种为普通高等学校选拔合格学生的学业成就测验，其目的在于预测学生是否能顺利完成大学学习任务。因此，高考的有效性在学生获得高考分数时还不能得到验证，通常情况下需要等到学生进入大学，获得了一个学年内各学科的平均成绩后，再同高考成绩进行相关分析：若相关系数高，则说明此次高考的预测效度好；若相关系数低，则说明此次高考的预测效度差。

（一）效标及效标选择

在效标关联效度的定义中，效标这个概念非常重要。所谓效标，即效度标准，它是反映测验目的的行为参照，独立于测验并可以用于预测特定情境中的个体行为，也称作效标行为。不过，一般所要预测的个体行为都是观念上的东西，如前面所提到的“顺利完成大学学习任务”，为了便于操作，应当将其转化为数量化的表达。阿斯汀（A. W. Astin）就将效标分为观念效标和效标测量。观念效标是一个理论描述层面的概念，效标测量是指观念效标的量化。每一个效标行为往往都是由多种特质构成的，因此，同一观念的效标可能会有多个不同的效标测量，如表 5-1 所示。

表 5-1 不同测验类型的观念效标所对应的多个效标测量

测验类型	观念效标	效标测量
学业成就测验	学业成就	考试成绩 获奖情况 教师评定 同学评定
职业测验	实际工作表现	产品数量 产品质量 薪水提高幅度 领导评定 同事评定

作为效度验证的参考标准，效标的选择与测量应当具备以下六个条件。

第一，相关性。即所选择的效标要与所要测量的特质相关，同时，效标测量也必须真正反映观念效标的重要方面。

第二，有效性。即所选择的效标要能真正反映所要测量的特质。假设为测量某种特质而施行测验 A，然后为评价这个测验的效标关联效度，选择测验 B 作为效标，那么测验 B 应当被证明对于测量该特质是有效的。

第三，可靠性。即所选择的效标必须是稳定的，也就是要有较高的信度。

第四，无污染。这里首先要了解什么是效标污染，即评定者事先知道了受测者的测验分数后，从而使受测者的效标分数受到了影响。例如，以教师的评定作为效标对学生施行学业成就测验，如果教师是在知道了测验结果的情况下作出评定，那么效标就受到了污染。所以为防止效标污染，一般不让评定者看到原来测验的分数，以保证效标和原测验的独立性。

第五，客观性。从表 5-1 中列举的效标测量可看出，效标往往会依据评定者的主观经验来进行评判，所以为了避免偏见，应尽可能地减少误差。

第六，实用性。即在保证有效性的前提下，最佳的效标测量应当易于操作、省时、省力、花费少。

（二）效标关联效度的估计

1. 相关法

直接求测验分数与效标测量间的相关系数是最常用来确定效标关联效度的方法。具体来说，各种求相关的方法包括：积差相关、等级相关、点二列相关、四分相关、Φ 相关及列联相关等。在这里，测验分数和效标分数之间的相关系数就称为测验的效度系数。实际测量当中应根据具体的情况选择相应的计算方法，如当测验分数和效标分数都是连续变量且呈正态分布时，可采用积差相关的计算方法来求得测验的效度系数；当测验分数和效标分数其中一个变量是连续变量，另一个以等级次序表示时，可采用等级相关的计算方法来求得测验的效度系数。

［**例 5-1**］某教师将自编的一套数学测验施测于 15 位初一学生，以考查他们对初一数学知识的掌握程度，紧接着用一套公认的，对测量初一学生数学成绩具有较高效度的标准测验再测查这 15 位学生，两次测验所得成绩如表 5-2 所示，试估计自编测验的同时效度。

表 5-2　15 位学生两次测验的结果

学生	自编测验成绩 X	标准测验成绩 Y	X^2	Y^2	XY
1	80	88	6 400	7 744	7 040
2	71	78	5 041	6 084	5 538
3	83	79	6 889	6 241	6 557
4	82	90	6 724	8 100	7 380
5	77	81	5 929	6 561	6 237
6	81	90	6 561	8 100	7 290
7	80	86	6 400	7 396	6 880
8	83	80	6 889	6 400	6 640
9	71	85	5 041	7 225	6 035
10	77	84	5 929	7 056	6 468
11	80	89	6 400	7 921	7 120
12	82	93	6 724	8 649	7 626
13	76	87	5 776	7 569	6 612
14	84	86	7 056	7 396	7 224
15	89	84	7 921	7 056	7 476
	$\sum X=1\ 196$	$\sum Y=1\ 280$	$\sum X^2=95\ 680$	$\sum Y^2=109\ 498$	$\sum XY=102\ 123$

解：从已知条件可以看出测验分数和效标分数都是连续变量且呈正态分布，因此采用积差相关的计算方法。

将表 5-2 中的各统计量代入计算积差相关系数的公式中可得：

$$r_{XY}=\frac{N\sum XY-\sum X\sum Y}{\sqrt{N\sum X^2-(\sum X)^2}\ \sqrt{N\sum Y^2-(\sum Y)^2}}$$

$$=\frac{15\times 102\ 123-1\ 196\times 1\ 280}{\sqrt{15\times 95\ 680-1\ 196^2}\ \sqrt{15\times 109\ 498-1\ 280^2}}$$

$$=0.22$$

效度系数用相关系数来表示时，在求出相关系数后需要进行相关系数的显著性检验。

将上面求得的 r 值进行显著性检验，$df=15-2=13$，$r_{0.05}(13)=0.514$，$r=0.22<r_{0.05}(13)=0.514$，在0.05显著性水平下，由此可知，这两个测验的相关程度差异不显著，说明该自编测验的同时效度低，不能用于考查学生对初一数学知识的掌握程度。

2. 分组法

这种方法用于估计预测效度，主要是看原测验的分数是否可区分由效标测量所定义的团体。具体来说，首先将效标分数按照规定的分数线分为两个极端组，如成功组与失败组，合格组与不合格组等，然后再检验这两个组相对应的原测验分数之间的差异是否显著：如果差异显著，则可认为原测验的效度较高，已符合要求；反之，则认为原测验的效度较低，不符合要求。

至于检验方法，当样本容量 $n\geqslant30$ 时，则采用 Z 检验法，其公式为：

$$Z=\frac{\overline{X}_p-\overline{X}_q}{\sqrt{\frac{S_p^2}{n_p}+\frac{S_q^2}{n_q}}} \quad \text{（公式 5-4）}$$

式中，$\overline{X}_p$ 为成功组测验分数的平均数；

$\overline{X}_q$ 为失败组测验分数的平均数；

S_p 为成功组测验分数的标准差；

S_q 为失败组测验分数的标准差；

n_p 为成功组的人数；

n_q 为失败组的人数。

当样本容量 $n<30$ 时，则采用 t 检验，其公式为：

$$t=\frac{\overline{X}_p-\overline{X}_q}{\sqrt{\frac{(n_p-1)S_p^2+(n_q-1)S_q^2}{n_p+n_q-2}\left(\frac{1}{n_p}+\frac{1}{n_q}\right)}} \quad \text{（公式 5-5）}$$

$$df=n_p+n_q-2$$

式中，df 为自由度，其余变量的含义与上式相同。

[例 5-2] 某位高中物理老师在开学之初对45位学生实施了一次物理考试，用于预测学生本学期期末的物理成绩。学期结束时获得了这45位学生的物理期末考试成绩后，按及格分数线分为及格组和不及格组，及格组的人数为38人，他们在开学初的考试中，平均分为80.65，标准差为5.26；不及格组的人数为7人，他们在开学初的考试中，平均分为71.23，标准差为10.12。试估计入学物理考试的预测效度。

解：根据题意可知，样本容量大于30，因此采用 Z 检验方法。已知的统计量有：

$$\overline{X}_p=80.65 \quad \overline{X}_q=71.23 \quad S_p=5.26 \quad S_q=10.12 \quad n_p=38 \quad n_q=7$$

将已知统计量代入公式5-4得：

$$Z=\frac{80.65-71.23}{\sqrt{\frac{5.26^2}{38}+\frac{10.12^2}{7}}}=2.40$$

通过查表可知，$\alpha=0.05$ 时，$Z_{\frac{0.05}{2}}=1.96$，计算所得 $Z=2.40>Z_{\frac{0.05}{2}}=1.96$，说明及格组与不及格组的入学考试分数差异显著，也表明本次入学物理考试的预测效度符合要求。

3. 取舍命中率

这个方法被用于估计测验的分类决策正确性，也就是说，当测验的目的是对受测者做出鉴别、选拔、取舍时，测验的效度就是正确决策的比例，即命中率。具体来讲，首先是根据测验的分数将受测者分为成功与失败两类，然后根据效标分数也将受测者分为成功与失败两类，这样受测者的测验分数和效标分数会存在四种情况，如表 5-3 所示。

表 5-3 分类决策正确性

		效标行为		合计
		成功	失败	
测验预测	成功	A（正确接受）	B（错误接受）	A+B
	失败	C（错误拒绝）	D（正确拒绝）	C+D
合计		A+C	B+D	A+B+C+D

在测验分数和效标分数上都成功的为 A，即正确接受；在测验分数上成功而在效标分数上失败的为 B，即错误接受；在测验分数上失败而在效标分数上成功的为 C，即错误拒绝；在测验分数和效标分数上都失败的为 D，即正确拒绝。

接着统计出 A、B、C、D 四类受测者的人数，之后根据各类受测者的人数计算总命中率和正命中率。在表 5-3 中，根据测验分数正确接受和正确拒绝的都属于正确的决策，即命中；而错误接受和错误拒绝的都属于错误的决策，即失误。

$$\text{总命中率}=\frac{\text{命中人数}}{\text{总人数}}=\frac{\text{A(正确接受)+D(正确拒绝)}}{\text{A+B+C+D(总人数)}} \qquad \text{(公式 5-6)}$$

$$\text{正命中率}=\frac{\text{正确选择人数}}{\text{选择人数}}=\frac{\text{A(正确接受)}}{\text{A(正确接受)+B(错误接受)}} \qquad \text{(公式 5-7)}$$

对于录取单位来说，首先会关心测验是否将受测者成功录取和成功淘汰，这就需要总命中率这一指标。除此之外，录取单位更关心有多少已被录取的人员在以后的学习或工作中也是成功的，因此，就需要正命中率这一指标来说明其有效性。通常在实际测验中，这两个指标的值越大，测验越有效。

4. 预期表法

预期表也是一种估计预测效度的方法，它不需要计算测验分数和效标分数之间的相关系数，而是以一种双向频率分布表的形式直接表示出效度的高低。通常情况下预期表的纵向一栏为测验分数，按照分数的高低自上而下依次排列；横向一栏为效标分数，同样按照分数的高低自右向左依次排列。在预期表中，测验分数和效标分数一般会按一定的标准分成不同的等级或分数段，表中数值表示的是某一等级或某一分数段内效标分数的人数占相应测验分数组中总人数的百分比。

[例 5-3] 100 个学生参加了空间想象力测验和立体几何测验，表 5-4 所示为根据空间想象力测验预测立体几何学习状况的预期表。表的左边一栏为空间想象力测验成绩分组，这是在学习立体几何之前进行的测验；表的顶端一栏为立体几何测验成绩的分组，这是在学习立体几何之后进行的测验。

表 5-4 根据空间想象力测验预测立体几何学习状况的预期表

空间想象力测验成绩分组	立体几何测验成绩分组				
	E	D	C	B	A
80 分以上			12	28	60
70~80		4	15	62	19
60~70	6	29	52	13	
60 分以下	42	35	18	5	

表 5-4 将空间想象力测验成绩分为四组分数段，效标为立体几何测验成绩，分为 A、B、C、D、E 五组。表中数值均为百分数，例如，“80 分以上”一栏对应的 C、B、A 的成绩数值为 12、28、60，这表示在空间想象力测验中获得 80 分以上的学生里，在后来的立体几何测验中获得 C 等的占 12%，获得 B 等的占 28%，获得 A 等的占 60%。预期表是估计测验效标关联效度的一种比较简便的方法。一般来说，从表的左下端至右上端的对角线上数值越大，其他的数值越小，则可说明测验的效标关联效度越高；反之，效度越低。

（三）局限性与注意问题

在效度的概念产生初期已有了效标关联效度的雏形，效标关联效度发展至今已是一个相对完备的概念。效标关联效度主要关注测验结果与特定标准之间的相关程度，它强调的是效标的行为及对这些行为的预测。对测验效标关联效度的评价，通常以相关事实为依据，通过经验性取证对其有效性加以证实，且常借助实验和统计的方法。

前面所介绍的四种估计效标关联效度的方法，每一种都有各自的应用条件、局限性及注意事项，在运用时应根据实际测验的具体情况，选择恰当的估计方法。例如，估计同时效度通常采用相关法，这时要注意两点：一是原测验与效标测验二者所要测量的特质应当是相同的，这样根据两个测验分数计算出的相关系数才有意义；二是作为效标测验的试题在理论上应当是毋庸置疑，且是为实践所证明的公认的标准。另外，相关法是用相关系数来表示效度系数的，此时可根据效度系数求出其决定系数，即相关系数 r 的平方。决定系数 r^2 的统计意义是两列变量的方差中共同部分所占的比例，或者说一个变量的变异数中有多大比例是由另一个变量的变异数所决定。例如，效度系数 $r=0.4$，那么 $r^2=0.16$，意思就是说效标分数的变异数有 16%来自于原测验分数的变异数。关于预期表的使用，除了用于估计测验效标关联效度外，还可以根据此表连同原测验结果对受测者做出具体的预测。例如，表 5-4 是以空间想象力测验预测立体几何的学习状况，若一个学生在空间想象力测验中得分为 80 分以上，那么他在后来的立体几何学习中有 60%的可能性处于 A 等，有 28%的可能性处于 B 等，有 12%的可能性处于 C 等。当然，为了提高此预期表的可靠性，可尽量增大样本量，使表中的数据更具代表性。

三、构想效度的估算

构想效度一词是由保罗·米尔（P. E. Meehl）和罗伯特·查尔曼（R. C. Challman）在拟订 1954 年版的《教育与心理测验标准》中首先提出的，次年克隆巴赫和米尔在一篇文章中对此进行了详细的解释。[①] 构想效度一经提出便作为一个行业标准被美国心理测量协会采纳，也成为效度发展史上的一个里程碑。

构想效度又称结构效度或构念效度，是指一个测验能实际测到所要测量的理论构想或心理特质的程度。所谓构想是学术理论中假设的存在，这些假设的概念或属性被用于解释和预测人的行为。比如，智力、成就动机、人格、能力、焦虑等都是心理特质的构想。在构想效度提出之前，一个智力测验可以结合某一效标考察其效度。但这里存在一个致命的缺陷，那就是从未解释过“智力是什么”，也就无法明确地证明此智力测验所测出的就是“智力”。因此，一个测验在编制前应当对所要测量的心理特性提出一种理论上的构想，依据此编制测验，最后再检验测验结果对该构想理论的符合程度。也就是说，一个具体构想效度的智力测验必须要有一个明确的理论来解释或者定义智力。

（一）在测验中建立构想效度的步骤

第一步，根据某种理论，对于所要测量的特性提出一个假设性的构想，假设用它来解释受测者测验表现。

第二步，从提出构想的理论中推导出一系列的预测，提出关于测验表现的假设，同时收集验证构想效度的证据资料。

第三步，用逻辑和实证的方法对假设进行检验，如果测验结果与所提出的一系列假设均相符，则说明测验具有构想效度，提出的理论假设也得到了证明，否则就要考虑测验的效度或者该理论构想是否存在问题。

（二）构想效度的验证方法

假设的构想是一种理论上的抽象概念，无法直接测量，必须依靠观测到的数据进行推理和判断。因此，构想效度的验证是一个复杂的过程，它不能简单地依靠单一的效度指标来表示，而是涉及多种不同的证据和一系列的推论，要经过长期的、反复的搜集和积累多方面的证据资料，才能逐步验证测验的构想效度。下面介绍两种常用于搜集构想效度资料的方法。

1. 测验内部搜寻证据法

这类方法主要通过研究测验内部结构来搜集构想效度的资料。

（1）内容效度。当测验内容所取样的范围可以用于确定或者解释测验所要测量的结构性质时，测验的内容效度就可以作为验证测验构想效度的一个证据来源。例如，在编制英语能力测验时，会考虑听力、词汇、阅读、写作等各方面的能力来编制测验的双向细目表，这个过程的用意在于对所要测量的内容作出定义，同时也是在对“英语能力”进行解释，因此，搜集测验的内容效度可以为验证构想效度提供某方面的证据。

（2）测验的内部一致性。分析测验的内部一致性，可以推断测验是对单一特质还是多种特质进行测定。如果是对单一特质进行测定，那么测验各项目之间的相关性应当较高，也就是说同质性信度高；如果是对多种特质进行测定，那么可以将测验分成几个分测验，并分别计算其同质性信度，分测验的同质性信度应当是较高的，而分测验与总测验的相关系数大于各分测验的相关系数，则表明量表有较好的内部相关系性，有较好的结构效度。[②]

---

① Cronbach L. J., Meehl P. E.. Construct validity in psychological tests [J]. Psychological Bulletin, 1955 (4): 281-302.

② 许燕. 交流恐惧量表在208名大学生中应用的信效度 [J]. 中国心理卫生杂志，2008 (4): 288-290.

研究测验的内部一致性程度可以在某个侧面为构想效度取证，但这并不能保证测验测量的就是所要测的特质，构想效度的验证还需要更多的资料加以证明。

（3）因素分析。这是一种找出变量间内在本质联系的多元统计分析方法。通常因素分析可分为探索性因素分析和验证性因素分析。探索性因素分析通过研究众多变量的内部依赖关系，探求观测数据的基本结构，概括和推论出少数的共同因素（又称潜变量或共因子）。通过缩减变量的方法，用反映变量本质联系的共同因素来概括或解释先前需要用较多变量才能说明的观测事实，这是一种找出事物内在本质结构，揭示事物之间本质联系的统计分析方法。验证性因素分析是根据一定的理论对潜变量与观测变量间的关系做出合理假设并对这种假设进行统计检验的现代统计方法，是一种非常通用的线性统计建模技术。对于验证测验的构想效度，验证性因素分析比探索性因素分析更具科学性，但并不是说验证构想效度时只选用验证性因素分析的方法。一般来讲，如果研究者没有相关坚实理论基础的支持，可先用探索性因素分析探寻观测变量的内部结构，产生一个关于内部结构的理论，然后在此基础上再采用验证性因素分析的方法。

2. 测验之间搜寻证据法

此类方法的特点是同时考虑几个测验间的相互关联，考察这些测验是否在测量同一心理结构。

（1）相容效度。所谓相容效度是指测量两个测验具体相同结构的程度，一般是求一个新编测验与另一已知结构的，且具有较高构想效度的权威测验间的相关。例如斯坦福—比纳量表、韦氏智力测验，都是人们公认的、有效的智力测验。当新编一个智力测验时，可先将此智力测验与公认的权威量表共同施测于同一组受测者，然后计算所得测验分数的相关。如果相关高，则可说明新编测验的效度高。当然，新编测验应当具有在某方面优于权威量表的特点，这样才有使用价值，否则就没有必要编制新的测验。

（2）多元特质和多重方法矩阵。多元特质和多重方法矩阵是肯普贝尔（D. T. Campbell）和费斯克（D. W. Fiske）在 1959 年提出的验证构想效度的方法。对多种假设的结构用多种方法进行测量得到相关矩阵，用多种方法对同一种特质进行测量，如果所得结果具有高相关，则称为测验的聚合效度；用同一种方法对多种特质进行测量，如果所得结果的相关低于用多种方法测量同一种特质的相关，则称为测验的区分效度。一个具有较高构想效度的测验，其测验分数不仅要和测量相同构想或特质的其他测验分数有高相关，还应当和测量不同构想的其他测验分数有低相关，也就是说，要同时具有聚合效度和区分效度。

第三节 提高测验效度的方法

在教育测量中，要确定效度系数的值应为多大才能保证测验的有效性，就必须和具体的环境条件联系起来。在实践当中确定测验的效度指标是一个较为复杂的问题，如何有效运用以上三种验证方法，确定合理的效度系数指标，并提高测验的效度是一个需要解决的问题。

一、确定合理的效度系数指标

一个测验应选择何种效度进行检验，要根据具体的情况而定。从表 5-5 中可以看出，不同的测验类型偏重于不同的效度证据。内容效度主要关注测验题目对测验内容范围的取样代表性；效标关联效度通常用来评价测验作为决策辅助工具的有效性程度；构想效度可以帮助说明测验所测变量的本质属性。

表 5-5　不同效度检验的实质及应用

效度类型		效度检验的实质	应用
内容效度		测验题目与所要测量的内容全域之间的关系	适用于学业成就测验及选拔性和分类性的职业测验
效标关联效度	预测效度	测验分数与效标分数之间的关系	效标资料后于测验资料获得，用于预测个体或团体将来的行为
	同时效度		效标资料与测验资料同时获得，用于诊断现状
构想效度	聚合效度	实际测量结果与心理学理论构想之间的关系	从心理学理论上探索所建构的假设属性是否成立
	区分效度		

现代效度理论关于效度的验证应当是全面而综合的，它强调证据和论证的过程。在评价一个测量时，由于特定情境下测验目的和测量对象等因素的影响，效度证据的搜集变得更加复杂，对测验效度的要求也变得难以统一。因此，要确定一个合理的效度系数指标，不能用单一标准来衡量，这里可以提供一些以相关系数来代表效度系数的各种测验的参考标准。具体来说，学科成绩测验与教师对学生评定的名次排列之间的相关系数应达到 0.60~0.70；两种不同的智力测验或标准测验之间的相关系数应达到 0.60~0.80；智力测验分数与教师对学生的等级评定之间的效度系数一般在 0.30~0.50 的范围之内。

二、提高测验效度的方法

一个测量的效度越高，说明测量的结果与所要考查的内容越吻合，因此，提高测验的效度非常重要，以下总结了五种提高测验效度的方法。

（一）控制系统误差

从统计学的角度来说，效度是测量随机误差和系统误差的综合反映，因此，从总体上来讲，提高测验效度就是要控制随机误差和系统误差，特别是减少系统误差。关于这一点，从公式 5-1 和 5-3 不难看出，假设随机误差的方差足够小且保持不变，系统误差的方差越小，则与测量目的相关的真分数方差越大，也就是说，在实得分数方差中所占的比重越大，即效度越高。事实上，误差对测验效度的影响主要是由系统误差引起的，例如仪器是否准确校准，测验题目和指导语是否明晰，答案组型是否有规律性等，都会影响测验的效度。因此，在实际测验时要严格控制系统误差。

（二）精心编制量表

当运用量表进行测量时，量表的内容和形式都会影响测验的效度，因此，在进行测量前就要精心编制好量表。首先，必须要做到的是，测验的内容要如实地反映测验目的；其次，测验题目的表述应当准确、简明，其排列的方式一般为由易到难，注意前面的题目不能对后面题目的答案具有暗示性，测验试卷的印刷应当清晰，无错误、无遗漏；最后，测验的难度应当适中，一般测验的平均难度可保持在 0.50 左右，且要保证足够的区分度。所有这些因素都要在编制量表时加以认真考虑，以提高测验效度。

（三）有效组织测验

在测验实施过程中也存在各种影响效度的因素，因此，有效组织测验有助于提高测验效度。首先，应当严格按照测验程序进行，排除干扰因素以保证良好的施测环境，包括物理环境和心理环境；其次，评分时必须遵循评分标准，测验时间需要进行合理的安排。总之，施测者需严格把关测验的实施过程，以减小随机误差对测验效度的影响。

（四）样本取样具有代表性

估计测验的效度是针对一定团体而言的，因此，测验效度与样本取样的代表性有很大联系，应注意三个方面的内容：一是用于建立效度资料的样本应与测验所要测量的对象同质，也就是说要注意样本中受测者的年龄、性别、文化程度等方面的性质。二是要扩大样本容量，以增加样本对总体的代表性，使随机误差趋于相互抵消，因为这可以使受测者的差异加大，也就扩大了有效真分数的方差 S_V^2，从而提高测验的效度。当效度系数用相关系数来描述时，样本太小会使计算出来的相关系数失去意义，所以通常情况下样本容量应在 30 以上才可靠。三是样本的抽样方法，应从测验所要测量的对象总体中随机抽取样本。随机抽样获得的样本的代表性较强，是目前较为理想的抽样方法。

（五）合理处理效度与信度的关系

由信度的定义 $r_{XX}=\dfrac{S_T^2}{S_X^2}$ 和效度的定义 $r_{XY}=\dfrac{S_V^2}{S_X^2}$ 可推导出以下结果：

$$
\begin{aligned}
r_{XX}&=\frac{S_T^2}{S_X^2}\\
&=\frac{S_V^2+S_I^2}{S_X^2}\\
&=\frac{S_V^2}{S_X^2}+\frac{S_I^2}{S_X^2}\\
&=r_{XY}+\frac{S_I^2}{S_X^2}
\end{aligned}
\qquad \text{（公式 5-8）}
$$

由于 $\dfrac{S_I^2}{S_X^2}\geqslant 0$，可得出，$r_{XX}\geqslant r_{XY}$

根据以上推导可以得出两个结论，即：

（1）信度是效度的必要非充分条件，信度高的测验不一定效度高，但效度高的测验其信度一定高；

（2）测验的效度受它的信度制约，效度的最大值受其信度的限制，一个测验的效度不能超过它信度的平方根[1]。例如，假设一个测验的信度是 0.64，那么该测验的效度不会高于 0.80（$\sqrt{0.64}=0.80$）。

另外，还需注意效标信度与效度的关系。效标测验的测量误差越大，即信度越低，则其效标关联效度越低。因此，要选择一个信度较高的测验作为效标。如果所选择的效标信度不理想，可按照下式校正被减弱的效度系数：

$$r'_{XY}=\frac{r_{XY}}{\sqrt{r_{YY}}} \qquad \text{（公式 5-9）}$$

公式 5-9 中，r'_{XY}为校正后的效度系数；

r_{XY}为效度系数；

r_{YY}为效标的信度。

［例 5-4］ 某英语口语能力测验和教师评定之间的相关系数为 0.65，作为效标的教师评定其信度为 0.78，将数据代入上式校正后，效度如下：

$$r'_{XY}=\frac{r_{XY}}{\sqrt{r_{YY}}}=\frac{0.65}{\sqrt{0.78}}=0.74$$

（六）增加测验长度

效度受信度的制约，增加测验长度也能在一定程度上提高测验的效度，但测验长度对效度的影响小于对信度的影响。测验的长度和信度、效度的关系可通过不同方式来表示。

（1）已知测验的信度和效度，要通过增加测验长度来提高效度，可按照公式 5-10 来计算：

$$r_{(KX)Y}=\frac{r_{XY}}{\sqrt{\frac{1-r_{XX}}{K}+r_{XX}}} \qquad \text{（公式 5-10）}$$

公式 5-10 中，$r_{(KX)Y}$为增加长度后的测验的效度系数；

r_{XY}为原测验与效标之间的相关系数，即预测效度系数；

r_{XX}为原测验的信度系数；

K 为测验题目增加的倍数。

［例 5-5］ 已知某测验的信度系数 r_{XX} 为 0.42，效度系数 r_{XY} 为 0.65，若将测验长度增加到原测验的 5 倍，其效度系数会提高到多少？

解：将已知数据代入公式 5-10，则提高后的测验效度系数为：

$$r_{(5X)Y}=\frac{0.65}{\sqrt{\frac{1-0.42}{5}+0.42}}=0.89$$

（2）已知测验的信度和效度，要将效度提高到一定要求，需要把测验长度增加到原来的几倍，可由公式 5-10 推导出 K 的计算公式：

$$K=\frac{1-r_{XX}}{\frac{r_{XY}^2}{r_{(KX)Y}^2}-r_{XX}} \qquad \text{（公式 5-11）}$$

① 王汉澜．教育测量学［M］．开封：河南大学出版社，2001：72.

【拓展阅读】
如何避免
效度的误用

式中各符号的含义与公式 5-10 相同。

［**例 5-6**］已知某测验的信度系数 r_{XX} 为 0.75，效度系数为 r_{XY} 为 0.64，若希望将效度系数提高到 0.70，测验长度需要增加到原长度的几倍？

解：将已知数据代入公式 5-11 中，则测验长度需增加的倍数如下：

$$K=\frac{1-0.75}{\frac{0.64^2}{0.70^2}-0.75}=2.91$$

这表明，测验长度要增加到原长度的 2.91 倍，才能使效度系数从 0.64 提高到 0.70。

本章小结

效度是指测量结果的有效性或正确性程度，它是衡量测验质量的重要依据，始终针对一定的测量目的而言。同时，效度又是针对测量结果而言的。效度只有程度上的差别，例如，在评价一个测验的效度时通常不会说“有效”或“无效”，而是用高低来评判测验结果的有效性。从统计学的角度来看，效度是测量的随机误差和系统误差的综合反映，因而判断一个测量是否有效要从多方面搜集证据。本章介绍了三大效度类别，即内容效度、效标关联效度和构想效度。内容效度是指测验内容是否足以代表测验目标内容的范畴；效标关联效度是指测验分数与一个外部效标的一致性程度；构想效度是指一个测验能实际测到所要测量的理论构想或心理特质的程度。不同的测验类型偏重于不同的效度证据，一个测验应选择何种效度进行检验，要根据具体的情况而定。关于效度的验证，现代效度理论强调证据和论证的过程，因而要确定一个合理的效度系数指标，不能用单一标准来衡量。要提高测验效度，可以通过控制系统误差、精心编制量表、有效组织测验、保证样本的取样代表性、合理处理效度与信度的关系、适当增加测验长度等方法来实现。

思考与练习

1. 在教育测量中信度与效度是什么样的关系？
2. 如何进行效标的选择？
3. 建立构想效度的步骤有哪些？
4. 提高测验效度的方法有哪些？

假定 10 个男性接受职业兴趣测验后被录用为推销员，其测验分数见表 5-6 第一行，第二行是他们经过 1 年后某段时间内的销售金额（金额以万元为单位）。问该测验的预测效度如何？

表 5-6

	被试									
	1	2	3	4	5	6	7	8	9	10
测验分数 X	30	34	32	47	20	24	27	25	22	16
销售金额 Y/万元	2.5	3.8	3	4	0.7	1	2.2	3.5	2.8	1.2

参考答案：

由表数据可得

$$r_{XY}=\frac{\frac{\sum XY}{N}-\overline{XY}}{S_X S_Y}=0.75$$

推荐阅读

1. 黄小平，胡中锋. 论教育评价的效度及其构建［J］. 高教探索，2014（2）：13-17.

2. 郭芷含，陈劲松. 现代测量效度视角下的大学教学评价［J］. 高教探索，2019（3）：11-15.

3. 顾永琦，李加义. 形成性评估的效度验证方法［J］. 外语教育研究前沿，2020，3（4）：57-63.

4. 梁竹梅，祁银杉，岑逾豪. "以学生为中心"教学方式量表的建构：信效度检验及其应用［J］. 中国大学教学，2020（11）：73-80.

第六章　难度

学习目标

1. 理解难度的定义。
2. 了解难度的功能及经验估算难度的方法、原理。
3. 掌握难度的计算方法与难度值的校正、等距变换方法。
4. 理解难度值范围及分布的评价。

知识导图

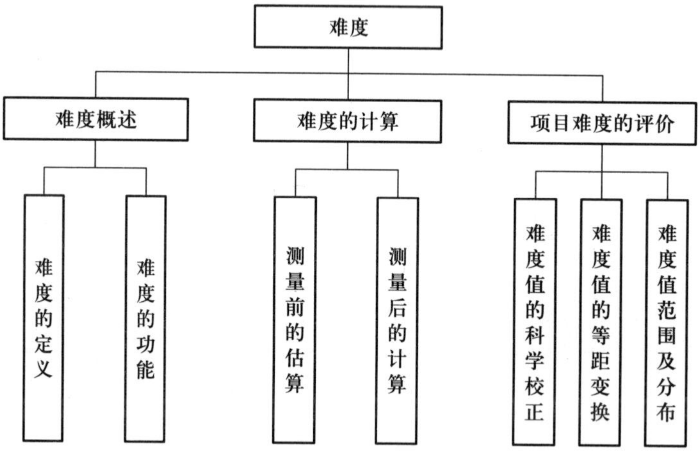

信度和效度是就整个测验而言的，难度和区分度则是就测验项目（也即测验试题、题目）而言的。测验主要由测验项目组成，测验项目的质量直接决定测验结果的好坏。一般来说，测验项目的质量分析主要包括定性分析和定量分析两种，定性分析主要是回答测验项目的思想性、教育性等问题，定量分析则主要讨论测验项目的难度和区分度，并依据预测所得到的难度、区分度来进一步筛选和优化测验项目。就测验项目难度而言，在预测或计算测验项目难度的过程中，需要把定性分析和定量分析相结合，才能更加客观有效地对测验项目难度有清晰的认识。

第一节 难度概述

难度是衡量教育测量质量的重要指标之一，难度指标主要是针对测验项目（也即测验试题、题目）而言的，反映了受测者在完成测验试题或测量项目时所遇到的困难程度。科学合理的难度设置，能够提高教育测量的效度与信度，保障教育测量的区分度。

一、难度的定义

难度是指测验试题或测量项目的难易程度，通常用符号 P 表示。它在能力测验领域被称为项目的难度水平，在非能力测验领域被称为项目的“通俗性”或“流行性”水平。部分研究还将反映被试在完成测验试题或测量项目时所遇到的困难程度的量性指标称为难度系数，也称为难度值。根据受测者得分率或失分率的难度系数计算方法，难度可表现出两种定义形式。例如，在教育测量中，某测验试题或测量项目的平均得分记作 $\bar{x}$，满分记作 w，则难度可以表示成以下两种形式：

【拓展阅读】
难度的内涵

$$P=\frac{\bar{x}}{w} \quad \text{（公式 6-1）}$$

公式 6-1 是传统的难度计算形式，应用极为广泛。这里的难度实际上表示的是容易程度，与受测者完成测验试题或测量项目时所遇到的实际困难程度正好相反，其难度系数在本质上反映的是某测验试题正确作答人数的比例，也叫通过率。P 值介于 0 和 1 之间。P 值越大，则表示测验试题或测量项目越简单；P 值越小，则表示测验试题或测量项目越难。

$$q=1-P \quad \text{（公式 6-2）}$$

第二种定义形式公式 6-2 是直接建立在通过率基础上的难度系数。这里的难度实际上表示的是困难程度，与受测者在完成测验试题或测量项目时的实际困难程度正相关，其难度系数在本质上反映的是某测验试题错误作答人数的比例，也叫失分率（q）。P 值介于 0 和 1 之间。P 值越大，失分率越高，则表示测验试题或测量项目越难；P 值越小，失分率越低，则表示测验试题或测量项目越简单。

可见，难度系数具有不同的计算方法，难度也有不同的定义形式，因此，在报告测验试题难度时应指明是哪种难度系数。但由于当前国内外文献中普遍使用得分率（也即通过率）来指称难度，故本书中选择难度的第一种定义形式（公式 6-1）。

二、难度的功能

难度具有三个功能，即影响教育测量的鉴别能力，影响测量分数的分布形态和影响测量分数的离散程度。难度的这三个功能对于所测量分数的各个方面都有不同程度的影响。

（一）影响教育测量的鉴别能力

难度计算是为了得出特定测验试题或测量项目与受测者之间的适合程度。难度的本质是一个相对概念，我们通常用某测验试题或测量项目的平均得分率或通过率来表示。难度的水平高低与受测者在特定项目上的水平直接相关。例如，大学英语六级考试对非英语专业的本科生而言，难度比较大，而对英语专业的本科生而言，难度比较小。这就说明，同一种教育测量对不同的受测者而言，难度高低是不一样的。这样，教育测量就可以通过控制测验试题或测量项目的通过率或平均得分率（即难度）来实现测量的鉴别功能。难度适中的测验试题或测量项目可以使教育测量的区分度达到最大，保障测量的鉴别能力。

（二）影响测量分数的分布形态

一般情况下，难度适中的测验试题或测量项目，获得的测量分数大体呈正态分布形态。难度过大或过小，将直接造成测量分数的偏态分布。难度越大，P 值越小，则受测者的平均得分率或通过率就越小，测量分数就越趋向于低分数段，从而呈正偏态分布；难度越小，P 值越大，则受测者的平均得分率或通过率就越大，测量分数就越趋向于高分数段，从而呈负偏态分布。例如，某高中的一次月考后，语文平均得分为 132 分，数学平均得分为 81 分。统计后发现，语文高分段学生的比例远远超过数学，即学生的语文成绩集中在高分段，呈负偏态分布，数学成绩集中在低分段，呈正偏态分布。由此可见，月考语文试题的难度明显低于数学。

（三）影响测量分数的离散程度

测量分数的离散程度与分布形态直接相关，可以由分数的平均数、中位数、方差等指标来体现。由分析可以得出，难度过大或过小会直接造成测量分数集中在低分数段或高分数段，而呈偏态分布。偏态分布形态下的测量分数过于集中，分数的分层情况不明显，离散程度小（如图 6-1 所示）。例如，某地区某年中考化学难度过大，平均分是 12 分。统计发现，86%的考生分数介于 9 分和 14 分之间，成绩过于集中，离散程度小。考生的分数呈偏态分布，分层情况不明显，难以鉴别考生之间的水平层次。而难度适中的测验试题获得的测量分数不可能过于集中，分数的分布范围有可能达到最大，即分数的分层情况明显，能够有效鉴别考生之间的水平层次。可见，测验试题的难度直接影响测量分数的离散程度。

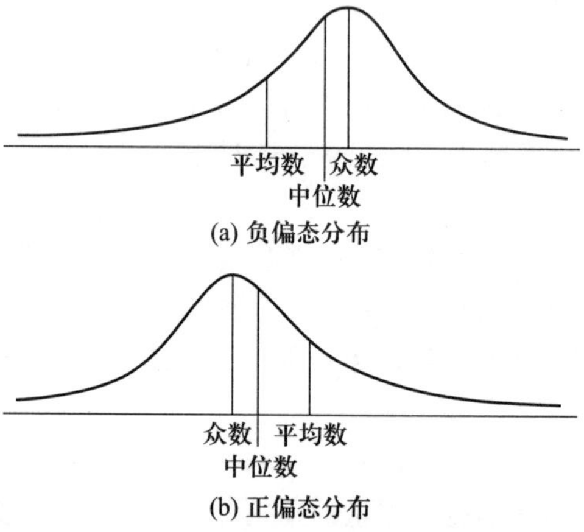

图 6-1 负偏态、正偏态分布图

第二节 难度的计算

难度的计算包括测量前的估算和测量后的计算。测量前的难度估算是筛选、确定测验试题或测量项目并控制教育测量整体难度的重要依据，测量后的难度计算是研究、分析测量分数，并改进完善同类教育测量的重要依据。

一、测量前的估算

测量前的难度估算主要采取命题人员的经验预测与小范围测量预测相结合的方法，分别从质性和量性两个角度估算难度。

【拓展阅读】
难度的计算

（一）方法简介

命题人员的经验预测主要依据测验试题或测量项目的难度影响因素和实践经验来进行评判，重在质性评价；小范围测量预测是指选取与受测者同质的观察组样本，进行小范围实测，并根据测量分数进行难度计算，从而得出教育测量的难度，重在量性评价。二者各有优劣，之后将在定量分析与定性分析两种方法的基础上，对测量知识点的分布、考查知识能力掌握的层次等难度影响因素进行量化处理，从量性角度完善命题人员的经验预测方法，提高测量前难度估算的准确性。

（二）具体操作

运用测量前的经验预测来估算教育测量的难度是一种相对主观的质性估算方法，其具体操作主要依托实践经验，将影响教育测量难度的知识点分布、考查层次、工具编制、测量形式以及受测者对该领域相关测量是否熟悉等因素充分考虑进去，然后作一个评价判断，得出估算难度。

运用测量前的小范围预测来估算教育测量难度是一种相对准确的量性估算方法，其操作步骤和计算方法与测量后的难度计算分析完全一样，将在后文详细介绍。

下面以某次教育测量为例，具体介绍小范围预测以外的另一种难度估算的量性计算方法。

［**例 6-1**］某地区 2020 年的高中学业水平考试说明，详细罗列了知识点数量、范围及其考查层次。其数学学科考试说明共罗列了 162 个知识点，分布在三个模块中。按照知识、能力培养要求，知识点的考查层次大体可以分为 A、B、C 三个等级，其中 A 级主要包括“知道、了解、模仿”等行为动词，难度最小；C 级主要包括“掌握、应用、迁移”等行为动词，难度最大；B 级介于两者之间。三个模块包含知识点的分布情况如表 6-1 所示。

表 6-1　某地区 2020 年高中学业水平考试说明数学学科知识点分布表

模块	A 级	B 级	C 级	合计
模块一	12%	22%	5%	39%
模块二	9%	28%	4%	41%
模块三	9%	10%	1%	20%
合计	30%	60%	10%	100%

通过质性分析方法可知，如果某一测验试题涉及考点集中在模块一、二、三的 C 级知识点，那么该试题的难度会比较大。反之，如果某一测验试题涉及考点主要集中在一个模块中的 A 级知识点，那么该试题的难度相对比较小。

假设测验试题的难度大小与知识点分布情况和考查层次呈正相关，也就是说排除试题编制、受测者熟悉情况等干扰因素，我们可以根据知识点的分布情况，将不同等级知识点的难度进行评分，如 A 级知识点的难度值为 1，B 级知识点的难度值为 2，C 级知识点的难度值为 3。每道测验试题的难度可以由试题涉及的知识点来进行评分。涉及多个知识点的试题，其难度值是知识点难度值评分的总和。例如，某道试题涉及模块一的 A 级知识点 1 个，模块二的 B 级知识点 2 个，模块三的 C 级知识点 1 个，则该试题难度评分的总分是 8。评分时的总分越高，试题的难度越大。这样可以近似估算出教育测量的难度情况。

（三）不足

测量前的难度估算具有一定的局限性，难免存在一定误差。这是因为教育测量反映的是相对难度，而不是绝对难度。某一测验试题或测量项目的难度大小，不仅与测量内容或技能本身的难易有关，还与编制技术、受测者的经验等因素密切相关。例如，一个原本比较容易的问题，可能由于题干表述冗繁不清，或者受测者从来没有接触过相关领域，从而导致难度增大。相反，一个原本比较难的问题，也可能由于题干表述清晰，答案设计明显，或者受测者曾经接触过相关内容，从而导致难度降低。这就说明，依靠主观判断来确定难度具有较大的局限性。

测量前命题人员的经验预测，无论采用质性评价还是量性评价，均存在较大程度的主观性和经验性，主要表现在考查知识能力掌握的层次、受测者对测量工具的熟悉重视程度、命题技巧（同一知识点采用不同的考查方法，难度差异很大）等，不同命题人员具有不同的认识和评价。因此，命题人员的经验预测难度具有较大不确定性和不可重复性。

小范围测量预测虽然是从量性角度对测量分数进行统计分析，运用计算得出教育测量的难度，准确度较高，可借鉴性较强，但在实施过程中仍然需要重点考虑以下两个问题：一是小范围测量的对象必须与受测者具有最大限度的同质性，这样计算得出的难度才能最大限度地接近受测者的真实情况；二是小范围测量应该尽可能复制受测者在受测过程中的外界因素，如环境、时间、地点等，对于具有保密特征和不可复制的教育测量而言，小范围测量的对象选取更是非常重要。

二、测量后的计算

【微视频】
难度的估算方法（上）

测量后的难度计算是基于测量分数进行的，主要包括通过率法、平均值法和极端分组法，分别适用于不同类型测验试题或测量项目的难度计算。

（一）通过率法

通过率法计算难度，主要用于计算“二值计分题型”的难度。“二值计分题型”是指测验试题或测量项目只有两种评分结果。例如，判断题和选择题的评分标准，答错或不答给 0 分，答对给满分。这样受测者的得分情况只有两种，即 0 分或满分，不存在酌情给分的第三种情况。针对“二值计分题型”的测验试题或测量项目，我们采取通过率法计算难度，其本质就是得出正确作答人数的比例。计算公式如下：

$$P=\frac{R}{N} \quad \text{（公式 6-3）}$$

式中，R 表示答对题的人数，N 表示参加测验的受测者总人数。

［例 6-2］ 100 个人参加某次教育测量，测验试题是“四选一”的客观选择题，某题有 78 人答对，请计算该题的难度。

解：代入公式 6-3，$P=\frac{R}{N}=\frac{78}{100}=0.78$，所以该题的难度是 0.78。

（二）平均值法

平均值法计算难度，主要应用在“多值计分题型”的难度计算上。“多值计分题型”是指测验试题或测量项目具有三种及三种以上的评分结果。例如，绝大多数教育测量会采取“非常一致，比较一致，说不清楚，较不一致，非常不一致”的“五点量表”代表不同程度，每个选项不存在所谓的“对”与“错”之分。在统计分析过程中，我们通常将“五点量表”的五个选项赋予五个分值，即包含五种计分结果，属于“多值计分题型”。又如，测验试题或测量项目中的简答题、论述题等主观试题，也属于“多值计分题型”。对此，可采取平均值法计算难度，其实质是得出平均得分占满分的比例。计算公式同公式 6-1 相同。

$$P=\frac{\bar{x}}{w} \qquad \text{（公式 6-4）}$$

式中，$\bar{x}$ 表示某测验试题或测量项目的平均得分，w 表示该测验试题或测量项目的满分。

［例 6-3］ 某主观论述题的满分是 15 分，所有受测者在该题上的平均得分是 3 分，请计算该题的难度。

解：代入公式 6-4，$P=\frac{\bar{x}}{w}=\frac{3}{15}=0.2$，所以该题的难度是 0.20。

平均值法计算难度，不仅可用于一道测验试题或一个测量项目的难度计算，还可用于由多道测验试题或多个测量项目组成的教育测量的整体难度计算。例如，某教育测量由 24 道测验试题构成，或者某一教育测量由 3 个测量项目构成，都可以用平均值法计算教育测量的整体难度。

【微视频】
难度的估算方法（中）

用平均值法计算教育测量的整体难度，可以分成简单算术平均数和加权算术平均数两种算法。简单算术平均数法将教育测量看作一个整体，把所有受测者完成教育测量包含的所有试题或项目后的平均得分作为分子，以教育测量包含的所有试题或项目的满分作为分母计算后得出难度。加权算术平均数法是以教育测量所包含的每道测验试题或每个测量项目为计算单位，以受测者在每道试题或每个项目的难度为对象，以每道试题或每个项目的满分占教育测量总分的比例为权数，计算后得出难度。

［例 6-4］ 某市的高考中，语文学科满分为 150 分，全市所有考生语文学科的平均分是 90 分，请计算该市高考语文学科的试卷难度。

解：代入公式 6-4，$P=\frac{\bar{x}}{w}=\frac{90}{150}=0.60$

运用简单算术平均数法计算得出该市高考语文学科试卷的难度是 0.60。

［例 6-5］ 某个教育测量包括 10 个测量项目，总分值是 600 分，每个测量项目所占分值和难度值如表 6-2 所示，请计算该教育测量的整体难度（保留两位小数）。

表 6-2 教育测量各项目所占分值和难度值统计表

项目 i	分值 w_i	难度值 P_i	项目 i	分值 w_i	难度值 P_i
1	20	0.5	6	70	0.2
2	30	0.6	7	80	0.5
3	40	0.2	8	80	0.8
4	50	0.6	9	80	0.6
5	60	0.9	10	90	0.2

解：

$$w=w_1+w_2+\cdots+w_{10}=600$$

$$P=P_1\times\frac{w_1}{w}+P_2\times\frac{w_2}{w}+\cdots+P_{10}\times\frac{w_{10}}{w}=\frac{P_1\times w_1+P_2\times w_2+\cdots+P_{10}\times w_{10}}{w}$$

$$=\frac{0.5\times20+0.6\times30+\cdots+0.2\times90}{600}=0.51$$

运用加权算术平均数法计算得出该教育测量的整体难度是 0.51。

（三）极端分组法

【微视频】难度的估算方法（下）

极端分组法计算难度，可以应用在“二值计分题型”与“多值计分题型”的难度计算中，主要适用于受测者数量庞大、测量得分情况复杂、统计工作量非常大的测验中，为减少统计工作量和统计误差，而将受测者分成高分组和低分组，并分别计算出高分组和低分组的难度，然后取其平均数。

$$P=\frac{P_H+P_L}{2} \qquad \text{（公式 6-5）}$$

公式 6-5 中，P_H 与 P_L 分别表示高分组与低分组的难度，即平均得分率。

极端分组法计算难度的基本步骤主要包括：

（1）排序。按照由高分到低分的顺序，对全体受测者接受教育测量的得分情况进行排序。

（2）分组。分别从得分最高与最低的受测者开始，各选取受测者作为高分组与低分组，也可以选取 50%、30%、25%的比例。有研究认为，按 27%的比例分组进行计算，结果最精确。

（3）计算。运用通过率法、平均值法等难度计算方法，分别计算出高分组与低分组的难度，代入公式 6-5 中计算得出教育测量的整体难度。

[例 6-6] 某大学进行英语统考，受测者规模是 10 000 人，测验试卷满分是 100 分。按照成绩由高到低排序，计算得出前 2 700 名考生的平均得分是 72 分，最后 2 700 名考生的平均得分是 30 分，请计算这次大学英语统考的难度。

解：分析题意可知，按照 27%的比例，前 2 700 名考生组成高分组，最后 2 700 名考生组成低分组，运用平均值法计算得出高分组与低分组的难度分别是 0.72 和 0.30，代入公式 6-5，

$$P=\frac{0.72+0.30}{2}=0.51$$

运用极端分组法计算得出这次大学英语统考的难度是 0.51。

第三节　项目难度的评价

项目（也即测验试题）难度的评价主要包括同一教育测量内项目与项目之间的横向比较和同类教育测量之间的纵向比较。项目难度的评价是通过排除选择机遇性的矫正、等距变换等方法，使不同项目之间具有可比性，分析教育测量项目的科学性与有效性，进一步完善、改进同类教育测量，提高教育测量的科学效度。

一、难度值的科学校正

绝大多数受测者认为答对判断题的概率大于“四选一”的选择题，也大于“六选一”的选择题，三种题型的平均得分率（即难度）会受到选择机遇的影响。例如，一个“二选一”的判断题的难度值是 0.53，一个“四选一”的选择题的难度值是 0.50，但不能简单地判断前者的难度小于后者。

针对上述问题，只有在排除考生由于猜测而答对某些测量项目而导致难度值增大的情况，即排除选择机遇的因素后，才能对问题中两个测量项目的难度进行横向比较。

排除选择机遇的难度校正的前提是校正答对测验试题或通过测量项目的人数，校正公式是：

$$S=R-\frac{W}{k-1} \qquad \text{（公式 6-6）}$$

式中，S 表示校正后答对测验试题或通过测量项目的人数，R 表示答对某一测验试题或通过某一测量项目的受测者数量，而不是一个受测者答对测验试题或通过测量项目的数量，W 表示答错测验试题或没有通过测量项目的受测者数量，k 表示测量项目的选项个数。

[**例 6-7**] 某智力测量的受测者规模是 35 人，答对某道“四选一”测验试题的受测者数量是 14 人，请计算排除选择机遇因素后正确作答该“四选一”测验试题的受测者数量。

解：代入公式 6-6 可得，$S=14-\frac{35-14}{4-1}=7$，该“四选一”测验试题校正后的正确作答受测者数量是 7 人。

对公式 6-6 进行化简，可得：

$$\begin{aligned} S &= R-\frac{W}{k-1} \\ &= \frac{R\cdot(k-1)-W}{k-1} \\ &= \frac{R\cdot(k-1)-(N-R)}{k-1} \\ &= \frac{R\cdot k-R-N+R}{k-1} \\ &= \frac{R\cdot k-N}{k-1} \end{aligned}$$

$$=\frac{N \cdot P \cdot k-N}{k-1}$$

$$=\frac{N \cdot (P \cdot k-1)}{k-1} \quad \text{（公式 6-7）}$$

由公式 6-7 变换可得：

$$\frac{S}{N}=P'=\frac{k \cdot P-1}{k-1} \quad \text{（公式 6-8）}$$

式中，P'表示校正后的难度值，k 表示测量项目的选项个数，P 表示未校正的难度值。

由公式 6-8 可知，排除选择机遇因素校正后的难度值，就是校正后的通过测量项目或答对测验试题的受测者数量占受测者总量的比例，这与难度计算公式和原理是一致的。

［**例 6-8**］一个“四选一”的测验试题的难度值是 0.56，一个“三选一”的测验试题的难度值是 0.60，请计算排除选择机遇因素后它们的难度值。

解：代入公式 6-8 中，可得

$$P_1'=\frac{4\times 0.56-1}{4-1}=0.41$$

$$P_2'=\frac{3\times 0.6-1}{3-1}=0.40$$

排除选择机遇因素后，“四选一”测验试题校正后的难度值是 0.41，“三选一”测验试题校正后的难度值是 0.40。

横向比较，校正前“四选一”测验试题的难度值小于“三选一”测验试题，前者的难度大于后者；校正后“四选一”测验试题的难度值却大于“三选一”测验试题，排除选择机遇因素，前者的难度小于后者。

二、难度值的等距变换

前面计算得出的难度值，使用的都是百分量表，而不是等距量表，属于等级（位次、顺序）变量，不具有相等的标准单位，表示的仅仅是题目的相对难度。通俗地讲，就是由于没有相等的标准单位，计算得出的难度值只能表示不同项目之间难度的大小顺序关系，而不能比较其难度差异的大小。例如，三个测量项目的难度值分别是 0.40、0.50、0.60，只能得出项目一最难，项目二适中，项目三最容易。虽然三个测量项目的难度值依次相差 0.10，但是不能简单地得出项目一与项目二之间的难度差距等于项目二与项目三之间的难度差距，这就给施测者进一步分析、比较项目难度之间的差异造成了困难。为了解决这个问题，必须要将计算得出的难度值转换成等距变量，将百分量表转换成等距量表。

研究发现，当样本容量很大时，测量分数的分布形态接近正态分布。可以根据正态分布曲线，将测量项目或测验试题的难度值 P 作为正态分布曲线下的（概率）面积，通过查正态分布表，得出对应的 Z 值（标准分数）。这样就可以将百分量表计算得出的顺序变量难度值 P 转换成了具有相等单位 σ（标准差）的等距量表 Z 值。

若将难度值 P 作为正态分布曲线下的面积时，可以选择从右向左的方向来进行计算，这样转换得出的 Z 值越大，表示难度越高，更符合难度计算的思维习惯。例如，某项目的难度值 P 为 0.158 7，作为正态分布曲线下方的面积图像如图 6-2 所示，查正态分布表可

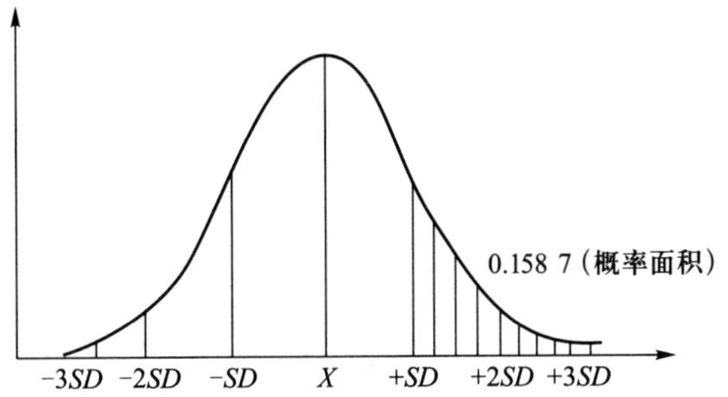

图 6-2 百分量表的顺序变量 P 转换成等距量表的 Z 值

知，$P=0.1587$ 对应的 Z 值是 1.00。

查正态分布表时要注意，当 P 小于 0.50 时，要查面积一栏中的较小部分；当 P 大于 0.50 时，要查面积一栏中的较大部分，查出 P 对应的 Z 值需要加上负号。例如，查正态分布表可得知，当 $P=0.8413$ 时，对应的 Z 值是 1.00，加负号就变成了 $Z=-1.00$。

[**例 6-9**] 在某市的一次中考中，数学学科第一题的平均得分率是 0.25，第二题的平均得分率是 0.35，第三题的平均得分率是 0.45。由于全市考生规模非常大，考生的得分情况近似于正态分布，请比较数学学科第一、二、三题的难度差异大小。

解：根据上文分析可知，比较这三个题目的难度差异大小，必须将三道试题的难度值转换成 Z 值。经计算和查表后可得出第一、二、三题的 Z 值如表 6-3 所示：

表 6-3 数学学科第一、二、三题难度值的等距转换表

题号 i	难度值 P_i	难度值差异	Z 值	Z 值差异
1	0.25	—	0.67	—
2	0.35	0.10	0.39	0.28
3	0.45	0.10	0.13	0.26

由表 6-3 可知，虽然第一、二、三题之间的难度值依次相差 0.10，但是经过等距变换后，第一、二题之间的难度差异却大于第二、三题之间的难度差异。

对难度值进行等距转换的过程中，Z 值也存在小数和负数的情况。当 Z 值在平均数之下时是负值，反之是正值。即难度越大，Z 值为正；难度越小，Z 值为负。但当 Z 值是小数和负数时，会为施测者进行难度的比较分析带来不便。为了避免小数和负数，通常需要将分数转换成另一种等距的难度量表。常用的两种方法如下：

第一种方法：

$$Z'=Z+5 \quad \text{（公式 6-9）}$$

因为 $Z=-5$ 的概率是一千万分之六，Z 值加上 5 后能够保证是正值。Z' 是转换后的等距难度指标，其平均数是 5，标准差是 1。

第二种方法：

$$\Delta=13+4Z \quad \text{（公式 6-10）}$$

式中，Δ 表示常态化等距难度指标，其平均数是 13，标准差是 4。该转换方法是由美国教育测验服务中心提出的。由于标准正态分布的全距一般包括 6 个标准差的距离，即标准分数通常只取 -3 至 $+3$ 之间的数值（$Z=-3$ 的概率是一万分之十三，非常小）。因此，Δ 的取值一般介于 $\Delta=13+4\times(-3)=1$ 与 $\Delta=13+4\times(+3)=25$ 之间，Δ 量表的全距一般是 1 至 25，其平均数是 13，标准差是 4。这种方法可以避免小数和负数带来的不便。Δ 值越大，表示测验试题或测量项目越难；Δ 值越小，表示测验试题或测量项目越简单，这种表示方法比较符合人们的思维习惯。

三、难度值范围及分布

教育测量通常由多个测验试题或测量项目组成，教育测量的整体难度情况是由每一道测验试题或每一个测量项目的难度情况决定的。无论是教育测量的整体难度，还是具体每一道测验试题或每一个测量项目的难度，都有科学的取值范围和分布状态。究竟什么样的难度大小与难度分布才是科学的，这主要取决于教育测量的目的与性质。因此，设计测验试题或测量项目的难度情况时，应该紧密围绕教育测量的目的和性质展开，有力地服务和支撑教育测量的实施。

例如，在某次选拔性考试中，学校要将全校前 10%的学习困难学生挑选出来参加补习班，则本次教育测量的整体难度应该尽可能接近 0.90，构成教育测量的测量项目和测验试题的难度也应该处于 0.90 左右。只有这样的难度设计，才能将 10%的学习困难学生与 90%的非学习困难学生区分开来，才能实现考试的目的。因此，针对本次教育测量而言，科学恰当的难度值就是 0.90。

测验试题或测量项目的难度值 P 的取值范围是 $0\leqslant P\leqslant 1$。当 $P=0$ 时，受测者的通过率或平均得分率是 0，测验试题或测量项目的难度最大。当 $P=1$ 时，受测者的通过率或平均得分率是 100%，测验试题或测量项目的难度最小。这是两种极端情况，无论 $P=0$，还是 $P=1$，两种情况对受测者的区分度都是 0，会直接影响着教育测量的测量分数和结论。针对不同的教育测量目的和性质，$P=0$ 与 $P=1$ 的科学恰当程度具有非常大的差异。

针对常模参照性教育测量而言，测量的目的是为了得出个体在团体中的相对位置和名次，例如学校组织的期中考试、期末考试、诊断性考试等。常模参照性教育测量是以个体的成绩与同一团队的平均成绩进行比较，从而确定个体成绩的适当等级，测量结果是一个相对数值和相对结论。因此，常模参照性教育测量的目的是要尽可能地区分受测者的个性差异。理想的测量结果是将受测者在特定测验试题或测量项目上的得分高低尽可能地拉开差距，这样才能反映个体在团体中的相对等级。这样的测量目的和性质，决定了教育测量的整体难度应该尽可能地接近 0.50。试想一下，若 $P=0$ 或者 $P=1$，即受测者在测量中全部通过或全部未通过，则说明该项测量对受测者的鉴别力是 0，测量结果是无效的。研究得出，构成常模参照性教育测量的绝大多数测验试题或测量项目的难度介于 0.30～0.70，并且使教育测量的整体难度尽可能接近 0.50，教育测量对受测者的区分度和鉴别力最大。

针对标准参照性教育测量而言，测量的目的是衡量受测者的实际水平，而不再是个体间的水平差异。受测者在测验上所得结果也是根据某一明确规定的标准来进行解释的，例如，学业水平考试、大学英语四六级考试、教师资格认证考试等，具体是以受测者是否达到标准，以及达到标准的程度来评价，可以说是一种绝对评价。这样的测量目的和性质，决定了受测者在教育测量过程中应该尽可能做到 100%通过，即通过率接近 1.00。标准参照性教育测量一般注重的是所测内容范围以及受测者在所测内容范围的掌握程度，若某测验试题是内容范围内不可或缺的重要内容，那么无论该试题难易程度如何，均应保留。因此，对于标准参照性教育测量，考试和评价要切实改变过于强调区分和选拔功能，教师不能按照常模参照性教育测量的难度评价标准，而是应该根据考核内容来命题或选题。在这种教育测量中，难度值所反映出来的问题更多是受测者的实际水平，其次才是测验试题本身质量的好坏。

针对不同目的和性质的教育测量，其难度值的科学恰当范围和分布形态是不一样的，具有一定的相对性。例如，奥林匹克竞赛试题的整体难度要明显大于中考、高考；中考、高考的整体难度要明显大于学业水平考试。中考、高考的测量结果最接近正态分布，各学科的奥林匹克竞赛的测量结果最接近正偏态分布，学业水平考试的测量结果最接近负偏态分布。当测量结果呈正偏态分布时，测量分数密集在低分数段，说明构成教育测量的绝大多数测验试题或测量项目，难度较大，缺乏足够数量的容易项目或试题，致使测量分数的高峰出现在低分数段。反之，当测量结果呈负偏态分布时，测量分数集中分布在高分数段，说明构成教育测量的绝大多数测验试题或测量项目，难度较小，缺乏足够数量的比较难的测验试题或测量项目，致使测量分数的高峰出现在高分数段中。

如果测量结果的分布呈现显著的偏态分布时，就要对测验试题或测量项目的难度结构比例进行调整，使测量结果尽可能地以本次教育测量预设的科学恰当的难度值为中心，呈正态分布形态。例如，若测量结果呈显著正偏态分布时，通过适当增加难度偏小的测验试题或测量项目，删减难度过大的测验试题或测量项目，改变难易试题或项目的权重，使其分布尽可能接近常态。若测量结果呈显著负偏态分布时，通过适当增加难度偏大的测验试题或测量项目，删减难度偏小的测验试题或测量项目，使测量结果的分布尽可能接近常态。

【拓展阅读】
决定试题
难度的要素

本章小结

本章主要学习了难度的定义、功能、计算、校正、评价等内容。具体包括难度的两种定义形式，难度对教育测量的鉴别能力与测量分数的分布形态、离散程度的影响。通过例题解析，详细介绍了测量前的难度估算方法与测量后的通过率法、平均值法、极端分组法等方法的操作原理及计算公式。运用难度值的科学校正，排除选择机遇影响难度的因素。运用难度值的等距变换，使得项目之间的差异具有可比性。在难度校正与等距变换的基础上，探讨科学恰当的难度范围及分布形态，并分析其调整方法。

思考与练习

1. 难度的两种定义形式具有哪些差异?

2. 难度的功能包括哪些内容?

3. 某智力测量的试题选项包括“非常认同、比较认同、说不清楚、较不认同、极不认同”等，属于“多值计分题型”，请选择恰当的方法计算该测量项目的难度。

4. 有 A、B 两个测验试题，试题 A 为“四选一”的选择题，通过率为 0.58；试题 B

为“五选一”的选择题，通过率为0.56。试比较两题的难度。

推荐阅读

1. 蒋培杰，张勇，熊斌. 中外小学高年级数学竞赛试题难度的比较研究：以“华杯赛”与“袋鼠赛”为例 [J]. 数学教育学报，2020，29 (6)：87-91.

2. 章建石. 新高考改革背景下不同版本试卷测量学指标的比较与监测：以某年度英语试卷的分析为例 [J]. 全球教育展望，2018，47 (5)：71-80.

3. 史宁中，孔凡哲，严家丽，等. 十国高中数学教材的若干比较研究及启示 [J]. 外国教育研究，2015，42 (10)：106-116.

第七章　项目区分度

学习目标

1. 了解项目区分度的定义、功能。
2. 掌握项目区分度的计算方法，并且能够根据不同的情况采取恰当方法进行计算。
3. 理解项目区分度与难度、信度的关系。

知识导图

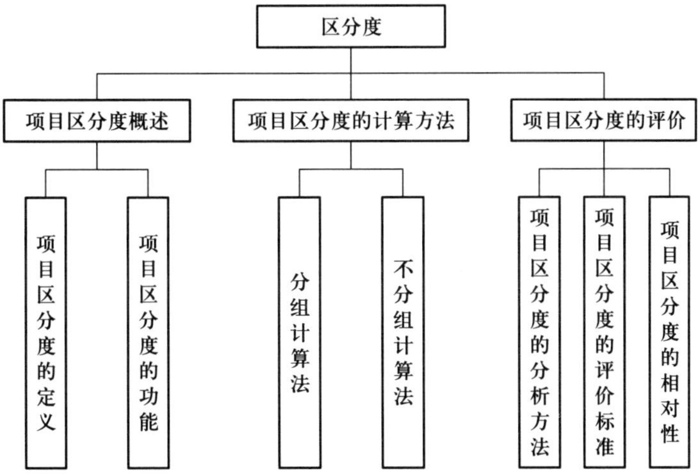

在编制和选用测验项目时，常常需要进行项目分析。测验项目分析包括定性分析与定量分析。定性分析是指对测验项目的科学性分析，如项目是否符合编制原则，即项目测量能否与预定的教学目标和教学内容相一致。定量分析是指对项目难度与区分度的分析。难度与区分度是衡量测验项目质量的基本指标。

第一节 项目区分度概述

【拓展阅读】
区分度的内涵

项目（也即测验试题、题目）是用来测验受测者水平高低的工具，项目区分度是项目能区分受测者能力水平高低的程度。项目区分度是衡量测验项目质量的重要内容，是对项目质量进行评价和筛选的主要指标与依据。

一、项目区分度的定义

但凡测验，无论如何都带有将受测者的水平加以区分的目的，那么构成测验的每一个项目就应该为这一目标作贡献，项目区分度就是刻画试题的这种功能的质量指标。在所测特质上，受测者的水平总是有高低之分。若高水平的受测者，在测验项目上能得高分，而低水平的受测者只能得低分，那么测验项目区分受测者水平的能力就强；若高水平受测者和低水平受测者在测验项目上所得分数没有差异，项目不能提供关于受测者水平差异的信息，则它的区分能力就弱。若在同一测验项目上，高水平受测者得分低，而低水平受测者却得分高，这种测验项目的性能就跟测验理念相背离，在测验中只会起干扰甚至破坏作用。可见，项目区分度是检验项目质量的一个重要指标。

项目区分度通常用字母 D 来表示。D 的取值范围在 $-1.00\sim+1.00$ 之间，D 值越大，表明测验项目的区分能力越强，越能将不同水平的受测者区分开来。也就是说，在测验项目上，受测者水平高的得高分，水平低的得低分。反之，D 值越小，测验项目的区分能力越低，对不同水平的受测者就不能很好地加以鉴别，水平高与水平低的受测者，分数可能差不多，甚至会出现水平低的受测者比水平高的受测者得分高的情况。当 D 值为 0 时，测验项目对受测者没有区分作用。总之，D 值越高，测验项目的区分效果越好。

二、项目区分度的功能

项目区分度是检验测验项目质量的主要指标之一，做好它的计算是提升试题质量、项目测验质量的前提。因此，有必要弄清项目区分度与试题质量（一般指某道试题的质量）、项目测验质量（一般指某个项目测验的质量，如学业水平考试、大学英语四六级考试等）以及与项目信度、难度间的关系。

（一）项目区分度影响项目的质量

项目区分度是衡量项目好坏的重要标准和依据。当 D 值越高时，证明项目的质量越好，能区分出受测者的不同水平。例如，当某一试题的区分度在 0.50 左右时，就证明这一试题的区分度良好，能够合理地区分出学生的不同水平，这一试题的质量就很高。当 D 值为负值或 0 时，说明这一类试题应该被剔除。项目的质量与整个测验的质量密切相关，所以项目区分度是评价项目质量的重要依据。

（二）项目区分度影响项目质量

项目区分度越大，表明测验越准确。在一定情况下，项目区分度取值的大小直接影响着该测验项目的准确程度。项目区分度越大，越能准确地测量出受测者的真实水平；反之，就不能很好地将受测者的不同水平区分开来。所以项目区分度对项目的质量有着重要的影响。

（三）项目区分度影响项目的难度和信度

1. 项目区分度影响项目的难度

项目区分度与难度有着十分密切的关系。当试题难度较高或者较低时，都会造成该项目的区分度较低；当难度值适中时，项目的区分度才会较高。如果项目难度值为 1 或者 0（学生在这一项目中全部通过或全部未通过），那么项目区分度都为 0，不能正确地鉴别出考生的能力高低。因此，要提高项目区分度，则要相应地调整项目的难度。项目难度与项目区分度的关系如表 7-1 所示。

表 7-1　项目难度与项目区分度的关系

项目难度 P	项目区分度 D 的最大值
1.00	0.00
0.90	0.20
0.70	0.60
0.50	1.00
0.30	0.60
0.10	0.20
0.00	0.00

由表 7-1 可知，虽然项目难度为 0.50 时，项目区分度达到最大值，但一项测验并不需要所有项目的难度都为 0.50，各题难度在 0.3～0.7（0.50 ±0.20）之间，平均难度接近 0.50 时为最佳。

2. 项目区分度影响项目的信度

测验的信度高，才能证明它是一个良好的测验。测验的信度与项目的区分度之间有着十分密切的关系。测验中试题的项目区分度越高，项目的信度就越高。因此，为了让项目测验达到理想的信度，必须提高其中每个项目的区分度。项目区分度的平均值与项目信度的关系如表 7-2 所示。

表 7-2　项目区分度的平均值与项目信度的关系

项目区分度的平均值	项目信度
0.12	0.00
0.16	0.42
0.20	0.63
0.30	0.84
0.40	0.92
0.50	0.95

表 7-2 呈现的项目区分度的平均值和项目信度的关系，是由美国教育与心理测量学家艾伯于 1962 年提出的，其前提是假定全部试题（100 题）的难度均为 0.50 时所预测的项目信度系数。据表 7-2 可知，项目信度是随项目区分度的提高而增长的，区分度较低时，信度增长的速度比区分度增长得快。区分度从 0.20 增至 0.30，增值仅为 0.10；而信度却由 0.63 增至 0.84，增值为 0.21。因此，要想达到理想的项目信度，提高项目区分度不失为一个好方法。

第二节 项目区分度的计算方法

项目区分度的计算方法有很多种，不同的方法有不同的适用范围，项目类型不同，计算项目区分度的方法也不同。在使用时应该根据题目得分以及测验总分这两个变量，选择合适的计算方法，也可以同时采取几种不同的方法进行验证。

【拓展阅读】
区分度的
计算方法

一、分组计算法

分组计算法又称极端分组法，是指将学生水平按照测验的总分进行排序，再根据一定比例确定高分组和低分组的人数，对他们在某一项目上的通过率与平均得分率进行差异比较，最后确定区分度指标，以此来衡量试题的质量。分组计算法十分方便且易于理解，一般用于教师自编的测验项目中。这种方法在主观性试题与客观性试题的计算上有所差异。

（一）主观性试题区分度的计算

主观性试题区分度的计算公式为：

$$D=\frac{X_H-X_L}{N(H-L)} \qquad \text{（公式 7-1）}$$

式中，D 为区分度，X_H 为高分组测验的总分，X_L 为低分组测验的总分，H 为该题最高得分，L 为该题最低得分，N 为考生总人数的 25%。

【微视频】
区分度的
估算方法（上）

主观性试题区分度的计算步骤为：

（1）将测验总分从高到低进行排序；

（2）确定测验总分排名前 25%的受测者作为高分组；排名最后 25%的受测者作为低分组；

（3）列出试题得分分析表；

（4）将有关数据代入公式 7-1 中。

［**例 7-1**］某校 100 名考生参加毕业会考，按高、低分各占总人数的 25%进行分组，其中语文学科作文得分统计如表 7-3 所示，求该题的区分度。

表 7-3　语文学科作文得分统计

	X（得分）	f（人数）	f·X		X（得分）	f（人数）	f·X
高分组	36	9	324	低分组	36	0	0
	34	7	238		34	2	68
	32	6	192		32	6	192
	30	2	60		30	5	150
	28	1	28		28	12	336
		$\sum f=25$	$\sum fX=842$			$\sum f=25$	$\sum fX=746$

解：作文题为主观性试题，由表 7-3 中数据可知：

$$X_H=842,\ X_L=746,\ N=25,\ H=36,\ L=28,$$

将上述数据代入公式 7-1 中，可得：

$$D=\frac{842-746}{25\times(36-28)}=0.48$$

因此，这份测验作文题的区分度为 0.48。

（二）客观性试题区分度的计算

客观性试题区分度的计算公式为：

$$D=P_H-P_L \qquad （公式 7-2）$$

式中，D 为区分度，P_H为高分组通过率，P_L为低分组通过率。

客观性试题区分度的计算步骤为：

（1）将测验总分从高到低进行排序；

（2）选择测验总分排名前 25%的受测者作为高分组；排名最后 25%的受测者作为低分组；

（3）分别求出高分组、低分组在某一项目上通过的百分比；

（4）将数据带入公式 7-2 中进行计算。

[例 7-2] 某校进行的入学测试中，高分组通过某试题的百分比为 80%，低分组通过该题的百分比为 20%，则该测验试题的区分度是多少？

解：$D=P_H-P_L=0.8-0.2=0.60$

由此可知，该测验试题的区分度是 0.60。

如果高分组全部通过了某一试题，即通过百分比为 100%（1.00），若低分组没有人通过该试题，即通过百分比为 0，则该试题的区分度为：

$$D=1.00-0=1.00。$$

如果高分组和低分组的通过百分比相等，则该试题的区分度为 0。

二、不分组计算法

用分组计算法计算项目区分度，步骤清楚，过程简便。但是这种方法在计算中只使用了高分组和低分组的数据样本，因此不能保证结果的精确性。在大规模的测验中可以采用相关法来分析项目区分度。下面将对积差相关法、点二列相关法、二列相关法、四分相关法进行论述。

【微视频】
区分度的
估算方法（中）

（一）积差相关法

英国统计学家皮尔逊在20世纪初提出了积差相关的计算方法，又称为皮尔逊相关。当两个变量都是正态的连续变量，而且变量之间呈线性关系时，这两个变量之间的相关就称为积差相关。

因此，当项目得分与测验总分均为连续变量（如百分制分数）时，可采用积差相关的公式来计算项目区分度。如数学试卷中的主观性试题就可以采用积差相关来计算区分度。

积差相关的公式如下：

$$r=\frac{N\sum XY-\sum X\sum Y}{\sqrt{N\sum X^2-(\sum X)^2}\sqrt{N\sum Y^2-(\sum Y)^2}}\quad(-1\leqslant r\leqslant 1)\qquad(公式7-3)$$

式中：r为积差相关系数，X为受测者某题得分，Y为受测者测验总分，N为受测者总人数。

求出积差相关系数后，要对其进行显著性检验。可直接采用查表法，查“积差相关系数（r）显著性临界值表”（见附录），根据$df=n-2$与显著性水平$\alpha=0.05$或$\alpha=0.01$，查找相对应的临界值。若求得的相关系数等于或大于该临界值，则说明求得的相关系数结果具有显著意义，也就是说该项目的区分度达到了显著水平。

［**例7-3**］表7-4为10名考生在某次入学测试第5题得分与总分情况统计，请计算该题的区分度。

表7-4　10名考生入学测试总分与第5题得分情况统计

考生编号	1	2	3	4	5	6	7	8	9	10
题目得分X	4	3	4	6	5	1	6	5	4	5
测验总分Y	80	76	62	90	85	74	70	83	66	82
X^2	16	9	16	36	25	1	36	25	16	25
Y^2	6 400	5 776	3 844	8 100	7 225	5 476	4 900	6 889	4 356	6 724
XY	320	228	248	540	425	74	420	415	264	410

解：根据表7-4中的数据可知，$\sum X=43$，$\sum Y=768$，$\sum X^2=205$，$\sum Y^2=59\ 690$，$\sum XY=3\ 344$，将这些数据带入公式7-3中，可得：

$$r=\frac{10\times 3\ 344-43\times 768}{\sqrt{10\times 205-43^2}\times\sqrt{10\times 59\ 690-768^2}}=0.35$$

由此可知，该次测试中第5题的区分度为0.35，$df=10-2=8$，查“相关系数（r）显著性临界值表”可得：

$$r_{0.05}(8)=0.63,\ r=0.35<r_{0.05}(8)=0.63$$

即相关系数r值没有达到0.05的显著性水平，说明该题不能区分考生水平。

（二）点二列相关法

当两个变量中的一个是正态连续性变量，而另一个变量被划分为二分变量（按事物的不同性质划分为两类变量，例如男性与女性、已婚与未婚、正确与错误、合格与不合格等）时，这两个变量之间的相关称为点二列相关。

测验总分与具体题目得分中的一个变量是正态分布的连续性变量，而另一个变量是二分变量时，可以采取点二列相关计算法。点二列相关计算法多数运用于是非题的测验中，测验答对即可得分，答错不得分。考察是非题与测验总分的一致性时，就要计算点二列相关。例如在数学测验中，客观题中的填空题答对记为 2 分，答错记为 0 分，且测验总分为连续变量时，可采用这个方法。

其计算公式为：

$$r_{pb}=\frac{\overline{X}_p-\overline{X}_q}{S_t}\cdot\sqrt{pq}\qquad(-1\leqslant r_{pb}\leqslant 1)\qquad\text{（公式 7-4）}$$

式中，r_{pb} 为点二列相关系数；p 为通过该项目的受测者人数与总人数的比例；q 为未通过该项目的受测者人数与总人数的比例，且 $q=1-p$；$\overline{X}_p$ 为通过该项目的受测者的测验总分的平均数；$\overline{X}_q$ 为未通过该项目的受测者的测验总分的平均数；S_t 为全体考生项目测验总分的标准差。

同积差相关的显著性检验相同，用点二列相关求得的值，也必须进行显著性检验，即需查询“相关系数（r）显著性临界值表”。

[**例 7-4**] 某校高二年级进行了一次单元测验，15 名学生的测验总分与第 10 题填空题的得分如表 7-5 所示。求该填空题的区分度。

表 7-5 15 名学生单元测验的总分与第 10 题填空题得分情况

考生	1	2	3	4	5	6	7	8	9	10	11	12	13	14	15
总分	80	87	85	63	67	90	78	75	92	84	72	60	83	91	64
填空题得分	2	2	2	0	2	2	0	0	2	2	0	2	2	2	0

解：由表 7-5 中数据可知：

$\overline{X}_p=(80+87+85+67+90+92+84+60+83+91)/10=81.9$

$\overline{X}_q=(63+78+75+72+64)/5=70.4$

$p=10/15=0.667$

$q=5/15=0.333$

$$S_t=\sqrt{\frac{\sum X^2}{N}-\left(\frac{\sum X}{N}\right)^2}=\sqrt{\frac{93\ 031}{15}-\left(\frac{1\ 171}{15}\right)^2}=10.38$$

将上述数据代入公式 7-4 可得：

$$r_{pb}=\frac{81.9-70.4}{10.38}\times\sqrt{0.333\times0.667}=0.522$$

$df=15-2=13$，查“相关系数（r）显著性临界值表”可得：

$$r_{0.05}(13)=0.514,r_{pb}=0.522>r_{0.05}(13)=0.514$$

【微视频】
区分度的
估算方法（下）

所以该填空题与总分相关显著，项目区分度比较好。

（三）二列相关法

当两个变量都是正态连续变量，且其中一个变量被人为划分为两个类别的变量（如学习成绩可以分为合格与不合格，录取状况可以分为录取与未录取，身体健康状况也可以分为健康与不健康）时，这两个变量之间的相关就称为二列相关。

当测验总分与某项目得分都是连续变量且呈正态分布时，只是人为依照某标准将其中的一个变量划分为了二分变量，如果要计算项目区分度，就要用二列相关法。

例如，对某省高考语文作文分数与总分的一致性进行分析，其中作文得分是正态分布，且将作文按一定依据划分为合格与不合格，这时就可以采用二列相关法进行计算。

其计算公式为：

$$r_b=\frac{\overline{X}_p-\overline{X}_q}{S_t}\cdot\frac{pq}{y} \qquad \text{（公式 7-5）}$$

式中，r_b 为二列相关系数，y 为正态分布下 p 的曲线高度，其他变量同点二列相关公式。

检验二列相关系数显著性，其计算公式为：

$$Z=\frac{r_b}{\frac{1}{y}\sqrt{\frac{pq}{N}}} \qquad \text{（公式 7-6）}$$

［**例 7-5**］ 某中学进行了一次学习能力测试，15 名学生在测试中的总分和某题得分如表 7-6 所示。计算该题的区分度。

表 7-6 15 名学生学习能力测试总分与某题得分

考生	1	2	3	4	5	6	7	8	9	10	11	12	13	14	15
总分	86	68	55	70	69	75	84	90	64	90	87	76	74	80	67
某题得分	17	15	9	10	12	8	11	15	7	12	9	7	8	13	5
是否合格	是	是	否	是	是	否	是	是	否	是	否	否	否	是	否

解：从表 7-6 中可知：

$\overline{X}_p=(86+68+70+69+84+90+90+80)/8=79.63$

$\overline{X}_q=(55+75+64+87+76+74+67)/7=71.14$

$p=8/15=0.53$ $\qquad q=7/15=0.47$

$$S_t=\sqrt{\frac{\sum X^2}{N}-\left(\frac{\sum X}{N}\right)^2}=\sqrt{\frac{87\ 393}{15}-\left(\frac{1\ 135}{15}\right)^2}=10.03$$

当 $p=0.53$ 时，查正态分布表 $y=0.40$

将相关数据带入公式 7-5 中，可得：

$$r_b=\frac{79.63-71.14}{10.03}\times\frac{0.53\times0.47}{0.40}=0.53$$

用公式 7-6 检验二列相关系数显著性，可得：

$$Z=\frac{0.53}{\frac{1}{0.40}\sqrt{\frac{0.53\times0.47}{15}}}=1.65<1.96$$

所以二列相关系数未达到显著水平，因此该题区分度不高。

（四）四分相关法

当项目得分与测验总分都是连续变量，且每一个变量被人为地划分为二分变量时，要计算项目的区分度，就要用四分相关计算法。通常计算四分相关可以将数据整理成四格表，如表 7-7 所示。

表 7-7 某题通过人数表

		测验总分	
		及格	不及格
某题得分	达标	a	b
	未达标	c	d

其中，a、b、c、d 分别表示四格表中的各类人数，项目区分度的计算公式为：

$$r_t=\cos\frac{180°}{1+\sqrt{\frac{ad}{bc}}} \quad \text{（公式 7-7）}$$

［例 7-6］ 高二年级的 40 个学生在某次数学测验中通过测验的人数与在某题上通过的人数如表 7-8 所示。求该题的区分度。

表 7-8 高二年级 40 个学生在某次数学测验中某题通过人数

		测验总分	
		及格	不及格
某题得分	达标	14	6
	未达标	8	12

解：将数据带入公式 7-7 中，可得：

$$r_t=\cos\frac{180°}{1+\sqrt{\frac{14\times12}{6\times8}}}=0.458$$

所以该题的区分度为 0.458。

积差相关、点二列相关、二列相关和四分相关之间的相关系数如表 7-9 所示：

表 7-9 相关系数一览表①

分类	公式	使用条件
积差相关	$r=\dfrac{N\sum XY-\sum X\sum Y}{\sqrt{N\sum X^2-(\sum X)^2}\ \sqrt{N\sum Y^2-(\sum Y)^2}}$ $(-1\leqslant r\leqslant 1)$	两个连续变量 成对独立数据 两个正态（或接近正态）总体 两个变量之间是线性关系 要排除共变因素 一般要求成对数据的对数大于 30
点二列相关	$r_{pb}=\dfrac{\overline{X}_p-\overline{X}_q}{S_t}\cdot\sqrt{pq}$	两个变量，其中一个是正态连续变量，另一个是真正的二分变量
二列相关	$r_b=\dfrac{\overline{X}_p-\overline{X}_q}{S_t}\cdot\dfrac{pq}{y}$	两个变量都是正态连续变量，而其中一个变量被人为地分为二分变量
四分相关	$r_t=\cos\dfrac{180^\circ}{1+\sqrt{\dfrac{ad}{bc}}}$	两个变量都是二分变量

第三节 项目区分度的评价

运用项目区分度的相关算法求得测验项目的数值后，如何判断所得数值是否合适？以什么作为评价标准？在对区分度值进行评价时应注意哪些问题？下面将分别介绍项目区分度的分析方法、评价标准和相对性。

一、项目区分度的分析方法

分析项目区分度，与确定测验的效标效度一样，要有不同的参照标准。项目区分度的分析方法，可以分为两类——外部效标分析法和测验内部一致法。② 下面将分别进行介绍。

（一）外部效标分析法

外部效标分析法是指分析受测者在测验项目上的得分与外部客观标准上的表现之间的关系。这种分析方法的参照标准是测验以外的某种有价值的、可靠的资料，即某种不依赖于测验成绩的外部的客观标准。一般先按照外部的客观标准将受测者的水平排序，然后再看受测者在测验项目上的得分排序是否与前者相符，以此来判断测验的区分度。实际上，这种方法与测验的效标效度的计算原理是一样的，主要采取相关法来计算题目的区分度。

（二）测验内部一致法

测验内部一致法是指分析受测者在项目测验上的得分与在测验总分之间的一致性程

① 上海市教育局师范教育处. 教育统计与测量［M］. 上海：上海教育出版社，1995：173.
② 黄光扬. 教育测量与评价［M］. 上海：华东师范大学出版社，2012：69.

度。这种分析方法是把受测者在整个测验上所得的总分当成受测者的实有水平，虽然总分是否正确可靠，在正式分析工作尚未进行之前是无法肯定的，但是整个测验的总分比起个别测验项目的得分来说总是有可能更接近于考生的实际水平。因此，可以用测验总分代替效标分数作为参照标准，如果从测验项目的得分情况能有效反映受测者在测验总分上的分层情况，则说明该测验区分度较高。

二、项目区分度的评价标准

项目区分度是衡量项目质量的主要指标之一，是在编制测验时筛选项目的依据。那么项目区分度为多少比较合适呢？

美国教育与心理测量学家艾伯根据鉴别能力指数提出了一个评价项目优劣的标准。他认为，项目区分度在 0.19 以下，就表明测验项目不能合理地区分受测者水平的高低，应该淘汰这些项目；项目区分度的取值在 0.20~0.29 之间，说明这类项目区分受测者水平的能力尚可，但是仍需要改进；项目区分度的取值在 0.30~0.39 之间，表明测验项目的区分能力良好，如果能够再进一步修改更好；而项目区分度的取值在 0.40 以上，说明测验项目能够非常好地区分受测者水平的高低，是性能很高的测验试题。如表 7-10 所示。

表 7-10 项目区分度的评价标准

区分度取值	评价
0.19 以下	应该淘汰
0.20~0.29	尚可，仍需改进
0.30~0.39	良好，进一步修改更好
0.40 以上	非常良好

上述标准仅作为参考，不是绝对的。事实上，项目区分度的要求应根据测验目的而定，若测验目的在于选人，主要评判受测者的个别差异，那么项目区分度的要求就高；若测验只是考查受测者对所学知识的掌握情况，则可以不过多考虑项目区分度。

三、项目区分度的相对性

项目区分度与项目难度一样也是相对的，通常与以下因素相关。

（一）不同的计算方法得到的区分度不同

基于此，在分析同一个测验时，各个项目的区分度要采用同一种指标，否则不便于分析比较。在进行项目区分度的计算时，要根据项目的测验目的以及性质选择适合的方法。虽然不同的计算方法计算出来的数值不同，但是在内部一致性中达到的显著性水平是相同的。在实际运用时，应选用最适合的方法。

（二）样本容量大小影响区分度的大小

通常情况下，样本容量越小，用相关法计算出来的区分度越不可靠；样本容量越大，区分度越可靠。

（三）分组标准影响鉴别指数值（D）

若项目分组越极端，其 D 值越大，通常取 27%作为极端分组的标准。

（四）受测者团体的性质影响区分度的大小

【拓展阅读】区分度应用需注意的问题

项目的区分度是针对不同受测者而言的。受测者团体的性质越相近，测验的区分度就越小。反之，若所选的受测者团体具有较大的异质性，即使是对相应的同质团体来说区分度很小的项目，其所得的区分度也可能具有很大的差异。另一方面，区分度是相对于不同水平受测者团体而言的，所以项目区分度大小是针对特定团体而言的。一般来说，较难的项目对高水平受测者区分度高，较容易的项目对低水平受测者的区分度高。

本章小结

项目区分度是项目质量的重要指标之一，它可以为编制测验或编制量表提供有效的信息。项目区分度是项目能区分受测者能力水平高低的程度，是测验项目具有有效性的指标。项目区分度的计算有外部效标分析法和测验内部一致法，在实际应用中主要为后者，其实质就是题分与总分的相关一致性程度。

“积差相关系数（r）显著性临界值表（详见附录）”

思考与练习

1. 什么叫项目区分度？

2. 现对20名学生进行期末测验，所得结果如表7-11所示，为了考查第1题是否有区分能力，将该题用二分法计分，答对记1分，答错记0分。试计算该题的区分度。

表7-11　20名学生的期末测验成绩与第1题得分情况

学生	测验总分	第1题得分
1	82	1
2	78	1
3	90	1
4	75	0
5	53	0
6	60	1
7	47	0
8	84	1
9	58	0
10	79	0
11	86	1

续表

学生	测验总分	第 1 题得分
12	72	1
13	64	0
14	68	1
15	78	1
16	73	0
17	87	1
18	50	0
19	73	1
20	68	1

3. 有 20 名学生的数学测验总成绩与第 3 题得分如表 7-12 所示。试计算该题的区分度。

表 7-12　20 名学生的数学测验总成绩与第 3 题得分情况

学生	测验总分	第 1 题得分
1	82	8
2	78	7
3	93	10
4	75	6
5	53	3
6	60	5
7	47	6
8	84	8
9	58	3
10	79	7
11	86	9
12	72	6
13	64	3
14	68	5
15	78	7
16	73	6
17	95	10

续表

学生	测验总分	第 1 题得分
18	50	2
19	73	6
20	40	1

推荐阅读

1. 沈红，汪洋，张青根. 我国高校本科生批判性思维能力测评工具的研制与检测［J］. 高等教育研究，2019，40（10）：65-74.

2. 李莉，周欣，涂冬波，等. 5~6 岁儿童数学问题解决的认知诊断评估工具［J］. 学前教育研究，2019（5）：27-42.

3. 王力纲，何汉武. 基于区分度及可信度的学生评教模型的构建［J］. 高教探索，2018（4）：26-31.

附录 积差相关系数（r）显著性临界值表①

df = n-2	α = 0. 10	α = 0. 05	α = 0. 02	α = 0. 01
1	0. 988	0. 977	0. 999 5	0. 999 9
2	0. 900	0. 950	0. 980	0. 990
3	0. 805	0. 878	0. 934	0. 959
4	0. 729	0. 811	0. 882	0. 917
5	0. 699	0. 754	0. 833	0. 874
6	0. 622	0. 707	0. 789	0. 834
7	0. 582	0. 666	0. 750	0. 798
8	0. 549	0. 632	0. 716	0. 765
9	0. 521	0. 602	0. 685	0. 735
10	0. 497	0. 576	0. 658	0. 708
11	0. 476	0. 553	0. 634	0. 684
12	0. 458	0. 532	0. 612	0. 661
13	0. 441	0. 514	0. 592	0. 641
14	0. 426	0. 497	0. 574	0. 623

① 黄光扬. 教育测量与评价［M］. 上海：华东师范大学出版社，2002：351.

续表

df=n-2	α=0.10	α=0.05	α=0.02	α=0.01
15	0.412	0.482	0.558	0.606
16	0.400	0.468	0.542	0.590
17	0.389	0.456	0.528	0.575
18	0.378	0.444	0.516	0.561
19	0.369	0.433	0.503	0.549
20	0.360	0.423	0.492	0.537
21	0.352	0.413	0.482	0.526
22	0.344	0.404	0.472	0.515
23	0.337	0.396	0.462	0.505
24	0.330	0.388	0.453	0.496
25	0.323	0.381	0.445	0.487
26	0.317	0.374	0.437	0.479
27	0.311	0.367	0.430	0.471
28	0.306	0.361	0.423	0.463
29	0.301	0.355	0.416	0.456
30	0.296	0.349	0.409	0.449
35	0.275	0.325	0.381	0.418
40	0.257	0.304	0.358	0.393
45	0.243	0.288	0.338	0.372
50	0.231	0.273	0.322	0.354
60	0.211	0.250	0.295	0.325
70	0.195	0.232	0.274	0.302
80	0.183	0.217	0.256	0.283
90	0.173	0.205	0.242	0.267
100	0.164	0.195	0.230	0.254

第八章 教育测验编制

学习目标

1. 了解测验编制的基本程序。
2. 了解常见测题的类型、性能及编制技术。
3. 理解测题分析的一般程序及质量鉴定的过程与方法。
4. 掌握测验质量报告的撰写规范。

知识导图

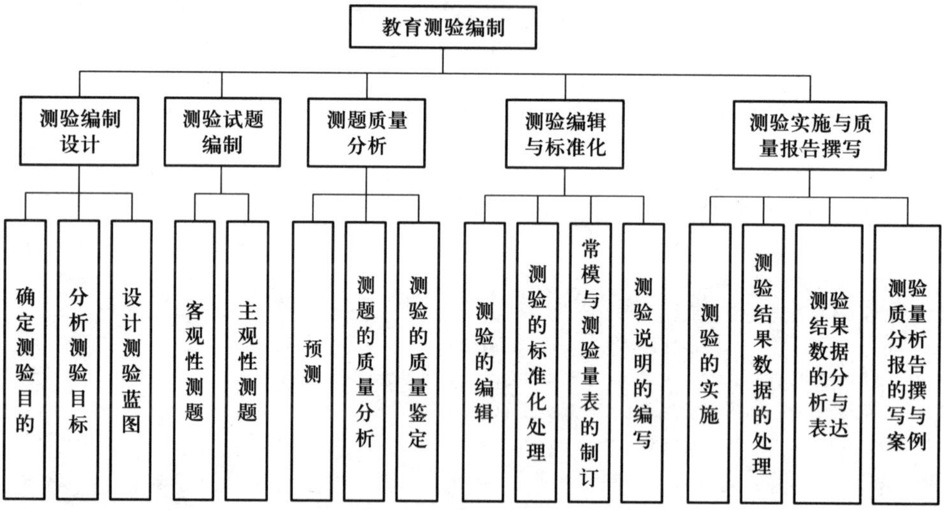

测验是教育测量的主要手段，测验的具体编制步骤与方法虽然因类型、性质等不同而有所差异，但所有测验编制的基本程序是大致相同的。本章将主要讨论教育测验编制与实施的基本过程与方法。

第一节　测验编制设计

测验编制的首要步骤就是要设计良好的测验编制方案，主要包括确定测验目的、分析测验目标和设计测验蓝图三部分内容，本节将对核心内容做详细介绍，以便能从整体的视角上清晰地认识教育测验编制方案的设计。

一、确定测验目的

测验目的是决定测验的具体内容和施测过程的基础，也是测验编制者编制相关测验时必然面临和必须回答的首要问题。因为只有在明确了测验目的后，测验编制者才能解决测什么、怎么测的问题，从而保证测验的有效性。测验是整个教育活动的重要组成部分，是评价教学效果和作出正确决策的主要手段，也是了解学生掌握知识的状况进而更好地提升他们学习与发展各项能力的关键路径。测验的最终目的是促进教育目标的实现，因而测验目的必须以教育目标为制定依据。

【微视频】教育测量的基本过程

测验目的的确定将为整个测验编制指明基本方向，明确测量目标、测量内容和受测对象的范围。如美国 GRE 考试中的《一般能力测验》的测验目的是依据大学毕业生的基础知识和能力水平，测量考生从事高级阶段学术研究的一般能力和潜在能力。为达到此目的，考试内容选择了逻辑作文考试（机考）和语文、数学考试（纸笔考试）的部分内容，以此衡量学生的一般逻辑推理能力、语言能力、定量分析能力等，而不涉及任何具体的专业知识。又如，《韦克斯勒成人智力测验》的测验目的是测量美国 16 岁以上成人的一般智力情况，因此，韦克斯勒编制的智力量表就由言语量表和操作量表两部分组成，它们又分别由 6 个分测验组成。通过这些测验来测量受测者的言语智商水平和操作智商水平，以及言语和操作各项智力成分的发展水平。

二、分析测验目标

确定测验目的属于“宏观规划”层面，而分析测量目标是对测验目的的具体化，即将测验目的转化为具体可操作的“微观设计”层面。因而在确定测验目的后，就应分析具体的测量目标。测量目标是编制测验的出发点和依据，也是测验编制者编制测验时面临的关键问题，它规定着测验所要达到的预期结果或标准。但测量目标的确定必须以教育目标的分类理论为基础。

20 世纪 50 年代以来，学者们提出了各种各样的教育目标分类理论，其中以美国心理学家布卢姆（B. S. Bloom）等人建立的教育目标分类理论影响最大。该教育目标分类理论把教育目标分为认知领域、情感领域和动作技能领域，其中认知领域目标分类广泛使用于各个学科测验的编制，具体分为知识、理解、应用、分析、综合和评价六个层次，由浅到深依次排列，前一层次是后一层次的基础，如表 8-1 所示。这个教育目标分类理论是教育测验中分析教育目标的普遍依据，也一直是我国大部分测验目标分类的依据和确定测验目标的基础。

表 8-1 认知目标分类系统①

认知目标	具体内容
一、知识	1.1 具体事实的知识（符号、术语、日期、事件、人物等） 1.2 论述事实的方法及有关名称的知识（规则、趋势、分类、方法） 1.3 普通的与抽象的知识（定理、规律、理论）
二、理解	2.1 转释（用自己的话复述、翻译） 2.2 解释（说明、总结资料） 2.3 推论（预测结果）
三、应用	在新的情境中用所学知识解决问题
四、分析	4.1 分析构成成分 4.2 分析关系 4.3 分析组织原则
五、综合	5.1 形成观点意见 5.2 拟定计划 5.3 推导关系
六、评价	6.1 依内在标准评价 6.2 依外在标准评价

根据表 8-1 的认知目标分类系统，可以明确测验中各个测定目标需要达到的标准。例如，"知识"主要指记忆知识，是对学生学过的知识和相关材料的识别与再现；"理解"主要指对知识的掌握并能抓住事物的实质以及把握或领会所学材料的意义与中心思想等；"应用"指能把所学知识运用于新的情境中，具备知识迁移的能力；"分析"指能对知识进行结构分解，了解知识的构成要素、各要素的相互关系以及组成原理等；"综合"指能在知识的元素或部分以及相互关系的基础上重新整合知识，形成整体概念的过程；"评价"指根据一定的标准对所学知识和事物给予价值判断的过程。当然，除了对认知领域进行有层次的分类以外，情感领域和动作技能领域也有不同的层次分类，并且可用一定的动词来表示，这在我国各学科的课程标准里有明确的介绍。

【拓展阅读】义务教育生物学课程标准（2022 年版）的课程目标

每种行为特征都有其独特的组成要素，分析测量目标时需要结合想要测量行为特征的不同成分来加以综合考虑。如在测量态度时，可以分别从认知层面、情感性感觉层面、行为趋向层面抽取测题样组。又如，在编制韦克斯勒成人智力测验时，韦克斯勒按照他的智力观，将智力测验分为言语和操作两个部分，言语测验部分由知识、领悟、算术、相似性、数字广度、词汇六类测题组成，操作部分由数字符号、图画填充、木块图、图片排列、图形拼凑、迷津六类测题组成，每个类别下编写合适的测题样组构成测验，以此来测量成人的一般智力。

① 朱德全，宋乃庆. 教育统计与测评技术［M］. 重庆：西南师范大学出版社，2013：142.

三、设计测验蓝图

在编制测验之前需要设计一份精准的测验蓝图，以对后续命题作出合理的规划，从而避免命题的盲目性，因而测验蓝图也是编制测验的依据。综合体现各类目标的统一蓝图是双向细目表，它说明了测验内容、测验目标及其水平在整个测验中所占的比重，也是确定测验题目的内容、知识覆盖面、数量以及分数分配等的重要依据，而具体学科的教育目标则是双向细目表的编制依据。

【微视频】
设计测量蓝图

（一）编制命题双向细目表的方法

1. 确定测验的内容、范围与题型

测验编制者根据测验目的、教学大纲以及课程标准的要求，分析教材内容和各个知识点在学科学习中的重要程度，并依据学生的学习水平来确定其对教材中不同知识点的掌握水平，以及需考查知识的内容、范围以及考查形式（即题型）等，确定各个知识点在试卷中的适当比重。因为“权重”是确定测验题的数量、测验时间及分数分配的重要依据，故应以其来体现各部分内容的重要性，以“题型”的方式来呈现各部分内容的考查形式。

2. 依据测验内容确定各项教育目标的分配比例

根据测验内容和学生的实际情况，结合课程标准的要求，列出不同的内容要求学生学习后应达到的教育目标，并以布鲁姆教育目标分类学中对认知目标的六层次理论为依据给知识点赋以适当的“权重”，并以百分比的形式表示出来，使知识点与权重适当结合从而形成科学合理的命题双向细目表。

（二）编制命题双向细目表的步骤

在学科测验中设计测验蓝图的具体工作就是编制双向细目表，它能有效保证各部分教材内容与相应教育目标之间的合理分布与实现，是编制测验之前必须要做好的关键工作，因此依据教学目标和教材内容确定一个具体而明确的双向细目表是编制良好教育测验的重要基础。测验蓝图的设计一般从测量目标和测量内容两个维度着手。现以学科成就测验的蓝图设计为例来说明命题双向细目表的编制步骤。

【拓展阅读】
各种类型的双向细目表案例

1. 明晰命题双向细目表的要素构成

命题双向细目表的构成要素为教学目标、教学内容、知识点权重、合计四部分。命题双向细目表包含三个要素：考查目标，如课程标准规定的某个知识点的认知要求；考查内容，如课程标准中规定的某个单元知识；考查目标和考查内容的比例/权重。① 如表 8-2 所示，表格横向是“考查目标”和“其他考量因素”。“考查目标”从低到高依次分为“知识”“理解”“应用”“分析”“综合”“评价”项目，“其他考量因素”包括题型/类别、题量/时间、价值取向，最后一列附上“合计”，旨在统计同一知识点的数量总数；表格纵向是要考查“教学内容”的各知识点，最后一行也附上“合计”，旨在统计同一知识水平下要考查各知识点的数量总和；除了横、纵向的“合计”栏外，表格中间的各数字代

① 崔允漷，邵朝友. 如何基于标准命题：从双向细目表走向测验设计框架［J］. 上海教育科研，2007（8）：36-39.

表各知识点在不同水平层次下所占的“权重”。总之，了解命题双向细目表的要素构成及各部分的具体含义对合理、科学地编制试卷具有重要意义。

2. 认真分析课程标准

课程标准是教育教学的依据和标准，也是制订测验编制的基本依据，它能明确教材中必学的知识点以及各知识点的掌握层次与达标水平，同时又提供了可参考的、具有可行性的教学要求。因而试题编制者要在深刻领会课程标准的理念、精神以及教学要求的情况下，根据测验目的的需要编制出符合目标需要以及能实现目标标准的、规范并有效度的双向细目表。

3. 以布卢姆教育目标的认知分类、学生实际和测验目的为依据进行横向设计

横向表格上，要根据课程标准中确定的教学目标和应试学生的实际水平，借鉴布卢姆关于认知领域教育目标的分类方法，认知水平按由低到高的顺序，依次列出测验的具体测量目标。一般而言，各级教学目标水平在试卷中的分类比例为：“知识”占 18%，“理解”占 28%，“应用”占 30%，“分析”占 13%，“综合”占 8%，“评价”占 3%。如果学生的学习水平较高，则前三类教学目标试题的百分比应该小些，反之，可以大些。这样，在参照标准的前提下根据学生的学习情况和测验目的进行适度调整，可以在实现测验目标的同时，起到激励学生学习的主动性和积极性的目的。

4. 依据内容的重要性与综合性程度以及测验目的的需要进行纵向设计

相对而言，教材中重要且综合性程度高、对以后学生学习具有很好迁移价值的知识点所占的比重要大些，次要的知识点所占的比重要小些。除了要根据对课程标准和教材内容的分析与理解来确定外，同时还要兼顾测验目的和学科属性的具体需要，然后确定具体知识点以及它们在不同教学水平上的分布与数量权重。

5. 确定各知识点在不同目标水平上的实际权重，并转换为具体分值

根据课程标准的要求，知识点在学科学习中的重要程度、学生的学习水平、测验目的的需要以及其他因素，对测验内容赋予合适的权重，并将每一项测验内容的权重比例逐一分配到适合的测验目标层次上，形成横纵对应的分数分配方案后，检查各个知识点分布的均衡性、考查目标水平分布的合理性与科学性以及分数权重的正确性等，这样，命题双向细目表就会在一系列环环相扣的步骤下得以形成。如表 8-2 所示为一个测验命题双向细目表框架。

表 8-2 测验命题双向细目表框架

考核内容	考核目标							其他考量因素		
	知识	理解	应用	分析	综合	评价	合计	题型/类别	题量/时间	价值取向
内容 1										
内容 2										
内容 3										
内容 4										
……										
合计										

测验命题双向细目表系统规划了测验内容、测验目标及其权重，它是编制测验时分配测题数量、测题分数、测验时限的依据。如果双向细目表设计得合理、规范，测验编制者只要严格按照蓝图命题，就能保证测验内容对测量学科内容的覆盖率。但在实际编制测验的过程中，测验编制者也不必过分拘泥于双向细目表，因为可能某些拟定的测量目标和测量内容在测题编制中，会出现双方不能进行良好匹配的情况，这时在不影响总的权重分配的情况下，可以根据具体情况，对权重分配进行微调。

【拓展阅读】2019年高考全国Ⅰ卷文综历史学科命题多维细目表

第二节 测验试题编制

测验试题（后简称“测题”）编制是测验编制的核心环节，只有编制了高水平的测题才能保证测验质量的最优化。对测验编制者而言，正确掌握各类测题的功能及其编制技巧显得尤为重要。以评分的客观性与否作为划分依据，测题类型可以分为客观性测题和主观性测题两大类。这里就两类测题的主要题型、各题型的优缺点及编制原则作具体介绍。

一、客观性测题

客观性测题因其评分标准统一、客观而得名。客观性测题种类繁多，主要包括选择题、是非题、填空题、简答题等，下面就题型的结构、优缺点、编制原则进行详述。

（一）选择题

1. 选择题的结构

依不同的分类标准选择题有很多类别，例如，单项选择题、多项选择题以及不定项选择题等，在编制不同的题型时需要注意的事项会略有差异，但必须遵行的基本原则却大体相同。选择题是要求受测者根据所提问题，在提供的几个真假不明的答案选项中选择正确答案或者最优答案的题型。选择题的结构包括两个部分：一是“题干”，既可用疑问句也可用不完全陈述句来表示；二是“选项”，由3~5个短句或词组表示的备选答案组成，其中包含正确答案和干扰答案。例如：

【微视频】选择题的编制

【正例】河北的省会城市是（　　）

A. 邯郸

B. 石家庄

C. 邢台

D. 保定

2. 选择题的优缺点

选择题是客观性测题中运用最广泛的一种，其优点体现在以下四个方面。第一，适用范围广。选择题不仅适合各种性质的测量材料，而且适用于各种不同层次测量目标的考核，这是选择题被广泛应用的原因。第二，测量范围广，选择题书写量小，在相同的时限内可以完成更多的题目。因而可通过加大试题容量、广泛选取具有代表性材料等途径来增大试题知识点的覆盖率，以达到提高测量效度的目的。第三，评分客观，阅卷省时、省力。选择题的评分标准统一、客观、准确，不易受阅卷人主观因素的影响，并且可以采用电脑阅卷的方式，阅卷效率高。第四，作答方便、简单。有利于减少学生由于误读题意而答错的概率，对有效获得学生掌握知识的信息具有重要意义。

但选择题也有局限性，具体表现在以下三个方面。第一，命题较为困难。选择题需要编写一定数量具有高度似真性的答案，同时又要避免各个题目和答案选项间的暗示，因此，选择题的命题工作需要掌握一定的编制技巧才能胜任。第二，测验成绩易受受测者随机猜测作答的影响。选择题一般会提供 4 个备选答案，受测者仅凭猜测答对的正确率就达到 25%，这在一定程度上会影响测验的信度。第三，难以测量到受测者完整的逻辑思维能力，综合的知识能力和语言组织能力等。

3. 选择题的编制原则

题型的编制需要遵行一定的原则，才能使得编制的题目科学、合理，且符合测验目的的需求。选择题的编制需要遵循的原则如下所示。第一，题干应意义完整，任务明确，且只包含一个问题。第二，题干的陈述要简明，避免使用复杂的句型结构和不必要的修饰词。第三，迷惑答案要具有高度的似真性，不能使选项中的错误答案设置得太明显。第四，选项的文字表述力求简短精悍，各个选项的共同表述要放入题干中，避免在每个选项中重复出现。第五，避免出现对正确答案的暗示。第六，题干和选项尽量少用否定表述，多用肯定表述。如果题干中用了否定词，应该将其标记出来，以免受测者漏看。第七，同一测验，选项的数目最好要保持一致，以方便评分。第八，应尽量避免使用“以上皆是”“以上皆非”的答案选项。因为这样会提高受测者凭猜测答对题目的概率进而降低题目的有效性，故如此设置不科学。

【反例 1】马克思____。

A. 是科学社会主义的创始人

B. 是伟大的思想家、政治家和经济学家

C. 代表作有《共产党宣言》《资本论》

D. 1883 年逝世于英国伦敦

试题编制的原则一说明：题干应意义完整，任务明确，且只包含一个问题。而该题的题干意义不清楚，没有给受测者指明任务，受测者面对的是 4 个不同知识点的是非判断。一个编制良好的选择题题干，应该是在遮盖住选项部分时，也能保持意义完整。

【反例 2】中国古代的四大发明是____。

A. 计算机、指南针、兵马俑、火药

B. 造纸术、指南针、火药、印刷术

C. 蹴鞠、计算机、古筝、纸张

D. 长城、轮船、蹴鞠、造纸术

试题编制的原则三说明：迷惑答案要具有高度的似真性，不能使选项中的错误答案设置得太明显。而该题的 A、C、D 三项都有明显的错误，很容易就可以被剔除。选择题中的迷惑答案应对未具备该知识的受测者产生迷惑作用，吸引他们选择，这就需要迷惑答案具有似真性与合理性，这也是选择题编制的难点。编写迷惑答案最常用的方法是：使用受测者共同的、常出现的错误观念作为干扰项。

【反例 3】被誉为“齐天大圣”的是____。

A.《西游记》中的猪八戒

B.《西游记》中的唐僧

C.《西游记》中的孙悟空

D.《西游记》中的沙僧

试题编制的原则四说明：选项的文字表述力求简短精悍，各个选项的共同表述要放入题干中，避免在每个选项中重复出现。故本例答案选项中的相同字句若放入题干中，会更为妥当。

对于试题编制原则五“避免出现对正确答案的暗示”而言，1963 年米尔曼与保克描述了选择题为受测者提供暗示的十大特征[①]：① 句子：选项中正确答案的句子比错误答案要长；② 条件：正确答案的条件说明得充分，使其具有精确性；③ 通则性：正确答案比错误答案有更广泛的应用性；④ 外形位置：正确答案不在选项的第一个或最后一个位置上；⑤ 逻辑位置：按自然顺序排列的选项，正确答案不在两端的位置上；⑥ 相似性或相反性：正确答案将是两个叙述相似选项中的一个，或是两个叙述相反选项中的一个；⑦ 措辞：正确答案将包含在一个熟悉的或定型的句子之中；⑧ 语言：正确答案中不会包含未曾让学生知道的语言或技术术语；⑨ 情感词：正确答案不会包含“胡言乱语”“莽撞的”“轻率的”等激烈性的词；⑩ 愚蠢概念：正确答案不会用无礼的话或超出常情的话来表达。

从上述选择题的编制原则和案例说明可看出，编制科学、合理的题型需要科学与规范的编制原则作为指引，因而遵行一定的选择题编制原则来编制出适切的测验题型对教育测量目标的实现具有重要意义。

（二）填空题

填空题就是提供一个未完成的陈述句，要求受测者将句中空缺的关键词、句子填充完整的题型。例如：

【正例】《论语》主要记载__________的言行，它是__________学说的经典之作。

1. 填空题的优缺点

填空题的优点如下。第一，应用范围广，适合于各个领域的测验。第二，受猜测概率的影响小。填空题需要受测者主动提供答案将句子填充完整，猜测作答的概率较小。第三，编制较为简单。第四，评分比较客观。

填空题也有自身的局限性，主要体现在以下两个方面。第一，测量的目标层次较低，不适合测量复杂的成就。第二，填空题侧重测量受测者对知识的记忆程度，容易引导受测者形成死记硬背的学习习惯。

2. 填空题的编制原则

填空题的编制需要遵循以下六个原则：第一，题目中空缺的地方必须是最重要的内容和关键的字句，而且上下文要有密切联系，使受测者易于理解题意。第二，题目中不能留有过多的空缺处，以免导致题目支离破碎，受测者难以理解题意。第三，题意要明确，题目中的每个空缺处只应有唯一的正确答案，以保证评分的客观性。第四，尽量将空缺处留在句中或句尾，避免放在句子的开头。第五，题目中每个空缺处的长度必须保持一致，不能依据正确答案字数的多或少而改变，以免造成暗示。第六，测题的句子不能照搬书中的

---

① 王孝玲. 教育测量［M］. 上海：华东师范大学出版社，2008：221.

内容，以免引导受测者死记硬背，不求理解。

【反例 1】在____、____、____的____地区，遍布着____、小农农业和____。

试题编制的原则二说明：“题目中不能留有过多的空缺处，以免导致题目支离破碎，受测者难以理解题意”。反例 1 这样的试题易导致题意不完整，无法作答。即使勉强填上，也难以评分。

【反例 2】在体育竞技中，只有____，才能取得好成绩。

试题编制的原则三说明：“题意要明确，题中的每个空缺处只应有唯一的正确答案，以保证评分的客观性”。反例 2 中空缺处的限定不严密，可以填写多种答案，受测者不能明确题目考核的知识点是什么。

【微视频】填空题与是非题的编制

（三）是非题

是非题又称正误题，它由一个陈述句构成，要求受测者对该句子作出对或错、是或非的判断。是非题适用于测量受测者对基本概念、原理的认识，以及辨别观点、认识事物之间的因果关系等。

【正例】判断下列命题的正误，正确的在括号内画“√”，错误的画“×”。

（1）华佗是中国古代著名的数学家。(　　)

（2）选择题是主观性测题。(　　)

1. 是非题的优缺点

是非题的优点体现在以下三个方面。第一，命题相对容易，易于操作。是非题的编制有时可直接引用书中的句子或稍作修改，比较省时省力，但该方法并不完全可取。因为从书中引述的句子，由于脱离了特定的语境，故难以判断绝对的对错；此外，该方法在无形中也会误导受测者养成死记硬背的习惯。因此，编制高质量的是非题需要编制者认真推敲。第二，取样广泛，能覆盖更多的测量内容。是非题作答简单，可在限定时间内完成较多题量。第三，评分统一、客观，阅卷省时、省力。

是非题也存在诸多不足之处，从而限制了其适用范围。第一，受猜测概率影响较大。是非题实质上是一个二项选择题，由于只有对与错两种可能，受测者全凭猜测就选对的概率高达 50%，故测量结果的可信度不高。第二，测量的目标层次有限。是非题较适合测量受测者对简单概念、知识的识记和了解，而不适用于对较高层次学习结果的测量。

2. 是非题的编制原则

要编制出质量高的是非题，需要遵行以下五个原则。第一，题目取材应选择核心的、有价值的内容，而不是无关紧要的细枝末节。第二，每个题目只应包含对一个问题或概念的考查，避免两个以上的问题同时出现在一个题目中，以造成“半对半错”、是非难辨的情况。第三，避免使用可能引起暗示性的特殊限定词。例如“往往”“可能”“一般情况下”“大多数”“有些”等，这类词通常具有“对”的暗示；“所有的”“凡是”“决不”“每个”这类词则通常具有“错”的暗示。因而应尽量避免使用这些具有暗示性作用的词。第四，测题的次序要随机排列，其中正确的测题数目与错误的测题数目要大致相同。第五，测题的表述要简洁明了，避免使用复杂的句型结构，以减少阅读能力对测量造成的不良影响。

下面举例予以说明。

【反例 1】北京是中国的首都，也是中国的经济中心。(　　)

试题编制的原则二说明：每个题目只应包含对一个问题或概念的考查，避免两个以上的问题同时出现在一个题目中，以造成“半对半错”、是非难辨的情况。反例 1 中则是两个以上的问题同时出现在一个题目中，会影响受测者的作答。

【反例 2】所有篮球运动员都是高个子。(　　)

试题编制的原则三说明：避免使用可能引起暗示性的特殊限定词。例如“往往”“可能”“一般情况下”“大多数”“有些”等，这类词通常具有“对”的暗示；“所有的”“凡是”“决不”“每个”这类词则通常具有“错”的暗示。因而应尽量避免使用这些具有暗示性作用的词。反例 2 的答案为“非”，但如果并不是很了解该知识的受测者，仅凭“所有”这个词也能选对答案。

（四）简答题

简答题是要求受测者用简短字句对提出的问题进行回答的一种题型。虽然需要受测者主动提供答案，但它通常是用来测量记忆性的问题，其答案简短、统一，只需要受测者填上几个词或句子即可，因而简答题仍属于客观性测题。

下面举例予以说明。

【正例】请简述马克思主义中国化的科学内涵。

1. 简答题的优缺点

简答题的优点主要表现在以下两个方面。第一，编制方式简单、灵活。可根据不同的出题方向与角度来编制灵活的测题。第二，测题受猜测因素的影响小。简答题没有备选项供受测者选择、判断，需要其主动提供答案，因而受猜测的影响较小。

简答题的缺点体现在以下三个方面。第一，评分不排除受主观因素影响的可能。第二，阅卷比较费时、费力，不能采用计算机阅卷。第三，只能测量简单的学习结果，不适合测量较为复杂的学习目标层次。

2. 简答题的编制原则

高质量简答题的编制需要遵循的原则有以下四个方面。第一，问题要明确、具体，使受测者能用简短的字句回答清楚。第二，题意要清楚明了，问题要对答案的范围有明确限定，不能使受测者产生多种答案均可作答的理解困境。第三，题目的取材应注重知识的应用，而不是简单的识记，避免测量对知识的机械记忆。第四，问题只能有一个正确答案，并且必须简短而具体。

【反例 1】依靠养料、水分和太阳光来生存的生物是什么？

试题编制的原则四说明：“问题只能有一个正确答案，并且该答案必须简短而具体”。反例 1 的题意不太明确，答案可以有多个，无形中给受测者与评分者带来了考评难度，造成了理解上的两难困境。

【反例 2】“教育评价”的定义是什么？

试题编制的原则三说明：“题目的取材应注重知识的应用，而不是简单的识记，避免测量对知识的机械记忆”，反例 2 只是偏重于对概念知识的记忆，如调整为“教育评价的过程是什么？”就能更好地考查学生对“教育评价”知识的应用。

【微视频】简答题与论述题的编制

二、主观性测题

主观性测题最大的特征就是允许受测者自由作答，只要在题目限定的范围内，可以随意发挥自己的观点和见解。但主观性测题由于作答的自由性强，也容易导致评分具有主观性。主观性测题主要包括论述题、操作题等。

（一）论述题

论述题要求受测者针对提出的问题，自由组织一段比较长的文字进行回答。论述题的作答无论在材料选择、语言组织、还是行文风格上都有很大的自由选择空间，适合于测量受测者综合运用知识解决问题的能力。

1. 论述题的优缺点

论述题是被广泛使用的主观性测题，其优点主要有以下四个方面。第一，可测量较高层次的学习目标。论述题能测量其他测题形式难以测量到的复杂学习成就，如组织和综合所学知识的能力、解释和推理的能力、评论和总结的能力等。第二，能对受测者的学习习惯产生积极影响，引导受测者关注知识的综合运用。第三，有利于提高受测者的写作能力。论述题要求受测者以书写的方式组织大段文字作答，能对受测者的写作能力产生积极影响。第四，命题较为容易，且能避免猜测因素的影响。

论述题也有其局限性，主要体现在以下四个方面。第一，测题的取样范围有限，代表性不足。论述题的回答文字通常都很长，需要较多的作答时间，而且一份试卷中只能包含几道论述题，因而其取样范围较小，不能有效地代表所有测量内容，从而降低了测验效度。第二，评分的主观性较强。论述题的评分易受诸多无关因素的影响，如评分者的知识水平、阅卷者的经验、对标准答案的理解、评分的宽严程度以及评分者阅卷时的身体状态、情绪等。第三，标准答案的编制比较困难。论述题作答的自由度大，难以制订出既统一又详细，并且让所有评分者都认同的标准答案。第四，阅卷比较费时、费力。

2. 论述题的编制原则

编制论述题时需要遵行的原则有以下四个方面。

第一，测题适用于测量较高层次的学习目标。论述题的使用要限定在客观性测题无法测量到的复杂学习成果上，如受测者组织、综合、表达观点的能力等。

第二，问题的陈述要明确，作答的范围要有限制和说明，避免笼统、含糊的叙述。

第三，应指明作答的参考时间和答案长度。论述题的作答比较费时，为防止受测者在某一题目上投入过多的时间而影响其他题目的作答，应在试题后面标明对参考时间、作答长度的建议。

第四，避免使用选做题。有些测验编制者会采用选做题的形式（如三选二），这种做法不太科学、合理。因为如果受测者选择了不同的试题后，考核内容显然也会发生变化，即相当于受测者接受了不同的测验，因此测量结果会失去相互比较的可能性。

【正例 1】论述教育测量的基本过程，并阐释每一过程中的主要工作任务。（参考时间 10 分钟。）

【正例 2】以某学科的测试试卷为例，分析其优点与不足，并提出改进意见。（参考时间 15 分钟。）

【微视频】操作题的编制

（二）操作题

操作题多用于操作测验中，要求受测者根据一定要求，在真实情境或模拟真实情境中，以操作、制作、设计等具体、真实的行为来展示其对知识和能力的综合应用水平。

1. 操作测验的类型

按测验情境的真实性程度可将操作测验分为以下五类。第一，纸笔的操作测验。该测验利用书面形式，编制具有一定真实情境的问题，测量受测者知识和技能的综合应用能力。例如，活动方案策划、实验设计、根据图示写出相应的操作步骤等。第二，辨认的操作测验。该类测验既可以在模拟真实情境的书面或语言测验中使用，也可以在完全真实的情境中加以考核。要求受测者运用所学知识和技能，辨认和解决真实的问题。例如，辨认正确的操作程序、完成某实验需要的材料和具体步骤等。第三，结构化的操作测验。要求受测者在规范、结构化的情境下完成实际操作，以测量受测者是否掌握了完成操作所需的知识和技能，以及具体的操作步骤。第四，模拟情境的操作测验。要求受测者在模拟情境下完成与真实活动相同的行为、动作。例如，在教师招聘面试中，要求考生设计教学方案并转换为教师的角色，模拟教学活动。第五，工作样本的操作测验。这是真实性最高的操作测验，要求受测者在完全真实的情境中完成实际操作，以测量受测者掌握某个知识和技能的水平。例如，师范生的顶岗教学实习。

2. 操作测验的优缺点

操作测验具有独特的价值，其优点具体表现在以下两个方面。第一，可用于测量高层次目标的考核。第二，可提高受测者解决问题和提高实际操作的能力。

操作测验的局限性主要表现在以下三个方面。第一，命题困难。操作测验的命题和测验情境的准备较为困难，需要花费大量时间。第二，测验条件不易控制。操作测验在实施过程中可能会遇到很多不确定因素的干扰，这些因素都很难在测验前进行控制，有时甚至会影响测验的效度。第三，评分较困难，受主观性因素的影响较强。

3. 操作题的编制原则

编制操作题需要遵行的原则有以下五个方面。第一，应测量复杂或高层次的能力目标。第二，明确测量的目标，并使之能够可操作化。这需要制定具体的操作规范、操作程序和操作拟达到的精确度。第三，合理选择测量情境的真实性程度。要依据测量目标的要求和客观条件等因素综合考虑情境的选择，有条件的尽量选择真实的情境。第四，提供必要的操作指导语，力求简洁、明了。第五，制订科学的计分方法。对操作题的计分方法既要考虑到受测者最终呈现的作品，又要兼顾受测者操作程序的正确性、规范性与精确度。

第三节　测题质量分析

编制好测题后，为保证其质量，在进行正式施测之前，要对初步编拟出的测题进行预测与分析，然后才能对试卷的质量进行信度、效度、难度与区分度等质量的检验与鉴定。

一、预测

预测是将初步编拟好的测题组合成预备测验的形式，并施测于一组受测对象，以此获取分析测题性能优劣的客观资料。

（一）预测的实施步骤

1. 预测前的初评

在预测前，可以先选择 50～100 个受测者参与的小样本，由测验编制者亲自主持，在一个非标准化的测验条件下进行预测前的试用初评，以了解测题是否存在重大问题，或是否有明显的错误和缺陷。初评的目的在于为正式预测作准备，测量结果无需进行详细的测题分析。

2. 正式实施预测

在正式测验拟施测的受测者总体中选取一组对于受测者总体来说具有代表性的预测样本，在与正式测验基本一致的条件下正式实施预测。

3. 为检验测验质量再次预测

正式进行预测后，经分析后筛选出的测题拼凑成一套测验。为保障测题能够真正适用，有条件的话还需再次进行预测。

（二）预测的注意事项

预测结果是测题分析的依据，为保证其真实、可靠，在预测过程中需要注意如下四个事项。

第一，预测对象的选取范围应来源于正式测验拟施测的受测者总体，并且要具有代表性。预测样本的人数不宜过多或过少，通常控制在 400~500 人。为便于计算，教育测验的预测样本人数通常选取 370 人。

第二，预测时应按正规的要求操作，力求与将来正式测验的各项施测条件保持一致，并积极引导预测对象认真作答、主动配合。

第三，预测的作答时间应足够充分，保证每个受测者都能完成所有测题，以便充分搜集到对每一道测题的反馈资料。

第四，在预测的过程中，应详细记录受测者对测题的反应情况。如，大多数受测者完成预测所花的时间，哪些测题让受测者感到费解，哪些测题彼此之间存在重复和暗示等。

二、测题的质量分析

【微视频】预测与题目分析

测验试卷是由一道道测题或一个个项目组成的，测验的质量直接取决于测题性能的优劣。因此，测题（项目）分析是测验编制过程中必不可少的关键环节。

（一）测题质量分析的意义

对测量进行质量分析的意义有以下三个方面。

首先，为进一步筛选、修改测题提供了依据。测题质量分析的结果是修改测题的重要参考信息。例如，经预测后分析发现，某一多项选择题的正确率为 100%，则需要修改该选择题的所有干扰项，以增加似真性来使其具有抗干扰力。

其次，有助于提高测验的信度和效度。测题分析的目的在于发现劣质测题，然后对其进行修改或直接剔除。经测题分析后组成的测验，其信度和效度都会得到相应的提升，测题质量才会有保障。

【拓展阅读】预测与测题分析

最后，有助于题库的建立。测验的编制工作是一项复杂、困难的巨大工程，需花费很多的人力、财力和时间，如果编制好的测题不能得到循环使用，会造成相应的浪费。因此，经分析达标后的测题，可保留起来作为建立该领域题库的资料，以方便后续使用。这样既省时、省力，也能保证测题的质量和提高测验的科学性。

（二）测题质量分析的一般程序

预测测题质量分析的顺利进行需要遵行以下七个步骤。第一，在拟施测的对象全域中，选取具有代表性的样本若干人，在与正式测验相同的施测条件下进行预测。第二，将预测对象的测验总分从高到低进行排列，从中选取出高分组与低分组。第三，计算高分组和低分组在每一道测题上的通过率。第四，分别求出每一道测题的难度与区分度，有选择题的计算出各答案选项的被选次数。第五，根据各测题统计分析的结果，修改并筛选测题。第六，检查挑选出来的测题在内容、形式以及编制技术上是否恰当、合理，必要时再加以调整。第七，由于预测时抽取的样本会存在一定的误差，有可能会影响测题分析结果的可靠性，因此，还需要将挑选出来的测题，在同一对象全域中选取另一组样本进行再次预测和分析，以检验筛选出的测题是否真正符合要求。

（三）测题质量分析的方法

测题质量的鉴定通过测题分析的双重方法实现，包括测题的定性分析和定量分析两类型。

1. 测题质量的定性分析

测题质量的定性分析，是测验编制者本人或相关专家依据自身的相关知识、经验和逻辑判断，对测题质量进行的分析。它适用于通常涉及以下三个方面的内容。第一，分析测题的形式。检查测验的方式和测题类型的选择等是否适宜，是否符合测验目的的要求，是否满足测量目标的需要。第二，检查测题的内容。检查测验取材是否符合测验目的；通过双向细目表，核查测题内容是否对想要测量的领域有足够的覆盖率，测题内容与测量目标是否匹配，各项权重是否适宜等。第三，评价测题编制的技术。检查测题的表述是否简明、清楚，测题有无知识性的错误，测题之间是否有内容的重复和相互暗示等。

【微视频】
测量质量分析

2. 测题质量的定量分析

测题质量的定量分析，是借用数理统计的方法，计算出测题性能的相关数据，以此对测题的质量进行分析。信度、效度、难度和区分度是测定试卷质量的重要指标，了解这些指标之间的关系，并将试卷的这些指标控制在适宜范围内，是做好预测测题质量分析的前提基础。

第一，信度、效度、难度和区分度的关系如下。

效度与信度的关系：信度高但效度不一定高，信度高是效度高的必要而非充分条件；效度高，则信度必高，但测验的效度也受其信度的制约。

难度与信度、效度的关系：一般情况下，难度分布越广，信度越高。难度过大或过小会使测验形成正偏态或负偏态，分数的离散程度都会变小，导致信度降低，而信度低会导致效度降低。

区分度与难度、信度的关系分别体现在表 8-3 和表 8-4 中。

由表 8-3 可以看出，试题区分度为最大值 1 时，试题难度为 0.5，但试题难度的确定与测验目的相关，试题难度值一般在 0.3~0.7 之间，整体试卷的平均难度值在 0.50 左右为佳，难度是影响试题区分度的重要因素。

表 8-4 是艾伯尔（R. L. Abel）于 1962 年在假定全部试题（100 道题）的难度均为 0.50 下进行测量，得到的试卷信度与试题区分度关系的展示。

表 8-3 区分度 D 的最大值与试题难度的关系

难度 P	区分度 D 的最大值	难度 P	区分度 D 的最大值
1.00	0.00	0.30	0.60
0.90	0.20	0.10	0.20
0.70	0.60	0.00	0.00
0.50	1.00		

表 8-4 区分度与信度的关系

区分度 D 的平均值	信度	区分度 D 的平均值	信度
0.12	0.00	0.30	0.84
0.16	0.42	0.40	0.92
0.20	0.63	0.50	0.95

由表 8-4 可知，测验信度随项目区分度的增长而增长，区分度较小时，信度的增幅较区分度快，提高区分度是提高试卷信度的有效因素。因此，处理好试卷信度、效度、难度、区分度之间的关系对提高测题的质量具有重要价值。

第二，测题的选项分析。一般试卷质量测定需要从信度、效度、难度和区分度四个指标着手，但预测测题质量的定量分析主要包括测题的难度、区分度分析和选项分析三部分，这里重点介绍测题的选项分析。

测题的选项分析是对选择题的几个答案选项被选中的次数进行统计分析。它的目的在于考查正确答案是否较容易辨别、错误答案是否具有干扰力。选项分析的一般方法是：将受测者的测验总分按从高到低的顺序排列，然后分别从高、低两端各抽取 27% 的测验分数作为高分组和低分组，再据此对每个选择题备选答案的选择人数进行分析。如表 8-5 所示是一个选择题的分析实例：

表 8-5 选项分析表

组别	选择项				难度 P	区分度 D
	1	2	3*	4		
高分组	3	6	41	0	0.64	0.36
低分组	10	14	23	3		

注：* 为正确选择项

由表 8-5 可以看出，此选择题的难度为 0.64，区分度为 0.36，如果仅从这两项指标分析，这是一道性能较优的测题。但是从选项分析的角度来看，第 4 个选择项高分组没有一人选答，低分组也仅有 3 人选答，说明这个选项具有明显的正确辨别性，对受测者的诱答作用不足，应该对其进行修改，以增加似真性。

将测题的质量分析分为定性和定量两种是相对而言的。事实上，测题质量的定性分析不可能只依靠主观判断，测题质量的定量分析也不可能仅凭数据确定优劣。在进行测题的质量分析时，只有充分结合两种方法的运用，才能筛选出优质的测题。

三、测验的质量鉴定

质量过关的测题在经过编辑组成测验之后，为了考核其是否真正具有测量的功能，还需要对其进行质量鉴定，才能正式实施测验。而对测验进行鉴定之前必须首先明确良好测验的标准，然后才能确定需要鉴定的测验是否具备良好测验的特性，进而对编制的试卷进行质量判断，明晰良好测验的标准是做好教育测验质量鉴定的前提基础。对整个测验而言，良好的测验必须要使信度、效度、难度和区分度四个方面都达到合适的指标，其中信度与效度是针对整个试卷而言的，难度与区分度是针对试卷中具体项目（试题）而言的。实践证明，一个良好的测验必须具备以下条件：测验要科学、客观、标准化；测验可靠性要高；测验准确性要高；测验难度适宜；测验要有鉴别力；测验要有指导力。[①] 这里主要从测验内在的质量层面表明良好测验的一般特征，可为试卷编制者对编制的测验进行质量界定提供参考。

【微视频】
教育测量的质量特性

（一）信度的检验

如果将同一个测验对同一组受测者前后进行两次施测（假定这组受测者在第一次测验和第二次测验期间没有任何变化），两次测量的结果是一致的，则说明该测验结果具有可靠性。测验结果的可靠程度称为测验的信度，表示测量能否稳定反映受测者的实际水平。一个好的测验必须使同一批受测者先后两次参加测试的结果保持一致；高信度意味着测验的稳定性高，在不同的时间段内对考查学生的知识和技能等水平具有同样的效果，代表着试卷对学生能力水平测试在时间上以及内容上的一致性问题，能更好地避免由于其他外界因素的干扰而影响对学生水平的真实反映，因而高信度是良好测验的基本特征。信度的标准如表 8-6 所示。

表 8-6 典型测验的一般信度标准

测验类型	一般信度标准
标准化测验（如学科测验）	0.90 以上
人格测验（如智力测验）	0.80~0.85
非标准化测验（如品德测验）	0.60~0.85

由表 8-6 可知，对于学科测验要求达到 0.90 以上，智力测验要求 0.80 以上，品德测验要求 0.60 以上就算具有了测验的一般信度。一般来说，信度的比较也可以遵循这样的原则，即一般情况下信度大于或等于 0.70（$r \geq 0.70$），团体比较时信度大于或等于 0.70 而小于 0.85（$0.70 \leq r < 0.85$）为宜；个体比较时信度的范围大于或等于 0.85（$r \geq 0.85$）才可以。

在教育测量中，对信度的计算一般采用相关分析的方法，用相关系数来表示一致性程度。测验结果的相关系数越大，测验的信度也就越高；反之，信度就越低。根据计算方法，可将信度分为重测信度、复本信度、分半信度和评分者信度等，同时，信度的分析现

① 金娣，王刚. 教育评价与测量［M］. 北京：教育科学出版社，2007：123-135.

在可借助 SPSS 等统计分析软件来完成。

(二)效度的检验

效度是指根据特定的测验目的能测量出所要测量特性的程度，即有效性。一个测验若是真正测量到了想要测量的东西，该测验就具有效度。测验效度的衡量总是以测验目的为依据的。比如，某英语测验想要测量受测者的英语阅读水平，但由于测验中设置了过多的听力题，实际测验所反映出来的特征并不能完全代表受测者的英语阅读能力，这种测验的效度就比较低。因而高效度是良好测验最重要的特征，一个缺乏效度的测验无任何价值可言。效度高意味着测验能真正确实地测量出测验所要测量物质的特性，实现测验目的。高效度是测验的最基本条件以及要求，也是实现测验意义的基本体现，如果测验没有测到想要测量的内容，没有达到要测量的目标，则测验也就失去了存在与实施的价值，因此高效度也是测验价值体现的首要条件。

效度系数的确定依据测验目的的不同而有相异的要求。一般而言，两种不同测验间的效度系数应达到以下标准才符合基本要求：第一，智力测验分数与教师对学生智力等级评定之间的效度系数应为 0.30~0.50。第二，相同科目的标准测验成绩与教师对学生名次排列间的相关效度系数应达到 0.60~0.70。第三，两种不同的智力测验或者标准测验间的相关效度系数应达到 0.60~0.80。① 当然，效度系数的大小也受其他因素影响，上述只是一般情况下的参照标准，某些特殊情况还需依具体的情境来分析确定。在教育测量中，按照测验的目的，通常将效度分为内容效度、构想效度和效标关联效度。但需要注意的是，在考察测验效度时，最好不要再使用测题分析时的样本进行效度估算，因为这样计算出来的效度在理论上是完全相关的，故应从同一受测者总体中再抽取另一组样本计算。此外，SPSS 等统计分析软件可以很好地进行测验效度的分析。

(三)难度的检验

难度是指测验试题或测量项目对考试对象而言的难易程度，即难易性。主要反映受测者在完成测验试题或测量项目时所遇到的困难程度，它具有影响教育测量的鉴别能力、测量分数的分布形态以及测量分数的离散程度等功能。难度是试题对学生知识和能力水平适合程度的指标，试题的难度不但对题目的区分度有影响，而且对试题的信度和效度也有较大影响。但难度是个相对的概念，由参与测量受测者群体的整体水平决定，因此在论及试题难度问题时必须考虑到受测对象。

难度值的范围介于 0 和 1 之间（$0 \leqslant P \leqslant 1$），$P$ 值越大，难度越小；P 值越小，难度越大。实践证明，测验中的试题难度在 0.30~0.70 之间，整个测验的平均难度能控制在 0.50~0.60 之间就是适宜的。因为一般标准化测验的目的在于使考生得分产生最大的个别差异，以鉴别出考生的不同水平，因而整个测验的平均难度为 0.50 左右。测验难度的要求由测验类型和测验目的决定，依据测验类型和测验目的的不同而有所不同，过高或过低的难度都不能对考生的实际水平进行有效区分，还会影响大部分测验意在检测考生掌握知识的情况的检测，以及更好地实施有效策略来提高教学质量的初衷，进而不能实现测验原先的目的，使其失去应有的价值。优良的试题应该具有适宜的难度值，才能更好地反映出测验想要检测的水平，实现考查学生对所学知识、技能、态度和能力发展的情况。

---

① 胡中锋. 教育测量与评价［M］. 广州：广东高等教育出版社，2006：42.

（四）区分度的检验

区分度是指测验项目（题目）对考生实际水平的区分程度，即鉴别性。区分度又叫鉴别力，它是评价试题质量，筛选试题的主要指标与依据。具有良好区分度的测题能有效地区分考生的实际水平，使受测者的能力水平与题目的难易程度相一致，能力高的学生得高分，而能力低的学生得低分。因而对于测验项目而言，具有较高的区分度是良好测验的重要特征，也是测验目的的核心所在。当然，区分度的确定与测验目的的要求有关，也与测验项目的难度以及试卷的信度、效度紧密联系。此外，测验目的也会影响试题区分度的取值范围。

区分度的取值范围在 1 和 -1 之间（$-1 \leqslant D \leqslant 1$），$D$ 值越高，试题的区分质量越好。试题区分度是检验测验效度的指示器，因此在某种程度上也可看作项目的效度。艾伯尔在大量测量实践经验的基础上提出了区分度评价指标标准，旨在鉴别项目区分度良好与否的参照依据。若区分度 D 值在 0.40 以上，表明题目的区分度良好；若区分度 D 值在 0.30～0.39 之间，区分度良好，如能改进则更佳；若区分度 D 值在 0.20～0.29 之间，区分度尚可，仍需再改进；而区分度 D 值在 0.19 以下，则表明题目的区分度太低，应加以剔除。只有在达到测验目的的前提下，选择适宜的项目难度，才能实现恰当的区分度，这对提高测验的质量和实现测验目的具有决定性意义。此外，运用 SPSS 等统计分析统计软件也可分析测验区分度。

【拓展阅读】高考数学新题型试卷质量分析研究

综上所述，从试卷具体的内在质量方面而言，良好的测验往往都具有高信度、高效度、适宜难度和高区分度的特点，这是对编制的测验试卷进行质量鉴定时主要的参考依据和考核指标。

第四节　测验编辑与标准化

通过上述测题分析的结果，可以筛选出性能优良的测题，但要成为一个高质量的测验，还需要进行测验的编辑与标准化处理。

一、测验的编辑

测验的编辑是指对测题进行科学的搭配，将其编辑成试卷。测验的编辑主要包括测题的检核与测题的编排。

（一）测题的检核

为保证测题的有效性，在正式成卷之前，一般还需要对通过测题分析后筛选出来的测题进行一次复检。测题的检核工作主要包括：检查测题的题意是否完整，有无歧义；检查测题的表述是否简洁、明了；检查每道试题是否彼此独立，无交叉重复；检查不同测题之间是否提供了正确答案的线索；检查测题是否覆盖了双向细目表的内容；检查每道测题的难度、区分度是否适宜；检查选择题备选答案中的正确答案是否为最优答案，迷惑答案是否具有相应作用；检查测题的长度与难度是否与测验时限相匹配等。

（二）测题的编排

检核后合格的测题，可以用来编排成试卷。测题的编排可分为以下四种方法。

1. 按测题的测量目标编排

该方法是将测验中测量目标相同的测题集中在一起。以教育测验为例，可以将知识的、理解的、应用的、分析的、综合的、评价的等不同层次的测题相对集中在一起。这样编排的好处在于方便考生作答，可使受测者在同一时间内运用同一种智力活动思考答案。

2. 按测题的内容编排

该方法是将测验中考查同一知识的测题编排在一起。这样不仅有利于发现受测者在知识结构上存在哪些疏漏，也可使受测者在同一时间内集中思考同一内容的知识点。

3. 按测题的类型编排

该方法是将选择题、是非题、填空题、简答题、论述题等不同的测题类型集中在一起。这种编排方法有两个优势：第一，方便受测者作答，减少测题类型的频繁变换造成的干扰；第二，方便阅卷者评分，也有利于对测验结果进行统计分析。按测题类型编排的方式是教育测验中最常用的一种方法。

4. 按测题的难易程度编排

该方法是将测题由易到难进行编排，逐渐增加难度，使整个试卷具有层次性。这样编排可以鼓励不同层次的受测者在测验中都充满信心和希望，即使是对考试内容没有掌握好的考生，也能完成一些较为简单的题目，从而坚定完成整个测验的信心。实际上，按测题的难易程度编排是测验中应遵循的普遍原则。

二、测验的标准化处理

【拓展阅读】测验的编辑与标准化处理

测验编辑工作的完成，仅仅是获得了一套搭配科学的测验试卷，要想获得准确的测量结果，还必须对测量中的误差进行控制，以减少无关因素对测验的影响，这种误差控制的过程被称为测验的标准化。这里的标准化只与测验得分的事项有关，不涉及对测验结果的解释。测验的标准化主要包括以下三个方面的内容。

（一）内容标准化

内容标准化是测验标准化的首要要素，要求给所有受测者实施相同的一组测题，以保证测验结果的可比性。当然，这些测题必须具有合适的难度、区分度，是经过分析后严格筛选出来的。

（二）实施标准化

实施标准化要求所有受测者都要尽可能地在相同条件下进行测验。在大型测验中，诸如测验的施测者、地点等因素很难达到一致，但是通过事先制订统一的施测指导语和测验时限，可以有效减少无关因素的干扰。

1. 施测指导语

施测指导语包括两个方面的内容：分别是受测者指导语与施测者的施测指导语。受测者指导语的目的在于向受测者说明应如何对测题作出反应，一般包括对受测者作答的要求、计分方法、时限等内容。如果测题的形式较为新颖，还应该附有一个正确作答的例题加以补充说明。给受测者的指导语应力求简洁、清楚，以免浪费作答的时间。

施测者的施测指导语单独印在另一张说明书上，目的在于进一步解释测验细节和一些其他的注意事项。它主要包括对测验纪律的详细说明，对测验材料的分发要求，对测验的计时规定等内容。

2. 测验时限

测验时限的确定主要取决于测验目的和测验类型。例如，难度测验的目的是测量受测者的最高水平，所以，要给受测者充足的作答时间，一般要保证90%的受测者能在规定时间内完成全部测题。速度测验是为了考查受测者掌握知识的熟练程度，测题相对都比较简单，所以速度测验有严格的时间限制，通过在规定时限内完成题数的多少来评判成绩。而大部分的人格测验就不受任何时间的限制。

实施标准化不仅要依靠施测指导语和测验时限，还需要对测验物理条件进行调控，如防止测验环境周围的噪声、无关人员等的干扰，安排好适当的光线、通风和温度等。在测验的实施过程中，只有多管齐下才能最大限度地减少无关因素的影响。

（三）评分标准化

评分是测验的重要环节，对测验结果有着极其重要的影响。只有准确、客观的评分，测验分数才具有测量的意义。评分标准化就是对计分的实施步骤进行误差控制，尽可能地达到客观计分。评分标准化主要包括以下三个方面的内容。

1. 及时记录评分者的反应

评分者对受测者作答情况的反应会影响评分的结果，及时和清楚的记录评分者的反应，可以避免记忆模糊造成的评分误差。

2. 制订统一的标准答案

标准答案是评分者计分的依据，制订统一的标准答案是实现客观评分的保障。在编制标准答案时，对于选择题等客观性测题而言，仅需要每一道题正确答案的数字或号码；而对于论述题、作文题等主观性测题，不仅需要提供正确答案，还要标明允许其变化的范围，或是评分的要点大纲等。

【拓展阅读】考试成绩标准化处理的探讨

3. 制订统一的评分规则

合理的评分规则使评分过程有章可循，可以减少评分的主观性与盲目性。客观性测题，由于答案一般都是唯一、固定的，因此评分规则的叙述通常比较简单。主观性测题就必须要有详细的评分规则，评分者需要将自己对受测者作答时的反应与评分规则上的要求加以比较，按最符合要求的情况来打分，以减少评分者自身的情感、态度对评分的影响。

三、常模与测验量表的制订

对于标准化测验而言，统一的测验分数解释至关重要。当测验的信度、效度、难度和区分度检验合格后，就应该制订常模与测验量表，以此作为解释测验分数的参照工具。

（一）常模的制订

常模是一个与受测者总体具有高度同一性的标准化样本在某种测验上实际达到的平均水平。常模是解释测验分数的参照系，它使测验分数具有了可比性与价值。由于常模是根据标准化样本的测验分数建立起来的、用于解释受测者总体测验成绩的标准，所以常模是否能起到这样的作用，取决于标准化样本对受测者总体的代表性水平。要获取一个具有代表性的标准化样本需要考虑如下两个问题。

第一，确定取样的范围。每一个测验总是有特定的测验目的和特定的测量群体，即有一个特定的适用范围。因而要根据测验的适用范围来确定标准化样组的取样范围。例如，全国性考试、标准化样组应该在全国范围内进行抽样；地区性考试的取样范围就仅在具体的代表地区内进行取样。

第二，合理制订取样方案。为最大限度地保证标准化样本的代表性，要根据主客观条件，合理制订取样方案。一是考虑取样的方法。需要解决的问题是“什么样的抽样方法才最适合本次测验”，采用单纯随机抽样、系统抽样，还是整群抽样？一般分层随机抽样方法能较好地体现样本与总体在成分、比率上的一致性，因而标准化样本的取样应尽量采用此方法。二是考虑取样的数量。在条件允许的情况下，取样的数量越大，对受测者总体的代表性就越强。

（二）测验量表的制订

【微视频】教育测量的要素：量表

获得常模后，将原始分数以常模为参照点转换成具有一定意义的导出分数，并将原始分数与导出分数以等值对应的形式，在具有参照点和单位的量表中表示出来就可以得到测验量表。测验量表是以常模为参照点的，因而又可称为常模量表。在测验量表上，可为受测者的原始分数找到相对应的量表分数，使测验成绩具有可比性。与导出分数相对应，常用的测验量表有百分等级量表、标准分数量表、T 量表等。编制各类测验量表的关键内容是要根据原始分数计算出相应的导出分数。

四、测验说明的编写

测验说明的编写是测验编制工作的最后环节，目的主要是介绍该测验的基本功用，以及如何使用该测验。一份测验说明书应包括以下八点内容：① 测验的编制时间、编制人员；② 测验的目的与功用；③ 测验的对象，即哪些人适合使用该测验，他们具备怎样的特征；④ 测验的内容，即测验的材料是依据何种原则和方法选择的，测验分为几个部分，每部分有多少测题，作答的方法与时间等；⑤ 测验的实施要求，即测验实施过程的具体要求；⑥ 测验的标准答案、阅卷方法、评分规则等；⑦ 测验的常模、测验量表以及如何使用测验量表解释测验分数；⑧ 测验的信度与效度。

第五节 测验实施与质量报告撰写

测验实施是教育测量进入实质阶段的重要环节。做好教育测量的实施环节，保证测验实施的科学性与规范性，明晰测验实施阶段的工作准则和具体事项，严格遵守测验实施的原则，做好各个环节的保障和支持工作，对取得真实有效的测量结果具有重要价值。同时，根据测验实施的结果对数据进行科学处理与分析，进而发现蕴藏于教育数据背后的真正问题，这对教育工作者调整教学策略，从而提高教育教学质量是至关重要的。而测验质量分析报告的撰写有助于教育工作者更好地进行教学反思与教学能力的提升，因而测验的实施以及测验质量报告的撰写是教育测量中至关重要的内容。

一、测验的实施

测验的实施包括三个阶段的工作，即测验前的组织工作、测验的施行工作和测验后的阅卷工作。

（一）测验前的组织工作

测验前的组织工作是对测验顺利实施的准备，主要包括制订测验实施计划、制订测验的违纪处理规定、印制与管理测验试卷、安排测验场地、安排受测者座次、选派与培训测验工作人员等。其中，尤其要注意对测验试卷的保密，防止试题泄露对考试造成的不良影响。同时也要加强对测验工作人员的培训，组织测验工作人员集中学习测验的相关纪律、施测的要求和具体的分工安排，以便在测验实施过程中各工作人员能各司其职、密切配合，确保测验实施的质量。

【微视频】
测量的组织实施

（二）测验的施行工作

测验的施行是测验实施中的关键阶段，施行是否恰当对受测者的测验结果有着直接、明显的影响。测验的施行必须按严格的规范执行，尽量减少无关因素对受测者的影响。在测验的施行过程中，需要注意以下三点。

第一，测验前要宣讲测验规则，但不应讲与测验无关的话。在正式开考之前，监考人员要向受测者宣讲测验规则、考场纪律等，以使受测者更好地规范自己的行为。但一些不必要的说明，监考人员应尽量不说，以免引起受测者的焦虑情绪或占用受测者的测验时间。

第二，测验中要始终保持考场环境的安静稳定。监考人员应在考场以外的一定距离内划定警戒线，不准与测验无关的人员进入考场，避免考场内外的喧哗，尽可能地排除一切外界干扰。

第三，面对受测者的提问，监考人员应大方、简要地回答。在测验过程中，难免有受测者会对试卷的相关事项进行提问。如测题本身题意清楚明确，监考人员不必加以说明，应告知受测者独立作答；如测题确实存在问题，应将情况汇报给上级工作人员，在得到统一的解决方案后，向全体受测者加以说明，而不仅限于向提问者解释。

（三）测验后的阅卷工作

测验施行后，要组织相关人员对测验进行阅卷评分。试卷的评分要严格按照标准答案和评分规则进行评判，既要有初评也要有复评。在条件允许的情况下，尽量让两位或多位阅卷者交叉评阅，以减少单独评阅造成的主观评分误差，同时也可以验证评分结果的信度。

二、测验结果数据的处理

经过测验编制方案的设计、测题编制、预测与测题的质量分析与鉴定、测验的编辑与标准化处理、测验的实施与质量报告的撰写等环节后，基本上已经完成了从测验编制到测验使用的整个过程，但仍旧还没有实现测验的具体功能，因为这在于通过检测能发现学生对知识的掌握情况，进而促使教师调整教学策略，选择更佳的教学方法来提高教学质量。因此，测验人员应对测验所得的分数进行适当的组合与转换，并对所得分数进行解释，才能从所得的分数数据中得到对教育具有启迪价值的建议。测验数据的处理是发挥测验功能和实现测验目的的终极环节，它是处于最终的、最重要却最容易被忽视以及大多数人界定不清的环节。

对测验结果数据的处理包括对考试分数进行转换与组合。因为测验得到的分数是原始分数，它本身是没有明确意义的，而且各科测验的标准和单位不一，各种原始分数代表的意义不一，因此要反映考生的实际水平，使同一学科中不同考生的学习水平可以进行比较，以及不同学科间的分数也能进行比较，需要对原始分数进行转换。转换分数的意义在于能使分数具有可比性，便于测验分数可以被正确解释，意在使其具有明确的意义，并使考生和教师了解测验分数代表的内涵以便能够正确地运用，以促进学生学习质量的提高和教师教学质量的提升。因为转换后的分数具有相等的单位，是在具有一定的参照点和单位的量表上表示出来的，我们称之为导出分数。常用的导出分数有百分等级分数、标准分数以及标准分数的导出分数，如 T 分数、离差智商、标准九分数等；转换分数后还要对数据进行适当的组合，才能从整体上对受测者群体在不同方面的水平进行综合评价，组合的方法常由测验目的来决定。不同的测验目的采用不同的数据组合方法，常用的组合方法有简单组合法、加权组合法、直觉判断、多重选择、连续选择以及多元回归法等。这里主要从两个层面来介绍具体组合方法的运用，如加权求和法包括等权相加、加权求和、多科测验数据加权评定标准化；其余组合数据的方法包括直觉判断、多重选择、连续选择、多重回归等。

三、测验结果数据的分析与表达

【拓展阅读】测验数据的处理、分析与表达

获得测验结果数据以后，就要对所得数据进行分析，然后把所得到的结果以恰当的方式展现出来，更好地揭示数据背后所蕴藏的价值，从而让人们对其有更好的解读，进而能运用测验所得的经验服务于教学实践活动。对数据进行的分析，一般主要分为描述性分析和推断性分析。其中描述性分析主要进行频数统计和描述量统计，然后以统计图或统计表的方式把分析结果以简明的方式展现出来；统计图的种类有直条图、圆形图、线形图、直方图、多边图、累积多边图之分，统计表有简单表、分组表和复合表之分。

推断性统计分析一般包括参数估计、假设检验两种，都是讨论抽样与总体、样本与样本、总体与总体之间关系的分析方法。其中参数估计主要有点估计和区间估计两类，假设检验又分为单样本 t 检验、独立样本 t 检验、配对样本 t 检验等类型，可以根据数据的特征，选择运用合适的检验方法。例如，需要比较某一样本的平均数与某一确定总体均值是否有统计学意义上的差异来推论未知总体是否和确定总体一致，就需要进行单一样本 t 检验；比较两个样本平均数的差异检验，有独立样本 t 检验和配对样本 t 检验两种类型，如对两个配对样本的平均数之间进行差异检验就用配对样本 t 检验；如为了检验两个独立样本是否来自具有相同均值的总体而对两个不同总体均值之间的差异进行检验，就用独立样本 t 检验的方法等。

四、测验质量分析报告的撰写与案例

测验质量分析报告的撰写处于教育测量过程的最后阶段，但却是最重要的环节。它既是第一阶段教育测量工作的结束，又是下一阶段教育测量工作的开始，在教育测量进程中起到承上启下的功能。对教育测量所得的原始数据进行了各种方法的收集与处理后，会发现教育进程中所取得的成绩以及存在的种种缺陷。而教育测验质量报告的撰写有助于教育

工作者从教育测量工具、教师和学生等层面具体分析教学进程中存在的优缺点，并进行针对性的分析总结，因此教育工作者教育教学技能的提高就渗透于测验质量分析报告的撰写中，体现于质量分析报告的成形案例中，因而学习并学会测验质量分析报告的撰写是教育教学工作者必备的重要技能之一。

（一）测验质量分析报告的撰写

测验质量分析报告是在获得学生考试成绩结果后，根据学生的考试成绩情况以书面的形式来分析学情和诊断教学情况的分析报告。一般在每个学期的期末进行，是每个学期教学工作的最后环节却也是很重要的工作，这是为了改进教学策略、为下学期的良好工作做准备的基础，也是教师提高教学能力的前提条件、进行教学反思、自我学习与提升的极佳机会。

【拓展阅读】
怎样撰写教学质量分析报告

测验质量分析报告的撰写一般包括试卷分析和学生答题状况分析两部分，试卷的分析内容之前已有具体介绍，下面主要介绍学生的答题状况分析。

对学生的答题状况进行分析，一般包括对考题本身的分析、对考生学情的分析、对教师教学成败的分析以及今后的改进措施与展望四个方面的内容。

1. 对考题本身的分析

主要涉及考题选择的适切性与针对性；考试内容的代表性与典型性；考试方式与考试时间的规范性；测验的信度、效度以及考题的难度与区分度等，这是影响考试成绩的主要因素之一。

2. 对考生学情的分析

主要涉及考题与学生实际学习情况的匹配性，对学生的考前预测和考试结果间的相关性程度，预先考虑的问题与实际情况的符合度以及哪些情况是考试后才发现的新问题等。同时在分析之前还要做好下列两个方面的工作。第一，班级学生整体的学科成绩情况，包括年级均分、班级均分以及个人分数；最高分、最低分；各层次考生的得分态势分布图（表），各试题的得分率与失分率。第二，对学生失分情况的分析，主要有：失分的题目、题型的统计；失分率的情况统计；学生答题情况统计；失分原因分析等。

3. 对教学成败的分析

该部分是测验质量分析的核心所在，主要是从教师的角度，结合学科教学性质并基于提高学生学习能力以及促进学生全面发展的目的来展开，主要涉及教师教法与学生学法两个层面。首先，主要考虑学生的考试情况与教师教学的相关性问题。例如，学生的考试结果是由教师教学的原因引起的还是其他因素导致的；对于具体的考试问题教师采取了哪些有益措施；哪些情况是教师未曾考虑到的。其次，需要考虑学生的考情是否与教师的学法指导有关，关联性如何，教师的教学中是否针对具体的内容对学生进行了有效的学法指导；在学法指导方面，学生的现状如何，哪些是有待进步的地方；教师还有哪些地方需要改进等。

4. 今后的改进措施与展望

这部分主要就该学期教学不足的体现，需要改进的地方作概括介绍，并总结教学成功的经验，然后明确下学期的教学目标、改进措施与展望等。具体内容可以针对具体的学年目标与教学对象以及不同的学校要求做适当的调整与变化。

（二）测验质量分析报告的案例

测验质量分析报告撰写的目的在于分析教育中存在的问题，以找出教师自身的教学优势和缺点所在，并根据教育目标和课程标准的要求采用适当的、有效的教学方式，进而提高学生的学习能力。测验质量分析报告的撰写没有统一固定的格式，可以根据具体情况采用不同的书写风格。

本章小结

本章以测验的编制与实施为主题，从测验编制方案设计、测题编制、预测与测题的质量分析与鉴定、测验的编辑与标准化、测验的实施与质量报告的撰写五个环节来讨论教育测量的一般过程与方法，介绍了测验编制方案设计的内容与双向细目表的具体编制步骤；在测题编制中需要了解主、客观性测题的编制原则以及各种具体题型的优缺点；明晰预测与测题质量分析的意义、一般程序、方法以及测验质量鉴定的信度、效度、难度、区分度指标；如何在测验编制中进行测题的检核与编排，进而在标准化处理中实现内容标准化、实施标准化以及评分标准化的“三化”目标；学会进行常模与测验量表的制订与测验说明的编写；在测验的实施环节学会做好测验质量结果数据的处理与分析工作以及测验质量报告的撰写等。

思考与练习

1. 测题的类型有哪些，并简述各类测题的编制原则。
2. 测题分析包括哪些基本程序？
3. 测验的标准化处理包括哪些内容？
4. 怎样撰写测验质量分析报告？

推荐阅读

1. 袁建林，刘红云. 过程性测量：教育测量的新范式［J］. 中国考试，2020（12）：1-9.

2. 罗燕，海蒂·罗斯，岑逾豪. 国际比较视野中的高等教育测量：NSSE-China 工具的开发：文化适应与信度、效度报告［J］. 复旦教育论坛，2009，7（5）：12-18.

3. 张羽，李越. 基于 MOOCs 大数据的学习分析和教育测量介绍［J］. 清华大学教育研究，2013，34（4）：22-26.

4. 杨向东. 教育测量在教育评价中的角色［J］. 全球教育展望，2007（11）：15-25.

5. 王俊民. 核心素养视域下国际大规模科学学业评估框架与试题研究［D］. 重庆：西南大学，2018.

第九章　教育评价的过程与方法

学习目标

1. 明确教育评价方案的基本构成，熟悉教育评价指标体系的设计方法；
2. 掌握教育评价信息与处理的要求和方法；
3. 学会撰写教育评价报告；
4. 明确教育元评价的内容和实施标准。

知识导图

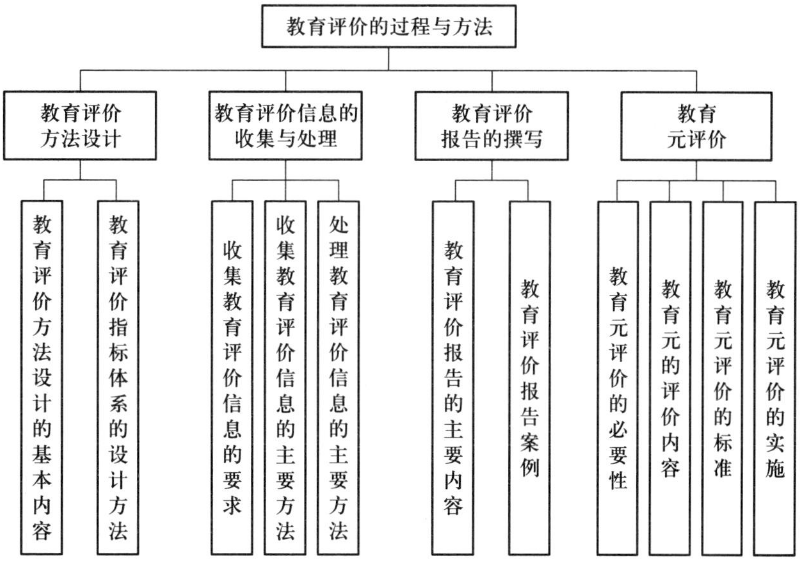

在教育领域中，教育评价不可或缺，可靠有效的教育评价能够为教育决策提供依据，推动教育的发展。教育评价作为一项系统性很强的工作，各个环节紧紧相扣，要有效地开展教育评价，首先要依据评价目的制订周密规范的教育评价方案，其次要在评价方案的指导下，结合评价需要进行信息收集，同时对所获得的评价信息进行处理分析；而后要结合分析结果和实践经验撰写教育评价报告并反馈给评价对象，为其提供决策依据；最后还要进行教育元评价，旨在考察评价结果是否客观、准确、有效，是否达到了预期评价目的并被评价对象接受等。在这个过程中，不仅要遵循一定的程序，还必须借助科学方法的指导。

第一节 教育评价方案设计

【拓展阅读】教育评价方案的主要内容

教育评价方案的设计是教育评价准备工作的核心，它指引着整个教育评价活动的开展。教育评价工作能否达到预期目标，关键在于教育评价方案是否周密规范、科学可行。因此，要提高评价结果的信度、效度，更好地推进教育活动，首先需要设计良好的评价方案。

一、教育评价方案设计的基本内容

【拓展阅读】教育评价方案的主要内容

教育评价方案是教育评价工作的规范性和纲领性文件，它是在教育评价活动开始之前，遵循相关规律和原则拟定的具体内容和步骤，主要包括对评价目的、评价主客体、内容与标准、手段与方法以及实施程序等方面的规划。一个规范可行的教育评价方案主要包括如下八个方面的内容，但在具体的教育评价活动中，也可以根据评价内容和特点对评价方案的结构和内容进行适当调整。

（一）评价目的

设定评价目的是设计评价方案的首要问题，即评价者要明白为什么进行评价。教育评价目的统领着整个教育评价方案的制订，评价目的不同，相应的评价目标、评价标准、评价指标体系、评价方法、评价工具和实施程序也会有所不同。可见，评价目的在评价过程中发挥着导向作用，明确评价目的是做好教育评价的首要前提。因此在评价方案的设计中，最重要的是结合实际情况，简洁、规范、准确、具体地将评价目的表达出来，从而为评价活动的开展指明方向。

（二）评价者

教育评价者是评价的主体，也是设计教育评价方案必不可少的部分，确定评价者是解决由谁来进行评价的问题。现代教育评价已由单一主体向多元主体转变，强调教育评价活动中多方主体的参与，包括教育行政人员、学校领导、教师、家长或学生等。这种从多视角收集到的教育评价信息能反映多方的利益诉求和价值取向，有助于得出更全面、更准确的评价结果。

（三）评价对象

确定评价对象是设计教育评价方案不可或缺的一部分。值得注意的是，现代教育评价的对象已从学生扩展到整个教育领域的相关利益群体、活动和条件等评价对象领域，人员评价对象包括学校、教师、行政管理者和家长等，活动评价对象包括教育行政部门或学校组织的各类活动，条件评价对象包括师资队伍建设、学校硬件设施建设以及周边环境建设等。评价对象不同，其评价标准的制订、评价方式、手段的选择以及评价内容的安排也会有所不同。因此，如果评价对象不确定，则评价活动就无法进行。

（四）评价指标体系

教育评价指标体系是由评价指标、指标权重和评价标准等要素按一定要求组合而成的系统化的有机体，它规定了教育评价的范围、内容和尺度，是整个教育评价的基础和达成评价目标的重要手段。教育评价指标体系是否科学直接关系到教育评价水平的高低，因此它的设计是评价方案设计的核心问题。具体而言，在评价指标体系中要明确其包含的各级评价指标及其权重，如假定学生评价有“思想品德”“学业成绩”“科研成果”“社会实践”四项指标，其对应指标的权重分别赋值为“0.2，0.2，0.4，0.2”，那么这些就都必须在教育评价方案中确定。此外，还要确定评价标准，以便衡量评价对象达到评价指标要求的程度。

（五）评价方法

教育评价方法是实现教育评价目的的手段，同时也是教育评价中最为关键的因素。为保证教育评价活动的质量，在开展评价之前应该根据评价目的和指标的特点选择合适的评价方法。评价方法不同，收集到的评价信息以及获得的评价结果都会有所差异。只有符合评价目的和评价指标特点的方法，才能获得有价值的信息，从而有效地推进评价活动，得出较为可靠的评价结果。

（六）评价的实施程序与期限

教育评价工作十分复杂严密，各个环节紧紧相扣。若要保证教育评价活动有条不紊地进行，在教育评价方案中必须对评价活动的各个环节和步骤进行周密安排，其中要包括每项任务的起止时间。这样不仅可以实现人力、物力、财力的合理配置，还能保证评价过程的规范性和评价结果的科学性。该部分主要以提纲的形式呈现，应简明扼要而富有弹性。

（七）评价结果

该部分主要包括预测教育评价活动将会获得何种结果；评价结果的呈现形式；评价报告的内容和完成时间；明确评价报告的接受者，这样便于获得及时反馈，尽早作出决策和改进工作，也有助于教育元评价的开展。

【拓展阅读】教育评价方案示例

（八）附录

为保证教育评价方案的完整性，还需要增加附录部分，主要包括评价所需的各类工具表，如问卷、访谈或观察提纲、测试题和评价表等，还有整个评价活动所需人力、财力和物力的预算与安排。

二、教育评价指标体系的设计方法

教育评价指标体系在教育评价中发挥着指向标的作用，科学、合理的评价指标体系能有效地推进教育工作，反之则会阻碍教育工作的开展。同时，教育评价指标体系的设计是教育评价方案中最为核心的，也是设计难度最大的环节，它具有较强的技术性和政策性，在设计过程中需要遵循特定的方法，才能保证其科学性。教育评价指标体系的设计包含以下三个步骤，每个步骤对应不同的设计方法。

【微视频】教育评价指标体系的设计步骤与方法

（一）拟定评价指标

评价指标合适与否直接关系到指标体系的科学合理程度。评价指标的拟定通常包含初拟评价指标和筛选评价指标两个部分。

1. 初拟评价指标的方法

初拟评价指标是指将评价目标分解，使其具体化和可操作化。对评价目标和评价对象内涵的理解程度关系到初拟评价指标的质量，越全面、准确把握就越容易拟定科学的评价指标，反之亦然。最常用、最有效的初拟评价指标的方法是头脑风暴法和因素分解法。

头脑风暴法：指在自由的氛围中，借助讨论会的形式，所有成员积极思考联想，毫无顾忌地发表见解，从而碰撞出更多观点。利用头脑风暴法初拟评价指标，主持者首先要明确阐述待讨论的问题，然后鼓励每个参与者大胆设想，尽可能多地提出评价指标，同时让记录者详细记录，讨论完毕后及时分类整理并补充完善。为提高讨论的质量，保证初拟评价指标的全面性和丰富性，主持者在讨论中需遵循以下四个原则：（1）忌评价他人观点；（2）对观点数量的强调胜过质量；（3）力求基于他人观点提出新观点；（4）每个观点价值相等。这些原则可以保证参与者轻松自由地提出各种想法，也能促进彼此间观点的相互碰撞，激发灵感，诱发联想，从而产生更多的评价指标。

因素分解法：指依据评价对象本身的逻辑结构对评价目标进行逐级分解，并将分解出来的主要因素作为评价指标的方法。因素分解法是一种由高到低、逐级递减的分解，级别越高的指标越抽象概括，级别越低的指标越明确具体。如评价教师，可以先确定教学能力、职业情感、职业道德为一级指标，然后将其进行分解，为了更加具体，还可以对二级指标进行再分解，如图 9-1 所示。

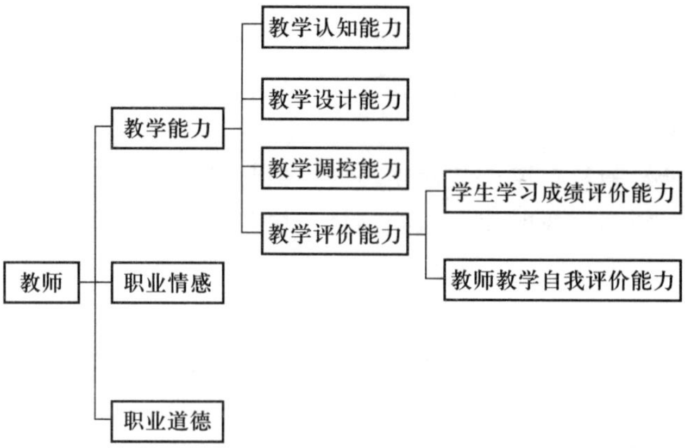

图 9-1 用因素分解法初拟评价指标

运用因素分解法初拟评价指标，要注意如下四点：（1）分解原则必须统一，才能保证评价指标前后一致，满足统一性和稳定性的需要；（2）分解出的指标上下级别间必须相对应和相等，上级指标应包含下级指标，下级指标之和与上级指标相等；（3）分解出的同一层次的指标不能相互重叠，也不能存在因果关系；（4）分解必须逐级进行，否则无法保证指标体系的等价性。

2. 筛选评价指标的方法

筛选评价指标一般通过经验法和调查统计法来完成。由于初拟评价指标只侧重数量，因而往往会出现主次并存，重要指标与不重要指标交错存在的情况，其中，有些指标能反映出评价对象的本质特征，有些则反映评价对象非本质的特征，甚至有的评价指标间还互为包含、交叉、矛盾、互为因果关系，因此需要对初拟评价指标进行鉴别、筛选，以提高指标的质量。

经验法：指设计评价指标体系的专家依据相关理论和以往经验，在对评价目标和内容分析的基础上进行指标筛选的方法。这要求设计评价指标体系的专家首先整体分析初拟评价指标，判断每项指标反映评价对象本质特征的程度，将次要的、不能反映评价对象本质特征的指标删除。其次，对筛选出的指标进行比较分析，将内涵相同或相关联的指标进行归类、合并，同时重新分析并清理相互矛盾的指标，特别是对于存在因果关系的指标要舍“果”存“因”。最后，要对个别指标进行再分析，将繁琐指标简洁化，晦涩指标通俗化，还可以在评价结果不受影响的前提下，删除过分繁琐且难以施测的指标。总体来看，经验法简便易行，但很大程度上受设计者水平和主观因素的影响。为此，在应用经验法筛选指标时，要全面分析指标，取舍时要有充足理由，尽量保持客观公正。

调查统计法：指将初拟评价指标设计成调查表并按计划发放，回收后对调查结果进行统计，并根据统计结果筛选指标。具体步骤为：首先，将各项初拟评价指标编入筛选评价指标调查表；其次，根据评价类型和要求确定相应的调查对象，然后让他们判断各项指标的重要程度，这需要借助 Likert 五点计分法，将重要程度分为五个等级并赋值，即“很重要=5、重要=4、一般=3、不重要=2、很不重要=1”；最后，回收调查表，整理统计出的每项指标的得分，并计算出各项指标的得分占满分的比率，从而根据所确定的舍去指标的比率标准取舍指标，一般都以比率低于 2/3 或 3/4 作为舍去指标的界限。

（二）确定指标权重

权重亦称权数，通常用 W 表示，它是能权衡各个变量重要程度的数值，可表示为小数、整数或百分数。在教育评价中，权重代表了各个评价指标在整体中的重要程度，其意义不可小觑，即使评价指标体系由相同的指标构成，但评价结论也会由于权重分配的不同而大相径庭。因此，当评价指标确定之后，就要严格依据各个具体指标在整个指标体系中的地位、作用和对评价目标的贡献程度分配权重。指标权重一旦确定，就要保持其相对稳定性。指标权重的分配顺序为：首先，依据一级指标对指标体系的贡献程度确定其权重；其次，确定二级指标的权重，这要依据其对所属的一级指标的贡献程度来确定，后面的指标以此类推，直至末级指标。指标权重具体选用何种数值要视具体情况和需要而定。专家会议法、特尔斐法（又称德尔菲法）、层次分析法和两两比较法常被用于指标权重的分配。

1. 专家会议法

专家会议法是指由若干专家在共同协商后分别对各项指标的重要程度作出判断，给出权重和分数，并通过统计平均值得出指标权重的方法。这里的专家视具体情况而定，可以是教育理论工作者和专业人士，也可以是教育行政人员、教师、学生、家长及社会人士等。专家会议法简单易操作，有利于相互启发，集思广益，克服少数人决策的片面性。然而，这种面对面的讨论也有其弊端，如很容易受与会者上下级关系、资历深浅、语言表达能力强弱等主观因素影响，为此部分人可能不愿当面发表自己的意见，甚至会出现从众效应。此外，由于会议时间短，无法全面深入地讨论有分歧或复杂的问题，从而影响指标权重的可靠性。因此，为保证专家会议法的有效性，同时增强指标权重的科学合理性，在选取专家和会议组织方面需要仔细斟酌。

2. 特尔斐法

特尔斐法，又称德尔菲法，是由美国兰德公司于 1964 年开发的一种方法，它是组织者以匿名方式通过几轮函询来征求专家意见，将每一轮的意见都进行汇总整理，并将整理的材料作为参考资料再次发给专家，供他们分析判断并提出新的论证意见，经多次反复后，使专家们的意见逐步趋同，最终得出科学合理的指标权重的方法。用特尔斐法分配指标权重的程序如下：（1）编制咨询表；（2）选择专家，发放咨询表；（3）回收咨询表，进行汇总处理；(4) 根据统计结果修订咨询表；(5) 发放第二轮咨询表，回收并汇总并整理第二轮调查结果。一般来说，经过这样的三轮咨询后，即可获得大体一致的意见。特尔斐法变专家面对面的讨论为背靠背的咨询，减少了因参与者切身利害关系可能带来的偏差，也为专家独立发表意见和看法提供了平等的机会，使他们可以自由发表见解，有利于问题的深入探讨，和充分激发专家的智慧和潜能。

3. 层次分析法

层次分析法由美国运筹学者萨蒂（T. L. Satty）在 20 世纪 70 年代首先引入教育评价领域，侧重于将定性与定量相结合，并通过系统化、层次化的分析以确定评价指标权重。运用该方法确定指标权重，可分为如下四个步骤。

第一，根据萨蒂的指标相对重要性比较表，对指标进行两两比较，确定各个指标的等级，如表 9-1 所示。

表 9-1 萨蒂的指标相对重要性比较表

指标的相对重要程度	赋值	说明
同等重要	1	两个指标同样重要
略微重要	3	A 指标比 B 指标稍微重要
比较重要	5	A 指标比 B 指标较明显重要
尤为重要	7	A 指标比 B 指标重要得多
极端重要	9	A 指标比 B 指标绝对重要
2，4，6，8	两相邻程度的中间值	A 的重要程度介于 1，3，5，7 之间

如上表所示，将指标 A 与指标 B 进行比较，若同等重要记为 1；若 A 比 B 稍微重要记为 3；若 A 比 B 明显重要则记为 5，以此类推。值得注意的是，若指标 A 与指标 B 相比较后得出了一个数值，那么指标 B 与指标 A 比较则为该数值的倒数。按此方法，将所有指标两两比较完毕之后，把比较结果写成矩阵形式。例如，某项指标有 A，B，C 三个指标，将这三个指标两两比较后，结果如表 9-2 所示。

表 9-2 指标相对重要程度比较结果

	A	B	C
A	1	3	$\frac{1}{3}$
B	$\frac{1}{3}$	1	$\frac{1}{5}$
C	3	5	1

将比较结果写成矩阵的形式，即为 $\boldsymbol{X}$，则

$$\boldsymbol{X}=\begin{pmatrix} 1 & 3 & \frac{1}{3} \\ \frac{1}{3} & 1 & \frac{1}{5} \\ 3 & 5 & 1 \end{pmatrix}$$

第二，对矩阵 $\boldsymbol{X}$ 的每一列进行归一化处理，所得矩阵记为 $\boldsymbol{Y}$，比如对第一列进行归一化，方法如下：

$$1+\frac{1}{3}+3=\frac{13}{3}, \quad 1\div\frac{13}{3}=0.23, \quad \frac{1}{3}\div\frac{13}{3}=0.08, \quad 3\div\frac{13}{3}=0.69$$

用同样的方法对第 2 列和第 3 列进行归一化处理，则得到矩阵 $\boldsymbol{Y}$ 为：

$$\boldsymbol{Y}=\begin{pmatrix} 0.23 & 0.33 & 0.22 \\ 0.08 & 0.11 & 0.13 \\ 0.69 & 0.56 & 0.65 \end{pmatrix}$$

第三，把矩阵 $\boldsymbol{Y}$ 每一行的各个数字分别相加后，得到一个列数为 1 的矩阵，记为 $\boldsymbol{Z}$：

$$\boldsymbol{Z}=\begin{pmatrix} 0.78 \\ 0.32 \\ 1.90 \end{pmatrix}$$

第四，将矩阵 $\boldsymbol{Z}$ 的各个数字进行归一化处理，所得结果就是各个指标的权重：

$$0.78+0.32+1.90=3, \quad 0.78\div3=0.26$$

$$0.32\div3=0.11, \quad 1.9\div3=0.63$$

故 A，B，C 三个指标的权重依次为 0.26，0.11，0.63.

在运用层次分析法时，所确定的权重合理、准确与否，关键是考察两两比较所得等级与实际情况的相符程度。因此，为确保权重的合理性，可采用专家调查法建立两两比较等级。

4. 两两比较法

用层次分析法确定指标权重涉及对指标重要性进行两两比较，但比较标准很难确立，即使有标准也很难分辨等级。相比于层次分析法，两两比较法显得简单易行，它通过逐对比较，区分出每个指标的重要程度后进行赋值，如相对重要者记为 1 分，相对不重要者记为 0 分。所有指标比较结束后，分别算出各个指标得分的和，再除以所有指标得分总和，各指标得分高低代表了其重要程度，指标权重的分配就以此为依据。两两比较法直观、简便、易操作，但过于绝对化，不易鉴定重要性近似或相等的指标。因此，两两比较法适用于指标数目少，指标间逻辑关系不太复杂的指标体系的权重确定。

（三）制订评价标准

评价标准是指针对某个评价指标或项目，被评对象应达到什么程度或水平才合乎要求或称得上优秀，它是衡量评价对象水平高低的准则，是一种对评价对象发展变化的期望水平。由于标准自身带有不确定性和主观性，所以制订评价标准的难度较大。在教育评价中，要求所制订的评价标准清晰明了、准确有效，不能模糊不清、模棱两可；要量化一切可以量化的指标，不能量化的指标要进行定性描述，总之要使评价标准具体化、行为化和可操作化。评价标准的制订一般包含以下三个环节。

1. 分解末级指标，形成观测点

为便于评价，要对末级指标进行分解，使其成为一些可被观察和测量的评价要点，亦称观测点。如在评价教师的教学能力时，其末级指标“教学设计能力”可分解为“板书整洁明了，重点突出”“新旧知识衔接较好”“教学内容组织得当，容量适中”“课堂提问富有启发性，能激发学生的探索欲”四项观测点。

2. 确定等级数量

在制订评价标准时，要依据评价对象的达标程度将其划分为不同等级，等级数量无统一要求。一般而言，等级数量越多，划分等级的精确度就越高，但等级过多又会难以控制，通常 3~5 个比较恰当。此外，等级数量的设置为偶数优于奇数，因为在奇数等级中，评价可能会流于“中间化”形式，所以评价等级数量设为 4 个的较为常见。

3. 确定标号和标度

标号是用来标记并识别各个等级的符号，常见的形式有汉字（如“优、良、中、差”“甲、乙、丙、丁”）、字母（如“A，B，C，D”）或数字（如“1，2，3，4”），这些标号都有其优点和局限性，具体选用何种标度需根据实际情况而定。标度是指达到标准的程度，它规定什么等级要达到何种程度。在确定标度时，各个等级的标度要有明确界定，以方便评价者判断；编排标度时，要采用从高到低的顺序排列，以显示出等级间的递阶性。表示标度的方式主要有两种，一是描述性语言，如对评价要点“完全赞成”属于 A 等，“比较赞成”属于 B 等，“基本赞成”属于 C 等，“不赞成”属于 D 等；二是量化符号，如规定 A 等标度为“90~100 分”，B 等标度为“80~89 分”，C 等标度为“70~79 分”，D 等标度为“60~69 分”。

至此，评价指标体系就已初步建立，但是否科学合理还有待接受理论和实践的检验。理论检验主要结合评价理论知识，考察指标体系的建立是否遵循了相应的制订依据和原则，评价指标体系有无错误，指标是否全面，表述是否准确明了，权重是否合理，评价标准是否恰当等。而实践检验是将已设计好的评价指标体系用于评价实践，选择有代表性的评价对象进行试评，考察其是否可行，并对评价结果的信效度进行检验，最后结合实际情况作出调整修订，这样就能保证评价指标体系的质量。值得注意的是，在使用评价指标体系的过程中，要保持一定的灵活性，依据评价目标和评价对象的变化作出调整，切忌机械套用，这样才能增强教育评价结果的有效性和可靠性，从而更好地为教育发展服务。

第二节 教育评价信息的收集与处理

【微视频】
教育评价信息的收集与处理

在教育评价活动中，教育评价信息的收集与处理是两个十分重要的环节。教育评价信息收集是实施教育评价的前提和基础，同时也是获取教育评价结果的重要事实依据；而质量再高、可靠性再强的教育评价信息只有通过科学化处理，才能达成评价结果。但由于教育现象自身的复杂性，加之人力、物力有限，教育评价者要想获得真实有效的评价结果，除设计科学的评价方案外，还必须遵循一定的要求，运用特定的方法进行教育评价信息的收集与处理。

一、收集教育评价信息的要求

教育评价信息的收集是实施教育评价的基础环节，所收集到的教育信息的数量和质量都将直接影响到评价结果的可靠性和有效性。然而，某些评价对象的数量多且较为分散，相关评价信息的收集较为困难。要在有限的时间、人力和物力条件下采集到最优的评价信息，需遵循如下四个要求。

（一）可靠性

收集到真实可靠的信息是教育评价最基本，也是最重要的要求。评价信息真实可靠，是指信息要与评价对象的实际状态相一致，其反映的情况完全符合客观实际。那么，在收集教育评价信息时，为避免信息失真，需要注意以下三个方面。

第一，要综合运用多种收集评价信息的方法，以便相互补充和验证。例如，文献法可以与观察法相结合，访谈法辅助问卷调查法，这不仅可以实现量化资料与质性资料的互补，还能相互验证信息的真伪。

第二，评价者要注重掌握收集信息的技巧，借助的工具也要科学有效。在大多数情况下，教育评价信息出现失真情况主要是因为评价者缺乏采集和记录信息的技巧，或借助的工具不科学。比方说，观察是一个主观反映的过程，如果观察者在记录信息时能力有限或融入了太多的主观臆断因素，采集的信息就会比较片面，甚至违背客观事实。此外，问卷或测试题目的设计不科学，也会造成被研究者的乱答、假答现象，从而影响评价信息的真实性。因此，采集评价信息前不仅要注重对观察者的培训，还要检验相关工具的科学性。

第三，整理资料时要保持敏锐的判断力，认真核对材料并去伪存真。用不同方式收集到的评价信息可能都会存在虚假成分，这就需要观察者结合各类文字资料、实际状况或音像材料作出判断，认真对比和鉴别出与整体或日常生活相违背的，或是无中生有的信息，并及时将其剔除，从而保证评价结果的信度。

（二）准确性

评价信息的准确性是指测量所收集到的信息具有代表性，能反映评价对象的本质，是达成评价目标所真正需要的资料。所收集到的信息越具有代表性，与评价内容和目标越一致，评价信息的准确性就越高，越有效。要提高评价信息的准确性，需要从以下两个方面着力。

第一，在收集信息前，要熟悉评价目标和评价内容，最好能够清楚各级指标的权重，从而有主次、有计划地采集信息。为避免偏离研究方向，还可以拟定一个有弹性的词语式提纲，通过呈现关键词来引导信息采集。

第二，如果收集评价信息时借助了相关工具，如调查问卷、测试题目等，则要按照评价目标和各级指标体系合理设置问题，语言表达要简洁明了，以保证研究对象能正确理解。值得注意的是，这些工具在正式使用之前都要进行信度、效度的检验和相应的调整修改。

（三）全面性

收集评价信息时要保证资料的完整性和全面性，也就是说，收集到的信息要能反映评价对象的全貌，满足各级指标的评价需要，更好地促成评价目标。这就需要评价者多角度、多层次地去收集评价信息，尽量避免遗漏。

（四）时限性

收集评价信息时要强调时限性，也就是要严格按照评价工作所规定的时间来采集信息。尤其是在进行对比评价时，更应该遵循时限性，即要在同一时间内从不同的评价对象中收集信息，否则不具有可比性。此外，即使是从单一的评价对象中收集信息也应该在规定的时间内完成，否则评价对象的动态信息就可能会发生变化，从而影响评价结果的准确性。在收集评价信息时，要提前确定开始时间和结束时间（最好精确到日），在采集信息时，必须严格遵循该时限，这样才能更好地反映评价对象的现状。

二、收集教育评价信息的主要方法

常用的收集教育评价信息的方法主要有文献法、观察法、问卷调查法、访谈法和表现性测验法等五类，评价者可以根据需要同时选用其中的多种方法，以获取更全面、可靠的评价信息。

（一）文献法

文献法是指通过查阅与评价对象、评价目的相关的文献，包括书面信息、图表、数据和音像材料等，并统计整理以获得定量或定性评价信息的方法。

1. 实施步骤

（1）收集和筛选文献

收集文献：在教育评价活动中，文献是实施评价的重要信息源，而获取文献的途径主要包括各个地方的教育行政部门和学校档案室、材料室、教研室、图书馆及相关网站等。文献的主要来源有以下 7 个途径：① 档案与校历；② 会议纪实；③ 教学文案；④ 课题成果；⑤ 课程计划；⑥ 学校管理制度；⑦ 学生管理文案。[①] 可见，文献的来源广泛，收集教育评价信息时要尽可能多的查找各类文献，保证获取的信息丰富全面。

筛选文献：为了提高评价实施的效率，同时保证教育评价结果的有效性和可靠性，在文献资料收集完成后，评价者还需要依据评价指标筛选出有价值的文献。筛选标准包括以下三个：一是看文献是否与评价内容有关，是否能达成评价结果；二是通过相互对照文献，判断其真实性和可靠性；三是看文献是否具有典型性，选出具有代表意义的文献不仅可以在评价过程中节省人力、物力和财力，还可以保证评价结果的质量。

（2）归类和抽样文献

归类文献：由于文献种类多、内容较为零散，为避免信息混乱无序，同时提高评价效率，评价者需要结合一定的标准对筛选出来的文献进行分类。分类形式多样化，可以依据文献是否具有原始性，将文献归为一次或二次文献；也可以按文献时间、文献内容等进行分类。如在对某学校教师课堂教学评比情况分类时，可根据评比范围，分为国家级、省市级和校级三类。

抽样文献：如果有关评价对象的文献量过大，则需要通过抽样提高教育评价的可行性，即从各类文献中选取有代表性的作为评价材料。

（3）阅读和分析文献

阅读文献：文献的阅读方式包括鲸吞牛食法和带题求解法两种。鲸吞牛食法是指先粗略地浏览文献，在了解文献全貌后再对其中有价值的进行精读，以便准确而深刻地把握文献内容；带题求解法是指带着问题有选择性地查阅相关文献的方法。[②]

---

① 王景英．教育评价［M］．2 版．北京：中央广播电视大学出版社，2016：89-90．

② 刘淑兰．教育评估与督导［M］．上海：华东师范大学出版社，2000：94．

分析文献：文献的分析方式主要有以下三种：① 统计资料分析，即通过对现存的大量统计数据进行分析与处理，从而获得有价值的评价资料；② 历史比较分析，即通过对历史记录的比较分析，发现事件在不同的时空条件下反复出现的共同原因；③ 内容分析，即对文献资料作客观的、系统的和定量的描述，它的基本特征在于将文字的、非定量的文献转化成定量的数据。①

2. 实施要求

第一，要厘清评价指标，明确需查阅何种资料并制订查阅指南，合理分工，各负其责；第二，要提前与教育行政部门或各个学校工作人员进行沟通，以期可顺利查阅文献资料；第三，在查阅教学文案或课程计划等文献时，最好选择具备教学专业知识和敏锐洞察力的查阅人员，以保证能从众多文献中查找出有价值的信息；第四，要善于搜寻有代表意义且能反映评价对象本质的资料；第五，既要注重质性文献的收集，也要查阅可量化的材料，并结合观察法所获得的案例，以增强教育评价的可信度。

3. 文献法的优缺点

优点：利用文献法收集教育评价的信息成本低，能够超越时空的限制；文献法是前人所作的记录，相对观察法获得的信息较为客观，在收集过程中不易受到评价者主观因素的影响。

局限性：文献可分为一次文献和二次文献，二次文献的原始性和真实性都有待考究，评价者需要收集足够多的资料进行核实，否则会降低评价结果的信度，教育评价的实施会受文献数量的制约。

（二）观察法

观察者凭借自身的感官或特定的科学仪器，在自然状态或实验状态下，有目的、有计划地观察、表述、记录、分析研究对象在自然或控制状态下的行为表现，从而收集到具体、形象、直观的第一手评价信息的方法，称为观察法。观察法类型多样，有隐蔽型观察和公开型观察、直接观察和间接观察、参与型观察和非参与型观察、自然观察和实验观察、结构型观察与非结构型观察等。但实施步骤都为以下三个阶段，即准备观察、实施观察、整理和分析观察资料。这里以“本科学生英语学习态度评价的观察法研究”为例进行分析。

1. 准备观察

第一，根据评价指标体系，明确观察的目的。通过观察收集到的信息能为评价活动提供事实依据，而评价活动的目的和性质决定了观察的内容和方式等。如在对本科生英语学习态度的评价中，可着重观察学生在课前、课中和课后的行为表现。

第二，制订有弹性的观察计划。具体说来，要确定观察的时间和地点；明确观察对象，也就是要确定观察谁，并考虑其是否具有典型性；明确观察范围和内容；确定所要采用的观察法类型和观察工具。以“评价本科学生英语学习态度”为例，观察计划可制订如下：周二下午第一节课在外国语学院大三（1）班进行观察，以结构型观察为主，着重观察学生的预习行为、出勤率和到达教室的时间、学习工具（学习材料、书本、笔等）准备情况、听课行为、与教师的互动情况等。

---

① 肖远军. 教育评价原理及应用［M］. 杭州：浙江大学出版社，2005：102.

第三，拟定观察提纲。在结构型观察中，提纲就是风向标，其将观察指标通过具体的问题加以呈现，并引导观察者聚焦观察范围和内容，从而更好地达成观察目标，而非偏离观察方向。常见的提纲类型有词语式和问题式两种，词语式提纲主要是以代表各维度的关键词呈现，如在评价学生的学习态度时，词语式提纲只需列出自主学习、完成作业、考前复习等词即可。而问题式提纲则以问题的形式呈现，如要观察课堂上师生的互动情况，问题式提纲可呈现以下问题：这节课教师提问了多少次，学生回答了多少次，学生是主动回答还是被动回答，教师提问的方式是什么，学生回答的效果如何，等等。

第四，对观察人员进行培训。观察者的素质直接关系到观察结果的可靠性，因此，要重视对观察人员的培训，可使其掌握一定的观察技巧。具体说来，实施观察前要让观察者知晓详细的观察目的、内容，被观察者的基本情况，所采用的观察方法，记录信息的形式等。

2. 实施观察

第一，进入观察现场后，要主动与观察对象交流，尽可能地弱化其排斥和抵触情绪，从而获取信任，并与他们建立良好关系，为进一步合作打下基础。

第二，当采用结构型观察方式时，要结合观察提纲和目的有计划、有选择性地进行观察，保持敏锐的洞察力，善于捕捉预料之外但有意义的信息。

第三，记录观察资料，既可以在观察中进行，也可以在观察后进行。记录方式主要包括视频记录、音频记录、日记描述、轶事记录、检核表记录和等级量表记录等。记录方式的选择主要取决于观察法的类型。比方说，在非结构型观察中主要采用日记描述和轶事记录；而检核表和等级量表记录常被用于结构型观察中。此外，要求记录及时迅速，以免错过重要信息；语言要清晰明了；内容要翔实。

检核表记录：检核表是标记某事物是否出现的记录，一张购物清单和一本班级点名册都是简单的检核表。检核表可用来记录特定情境中特定行为的发生情况。任何一种记录表格，只要它需要在观察单上标记类别、项目或答案，那就是一种检核表。① 表 9-3 是一份小学生课堂问题行为检核表，其中“√”的数量表示表中所述问题行为出现的次数。

表 9-3 小学生课堂问题行为检核表

行为	学生 A	学生 B	学生 C
与同学讲话	√√		√
阅读其他书籍		√	
睡觉			√
擅自离座	√√√		
眼睛看向别处	√	√	√

等级量表记录：是指将具体的行为元素按照一定的标准划分为几个等级（一般是五等），在观察过程中对行为表现进行评定和记录的量表，如表 9-4 所示。

① 徐俊华. 学前教育科学研究方法［M］. 合肥：安徽大学出版社，2014：83.

表 9-4 是关于学生英语技能掌握情况的调查，请根据实际情况在相应数字上画“√”。其中，数字从低到高分别表示：非常差、比较差、中等、比较好、非常好。

表 9-4　学生英语技能掌握情况等级量表

英语技能	评定等级				
听力能力	1	2	3	4	5
口语能力	1	2	3	4	5
写作能力	1	2	3	4	5

3. 整理和分析观察资料

将所观察到的信息记录完毕后，还需要对其进行整理和分析。在整理信息时，要及时回忆观察过程并对观察资料进行补充和校对，以免遗忘重要信息。此外，为方便后续的资料分析，需要对观察记录的信息进行分类整理，以保持资料的条理性和清晰性，如可按照事件发生的时间先后顺序归类，也可按质性资料和量化资料分类等。在分析观察资料时，要着重审核所需信息的全面性、准确性和有效性等。

（三）问卷调查法

问卷调查法是调查研究中最常用的方法，它是评价者依据调查目的和调查内容，以书面的形式提出问题，并按一定的原则排列形成问卷，让被调查者作答，最终通过其答案来获得评价信息的方法。在实际操作中，问卷法适用于调查面广、需在短时间内获取大量信息的评价中。

一般来说，完整的问卷调查法应该包含以下三个步骤：编制问卷、试测修订和正式施测。

1. 编制问卷

问卷调查法中最关键、难度最大的环节是编制一份信度、效度较高的问卷。编制问卷时要求内容简单、语义明晰，切忌含糊不清；题目数量适当，因为过少会无法获取评价所需的充足信息，过多则会导致评价对象的厌倦情绪而出现差错；题目设置既要考虑评价者的需要，也要考虑评价对象的回答能力。问卷编制包括如下三个程序。

首先，在熟知评价目的和内容的前提下明确问卷调查的目的、对象，也就是该问卷要调查什么，对谁进行调查。如该问卷主要用于调查本科生的课堂学习效果，收集相关的信息，那么编制问卷的关注焦点就应该放在学习效果这个核心问题上。

其次，要对核心概念进行分解，用分解出的变量来对学习效果加以界定和说明，以使调查具有可操作性。如在编制“学生学习效果评价问卷”的过程中，确定了“学习效果”为核心概念后，就可将其分解为知识技能、过程方法和情感态度价值观三种主要变量，也就是说，通过其能更全面、更具体地反映某个学生的学习效果。

最后，要设计一份完整的问卷，由标题、指导语、个人基本信息和问题构成。

（1）标题。这是对调查内容和整个调查问卷的概括性表述，具有先入为主的作用。标题要言简意赅、精炼准确，便于调查对象可以一目了然、准确地把握调查目的和主要内容。如“本科生课堂学习效果评价问卷（学生用）”，很明显是评价者通过收集学生对自身学习结果的相关判断，而对其

【拓展阅读】
学生课堂学习效果评价问卷（学生用）

学习效果进行评价的问卷。

（2）指导语。主要包括称谓、调查目的和性质的阐述、回答时的具体要求三部分。称谓是一种礼貌性用语，如“亲爱的同学”等；调查目的和性质的阐述是为了让调查对象大致对该调查有所了解，激发其填写兴趣，如“为了协助学校和教师了解目前学生的学习效果”等；回答时的具体要求不仅可以帮助调查对象进行正确填写，还能排除其顾虑，从而作出真实回答。

（3）个人基本信息。主要用于反映被调查者的基本情况，如性别、年级、专业等，这部分内容涉及调查对象的个人隐私，因此，在指导语中需告知将会对所有信息保密。

（4）问题。这部分是问卷的核心和主体。问题的形式主要分为封闭式和开放式两种，封闭式问题是指由调查者提供问题和几个相关选项，被调查者只需根据自身情况选出其中最合适的选项，此类问题的主要形式包含是非式、单选式和多选式等。如“通过学习某门课程，你有很大收获?”可选答案只有“是”与“否”，这为是否式。“通过课堂学习，你能够”可选答案包括“A. 掌握教师所教的内容；B. 高质量地完成课后作业；C. 在这个领域中的知识和能力得到提升；D. 学会了处理某些学习问题的思维方式”。如果要求调查对象只能从中选择一个，就是单选式；如果可以同时选择多个答案即为多选式。开放式问题则与封闭式问题相对，是由调查者提供问题，调查对象自由作答，如“除上面提到的外，在课堂学习中你还有什么收获?”调查对象可以根据自己的实际情况填写，没有特定要求。总之，问题的形式多样，在编写问题前应该结合评价需要和实际情况确定问题形式。

可见，问题的编写是编制问卷中最关键、难度最大的环节，编写问题时一定要紧扣调查目的和内容，力求具体而富有针对性。例如，调查学生在“知识与技能”层面获得的学习成效，就可以提出这样的具体问题：是否掌握了所学知识；是否能将新知识同旧知识联系起来；是否能通过所学知识解答学习疑问等。问题的编写和选择要以能获得全面、可靠的信息为标准，问题表述简洁明了、无歧义；问题的数量要适中。此外，问题还要按照一定的逻辑规律排序，一般是先易后难，先封闭式后开放式，不同维度的题目要穿插出现。遵循上述程序，一份结构完整的问卷就基本可以编制完成。

2. 试测修订

在正式发放调查问卷前，为了保证问卷有效，还要对其进行试测和修订，即选取与调查对象情况相当的受测者作为试测对象（数量一般为 30 人），对其开展测试。测试结果要进行信、效度检验，进而依据结果和在测试中发现的问题对问卷加以调整修改，最终形成正式问卷。可见，试测不仅可以帮助调查者及时发现问卷中存在的问题，如题目数量是否合适，调查对象是否能够准确地理解问题，最重要的是通过试测还可以为进一步修改完善问卷提供依据。

3. 正式施测

正式施测阶段包括四个步骤，即调查对象的选择、问卷发放、问卷回收以及问卷处理。

首先，要依据调查目的和内容来选取调查对象。如果调查对象数量大、范围广，则通常需要采用随机抽样法，以保证所选取的对象有代表性。在收集教育评价信息时，采用分层随机抽样选取调查对象较为常见。

其次，问卷发放主要包括直接发送和间接发送两种形式。直接发送是评价者当面发送问卷给调查对象，待其回答完毕后亲自收回。这种方式便于调查者就问卷的某些问题进行解释，有利于提高问卷填写的质量和问卷的回收率，缺点是费时、费力且调查范围会受到局限。间接发送则是通过邮寄、网络等方式发放问卷，回答完毕后调查对象以同样的形式反馈给评价者。该方式主要用于大范围的区域性评价和追踪评价，调查范围覆盖面广，也较为便利，但问卷的有效和回收率无法得到保证。可见，两种方式都有优缺点，要根据评价的实际情况灵活选择。如“本科生课堂学习效果评价问卷（学生用）”，它是学校或其他评价主体为了调查学生的课堂学习效果而编制的，并在学生中加以使用，因此主要采取直接当面发送的方法。

再次，问卷的回收率和有效率都是问卷调查中比较关键的问题，这与调查对象的选取和问卷组织的周密程度有很大关系。一般来说，当面发送问卷的回收率一般不低于75%，间接发送的问卷回收率不低于50%，否则评价结果的真实性和有效性就会受到影响。

最后，问卷处理也就是对问卷进行整理，剔出其中不合要求的问卷，然后进行统计分析。

（四）访谈法

访谈法是指访谈者与受访者遵循一定的原则进行研究性交谈，并从中获取评价所需信息的方法，形式以受访者的口头自我报告为主。

访谈包括准备访谈和实施访谈两个环节，这里以“评价教师教学质量时对学生进行的半结构式访谈”为例来进行阐述。

1. 准备访谈

一是根据评价目的和内容确定访谈内容。在教育评价中，访谈旨在获得评价信息，因而访谈内容要由评价目的和内容来决定。如对教师的教学质量进行评价时，访谈学生的内容就应该围绕教师的教学展开。

二是结合访谈内容确定访谈的维度，也就是明确从哪些方面进行访谈，这样才能紧扣访谈主题而不偏离方向。在访谈中，可以将教师的教学质量划分为教学安排、教学方法、教学表达、教学态度四个维度，相应的访谈也应围绕这些维度展开。

三是结合评价目的确定访谈类型。比如说，要了解学生对教师教学质量的满意度，可以采用结构式访谈并进行量化分析，得出一个大概数值；如果要了解学生对教师教学质量情况的看法，则可以采取半结构式或无结构式访谈。

四是设计访谈提纲。访谈提纲在半结构式访谈中发挥着“指挥棒”的作用，也是必不可少的。设计访谈提纲主要包括如下两个重要的环节：（1）编写问题。这实质上是具体化的访谈内容，需要依据访谈维度来编制。问题分为开放式和封闭式两种，按照问题的结构，前者只有题干，由受访者自由作答；后者则提供备选答案让受访者选出一个自认为最合适的选项。在半结构式的访谈提纲中，编制问题要紧扣主题，并以开放式题目为主。如围绕教师的教学表达这个维度，可以编制以下五个问题：教师在教学过程中语言的流畅性如何？教师的讲授清楚吗？教师主要通过哪些方式介绍新知识？教师怎样逻辑严密地阐述课程内容？教师在教学过程中如何启发学生？（2）排列问题。这在很大程度上决定了提问的顺序（半结构式访谈中提问顺序可根据实际情况进行调整），因而在排列时要遵循递进关系，由易到难，由简到繁，衔接紧密合理，逻辑性强。

五是选择受访者。所选择的受访者要具有一定代表性，他们既要乐于接受并配合访谈，还要能够提供访谈所需要的信息，并为评价工作服务。

【拓展阅读】教师校本学习环境感知访谈提纲

六是访谈者与受访者协商相关事宜。确定访谈对象后，访谈者要尽快与受访者协商确定相关事宜，如接受访谈的时间、地点和次数，并就访谈中能否录音、摄像等征求受访者的意见，这些都要根据受访者的意见来决定。

七是对访谈人员进行培训。访谈调查法对访谈者的素质要求较高，在开展访谈前，要对访谈者进行培训，并让其了解受访者的情况，尤其要注重访谈的方法和技巧。

2. 实施访谈

一是访谈者在开始访谈时要向受访者详细地说明此次访谈的目的和要求，并就轻松愉悦的事情进行交谈，尽可能削弱受访者的防备心理，以赢取信任和合作，这直接关系到访谈的成败。如就教师教学质量的情况对学生进行访谈时，要先告知学生会对其隐私进行绝对保密，这样才能让他们抛开顾虑、袒露心声。

二是根据事先拟定好的访谈提纲进行访谈。在半结构式访谈中，访谈者要根据具体的情境调整问题顺序，还可以就某个关键的观点进行追问，从而获取更多有价值的评价信息。值得注意的是，在访谈过程中，访谈者要把握好访谈的技巧和态度，在表达观点时切忌融入主观臆断；要保持敏锐的洞察力，随时注意观察受访者的行为、态度和情绪变化；尊重对方，学会倾听，不轻易打断对方的谈话；最后还要控制好访谈的节奏和氛围。

三是认真记录访谈内容，要求能够客观反映访谈事实，言简意赅又丰富翔实。音像记录和表格记录较为常见，音像记录是借助录音笔、摄像机等工具全面、完整地录制访谈，这有利于访谈者集中精力提问、追问和观察受访者的反应，获取更多信息。访谈结束后，音像资料还可供反复研究。但这种方式能否被采用，取决于受访者的态度，切忌贸然使用。而表格记录法主要是将受访者的信息和回答要点通过表格的形式呈现，主要包括以下内容（如表 9-5 所示）：受访者的姓名、性别、年龄、职业、访谈时间和地点、访谈问题、回答情况、分析和备注等。

表 9-5　访谈记录表

姓名		性别		年龄		职业		访谈时间和地点	
访谈问题									
回答情况									
分析									
备注									

四是整理和分析访谈记录。待访谈结束后，访谈者要及时利用自己的记忆将访谈细节补充完整，但要尽量客观，避免融入主观判断或偏见。将访谈信息进行初步整理后，还需要运用教育统计学、教育心理学、教育社会学等相关知识进行分析，深入事物本质，从而获得可靠的评价结果。

3. 实施要求

访谈法是一项专业性很强的调查方法，为保证访谈成功，要遵循如下四点要求：第一，鉴于访谈法的直面性，访谈者最好由受访者的熟人引见，这能较快地削弱受访者的戒备心理，有助于访谈者和受访者之间建立相互信任的友好关系，从而保证访谈的成功率；第二，营造一个自然融洽的访谈氛围，这需要访谈者寻找话题以激发受访者参与对话的热情和兴趣；第三，访谈者要注意访谈技巧，提问要前后衔接，逐步深入，还要巧妙地控制话题，使交谈内容紧扣主题，尤其是要注意措辞和语气，充分尊重对方，这样才能获得受访者配合；第四，遵循研究中的伦理原则，对访谈信息要严格保密，进行录音或摄像前必须经过受访者同意，否则不可能获得真实数据。

（五）表现性测验法

根据测验形式，测验法包括选择—反应测验和建构—反应测验两种。选择—反应测验通常以书面形式呈现判断、选择及匹配等题型，旨在对学生的知识和技能掌握情况进行测验。建构—反应测验又称表现性测验或表现性评价，尽管学术界对其定义尚未达成一致，但综合史狄更斯（R. J. Stiggins）、菲茨帕特里克（Fitzpatrick）和莫里森（Morrison）等学者的观点，可以总结出表现性测验的本质特征，即了解学生在真实生活或模拟情境中运用知识（侧重程序性知识和策略性知识）进行实际操作的能力，测验形式多以口头或实践为主。

表现性测验法同其他方法一样，在实施时要遵循一定的步骤，为便于理解，这里以“高中生三分钟演讲”为例进行分析。

1. 厘定评价内容

表现性评价是对学生在完成任务过程中的具体行为表现的评价，因而必须确定评价内容，并将其分解为构成表现成果的可观察的具体行为。也就是说，确定评价内容主要包括以下两个步骤：一是确定评价主题，如高中语文教师在课堂上组织学生进行 3 分钟演讲，评价主题即为测评学生的公开演讲能力；二是定义能力，也就是明白要对哪些能力进行评价。高中生 3 分钟演讲可以是对其语言组织能力、演讲技巧和逻辑思维能力等的评价。

2. 设计表现性任务和指导语

确定评价内容后，要对表现性任务进行设计，即规划学生在具体的情境中要完成何种任务。依据不同标准，表现性任务可划分为如下三种主要类型。(1) 根据任务的自由程度，可划分为限制性和开放性任务。限制性任务明确界定表现的形式、方向和学生的行为反应，一般用于考查学生的专门技能，如让学生在规定时间内写一篇关于环境保护的文章；而开放性任务只提出主题，对任务完成的过程和方式没有明确限定，学生可以从多个渠道自主收集信息、设计和实施方案，如要求学生自己创作一幅画等。(2) 根据任务展现形式，可分为纸笔和非纸笔表现性任务。纸笔表现性任务是以书面形式呈现，与传统测验相比，更加强调在模拟情境中运用知识和技能解决实际问题，如要求学生设计一个电路图；非纸笔表现性任务是指用纸笔以外的方式来完成表现性任务，如参与辩论。(3) 依据完成表现性任务的真实性，可划分为模拟性和真实性任务。模拟性任务是在教师创设的局部模拟或完全模拟的情境下完成的，如模拟招聘面谈、模拟法庭等；真实性任务是在真实情境中完成，如课题研究。“高中生 3 分钟演讲”是教师在语文课堂中设计的一个开放性的、非纸笔的、模拟性表现任务。

设计表现性任务时要注意以下五个方面：（1）与评价目标高度相关；（2）任务测试的内容是学生在学习中已经接触并关注过的；（3）任务难度适中，并具有一定的挑战性，能够让学生“跳一跳，摘桃子”；（4）设计一个能对学生多种能力进行评价的任务；（5）学生能够利用多种方式解决问题。

指导语的设计旨在告诉学生“应该做什么”“如何做”等问题，因此其表述要准确、明晰和全面。如“高中生3分钟演讲”的指导语是：“在五分钟之后，你要站在全班面前做一个自我命题的3分钟演讲，题目不限，可以是你熟悉的，或者从给定的题目中选取一个。在演讲之前，你有5分钟的思考时间，确定要演讲的题目，如果你觉得有必要，可以做些笔录，并在演讲中使用。备选题目是武器控制、消除核武器、妇女的平等权利、国家的健康保险、高中运动项目、联合国的有效性……”①

3. 制订评分规则

一般来说，评分规则的制订要考虑以下三个问题：(1) 首要任务是确定评分标准。评分标准由反映学生表现质量的各种指标和指标的等级范围构成。如高中生演讲可确定的主要三项指标，即语言、演讲声调与姿势、条理性，每个具体的指标都有一个1~5分的登记范围；(2) 用准确的语言描述评分标准在质量上的差别，如在评价学生演讲的语言表达时，如果出现了语法和发音错误，词义不明，听众只能根据发音猜测相关意思定为1~2分，如果发音和语法准确，措辞生动，并解释了与演讲背景有关的新术语则定位5分；(3) 确定评分类型，可分为整体评分和分项评分两种。整体评分速度快，适用于较宏观地了解学生的表现情况，如判断学生总体的演讲水平；而分项评分更适用于对学生演讲的细节做详细分析，并提出针对性的反馈建议。如表9-6所示的就是一个较为完整的高中生演讲评分规则。

表9-6 高中生演讲评分规则

评分	语言	演讲姿势和声调	条理性
A=5	语法和发音准确，选词生动、适宜，解释了与演讲背景相关的新术语	声调控制较好，演讲能引发听众兴趣，音量和语速适中，保持与听众的眼神接触	条理性很强，没有离题，阐述了主要观点，很容易总结出演讲的中心内容
B=4 C=3	语法和发音准确，选词适当易懂，没有解释与演讲背景有关的新术语，对听众的原有知识基础要求较高	声调基本在控制之下，能够听到并理解演讲内容，音量和语速都较为适中，基本保持着与听众的眼神交流	条理性尚可，有些重要观点没有阐述，演讲者可能会不停地转换话题，但总体上能理解内容，可对演讲的中心内容作出小结
D=2 E=1	有语法错误，词义不明，听众只能试着自己理解	声调失真，音量可能太低，语速过快，时不时停顿，非语言行为会干扰信息传达	无逻辑顺序，观点间的联系不明显，学生在演讲中会离题，很难总结演讲的中心内容

4. 实施测试

该环节是表现性测试的实际操作阶段，需处理好任务组织、积极性调动、初步指导、

① Stiggins R J. 促进学习的学生参与式课堂评价［M］. 4版. 国家基础教育课程改革“促进教师发展与学生成长的评价研究”项目组，译. 北京：中国轻工业出版社，2005：192.

独立工作以及总结五个方面的任务。第一，任务组织，旨在告知学生表现性评价活动的目的、任务和要求，确认在活动之前学生明白自己需要做些什么，完成怎样的成果、自己的表现将如何得到评价。同时，还可以帮助学生复习和回忆曾经学过的、与任务有关的知识，如复习与演讲相关的知识和技能。第二，调动积极性，激发学生兴趣，提高他们的参与程度。第三，初步指导，即在学生活动之前教师作出解释和示范，如展示一段演讲视频。第四，独立工作，学生在开始活动后，教师不仅要监控学生，及时对其理解有误或混淆的概念进行反馈，更重要的是观察学生的行为表现，并按之前制订的评分规则对学生进行评价。第五，进行总结，表现性测验的目的主要用于测评学生利用已有知识解决实际问题的能力，因而教师在总结时要帮助学生回顾他们学到的知识，并在大的学习背景下解释其成就。如教师对学生的评价不能局限于一个具体分数，而应该从长计议，针对存在的问题给学生提出完善建议。

三、处理教育评价信息的主要方法

教育评价信息收集完成后，还要对其进行处理，即通过整理、分类、统计、分析后才能得出评价结果。由于评价信息分为定性和定量两类，相对应的处理方法也就有定性和定量两种。定性处理方法较多，其中比较常用的有等级评定法、评语鉴定法、写实分析法三种；定量处理方法主要有统计分析方法、层次分析法、模糊综合评判法、数据包络分析法、灰色综合评价法等。由于在实际过程中，定量处理方法的使用居多，所以本部分主要对此进行详细介绍。

【微视频】教育评价信息的处理

（一）模糊综合评判法

由于教育是研究人的活动，人的复杂多变性就决定了教育现象的模糊性，那么从模糊的教育现象中，所获得的教育评价信息也并非绝对明确，要对这些信息进行处理，必须借助数学的思想和方法，将外延不清晰、难于定量的因素定量化，并根据这些因素所隶属的被评价事物的等级状况来进行综合性评价，即模糊综合评判法。模糊综合评判法的实施步骤如下：

【拓展阅读】模糊综合评判法案例

1. 确定评价因素集

评价因素集用 U 表示，其由若干评价因素组成，而这里的评价因素相当于评价指标。假定影响教师教学能力的因素有：教学认知能力（u_1）、教学设计能力（u_2）……和教学评价能力（u_m）。用集合的形式可表现为：

$$U=(u_1,\ u_2,\ \cdots,\ u_m)$$

2. 确定评价集

评价时所确定的等级的集合就是评价集，用 V 表示。假定评价等级分为一等（v_1）、二等（v_2）……和 N 等（v_n），表现为集合的形式即：

$$V=(v_1,\ v_2,\ \cdots,\ v_n)$$

3. 建立评价矩阵

评价矩阵的建立首先要获得因素集中单因素 $u_i(i=1,\ 2,\ \cdots,\ m)$ 的评价值，即由若干主体对单因素 u_i 作出等级评判，这就可以获得各单因素的评判集：

$$r_i=(r_{i1},\ r_{i2},\ \cdots,\ r_{in})$$

以此类推，m 个单因素的评价集就可以构造出一个总的矩阵 $\boldsymbol{R}$，即每一个被评价对象确定了由 U 到 V 的模糊关系 $\boldsymbol{R}$：

$$\boldsymbol{R}=(r_{ij})_{m\times n}=\begin{pmatrix} r_{11} & r_{12} & \cdots & r_{1n} \\ r_{21} & r_{22} & \cdots & r_{2n} \\ \vdots & \vdots & & \vdots \\ r_{m1} & r_{m2} & \cdots & r_{mn} \end{pmatrix}$$

4. 确定各因素的权重

各因素孰轻孰重，不同的评价者有不同的看法，为了尽可能地提高评价的科学性，可以通过前面介绍的方法来确定各个因素的权重，并表示为权重向量：

$$W=(w_1,\ w_2,\ \cdots,\ w_m)$$

5. 建立模糊集并综合评判

结合评价矩阵 $\boldsymbol{R}$ 和权重集 W，建立模糊集 B，$B=\boldsymbol{R}*\mathrm{W}$.

$$B=(w_1,w_2,\cdots,w_m)*\begin{pmatrix} r_{11} & r_{12} & \cdots & r_{1n} \\ r_{21} & r_{22} & \cdots & r_{2n} \\ \vdots & \vdots & & \vdots \\ r_{m1} & r_{m2} & \cdots & r_{mn} \end{pmatrix}$$

模糊矩阵的运算法则为：

$$a\wedge b=\min(a,b),a\vee b=\max(a,b)$$

也就是依据“最小最大”原则，将第一个矩阵每一行的数值与第二个矩阵每一列的数值相对应并比较，先取小（用“∧”表示），然后再取大（用“∨”表示）。如果评判结果 $\sum b_j\neq 1$，应将它进行归一化处理得到矩阵 $\boldsymbol{B}'$，$\boldsymbol{B}'$即为综合分值，可按其大小进行排序，从而挑选出最优者。

总之，通过模糊综合评分法，借助现代测量、统计技术，可以科学地整合多方评价结果，弥补了传统评价中主观性太强、标准不一等缺点，结果更为客观、公正和权威。但此方法计算繁杂，需要借助一定的工具。

（二）数据包络分析法

数据包络分析法，又称 DEA 方法，是查恩斯（A. Charnes）和库伯（W. W. Copper）等学者以“效率”概念为基础提出的。它以决策单元（简称 DMU，可以是一个大学，也可以是一个企业或一个国家）的一组投入指标数据和一组产生指标数据作为评价依据，应用数学规划模型比较决策单元之间的相对效率，对评价对象作出评价。

数据包络分析法的步骤主要包括以下六个方面：明确评价目的、选择 DMU、建立输入和输出评价指标体系、收集和整理数据、DEA 模型的选择和进行计算、分析评价结果并提出决策建议。①

1. 明确评价目的

要使用 DEA 方法，关键是必须要明确评价目的，即清楚为什么进行评价，评价意图何在，以便统领整个评价活动的开展。

---

① 杜栋，庞庆华，吴炎. 现代综合评价方法与案例精选［M］. 北京：清华大学出版社，2014：71-72.

2. 选择 DMU

由于 DEA 是评价多个同类样本间的“相对优劣性”，这就要求需明确哪些 DMU 能在一起进行评价。在实践中，不仅可以根据 DMU 的物理背景和活动空间来判断，即 DMU 要具备相同的外部环境，输入、输出指标和目标任务等；还可以通过 DMU 活动的时间间隔来构造，也就是将时间间隔为 N 等分，就可得到 N 个同类型的 DMU。值得注意的是，DMU 的数量不宜过多。

3. 建立输入、输出指标体系

由于 DEA 方法主要是利用各决策单元的输入、输出评价指标数据对决策单元进行相对有效性评价，不同的评价指标会得出不同的有效性评价结果，为此在建立指标体系时必须注意如下三个事项：第一，能够实现评价目的，也就是从输入和输出两个不同的侧面将评价目的分解成若干变量，且评价目的的确能够通过输入和输出向量构成运作过程；第二，能全面反映评价目的，不能缺少某个或某些指标；第三，考虑输入和输出向量之间的联系。这些可通过专家咨询或统计分析做到，也可在初步确定输入和输出指标体系后进行多组数据的试探性 DEA 方法分析，如果个别指标权重总是很小，就说明该指标对 DMU 的有效性影响小，应删除。

4. 收集和整理数据资料

DEA 方法主要是评价多个同类决策单元间的有效性，这就要求各个决策单元的输入、输出指标，其指标值正确与否直接关系到评价效果的失真与否。因此，准确收集和科学整理指标值是十分重要的步骤。在人文社科领域，评价指标可能包含非结构化因素，需要根据可靠标准将其量化赋值，可分为若干等，用数字表示。此外，输入和输出指标的量纲不同，但并不影响 DEA 方法的使用，所以建模前是否对数据作无量纲化处理并不重要。

5. 选择 DEA 方法模型并分析

为了得到不同侧面的评价信息，应该尽可能地选用不同类型的 DEA 方法模型，同时进行分析，再将结果加以比较。当然，具体操作还需依据评价目的和问题背景而定。最基本的是，要利用 DEA 方法规划模型的求解结果，判断各决策单元 DEA 方法的有效性程度，找出非有效性决策单元的无效原因及改进措施，形成评价报告，并向上层决策单元领导提出建议以辅助决策。

数据包络分析法操作简单，可直接采用相关软件进行，无需任何权重假设，每一输入输出的权重是由决策单元的实际数据求得的最优权重，而非由评价者主观确定。因此，DEA 方法较具客观性。

（三）灰色综合评价法

在控制论中，颜色深浅能反映信息的明确程度，“黑”表示信息未知，“白”表示信息明确，“灰”表示部分信息不完全明确。与“灰”相对应的信息系统称为灰色系统，一般统计方法无法对其数据进行处理，这就产生了新的方法——灰色综合评价法。灰色系统理论由我国著名学者邓聚龙教授于 1982 年提出，该理论主要是通过对系统已知信息的生成、开发，实现对现实世界的确切描述和认识，从而确定系统的未知信息，使灰色系统变为白色。

由于社会中灰色系统普遍存在，尤其是在教育中，教育的复杂性和相关关系的模糊性，加之人为因素的影响，可能会导致所收集到的教育信息短缺甚至虚假，也就是灰色信息较多，这就使得灰色系统理论被广泛应用。其中，关联分析方法又称 GRA 方法，极为常用，它是用灰色关联度来描述因素间关系的强弱、大小和次序的一种多因素统计方法，主要实施步骤如下。[①]

1. 确定比较数列（评价对象）和参考数列（评价标准）

设评价对象为 m 个，评价指标为 n 个，比较数列为：

$$x_i=\{x_i(k)\mid k=1,\ 2,\ \cdots,\ n\}\quad i=1,\ 2,\ \cdots,\ m$$

参考数列为：

$$x_o=\{x_o(k)\mid k=1,\ 2,\ \cdots,\ n\}$$

2. 确定各指标值对应的权重

可利用层次分析法等确定各指标对应的权重：

$$w=\{x_k\mid k=1,\ 2,\ \cdots,\ n\}$$

其中 w_k 表示第 k 个指标对应的权重。

3. 计算灰色关联系数[②]

$$\xi_i(k)=\frac{\frac{\min}{i}\frac{\min}{k}\left|X_o(k)-X_i(k)\right|+\xi\frac{\max}{i}\frac{\max}{k}\left|X_o(k)-X_i(k)\right|}{\left|X_o(k)-X_i(k)\right|+\xi\frac{\max}{i}\frac{\max}{k}\left|X_o(k)-X_i(k)\right|}\qquad\text{（公式 9-1）}$$

式中，$\xi_i(k)$ 是比较数列 X_i 与参考数列 X_o 在第 k 个评价指标上的关联系数，P 为区间（0，1）中的数，一般均取 0.5。

4. 计算灰色加权关联度，建立灰色关联度

灰色加权关联度的计算公式为：

$$r_i=\frac{1}{n}\sum_{k-1}^{n}w_k\xi_i(k)\qquad\text{（公式 9-2）}$$

式中，r_i 为第 i 个评价对象对理想对象的灰色加权关联度。

5. 评价分析

根据灰色加权关联度的大小，对各个评价对象进行排序，可建立评价对象的关联序，关联度越大其评价结果越好。

该方法只需编制程序，计算过程可由计算机完成。该方法的优点在于它对数据量没有太高要求，不管数据为多少，都可以进行分析。

（四）其他方法

除了以上三种重点处理方法之外，在处理教育评价信息时还可以采用等级评定法、评语鉴定法、写实分析法等。

等级评定法常用于师生评价、学校整体办学质量评价。使用该方法必须首先要确定评定的等级和标准，等级划分主要有四类：五等级法（优秀、良好、中等、及格、不及格），四等级法（高级、一级、二级、三级），三等级法（上、中、下），二等级法（合格、不合格）；其次要依据评价标准进行多方主体评价；最后是遵循“取中间、要多数、去极端”的原则整合评价结果。该方法操作简单，但较为粗糙、主观，即使属于同一级别的两

---

① 杜栋，庞庆华，吴炎．现代综合评价方法与案例精选［M］．北京：清华大学出版社，2014：118-119.

② 邓聚龙．灰色系统论文集［M］．武汉：华中理工大学出版社，1989：9.

个事物，也可能存在较大差距。

评语鉴定法即用文字描述评价指标，最终的评价结果也是借助简明扼要的评语作表达，常被用于中小学学生作文、掌握技能情况、思想品德状况等评价中。该方法简便易行，能用简短的话语描述和鉴定教育中的模糊现象，让人一目了然；但操作过程中容易掺杂主观感情，且不够精确，笼统的描述很难甄别出评价对象的优劣顺序，所得信效度不高。

总之，处理教育评价信息的方法很多，具体选用哪种必须根据评价目的、评价内容以及评价信息的特点等进行选择。

第三节　教育评价报告的撰写

处理完教育评价信息后，必须撰写评价报告，这是评价工作必不可少的一个环节。因为在撰写评价报告的过程中，评价主体可以及时发现并纠正评价工作中存在的问题，更重要的是撰写出来的评价报告可以直接反馈给评价对象，为其决策和改进工作提供依据与指导，还能作为资料保存下来，以供后续评价使用。

【拓展阅读】教育评价报告的撰写

评价报告的撰写是教育评价工作中必不可少的一个环节，通常在处理完评价信息后，教育评价者会撰写评价报告。首先，因为评价报告的撰写要建立在对整个评价工作进行回顾的基础上，这便于及时发现并修正评价过程中存在的问题，提高教育评价的质量和效益。其次，评价报告撰写完成后可以反馈给相关单位、部门或个人，使他们能够按照评价报告所提供的信息，有针对性地作出决策，并制订工作改进计划，从而促进教育发展。最后，评价报告可作为资料保存，为以后的教育评价工作提供宝贵而有效的经验借鉴。一般来说，规范的教育评价报告内容主要包括封面和正文两部分。

【微视频】教育评价报告的撰写

（一）封面

为提高评价报告传递信息的效率，封面将提供下列信息：（1）教育评价方案的名称；（2）评价目的；（3）评价主体的名称或姓名；（4）接受评价报告的单位、部门或个人的名称或姓名；（5）评价方案实施的起止时间；（6）呈送评价报告的日期；（7）建议作出决策或制订、改进工作计划的期限。

（二）正文

1. 阐述评价方案的实施过程

首先，要对教育评价过程进行阐述，即如何收集和处理评价信息；其次，要分析在实施评价方案过程中是否存在问题，具体存在哪些问题，包括在收集评价信息和处理评价信息过程中遇到的困难，尤其是要反思教育评价的组织者或实施者在评价过程中是否严格遵循了相关原则和方法，有没有违背科学性的情况。

【拓展阅读】高校绩效评价研究报告

2. 结果及对其的分析

要详细介绍所收集到的且对评价工作有价值的各类信息，包括原始数据、文本、影像资料等，以及处理这些信息所得到的结果，同时还要对评价结果进行分析。

3. 结论及建议

得出评价结果后，要依据其进行推断以获取结论，并对相关单位、部门或个人以及评价工作自身提出相关建议。

第四节 教育元评价

【微视频】
教育元评价

由于教育评价和评价对象本身的复杂性和特殊性，教育评价活动在其实施过程中难免会出现偏差和错误，如评价目的、指标不明确，采集评价信息的方法不科学，评价结论被接受程度低等。这不仅意味着在评价活动中所付诸的一切将成为徒劳，信度、效度缺失的评价结论还可能会扰乱教育的发展。因此，为减小或避免因教育评价偏误所带来的损失，应该将教育评价本身也作为评价对象，严格进行反馈前和反馈后评价，以便及时发现并修正评价过程中出现的偏差或错误。

一、教育元评价的必要性

教育评价具有调节、反馈和监控的功能，能为教育管理与决策、教育改革与发展提供事实依据。科学有效的教育评价能够促进教育的发展和完善，反之则会干扰甚至阻碍教育的发展。之所以会出现不合理的教育评价，是因为教育元评价的缺失。因此，对教育评价本身进行检验并作出价值判断是极其重要且必要的。

（一）教育评价对象本身的复杂性和特殊性要求

由于教育是研究人的活动，而人本身是复杂多变的，一个简单的教育现象不仅融入了社会、政治、经济等因素，还有人的意志、心理情感等的介入，加之人的主观能动性，这就更加剧了教育结构的错综复杂性和不确定性，教育现象也更加难以测量。那么，要对某类教育对象作出价值判断，仅通过一次评价活动是不可能完成的，需要进行系统的调查和多次评价，但每次的评价活动都应该是改进后的，而非一成不变的，这就要求对评价活动进行再评价，不断改进评价方式，使之更好地适应评价对象，最终实现对其准确、有力的评价。

（二）教育元评价是完善教育评价活动的需要

教育评价本身是一项很复杂的活动，其对评价对象作出价值判断时肯定会存在不足之处，这就需要对评价活动展开再评价，对评价目标、评价体系、评价步骤和方法、评价结果等各方面进行检验审核，进而不断完善教育评价活动。也就是要经历评价活动—元评价—新评价模式—元评价……这种周而复始、螺旋式上升的过程，才能使评价方式逐步趋于科学化，以更好地指导评价活动，进而提高评价质量。

【拓展阅读】
应用型地方高校课堂教学元评价实证启示与对策建议

（三）教育元评价是提高教育评价结果信度和效度的重要措施

教育元评价的目的是检验教育评价过程和结果的准确性和可靠性，依据评价结果来提出教育决策和改进教育实践。通过教育元评价能及时发现并修正教育评价方法和步骤中出现的偏差，促进教育评价走向规范化；还能鉴定教育评价的理论价值和实践价值；更重要的是教育元评价融入了评价者自身的反思，不仅可以为将来完善教育评价活动积累经验，还可以通过改进教育评价过程提高评价结果的信度和效度。

二、教育元评价的内容

教育元评价主要包含反馈前评价和反馈后评价两部分内容。反馈前评价包括对评价方案科学规范性、评价信息真实可靠性、评价方法合理有效性的评价，旨在及时发现并纠正评价过程中存在的问题，从而检验评价结果的信度和效度。反馈后评价则是一种追踪评价行为，旨在考察评价对象对评价结果的接受程度，以及评价结果对评价对象改进工作所发挥效果的程度。

【拓展阅读】以评促教：中小学质量元评价的逻辑起点

（一）反馈前评价

反馈前评价是指在获取评价结果后，评价对象给予反馈前，就教育评价过程和评价结果本身进行的鉴定，其主要包含如下三点。

第一，对评价方案进行再评价。这是反馈前评价中最重要的部分，因为评价方案设计得好坏直接关系到评价结果的信度和效度。通过对评价方案设计的再评价可以确保其更加科学、规范，进而提高可行性。具体而言，要考察评价目标明确与否；评价对象选择是否得当；评价指标体系是否科学合理；评价方法选择是否准确；评价报告完成时间是否明确等。

第二，对评价实施过程的再评价。目的是检查评价方案的实施是否出现偏差或错误，以便及时调整和修正，从而确保在规定时间内按要求完成各项评价任务。具体而言，要考察评价组织者和实施者是否按评价方案推进评价工作；收集评价信息的方法和步骤是否准确；评价信息的完整性、真实性程度；整理和分析信息的方法是否客观科学；评价结果的信效度高低；评价者是否按照实际情况调整评价方案等。

第三，对评价报告撰写和评价工作效益的再评价。这主要包括评价报告是否规范、科学、简明扼要，是否指明了评价对象的长处和不足，是否提出了相关建议；评价活动是否达到了预期目的；评价资源是否得到了优化配置和充分利用，即评价活动的质量和效率高低等。

（二）反馈后评价

反馈后评价是针对评价对象对评价结果作出的反馈而进行的评价，又称追踪评价。主要包括以下两个方面：一是评价对象对评价结果的接受程度，即评价对象对评价结果持何种态度，是否满意，为什么；评价对象的反应与评价结果的科学性有无关系，是何种关系。二是评价结果的预期目标达成情况，即评价结果对工作的促进程度，如评价对象的工作是否得到了改进；如有改进，主要体现在哪些方面；评价能不能推动他们工作的改进，为什么；是评价对象自身的问题还是评价过程存在问题。

可见，教育再评价尤其是反馈前评价包含的内容较多，实施时不可能对其进行全方位的细致的检验，所以就需要有主次之分，次要的可以粗略审查，但重要部分必须严格审核。

三、教育元评价的标准

教育元评价的实施与教育评价大体相同，首先要解决由谁来组织的问题，这直接关系到教育元评价结果的客观性；其次是要明确对哪些内容进行教育元评价，由于元评价的项目较多，为提高效率必须明确评价重点；最后需要对元评价方案进行讨论修正并严格执行。

（一）评价结果是否达到了预期目的

教育评价类型不同，预期目的也不同。如诊断性评价的预期目的是有针对性地改进；形成性评价的预期目的是为正在进行的教育活动提供反馈信息，进而改进、完善相关的教育活动；终结性评价的预期目的是鉴定、认可、选拔；绝对评价的目的则是判断评价对象达到客观标准的程度。可见，进行教育元评价时先要根据教育评价类型判断其需达成的目的，再看评价结果是否达到了该目的。

（二）评价结果是否客观、准确、有效

首先，教育元评价最重要的标准是要判定教育评价结果的客观性，这就要考察教育评价者在收集评价信息时是否遵循客观事实，在整理分析资料并作出判断的过程中主观因素的掺杂程度等，这直接关系到评价结果的真实性和可靠性。其次，教育评价结果的准确性也是教育元评价的参照依据，即要判断评价信息是否为达成评价目标真正需要的资料，评价工具的选择是否科学合理，因为这两个方面影响到评价结果的准确性。最后，还要以有效性为标准对评价结果进行评价，主要考察评价信息的采集是否严格按照规定的时间进行，评价结果是否对评价对象发挥了预期效果等。

（三）评价结果是否能被接受

评价结果的可接受性反映出了评价效果的好坏，它是教育元评价必不可少的标准之一。在教育元评价中，要注重考察评价结果被评价对象所接受的程度，是否完全被接受等。评价结果不被评价对象所接受主要分两种情况：一是评价对象态度不端正，而评价结果涉及其自身利益，所以其不能接受客观公正的评价结果，这是评价对象而不是评价本身的问题，此时应对评价对象做思想工作；二是由于评价本身存在缺陷或出现失误，如因收集的评价信息失真，评价工具使用不当等原因使得评价结果难以被评价对象接受，这就需要根据反馈对教育评价过程进行检查，做出合理的调整和更正。

（四）评价工作本身的效率高低

进行教育元评价时还需将评价的投入与产出进行比较，考虑评价工作自身的组织管理效益。也就是要分析整个教育评价耗费的人力、物力、财力，判断其是否以最少的投入获得最满意的结果等。落实到具体的教育元评价工作中，就是要考察整个评价工作是否精心安排，物尽其用，人尽其才，各司其职，相互协作等，这些都是进行教育元评价的标准。

总之，上述四项标准相互说明、相互补充，一般情况下，教育元评价工作都是围绕这些标准而展开。其中评价结果的客观、准确、有效性是最重要的标准，如果这项标准达成了，也就意味着它为其他标准的实现奠定了良好的基础。

四、教育元评价的实施

教育元评价的实施与教育评价大体相似，主要有以下三步。

（一）选择教育元评价者

要顺利开展教育元评价，首先要确定由谁来组织实施。这需要根据教育元评价的内容进行选择，可以是教育评价的内部成员，也可以是外部专业评价人员。一般来说，为增强教育元评价的客观性和权威性，可以由教育行政部门组织有经验的教育工作者或专家进行。由于教育元评价和教育评价有很多相似之处，所以对教育元评价者的素质要求也和教育评价者差不多。

（二）明确教育元评价的内容

要实现对某次教育评价活动有效的反思和教育元评价，必须先明确教育元评价的内容。即教育元评价是要进行反馈前评价还是反馈后评价，又具体对哪些方面进行了评价，哪些是需要重点评价的，哪些可以简略评价等。

（三）教育元评价方案的确定和实施

教育元评价方案拟定后，需要召开相关各方参与的论证会，对方案的科学性、可行性进行论证，广泛征求与会人员的意见，对有疑问的项目进行调整修正，不断优化教育元评价方案。待其确定后，就可以严格按照方案进行评价工作，逐一对教育评价的目标、过程、结果、效率，以及评价对象的反馈等进行教育元评价，找出其中存在的问题并反思，以便及时调整和完善教育评价活动，进一步提高评价结果的信度、效度。

本章小结

本章主要就教育评价方案设计、教育评价信息收集与处理、教育评价报告撰写、教育元评价四个主题深入展开，沿着如何进行教育评价的主线，结合案例详细介绍了教育评价方案设计的基本内容，教育评价指标体系的设计方法，收集和处理教育评价信息的要求与方法，教育评价报告撰写及案例，教育元评价的必要性与内容、标准以及实施过程等，为教育评价活动提供了实践的理论基础和方法的视角。

思考与练习

1. 如何设计教育评价指标体系，请简述其具体步骤与方法。
2. 教育评价信息的收集有哪些具体的要求和方法。
3. 怎样撰写一份教育评价报告？
4. 教育元评价的评价内容和标准有哪些？

推荐阅读

1. 刘学智，田雪. 新时代基础教育评价改革的路向转变 [J]. 中国考试，2020 (8): 16-19.

2. 辛涛，姜宇. 基于核心素养的基础教育评价改革 [J]. 中国教育学刊，2017 (4): 12-15.

3. 孙贺群. 基于有效性验证经验的美国早期教育质量评价的元评价研究 [J]. 四川师范大学学报 (社会科学版)，2018，45 (3): 69-77.

第十章　学校发展的测量与评价

学习目标

1. 了解学校发展测量与评价的意义。
2. 初步理解学校发展测量与评价的内容。
3. 初步掌握学校发展测量与评价的设计与实施。

知识导图

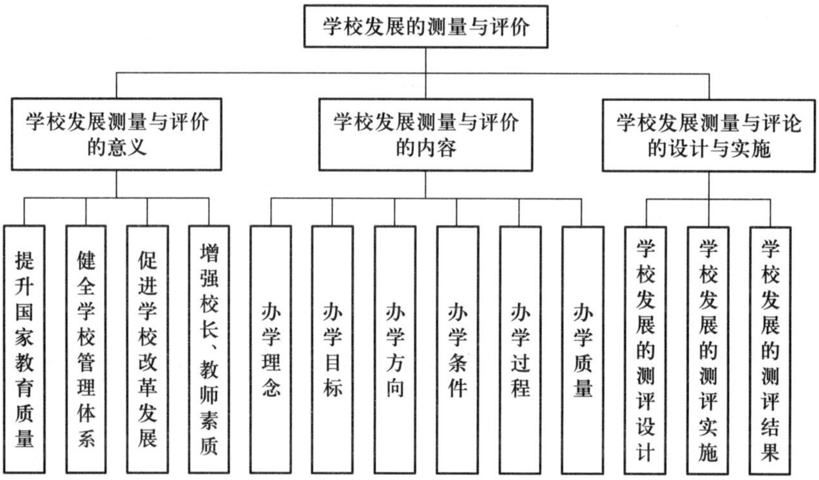

要从整体上把握学校发展的指向标，就有必要了解和把握学校发展测量与评价的内在含义。通过科学合理的方法对其内容进行综合考量和实际测评，在肯定现有工作成绩的同时，力求全面合理地反映当前学校发展中面临的问题，并以此提出操作性的对策和建议，完善学校立德树人的机制。以动态性的测量与评价过程极大地凸显学校的办学特色，全方位地提高学校的办学质量，实现其持续健康发展。

第一节 学校发展测量与评价的意义

学校发展测量与评价是指多元评价主体依据立德树人的根本标准，采用多种科学合理的方法收集学校发展资料，审视学校发展状况，对学校的现状进行分析和潜力展望，促使学校不断发展的梯次动态循环过程。其目的在于促使学校在达到基本标准的前提下，促进学校特色性的可持续发展，提高学校的自我评估、自我调控、自我完善的意识和能力，这也成为发展性学校测评的更高层次追求。在新时代教育评价改革的时代背景下，作为教育测评活动中不可缺少的重要组成部分，学校发展的测量与评价越来越多地在学校发展中发挥着调节、诊断、反馈和改进等重要作用，其价值取向逐渐从工具理性过渡到价值理性，以人为本，从关注过去转向关注未来，从注重分等转向注重发展，在其内涵从目标导向发展到当下具有广泛影响力的建构性测评的转变过程中，需要认真把握学校发展测评的意义，以更好地实现对学校发展状况的全方位、多维度的测量和评价。

一、提升国家教育质量

当今世界，科学技术突飞猛进，知识经济飞速发展，国力竞争日趋激烈，而国力的强弱取决于劳动者的素质，取决于各类人才的质量和数量。因此，我国要提高综合实力，必须从人力资源大国变为人力资源强国。而人才的培养要通过教育加以实现，在各种类型的教育中，学校教育具有其他类型教育所不可比拟的作用。一所学校能否培养出优秀的人才，是否有利于学生的发展等问题都是衡量一所学校发展优劣的指标项目。优秀的学校能够为学生提供成长成才所需的环境，较好地促进学生的发展，反之则会阻碍学生向着正确方向发展或者会阻碍学生的良性发展。因此对学校发展进行测量与评价就显得尤为重要，通过对学校发展的测评，能够鉴定和诊断学校在发展过程中存在的问题，根据多元评价主体的改进意见，取长补短，不断提升学校的质量，培养担当民族复兴大任的时代新人，培养德智体美劳全面发展的社会主义建设者和接班人。

【微视频】
学校发展测评的基本概述

二、健全学校管理体系

如果学校只有决策、执行两个系统而没有评价监督系统，就会使学校的教育决策缺乏科学论证、制度执行缺乏监督检查，因此，学校发展需要科学的评价监督系统。教育评价监督系统是教育管理系统与学校发展测评的重要组成部分，而后者又是学校管理体系中的重要内容。概言之，学校发展的测量与评价对于健全学校管理体系发挥着不可取代的重要作用。

三、促进学校改革发展

学校改革是指以教育教学的变革为核心，辅以其他方面的变化改进，对学校现状进行改良和革新的一项复杂的系统工程。学校改革发展需要有明确目标，并在整个过程中不断地反思检查，因此要通过对学校发展的测评，明晰学校改革的成就与不足，促进学校改革科学有序进行。

四、增强校长、教师素质

学校发展的测评有两种形式，一是外部测评，二是自我测评。学校发展的测量与评价是提升校长和教师素质的重要手段，主要表现在两个方面。第一，学校外部人员对学校发展进行测评促进校长和教师的素质不断提高。学校存在于社会的大系统中，学校的发展必须考虑社会满意度，接受学校外部人员的评价。因此作为学校的核心力量——校长和教师们需要不断提高自身素质，从而提高学校的办学水平，以达到测评要求。第二，学校对其自身发展的测量与评价要求校长和教师的素质不断提高。学校的自我测量与评价是促进学校发展的主要评价方式，也是提升校长和教师素质的主要手段，它要求校长和教师通过对学校发展现状的分析与判断，明确个人的成绩与不足，从而提升自己，改进工作方法。

第二节 学校发展测量与评价的内容

学校发展测评是将学校教育发展全系统的有效性作为参照，以系统观去厘清学校组织系统的发展机理，科学合理地对学校发展的办学理念、办学目标、办学方向、办学条件、办学过程、办学质量等多维系统进行动态测评的过程。在对学校发展进行测评之初，学校管理者和相关测评者就必须明晰和把握学校发展的视角和前提假设：其一，从多重视角分析，将学校当作一个开放的、复杂的、发展的组织系统，一个有输入、有输出的流通系统，一个包含学校管理者、教师和学生行为的协同互动生态系统。其二，从多个层面着手，认清学校发展的有效性是基于学校全系统中每一个子系统功能的全面发挥，全面关照每一个子系统中的观测点，通过学校发展的“应然”标准与“实然”状态之间的一致性，凸显其测评的有效性。其三，从共性与个性相统一出发，学校发展测评的有效性既要观照自身的实力，更要观照学校发展的品质，在充分体现学校共性发展的同时追求学校发展的个性。因此，从以上假设和视角出发，学校发展测评应包括以下六个方面内容。

【拓展阅读】论中小学办学理念的提炼与表达

一、办学理念

办学理念是学校在其发展过程中逐步形成并积淀下来的，体现了学校成员尤其是管理者对于学校的理性认识、理想追求及所持教育观念的集合，是学校自主建构且获得广泛认同的学校核心价值观念体系，深刻影响着学校的发展方向。办学理念随着时代的进步而变化，影响并决定着学校整体的发展，反映了教育的本质要求，它来源于办学实践又作用于办学实践，并通过影响校长的个体行为赋予学校整体行为以自觉性和目的性。科学正确的办学理念不仅能够明确学校的目标导向，而且还会成为实现学校办学理想的强大动力，对学校的发展和绩效产生积极的影响。办学理念指向价值追求、职业情感、学校精神、“三风”建设和学校校训五大指标，体现在学校办学者的教育观、管理观、教师观和学生观等方面，其对学校的内在规定性关系着它的生存、发展、水平和效益，从而影响着人们对学校教育本质、功能和规律的把握。

（一）价值追求

价值追求是在对教育本质和规律问题深层理解的基础上形成的。教育本质内在地蕴含着教育测量与评价的逻辑起点，对其价值追求的认识、理解和把握直接影响到学校办学宗旨和培养目标的确立，以及治校方略的选择，进而影响和决定了办学主体的教育行为方式和价值取向。作为对办学实践的一种主观要求，价值追求必然要从教育本质出发，根据对教育规律的认识来确定自身的取向，明确应然的问题，是在理性认识的基础上对办学实践的一种积极设想，是从实践出发关于未来办学应达到状态的设想和期待，具有明确的目的性和理想意图。按照价值追求的要求，明确学校办学的指导思想、目标定位、发展规划，确定教育教学改革的重点和方向，设计并组织实施各项教育教学活动，使学校运行成为践行办学理念的过程，避免办学的盲目性。通过学校文化的积淀，以办学理念为辐射源，加上价值追求的有效延伸，在实践的基础上将价值追求转化为支配学校运行的价值取向和行为定势，使办学实践在办学理念的引领下沿着正确的方向发展，引导和规范人们具体的教育教学行为方式，形成较强的内驱力和自制力，自觉地按照价值追求的指向履行自身职责，积极主动地践行办学理念。

（二）职业情感

职业情感是办学理念和价值取向的集中体现，反映的是一个国家、一个学校长期积累的文化底蕴和办学思想，它是对教育实践的客观反映，以其作为自己存在的前提，在一定条件下又反过来对教育实践起指导作用。作为教育者对教育所产生的一种心灵状态，职业情感的特征是关注学生的成长和发展，促进人的全面发展与不断完善。相对制度而言，职业情感以一种无形的观念主导着学校教育的发展趋势和教师的教育实践。教育实践的发展历史证明，科学而明确的职业情感能够通过其精神力量起到指导和规范教育行为的作用，有助于一个国家教育的健康发展以及学校办学理念的形成和实践。

（三）学校精神

学校精神是一种非实体性质的精神文化，是在长期的教育管理与教育教学活动中逐渐积淀起来的，在共同的情感、认知和意志中体现出来并被全体师生所认同的一种共同氛围以及价值观，是学校文化最本质、最集中的体现。作为校园文化的主导和核心，学校精神常常渗透在学校风格、学校传统、学校道德规范、学校目标追求、学校的领导作风、教风以及学风等各个方面，通过凝聚、熏陶和规范等功能，为践行办学理念和实现办学目标提供信念支持和精神动力。

（四）“三风”建设

“三风”是指学校的校风、教风与学风，三者是一个相互影响、相互促进的统一体，它们共同构成了学校育人的“软环境”，其中，校风是核心，教风是关键，学风是根本。校风，是指一所学校在一定的历史发展过程和长期的教育实践中，经过全体成员共同努力而逐步形成的、相对稳定的精神状态和思想作风。校风是一所学校的办学理念和办学特色的集中体现，具有强烈的导向、激励、凝聚和规范作用，对于学校内聚合力、外树形象、永葆自身动力和活力，起着不可替代的作用。教风，是指以高尚师德、优良师风、超人才情、深厚才学为基础，所形成的具有感召性的人格魅力和精神气质，是广大教师在长期的教育教学实践活动中表现出来的精神状态和工作作风。教师的教育和教学价值观念是教风的灵魂和根本，它决定着教风发展的方向，是确立正确教学目的和教学态度、提高教学水平、培养健康教师人格的内在动力。学风有广义和狭义之分，广义上的学风是指师生在长期的教育实践中形成的治学态度和精神风貌，是全校师生群体心理和行为在治学上的表现。狭义上的学风是指学生的学习风气，具体指学生在受教育的过程中所表现出来的行为特征和精神风貌。学风是校风的行为化延伸和终极体现，它的感召力来自于校风理念，推动力来自于学生的行为化。

（五）学校校训

校训集中体现了一所学校的文化传统、教育理念、价值追求、精神风貌和个性特色，是学校历史与传统文化的积淀和弘扬，是校园精神与育人理念的航标和旗帜，是价值观念与行为规范的凝聚和概括，是学校宗旨与社会文明的彰显和体现。其特征和作用表现在以下三个方面：其一，校训是对各种先进教育思想的高度提炼，是整个学校工作的灵魂，对学校全体成员起着目标导向作用；其二，校训是一种隐蔽的教育力量，它对广大师生的行为产生潜移默化的影响，提出准确、可行的校训是治校育人的有效途径；其三，校训是学校特色的充分体现，能反映一个学校的办学特点。

二、办学目标

确定办学目标是学校发展规划设计的重要环节。办学目标是学校未来要达到的教学质量水平衡量标准，也是学校发展的指南和动力。要确定一个合理长效的办学目标，学校必须立足当前自身的发展水平，结合社会发展需要，对未来一定阶段的发展制定科学的规划。按照战略目标的层次划分，可将办学目标包括宏观层面（总体目标）、中观层面（阶段目标）和微观层面（分项目标）三个方面的内容。

（一）宏观层面（总体目标）

学校应基于政治经济以及科学技术的发展背景，根据学校自身条件和发展潜力，以及学生的身心发展特点，找准学校在人才培养中的位置，确定学校在一定时期内的总体目标及发展走向等，这是学校办学目标的具体体现。人才培养、办学水平、办学特色、办学规模、学校类型、服务面向、办学层次、预期时间八个子目标共同构成了一个总体目标体系。各子目标间既相对独立，又相互关联。按照指标类别划分，又可将其分为定性目标和定量目标。其中办学水平、办学特色、人才培养、学校类型、服务面向、办学层次属于定性目标，办学规模属于定量目标。办学目标规定了学校在一定时期内总的发展方向、发展战略、发展规模和将要达到的水平。因此，科学地制订学校发展目标，对学校有十分重要的作用。应以学校现状为基准，找准其位置，分析自身特色，看到它的历史成就和未来发展方向，从而制订出相应的发展目标。

（二）中观层面（阶段目标）

中观层面的学校发展目标可依据时间进行划分，具体可以从三个阶段体现：近期目标、中期目标和长期目标。其中，近期目标是指 2 年内学校在教学活动、教学管理、队伍建设、教研建设等方面的具体目标。中期目标是介于长期目标和近期目标间的发展目标，用以指导和评价学校 5 年内阶段性事项和目标的达成水平标准。长期目标是指 10 年内学校在各个方面的发展所期望达到的水平。清晰、适切、连续的办学目标，将使学校的办学定位更加准确，各项事务都能统筹协调，帮助学校实现阶段性的发展。

（三）微观层面（分项目标）

微观层面的发展目标是指学校在办学条件、办学过程、办学质量等方面要制订的分项目标，应该在坚持整体优化原则的同时，注重突出学校的办学特色，贯彻“一个中心”——坚持以教学为中心，以课堂为渠道。20字方针——“以评促建”“以评促改”“以评促管”“评建结合”“重在建设”。三个符合度——学校确定的目标与社会要求、学校实情、学生发展状况的符合程度；学校确定的目标与学校实际工作状态的符合程度；学校确定的目标与学校最终培养人的质量的符合度。在不断提升学校办学水平的前提下强化其办学特色，最终实现学校的整体发展和优势凸显。

三、办学方向

办学方向是学校办学的指导思想，是管理学校首先要解决的问题。学校的办学方向具有统领引导作用，其正确与否对学校乃至整个教育事业的发展影响甚大。办学方向既从宏观上概括了学校的办学指导思想、办学理念、治校理念、办学特色等，又对学校的资源配置、专业建设、教学改革和学风建设等作出了具体的方向性选择，是一所学校前进和发展的方向标，引导着学校的改革和发展。学校办学方向的测评主要包括办学指导思想、办学思路、学校发展规划三个指标。

（一）办学指导思想

办学指导思想是学校对教育宏观的、理性的认识，是对办什么样的教育和怎样办人民满意的教育的总的看法，是学校工作的出发点，是学校发展方向和目标的思想基础。一所优秀的学校必定具有先进的办学指导思想。对它的考察具体表现为以下三个方面。第一，办学理念是否正确。具体指学校是否为社会主义现代化建设服务，是否全面贯彻党的教育方针，坚持社会主义办学方向，落实立德树人根本任务，遵循教育规律，以及是否面向全体学生、促进学生全面发展等。第二，办学思路是否先进。学校的中心工作是教学，在办学思路上要体现以教学为中心的全面质量管理原则，牢固树立教学为主的思想，全面协调安排学校的各项工作。第三，学校校风是否优良。对校风的测评要注意学校的秩序和纪律，学生的精神风貌，学校的常规管理以及各项规章制度的健全和执行情况。

（二）办学思路

办学思路是一定的教育思想在学校办学、治校、育人目标上的概括性体现，是在一定的社会环境中，对学校办学过程中的教学、科研、社会服务、文化传承如何进行建设的总体思路。作为学校建设的灵魂，它不仅直接影响到一所学校的发展方向、使命及其应承担的责任和义务的选择，更深刻地影响着学校对于自身功能、作用和任务的准确定位。办学思路贯穿于学校发展的全过程，是其寻求实现价值的有效行为模式。具体而言，一般可以从办学定位是否明确、发展方向是否清晰和具体措施是否可操作三方面入手，以实现“三个统一”：历史与现实的统一，继承与创新的统一，共性与个性的统一。

（三）学校发展规划

学校发展规划既是一种学校管理方式的更新，又是一个通过学校共同体成员来制订和实施学校发展综合性方案的过程，是为学校发展提供支持能力，并不断探索学校的发展策略，持续改进教育教学质量而进行的管理行动。[1]在实施学校发展规划的过程中，可从以下几方面进行测量与评价：

【拓展阅读】学校发展规划：意蕴、制定与实施

第一，学校发展规划目标的达成度。这是考查和评价学校发展规划实施

① 楚江亭．学校发展规划：内涵、特征及模式转变［J］．教育研究，2008（2）：81-85.

的最基本也是最重要的内容。学校发展规划的目标能否实现，不仅取决于能否民主、科学地制定规划，还取决于能否脚踏实地地实施规划。

第二，学校在实施规划过程中的创新与发展。一个好的学校发展规划在实施过程中会不断激发人们的积极性和创造性，同时也会不断遇到新的情况和问题，需要学校不断开阔视野和提升教育理念，对规划进行调整和完善，不断开展创造性的工作。

第三，学校发展过程中的社会影响力。对学校发展规划实施的评价，首先，要看学校发展规划的实施是否有助于提炼办学特色、促进学校发展；其次，要看其在为社会创造和提供高质量教育教学资源等方面的作用；最后，还应当评价学校在实现高质量资源与有效经验共享、实现共同发展目标，与周围学校共同形成区域性高质量教育与教学资源的发展过程中所发挥的功能与价值。

第四，学校可持续发展规划的制定。学校的发展规划不是一次性和终结性的，有效促进学校的可持续性发展，是学校发展规划制定、实施与评价的一个突出特点。

四、办学条件

办学条件是从制度、人力、物力、场地等方面保证学校各项工作顺利进行的必要条件，它是衡量整个学校办学水平的一个重要内容。对学校办学条件的测评有助于促进学校和教育管理部门改善办学条件，也有助于科学评价各级各类学校的办学效益，从而提高学校办学的积极性。测评学校办学条件的具体指标可以从师资队伍、学生情况、制度建设、教学条件、校内环境等五个方面考虑。

（一）师资队伍

师资队伍是保障人才质量的核心要素，也是学校发展的第一资源和核心动力，对其进行优化建设是学校实现跨越式发展的前提和必备条件，是体现学校现代化管理理念和科学管理水平的重要标志。教师资源是否得到了充分有效地合理开发、管理和利用，直接关系着学校教育改革的发展，其师德师风和素质水平也体现了学校的办学水平和社会地位。测评教师资源的指标一般包括师德师风、年龄结构、学科结构、教学实绩、职业发展，同时还要考核教师一线学生工作的成效，这些能够考察教师队伍是否能够发挥典型示范引领作用，学科匹配是否科学，结构是否合理，效用是否得到充分发挥，由此检测师资队伍的建设状况。

（二）学生情况

学生是学校高质量发展的内生性要素，是学校发展的基础。对于学生情况的测评要坚持以德为先、能力为重、全面发展的基本原则，重点考察学生的思想道德、心理素质、行为习惯、体质健康、审美能力以及劳动习惯与劳动素养等综合素质。通过这些指标能够测评学校的发展是否使学生获得了全面发展，以反映学校发展的效果。因此，在对学校发展进行测评的过程中，学生情况必须要纳入测评内容中。

（三）制度建设

从本校实际情况出发制定的各种规章制度是学校工作正常运转的前提和保障，没有相应的制度，学校组织就会处于散乱状态，教学和管理工作也会失去方向。建立、健全各种规章制度是实现学校管理规范化、条理化的重要保证。测评学校的规章制度，主要考察以下三点。第一，学校制度是否健全。学校的规章制度主要有会议制度、请假制度、考核制度、岗位责任制度、奖惩制度、作息制度、值日制度以及教学制度等，考核主要看其合理性、可行性和如何。第二，学校制度的执行情况。学校的规章制度一旦制定，在管理时就必须依制度行事。考察规章制度的执行情况，主要看学校成员是否对这些制度有明确的认识和了解，学校在执行制度时是否能够秉持按制度办事的原则。第三，学校制度的制定渠道。学校的各种规章制度，有的是自上而下经学校下达行政命令要求必须遵守的，有的是自下而上经教职员工参与讨论认同通过的。在考察学校规章制度的来源渠道时，主要看学校管理者是否有以人为本的思想，能否发挥广大教职员工民主参与学校管理的积极性。

（四）教学条件

教学条件是学校发展的物力保障，在很大程度上影响着学校的教学质量。教学条件主要表现为图书设备，具体包括规范的图书阅览室、丰富的藏书、及时的资料收集措施、规范的借阅制度等；实验设备，表现为实验器材的齐全程度以及保管和借阅制度；数字化设备，具体表现为是否有校园网、多媒体教室、投影仪、智慧黑板、教学电子白板等多种数字化教学设备。

拥有稳定的教育经费来源是学校生存和发展的首要条件，可以从以下三个方面来衡量学校的教育经费情况：其一，教育经费的总数量。其二，教育经费年度收支预算的合理性，向教学倾斜的安排。其三，教育经费在满足教学教研、仪器更新、图书购置、设备维修、校本课程开发等方面的情况。

（五）校园环境

校园环境是学校发展的场地保障，也是教师和学生的活动场所。校园环境的优良程度一般会影响学校的发展，具体表现为以下三点：一是学校占地面积大小，一般由学校总人数来决定；二是校舍和运动场地的配套情况，一般包括教室和办公用房、报告厅、培训室、操场等；三是校园绿化面积，主要指学校的花草树木等美化设施。校园环境的测评常常关注的是设施配套的齐全程度和实施的利用率。四是人文环境的和谐度，主要指师生关系是否和谐、生生关系是否融洽、管理者与教师、学生关系是否和谐等，营造和谐的教学环境。

五、办学过程

学校以教学活动为中心，学校的办学质量标准、办学目标能否达成，都取决于学校的办学过程，因此对办学过程进行评价和反馈，是促进学校发展，帮助学校不断完善和进步的重要方法。测评办学过程一般会从教学管理、教学活动、队伍建设、课程建设和教研建设五个方面来考察。

（一）教学管理

教学管理主要是对学校的管理水平的评价，有助于提高领导班子、教师队伍的积极性和主动性，进而优化管理，深化改革，全面提高教育教学质量。教学管理的测评内容包括如下五个方面的内容。

1. 教学常规管理

教学常规管理具体是指日常教学行为规范的管理，它是一所学校管理水平高低的直接反映。对教学常规的评价主要考察以下四点。第一，听课、评课制度。学校是否建立了定期的领导听评课、教研组长听评课、同事听评课、督导听评课制度，是否有听课、评课记录的检查，是否有听课、评课意见交换材料的整理和收集等。第二，“五认真”的体现与落实制度。学校是否有备课、上课、批改作业、辅导、成绩考核的规定与检查制度。第三，教研制度。学校有无常规的教研活动计划，有无定期的教研指导和检查记录，有无定期的教研座谈活动和名师献课活动、专家讲习活动等。第四，学校有无实施教师岗位培训、新教师教育、骨干教师教育和干部培训等各类齐全的培训方案，各类培训档案是否齐全，管理是否规范等。

2. 课外活动管理

课外活动作为教学活动的有力补充，发挥着不同于教学的特殊作用，它是实施素质教育、促进学生整体水平提升、体现学校办学特色的重要阵地。对课外活动管理水平的评价，主要体现为“定人、定时、定地点、定内容、定形式”的特点，具体表现有以下三点。首先，课外活动要有计划。课外活动作为一门课程，应体现其计划的周延性和内容的有效性特点。其次，课外活动要有组织和管理制度。课外活动的组织和管理要体现形式的多样性、内容的丰富性以及主题的健康性等特点，课外活动作为校园文化建设的重要内容，一定要做到组织规范、内容健康、形式多样。最后，课外活动要体现自主性。课外活动在内容和形式的选择上，要力求体现自愿、自主的特点，对内容、形式选择的自主性与“定内容、定形式”并不矛盾，它是指在规定的内容和形式范围内学生有自主选择的权利。

3. 体育卫生活动管理

体育卫生活动作为学生全面发展的要素之一，在学校评价中理应有其一席之地。体育卫生活动的管理主要是对其宣传和达标情况的管理。一般包括以下三个方面的内容：其一，卫生知识普及宣传情况；其二，体育卫生制度的健全与实施情况，包括降低近视率措施，降低常见病发病率措施，定期的身体普查，医务值班制度等；其三，《国家体育锻炼标准》实施情况，对其的考核一般是通过体育课和课外体育活动来完成的。

4. 后勤与勤工俭学管理

后勤作为支撑教学活动顺利开展的保障条件，其管理水平的高低直接与学校的发展密切相关。后勤与勤工俭学管理评价一般包括：第一，后勤与勤工俭学管理活动的开展情况；第二，对教学服务的落实情况；第三，学校的安全保卫情况；第四，勤工助学情况。

5. 科研管理

对学校科研工作的评价是现代学校评价的一大特色。在科研兴校、科研助教以及评价改革的时代背景下，学校科研工作应突出质量导向，重点测评学术贡献、社会贡献以及支撑人才培养情况，因此，学校科研的质量是评价科研管理水平的主要指标。具体表现为以下三个方面。首先，科研意识强。学校领导、教师牢固树立科研意识，科研机构健全，有具体可行的科研计划和工作安排，有相应的科研经费配套制度。其次，科研水平高。学校科研人员能根据课程改革的需要，从当前教育教学改革的重点、难点问题中选题立项，科学规范地开展研究工作，研究人员分工明确，科研态度认真，经常开展科研活动。最后，科研成果代表性强。科研成果是否是当下教学、教研领域重点关注的重大前沿以及重大攻关问题，科研成果是否能够真正解决学校发展、教学改革的实际问题，是否能够引领学校与教学等的发展，做到“以研导教，以教促研，研教结合，不断深化”。

（二）教学活动

教学活动是学校的中心活动，是学校发展的主渠道。对教学活动进行评价是衡量学校发展的重要内容，可以从以下四个方面来进行。第一，教师的师德师风情况。体现为教师的教书育人、思想政治素质等关键素养。第二，教师的教学投入度。教师教学充满激情，教学语言、教学表情、体态表现、教师感染力都是展现教师教学投入程度的细节。第三，教学目标达成度。这体现为教学问题的设计与教学主题的吻合度，教学方式运用的合理度，教学情境创设的合理性，学生对知识的掌握程度，学生能力的发展程度，学生学习的积极主动性，学生的学习兴趣程度。第四，问题的有效性。是否以开放式问题启发学生思考，问题是否充分调动学生回答的积极性，是否能结合学生的答问进行问题小结，是否既有预设性问题、又有生成性问题。第五，教学内容的延伸度。其中包括教学内容的广度、深度、厚度以及问题化、应用性、实践性等内容。

（三）队伍建设

学校的队伍建设是取得良好教育教学效果的关键所在，是顺利推进各项改革、提高国家教育教学质量的根本保证。学校的队伍建设一般包括教学队伍、管理队伍和教研队伍，在具体测评中可结合队伍的不同性质。

对管理队伍的测评，要建立以品德和能力为导向、以岗位需求为目标的机制，侧重对教学管理人员的师德师风、年龄、任职时间以及从事管理工作所必需的业务水平进行综合考察。管理人员既要有与岗位相适应的能力、理论和知识水平，又要有明确的岗位职责，并将自己的主要精力投入到管理工作当中。

对教研队伍的测评一般是指以下三个方面。第一，教研组团队共同愿景的确立。共同愿景不是对教师的命令或控制，而是促进和支持，它能让教研组团队全体成员主动而真诚地奉献和投入在教育教学行动中，从而推动教师团队整体进行更高水平的学习。第二，教研组团队的互助学习和教师专业能力的提升。新课程改革给教师的发展带来了新的契机，同时也带来了巨大的挑战。教学方式的变革，课程体系的变化与重组，使教研组团队成为教师理论引领和专业学习、培训、研修的最重要的组织。第三，教研组团队的文化建设，包括物质文化和精神文化两个部分。就教研组文化而言，物质文化可包括教师办公设备、教研组活动场所、教师的学历文凭等，精神文化则包括教师成员的价值理念、工作作风、组内教学传统等。

（四）课程建设

每所学校的发展情况都是不同的，学校需要符合自身情况的课程建设。目前主要分为国家课程、地方课程、校本课程三级课程。国家课程主要是由国家确定，不作为学校发展测评的内容，地方课程和校本课程是衡量学校课程建设的主导方面，尤其是校本课程，它是学校根据自身的优势，在全校教师共同努力研究下的成果，能够综合地体现教师教研能力和课程建设能力，是学校综合发展能力的表现。对课程建设的考核指标主要有以下内容：课程梯队建设，教学内容建设，教学内容、方法和方式建设，实验实习实践条件建设，教学文件齐备，课程质量监控与效果评价，课程管理等。

（五）教研建设

对于中小学来说，教研建设主要指的是校本教研，是指以校为本的教学研究活动。教师是研究的主体，教学中的具体问题是研究的对象，目的在于促进学生的发展，提高教师的教学能力和研究能力，解决教学问题。建立良好的校本教研制度，是提升学校教师队伍质量的主要途径。教研建设具体体现在集体备课制度的执行程度，公开课的开展情况，学生学业成绩分析，教师业务培训，教师帮扶活动，课题申请、组织、实施等方面。对高等院校来说，教研建设不仅是针对教学活动的研究，还包括申请的科研项目，研究的主体不仅是老师，还可以是学生。学校教研活动的质量、成果的代表性等都是对学校进行教研建设测评的不同方面。

六、办学质量

学校的办学质量是测评学校的根本依据，也是反映学校发展趋势的最直观体现。办学质量一般是指学校办学活动对于特定任务和目标的实现程度，作为构成办学效益的重要因素，它一方面使全体教职工的注意力集中在学校办学的任务和目标上，便于指导学校具体的办学实践；另一方面，对办学质量的不断追求可促使人们为实现学校的办学目标而努力。

（一）学生素质

提高学生的综合素质是学校人才培养的基本职能。按照素质教育中学生素质的构成成分，可将其分为以下四个方面。第一，身心素质，包括身体素质和心理素质两部分。其中身体素质是一个人体质强弱的外在表现，一般从个体在活动中所表现出来的力量、速度、耐力、灵敏度、柔韧性等方面对学生进行测评。心理素质则要从心理潜能、心理能量、心理特点、心理品质以及心理行为等方面的表现情况以及有机结合程度对个体进行考评。第二，思想素质。它是指一个人的意识形态、思维活动、行为和作风所显示的思想、道德修养、品性、认识等，以追求真善美为目标，力求从政治观、世界观、人生观、价值观、道德观、法制观等角度全面地反映学生的思想品质。第三，文化素质。主要指个体在文化方面所具有的较为稳定的，内在的基本品质，表明个体在这些知识及与之相适应的能力行为，情感等综合发展的质量，水平和个性特点。对文化素质的测评一般从学生掌握的科学技术、哲学、文学、历史、社会学等知识层面，通过语言或文字的形式表达出来，通过肢体行为反映出来的综合气质或整体素质。第四，实践素质。是指学生在实践活动中思想与行为的具体表现，可从认知技能、联结技能和自动化技能等方面对学生进行测评。

（二）学生作品

学生作品可分为代表性成果、参赛获奖和发明专利三类。学生作品是学校办学质量的重要体现，同时也是学生个人知识得到提升和运用的具体表现。其中：代表性成果主要测评成果对学科的贡献程度以及创新性等；参赛获奖要注重学生参赛的过程性表现，以及在某个领域是否有重大突破等；发明专利可从其作品的新颖性、创造性和实用性等方面进行测评。

（三）学生出口

学生出口是学校办学质量的一个重要表现，可以从学生的升学和就业两个方面来进行测评。升学主要指学生由低一级学校升入高一级学校，在测评过程中要注意克服以单一升学率为导向的学校测评模式所带来的弊端，坚持科学导向，改进结果评价，可采用增值性评价，更加强调发展性评价标准，重视起点、关注过程，采用多种统计技术，提高学生升学评价的科学性、专业性、客观性。就业是目前家长和学生对学校发展最实在、最直观的测评点，主要测评对学生开展就业与发展指导的情况，学生就业的质量情况，毕业生发展、用人单位满意度，以及对毕业生就业的追踪记录情况等。

（四）教学成果

教学成果主要指师生获得的各种奖励，包括科研成果、教改成果和获奖成果。教学成果是学校教学水平的间接反映，可以为评价学校提供直接的数据资料。对教学效果的评价要突出质量导向，重点评价教师教学成果的贡献，改变“以数量论英雄”的评价模式。根据不同的学科特点，坚持分类评价，推行代表性成果评价，探索长周期评价，注重个人评价与团队评价相结合。

（五）办学特色

评价学校的办学特色是学校管理全面改革的结果，是发展性学校评价理念的直接表现。对办学特色的评价打破了传统学校评价的价值取向，使学校评价由鉴定是否达标转向为如何引导学校进一步个性化发展的方向。目前，在学校评价的实践活动中，多把“先进的办学理念加上鲜明的办学特色”作为优秀学校的标准。对办学特色的评价要考虑以下两点：其一，办学特色是基于学校整体而言的，绝不单指学校有几个区别点，而是在全面发展基础上的特色，是在高规格发展上形成的“亮点”。其二，学校特色的稳定性。其不因时间、地点、环境、学校领导的更改而变化，而是学校多年文化的积淀，是长期建设和追求而形成的稳定的学校文化。因此，评价学校的办学特色，要从其独特性和持久性来评价。

【微视频】
学校发展测评的系统构成

第三节 学校发展测量与评价的设计与实施

设计与实施是学校发展测评组织系统落实的关键所在。在明确学校发展的组织系统后，就要对其各个系统以及观测要点进行测量与评价。首先，科学合理的测评设计是保证学校发展测评沿着正确方向运行的有效保障，测评目标、测评主体、测评方法的选择和确定是否合理，都直接制约和影响着测评实施和结果反馈的有效程度。其次，在按照程序实施测评的过程中，对于其监控必不可少，甚至能在一定程度上修正测评实施的不当之处。最后，在对学校发展测评进行反馈的同时，对其进行多元评价和优化，以健全和完善学校发展测评系统，进一步实现学校的可持续发展。当然，在学校发展的整个测评过程中，要严格控制测评活动数量和频次，减少多头评价、重复评价，切实减轻学校的负担。

一、学校发展的测评设计

学校发展的测评设计主要包括测评目标、测评主体和测评方式三个部分的内容。学校发展的测评目标主要解决“围绕什么进行测评”的问题，测评主体主要回答“由谁来进行测评”的问题，测评方式则主要解决“通过什么方法来进行测评”的问题。

（一）测评目标

在开展学校发展的测评活动之前，必须明确“围绕什么进行测评”的问题，即确定学校发展的测评目标。这是开展测评活动的起点，为它的实施指明了方向。因此在进行学校发展的测评设计时，应当首先明确测评的目标。其目标应具有多元性和广泛性的特点，既可以是对学校管理的测评，也可以是对学校教学质量的测评，还可以是对学校科研成果的测评。

（二）测评主体

测评主体也就是测评活动的实施方，可以划分为学校内部测评、学校外部测评和第三方测评机构测评。

【拓展阅读】试论学校自我评价的问题及对策

1. 学校内部测评

学校内部测评是由被测评的学校对照评价标准进行自我分析、自我研究、自我总结与自我改进的过程。学校内部测评的任务是全面收集能反映学校工作的各项资料、数据，并对其进行整理和分析，形成学校的自查报告。学校在准备自评材料时要遵循实事求是的原则，全面收集资料，深入、严谨地加以分析，力求分析报告真实可信，能够如实反映学校发展的状态，明确优势和不足，为下一阶段学校的发展指明改革方向。

2. 学校外部测评

建立健全教育督导部门统一负责的教育评估监测机制作为学校发展的外部测评主体，从独立于学校自身之外而又与学校发展密切相关的视角，在一定程度上能够超越学校自身进行的测评，体现公开、公正、规范、激励的特点。在教育行政部门进行测评的过程中，要注意以下三点。第一，明晰学校测评的目标。始终以促进学校发展为核心，将客观真实的测评报告反馈给学校，学校根据办学目标和测评结果间的差异重新审视自身发展状况，为下一阶段的改革发展明确方向。第二，合理定位评价主体。外部测评的主体要客观、公正地摆正自己的位置，避免出现“管理主义”倾向而使测评失真失效。第三，科学地进行测评。在测评的过程中，要坚持系统性和灵活性相统一，根据评价目的针对性地选择评价内容和评价方法，在统筹全局的基础上，关注相应的数据和问题，提升测评的效度。

3. 第三方测评机构测评

【拓展阅读】第三方评价机构参与中小学生综合素质评价

发挥专业机构和社会组织的作用，在学校发展测评过程中，引入第三方测评机构，由教育系统外部的无利益相关人员来测评学校的教育教学质量、学校发展水平、学校设施设备条件等，将会更加客观、公正。

在学校发展的测评过程中引入第三方测评机构时，要注意以下两个方面的问题。一方面，第三方测评机构的独立性，第三方测评机构必须公正、公开地站在第三方的立场做出客观的测评。另一方面，第三方测评结构的专业性，第三方测评机构必须创新评价工具，利用人工智能、大数据等现代信息技术，探索提出科学、可靠的测评方案。综合发挥导向、鉴定、诊断、调控和改进作用，得出客观、准确的测评结果，完善评价结果运用。

（三）测评方式

学校发展测评需采取科学的测评方式，才能客观、有效地测评出学校的发展水平。学校发展测评主要包括下列七种方式。

1. 报告

聆听报告是正面获取学校发展情况的主要方法，包括学校领导班子的报告、教职工代表的报告和学生代表的报告三种类型。在听取报告的过程中，测评者可以就报告者的内容进行深度交谈和提问。

报告具体包括四个方面的内容。第一，确定报告内容。这可以是学校发展的各个方面的内容，但受汇报时间、汇报主题和汇报核心等要素的制约，一般会选择具有代表性、全民性、真实性的内容加以汇报。第二，选取测评代表。测评小组应该由学校领导、教职工、学生组成，注重不同代表在年龄、性别、学科、职称结构等方面的典型性。第三，听取报告。在聆听报告的过程中，测评者要对报告内容进行总结归纳，综合评分，说明相关指标得分和扣分的具体情况。第四，结果存查。学校发展测评结果由测评者签字后交相关机构存查。

2. 观察

学校发展测评离不开对测评对象的有效观察，进行全面、系统的观察是开展学校发展测评活动的重要手段之一。学校发展测评的观察对象较为广泛，因测评内容的不同而变化。如学校发展测评的核心为学校的校园环境，那么学校的教学楼、办公楼、活动场地、活动设施等就是观察的对象。

学校发展测评的观察方式主要包括参与式观察和非参与式观察两种方式，在进行观察时应根据观察对象、观察内容、观察目的等选取合适的观察方式，或者两种观察方式混合使用。参与式观察要求观察者参与到被观察者的活动中去，这种观察不易于干扰被观察者的正常行为表现，容易获得真实的、深层次的信息，同时要求观察者尽可能保持客观、不受主观偏好的影响。非参与式观察较为客观，不过被观察者可能因别人的注意而自觉或不自觉地发生行为的变化，进而影响观察结果的真实性与准确性。

在学校发展的测评过程中采用观察这一方式，主要遵循以下七个观察步骤：第一，明确观察目的；第二，选择恰当的观察方法；第三，制定观察计划；第四，设计观察提纲；第五，进入现场观察；第六，记录观察信息；第七，整理并分析观察资料。

3. 座谈会

座谈会是在自由讨论的过程中获取学校相关信息的测评手段。测评主体从学校选取适当的对象，可以是学校领导，可以是学校教师，也可以是学生和其他工作人员，就相关测评主题发表自己的观点和看法，在自由讨论的形式中，获得相关学校的发展信息。座谈会的氛围比较轻松，测评主体可以获得意想不到的信息，因此座谈会也成为学校发展测评的一种重要的质性方式。

4. 测试

测试是评价学校教育质量所采用的一种测评方式，主要对象是学生。测评主体编制并发放相关测试题，让学生填写，通过试题的回答情况来了解学生对相关信息的掌握情况，据此来判断学校的教育教学质量。

通过测试可以从宏观上把握学校教育教学和学校管理的基本概况，不受测评主体价值观、个体信念等因素的影响。不足之处在于由于测试题的局限性，所获得的测评信息也具有一定的局限性。

5. 查阅资料

查阅资料是指通过对学校相关文字或图片资料的查找阅读，初步掌握学校的总体情况。通过查阅学校相关资料的方式获取测评信息，不受地域和时空限制，能较为快速地对学校的总体状况有一定的了解，为进一步深入进行学校发展测评奠定基础。查阅资料的途径较多，可以通过查阅图书资料来获取学校相关资料，也可以从相关教育管理部门获取学校信息，现代科学技术更是给测评者提供了便捷的资料搜索渠道，可以较为容易地获取大量电子资料来了解学校多方面的信息。

通过查阅资料的方式对学校发展进行测评也具有一定的缺陷：第一，查找纸质资料比较耗费人力和时间。第二，所获取的文字资料不一定能全面反映学校的情况，有时只能代表学校的过去，或者只能代表学校发展的某一方面。第三，资料都是用文字加工表述出来的，所描述的情况与学校发展的实际情况有一定的差异，评价资料的真实性有待检验。

6. 问卷调查

问卷调查是以书面形式提出问题，从而搜集学校资料的一种方法。问题涉及的范围可以很广，问卷的发放对象可以是学校的任何个体或群体，也可以是校外人员。其优点是可以搜集大样本信息，便于整理和进行量化分析，调查结果具有一定的代表性。其不足之处是搜集的资料往往是表面的，很难深入了解学校发展的内部真实情况，所以还需要结合其他测评方法对学校的发展情况进行综合测评。

7. 听课

听课是对学校教学质量进行测评的一种重要方法，主要包括常态听课测评和安排听课测评。常态听课即不经过事先通知，就学校平时的课堂进行聆听。安排听课主要是由学校安排的，且课堂也会进行较多次地加工打磨。安排听课的方式可以了解到学校教学的最优状态，但要想对学校的教学测评达到公正化、客观化的效果，应听取常态课为宜。

二、学校发展的测评实施

【微视频】学校发展测评的设计与实施

学校发展的测评实施离不开一定的测评程序和相关测评监控。测评程序为学校发展的测评实施指明了方向和道路，测评监控在学校发展测评过程中起到了监督和调控的重要作用。

（一）测评程序

专家进校作为学校发展测评的一种重要方法，其测评程序主要包括以下六个步骤。第一，听取学校汇报。组织相关测评人员学习开展学校测评工作的有关文件，统一认识，明确测评的目的、意义和方法。第二，阅读自评材料。对学校提交的自评材料进行分析时要突出重点，对已有的成绩和所出现的问题要格外重视，不能让文字掩盖问题，要用辩证、质疑的眼光去审视材料。第三，实地调研考察。通过现场观察、问卷调查、座谈会或个别访谈等方式开展调查，广泛收集相关测评信息，全面了解学校发展的基本情况。第四，汇总评价情况。测评小组将零散地测评信息加以汇总，同时交流测评意见，将评价的基本情况进行总结。第五，形成评价结论。对所收集到的基本信息加以科学、系统的分析，最终形成测评结论。第六，反馈测评意见。测评小组针对测评结论和学校进行交流，反馈测评结果，充分肯定成绩，同时提出存在的问题以及整改意见和建议。

（二）测评监控

【拓展阅读】学校发展的测评的设计与实施

学校发展监控系统是其质量监控系统的核心。该系统要把质量作为监控的目的，把影响学校办学质量的各种因素作为监控对象。由于影响办学质量因素的多样性与动态性，决定了测评监控系统是一个多元的、动态的有机系统。教学质量监控系统由目标监控模块、内容监控模块、实施监控模块三个部分组成，它通过对办学目标的前馈监控、对测评内容的适时监控和实施过程的反馈监控而形成了一个完整的闭合系统。监控范围涵盖了各种教学活动和教学环节，贯穿于整个教学运行过程。学校通过制定相关政策，建立相应制度，实施有关措施，采取对应办法，解决反馈问题，落实改革方案等途径实现对办学质量的监控和管理。它既对教学过程中的全部要素实施监控，又对影响教学质量的关键点进行重点监控。

三、学校发展的测评结果

学校发展的测评结果是在对测量设计进行实施后的结论反馈。测评结果包括了结果反馈、测评元评价、测评优化三个方面的内容。

（一）结果反馈

对学校发展测评进行明确、有效的结果反馈，有利于被评估者或被评估对象明确自己取得了怎样的成绩，存在哪些不足之处，为学校的长远发展提供了变革动力，指明了发展方向。测评结果主要通过测评报告会、现场答辩、测评报告书等形式来呈现。在实际测评工作中，不同的反馈形式呈现的测评效果也略有差异，因此要充分发挥反馈形式的优点，尽量避免其缺点和不足，并根据实际情况选取多种形式对测评信息进行反馈，以再现学校发展过程中出现的问题，并认真分析其产生和形成的原因，结合学校发展的现状提出操作性较强的对策和建议。

（二）测评元评价

元评价是指对评估本身的评估，也被称为“再评估”“再评价”“后评估”等。测评元评价就是按照一定的理论和价值标准对教育测评技术的质量及结论进行测量与评估，其主要目的是检验测评自身可能出现的各种偏差，并运用统计和其他方法来估计所产生的偏差对测评结论的影响。在学校发展的测评过程中，难免会由于客观原因和主观人为原因造成测评误差，这就需要运用科学的统计方法对该测评进行再次测量与评估，以便最大限度地保证测评的科学性、合理性和完整性。

（三）测评优化

通过对学校发展测评结果的分析和讨论，在信息反馈过程中可以实现对测评的优化，使其不断走向完善。测评优化主要包括对测评本身的优化和整体再测评。

1. 测评本身的优化

结果反馈和测量元评价的结束并不意味着学校发展测评的终结，而是代表着新一轮学校发展测评的开始。作为一个动态进阶的指标系统，学校发展的测评涵盖以下四个层级：第一层，测评模块；第二层，测评基元；第三层，测评要素；第四层，测评要点。在对测评本身进行优化完善时，要遵循科学有效、客观公正和现实可行等原则，更需要侧重其发展和问题发现的功能；强调测评主体的多元化以及自评互评，测评者与被测评者实现双向互动，相互促进；评价内容注重全面综合，展现学校发展的全貌；评价方法要灵活多样，定性定量相结合；评价结果要应用于反馈激励以及改进学校各项工作；评价状态要针对学校发展的整个运转工作过程，关注其动态的水平发展。

2. 整体再测评

对学校进行整体再测评是指在本阶段学校测评中发现问题、分析问题产生的原因后，提出改进对策和建议，并将其融入下一阶段的测评指标系统中，以不断改进实践的状态、提升学校办学质量的动态发展过程。具体来说，一是在进行学校发展测评之前的反思后再行动。学校发展测评之前的反思就是一种超前反思，它要求测评主体在正式测评之前就要认真分析自评材料等相关资料；二是在进行学校发展测评之中的反思后再行动。它是指在测评过程中，对学校发展中出现的问题进行反思进而采取行动的过程，促使测评主体不断完善和优化测评指标系统；三是在进行学校发展测评之后的反思后再行动。它强调的是在反思了测评实践之后再行动，需要对测评过程以及测评中所采取的策略作出评价。

本章小结

学校发展测评具有提升国家教育质量、健全学校管理体系，促进学校改革发展、增强校长教师素质的重要作用，对其组织系统的评价包括六个方面：办学理念、办学目标、办学方向、办学条件、办学过程，以及办学质量，每个子系统内部又有其各自的观测要点，有机地形成兼有学校管理者、教师、学生三者互动协同的生态系统。通过测评的设计与实施，首先明确其评价目标、评价主体、评价方式，其次按照程序进行实施，并予以适当监控，最后在反馈结果的同时，对测评进行元评价，并在结束后优化测评，这不仅能够实现以评促建、以评促发展的目的，而且还为下一阶段学校的发展测评指明前进的方向和提供改革的动力。

思考与练习

1. 学校发展测量与评价的意义是什么？
2. 可以从哪些方面对学校发展进行测评？
3. 学校发展的测量与评价如何设计与实施？

推荐阅读

1. 约翰·杜威. 学校与社会·明日之学校［M］. 北京：人民教育出版社，2005.
2. 苏霍姆林斯基. 和青年校长的谈话［M］. 北京：教育科学出版社，2009.
3. 波·达林. 理论与战略：国际视野中的学校发展［M］. 北京：教育科学出版社，2002.
4. 陈建华. 中小学发展规划［M］. 北京：北京大学出版社，2013.

第十一章　课堂教学的测量与评价

学习目标

1. 了解课堂教学测量与评价的意义。
2. 掌握课堂教学测量与评价的基本内容。
3. 掌握课堂教学测量与评价的基本方法。

知识导图

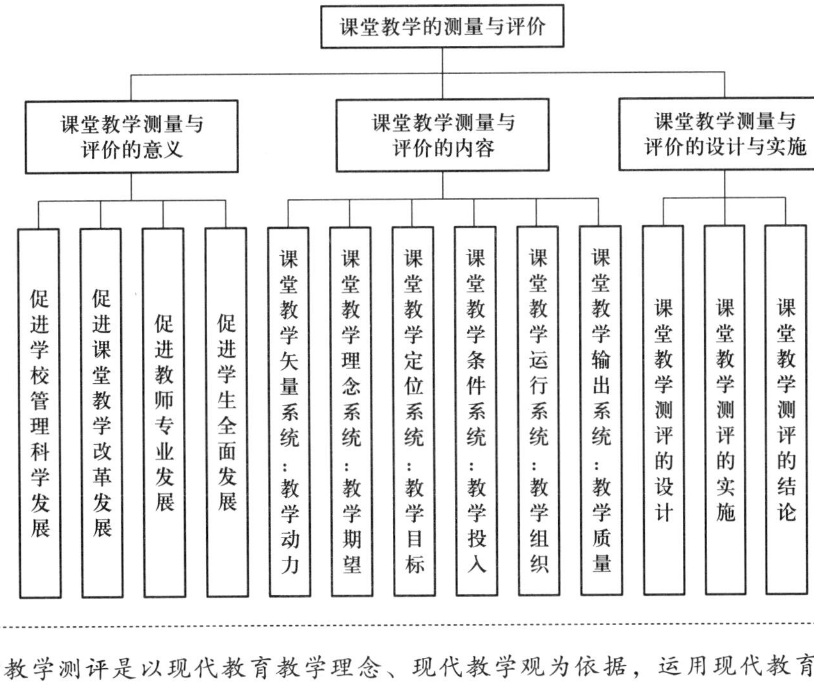

课堂教学测评是以现代教育教学理念、现代教学观为依据，运用现代教育评价理论和科学评价标准及方法，按照规范的评价程序，对课堂教学活动的状态和效果进行价值判断的过程。长期以来，课堂教学测评一直是教育行政管理者和教师所广泛采用的教学管理方式，对把握教学方向、优化教学过程、加强教学管理、推动课堂教学改革、全面提高课堂教学质量、促进学生综合素质全面发展和教师专业水平及教学能力的不断提高起着重要的作用。随着课堂教学评价理念的不断深入和教育技术的不断完善，建立科学的课堂评价体系已成为提高学校教育教学管理水平的迫切需要。

第一节 课堂教学测量与评价的意义

【拓展阅读】课堂教学评价标准的历史转变

课堂教学是学生在教师的组织指导下，通过多种教学活动完成一定教学任务的过程，它是教育的中心环节。课堂教学测评的目的不仅仅是对教师的课堂教学进行评价，更要发挥其促进课堂教学改革、教师素质提高和学生全面发展的重要作用。

一、促进学校管理科学发展

课堂教学测评是学校评价体系的核心内容和学校管理工作的重要组成部分。通过开展科学有效的课堂教学测评，能够收集到学生的学习情况、教师的教学情况以及教学效果等第一手资料。学校管理工作包括对教育教学人员和对教育资源的管理等，其中课堂教学测评为学校教育管理提供反馈信息。学校管理的各个环节都离不开评价，否则就无法将各个工作部分联系起来。一个学校最基础的教育工作，体现在课堂上教师的教与学生的学，而课堂教学测评发挥着反馈信息的作用，将二者联系起来，反馈给学校管理层，再由其对管理方案进行调整，形成一种闭合的环形管理体系。在这个体系中，课堂教学测评为学校的管理工作提供了依据和信息。

学校教育管理作为一种微观的教育组织活动，是学校管理者采用一定的措施和手段，充分利用学校的优势资源，引导和组织师生实现学校育人目标的一种活动。[①] 这种育人目标的实现与否需要对学校最主要的活动——教学进行测评，主要目的有以下二个：一是检查前几个阶段所指定的育人目标是否实现；二是从信息反馈中，明确改革的重点所在。通过对课堂教学进行测评，学校教育管理者能够明确自身的不足，并积极给予回应，给出决策方案。因此，从学校教育管理层面上来说，课堂教学的测评具有决策功能，是学校教育管理的重要组成部分，能够有效促进学校教育管理科学发展。

二、促进课堂教学改革发展

我国传统课堂教学经过百年的发展，形成了深厚的理论沉淀和固定的程序模式，即传统课堂教学对于教师、学生而言具有操作程序固定、知识传递单向化等特点。课堂教学已形成了教师单向传授，学生被动接受的机械化模式，造成了学生主体性缺失、学习方式固化以及思维僵化等弊端。当前，教育改革逐渐深入，学校课堂教学也面临着新的改革要求。《基础教育课程改革纲要（试行）》中确立了知识与能力、过程与方法、情感态度与价值观等三维目标并提出要“培养学生抓住和处理信息、获取新知识、分析和解决问题以及交流与合作的能力”。《国家中长期教育改革和发展规划纲要（2010—2020）》则明确提出：“信息技术对教育发展具有革命性的影响，必须予以高度重视。”《中国学生发展核心素养》则明确了由人文底蕴、科学精神、学会学习、健康生活、责任担当、实践创新等 6 大素养 18 个基本要点组成的学生核心素养发展框架。但是，在教育实践中，由教育传统导致的机械训练、“题海战术”等压抑教师和学生创造力的现象确实存在。在课堂教学中，

---

① 孙绵涛. 教育管理学［M］. 北京：人民教育出版社，2008：135.

“缺乏思想厚度、文化底蕴单薄、教师教学指导力度偏弱、知识形而上不足、思维开放性乏力”① 等忽略核心素养培养的教学也并不鲜见。《深化新时代教育评价改革总体方案》更是强调“坚决改变用分数给学生贴标签的做法，坚决克服重智育轻德育、重分数轻素质等片面办学行为，促进学生身心健康、全面发展”。因此，课堂教学如何走出传统模式、走进新课堂是当前教育所必须面对和回答的基础性问题。虽然，当前教育课程改革是以现有的理论研究和当前的社会发展大趋势为背景，在教育理念中强调“人的可持续发展”，但在实际操作中，课程与教学压抑教师与学生创造力和活力这一现象仍然存在。

在课堂教学改革中，理论与现实之间存在较大差距，在很大程度上是由于两者之间的沟通反馈环节——课堂教学测评无法跟进，由此出现了原有评价制度对学生全面发展的忽视与现有理论对学生可持续发展的重视之间的矛盾。课堂教学测评是根据课堂教学目标来实施的，它是将对现实状况和目标要求之间的距离判断反馈给施测者，有效地促使被测评对象不断接近预先设定的目标内容。即课堂教学测评是通过学生学习测评、教师教学测评、教学效果测评三个环节中评价指标、评价体系的引导，为课堂教学指明方向，为教师与学生指明教与学的奋斗目标。而这种评价主要围绕构成教学过程的诸要素和形成教学工作的基本环节来进行，通过对教学效果作出价值判断，从而促进教学工作的必要调整与教学质量的提高是其主要目标。因此，在实际工作中，“课堂教学测评是学校提高教学质量、伸进课堂教学改革的重要途径与有效措施”②。

三、促进教师专业发展

对教师而言，课堂教学的水平和教学能力是教师立足的基点，如何进行有效提高是教师教育的重要任务之一。课堂教学测评通过对目标状态和现实状态的差距加以把握，为教师群体提供了一个科学认识自身教学状况的窗口，使其能够明了教学中存在的不足和今后努力的方向，为教师的专业发展提供一个好的平台。

《深化新时代教育评价改革总体方案》中提出要“坚持把师德师风作为第一标准，坚决克服重科研轻教学、重教书轻育人等现象，突出教育教学实绩，引导教师上好每一节课、关爱每一个学生”。因此促进教师发展的课堂教学测评的宗旨就是要了解教师、关怀教师、造就教师，而不是给教师贴上等级的标签。课堂教学测评充分发挥了评价的激励、调控、导向和诊断等功能去促进教师专业化的发展，把教师群体的自我认识、自我诊断、自我调控的内在需要作为第一需要，而不是进行简单的“行政干预”和奖惩管理，主张课堂教学测评不应带有威胁，让涉及测评的全体成员真正站在共同的价值平台上对所面临的教育现象进行由衷的价值判断。在这种以自由、自觉、自主为基础的测评活动中，教师的参与才是真实、真诚和彻底的，依靠教师共同完成的测评才能达成共识且具有多赢效应。这种来自于教育内部需要，同时注重教育过程和结果的评价活动，才具有最大限度地提升教师专业化水平的力量。

最重要的是，课堂教学测评在实施过程中会激起被评价者间的相互竞争。作为课堂教学测评的重要内容之一，教学测评对教师同样具有鞭策激励作用，主要表现在以下两个方

---

① 张恩德，龙宝新．论核心素养的课堂教学落实［J］．教育学术月刊，2020（10）：71-77.

② 胡中锋．教育评价学（第3版）［M］．北京：中国人民大学出版社，2016：153.

面：一是通过教师对自身课堂教学测评的纵向对比分析，让教师能够明确其优势和不足，满足自我教学分析要求；二是通过教师与同群体教师的横向对比分析，明确自身在同群体中的位置，激发被评者争先的心理。因此，在这种相互竞争的环境中，利用评价对象间的比较心理，既可以通过竞争起到在同群体间的激励、鞭策作用，也可以在个人层面上，激励教师实现自身的既定教学目标，改进自身的不足。

四、促进学生全面发展

学生的“学”是为了更好地完善自己，提高自己的社会适应能力。课堂教学涉及教师的“教”和学生的“学”，是一种“教学统一”的活动，在这个活动中，学生掌握了一定的知识和技能，综合能力得到发展。《深化新时代教育评价改革总体方案》中强调要“树立科学成才观念。坚持以德为先、能力为重、全面发展，坚持面向人人、因材施教、知行合一，坚决改变用分数给学生贴标签的做法，创新德智体美劳过程性评价办法，完善综合素质评价体系，切实引导学生坚定理想信念、厚植爱国主义情怀、加强品德修养、增长知识见识、培养奋斗精神、增强综合素质”。因此，对学生德智体美劳的全面培养需要“教”与“学”之间有一个互动、反馈的过程。课堂教学测评就是在“教”与“学”之间的互动、反馈环节，课堂教学测评，则具有鉴定与反馈功能，能够使学生正确认识自己，使教育者得到有关学生的一手信息，从而继续发扬学生的长处，针对性弥补学生的短处，长善救失、因材施教，进而使学生得到更加全面的发展。

通过课堂教学测评，可以鉴定学生“学”的程度，从而让教师和学生可以从纵向和横向两个层面全面掌握学生目前的学习情况。在纵向层面上，学习中的学生通过对比学生学习前后获取的知识，可以清楚自身在教学前后对知识的接收程度，从而有针对性的弥补薄弱环节；在横向层面上，通过课堂测评，与同一学习阶段的同辈群体比较，学生明白自身处于哪一个位置，从而对学生的发展定位有更清晰的认知，有利于进一步的因材施教，为学生设立最适合于他们的最近发展区，使学生得到更加科学有效的发展。

课堂教学不仅仅只是一个给学生传授知识的“阵地”，更是学生形成各方面能力、树立正确的人生观价值观、培养良好品德的重要途径。因此，有效的课堂教学测评，能够让学生获知自己“达标”的水平与层次，找出自身在学习中取得的进步以及存在的不足，从而明确努力的方向和进一步的发展目标。同时，教育者完全可以利用课堂测评，促使学生在情感、态度、价值观等方面形成正确的认知，发挥学生的主体性，使学生在课堂教学中主动思考问题，积极回答问题，培养学生的创新意识、合作能力等，使学生在深刻认识自己的同时，得到更加全面健康的发展。

第二节 课堂教学测量与评价的内容

课堂教学测评是一个对课堂教学活动及效果进行价值判断的过程，它是一个复杂的系统，是效果变量、控制变量、条件变量等多种变量的集合体。复杂问题不能用还原论的线性思维，而是要用系统思维去求解。首先，从课堂教学的发展来看，它包含了课前、课中、课后，以及近期、远期等多个时间节点；其次，从课堂教学的实体来看，它容纳了个体、群体、全体，是教学共性与教学个性的统一；再次，从课堂教学的结构来看，它包含了方向系统、定位系统、理念系统、条件系统、运行系统和输出系统六个子系统。因此，课堂教学应对这六个方面的内容进行测评。

一、课堂教学矢量系统：教学动力

课堂教学矢量系统是教学的“元动力系统”，教学动力则是其最关键的要素，影响着课堂教学的整个过程。教学动力是教学各个主体的一种个体性需求，是由教学内、外部各种相关因素产生的，促使教学主体从事教学活动，从而推动教学过程周而复始地运行和发展，以实现教学目标的无数分力融汇而成的合力。[①] 从课堂教学的系统观点出发，根据课堂时序的发展，可以把课堂动力分为课前的教与学的动机、课中教与学的激情、课后教与学的延伸。其中，课前动机是课堂教学系统的第一动力，也是课堂教学活动的起点，决定着课堂教学系统运行的方向；课中的激情是课堂教学系统的主动力，是课堂教学活动持续的关键，决定着课堂教学的质量水平；课后延伸则是课堂教学系统的追加力，尽管这种力作用在课堂之后，但对于课堂有效性的持续和提高都有着重要的影响。

【微视频】
课堂教学动力

因为每位教师和每个学生的价值取向、个人经历不同，所以每一个教与学的个体的教学动力都是不尽相同的。高效课堂是由“先学后教、先教后学、学教生成”三个教学动力源及其产生的教学合力构成的三向动力机制所推动进行的课堂教学。“先学后教”主要产生教学的助推力，“先教后学”主要产生教学的牵引力，“学教生成”主要产生教学的碰撞力。三种动力的时序、大小、方向等因素形成的教学合力决定了教学的效率与效益。理论上，在不同的动力状态下，教学表现出了不同的有效性，高效教学必须让三种动力源所产生的教学动力在时机上有适当性，在大小、方向上有一致性。[②] 任何一种动力源的缺失都将不利于教学效率和效益的提升。

二、课堂教学理念系统：教学期望

课堂教学理念系统是关于以何种教学去完成过程的监控系统，其核心影响因素是教学期望。这是一种长期的、稳定的、理性的追求，外显为社会集体规制下教师的教和学生的学的宏观愿景，具体包含教师关于学生当前与未来学业成就和一般行为的推断，或是预测后所产生的相对稳定的期望，以及学生关于教师对自己当前与未来学业成绩、发展前景和一般行为的帮助及其对自己理解、亲疏、肯定与否的推断或预测后所形成的一种相对稳定的期望。[③] 教学期望体现着教师对学生学习效果的基本构想。为避免过高或过低的不符合学情的教学期望对教学产生不利影响，教学期望应与学生的认知水平、年龄特点和心理发展水平相适应。因此，好的教学期望一方面必须满足学生“最近发展区”的需求，另一方面，由于教育的社会功能，好的教学期望也必须满足实现“立德树人”根本任务的要求。

具体而言，课堂教学的理念系统有以下三个观测点。一是教学主张，即教师的教学指

---

① 李森. 现代教学论纲要［M］. 北京：人民教育出版社，2005：287.

② 潘超. 基于高效教学的动力机制研究［J］. 中国教育学刊，2016（5）：66-70.

③ 李文富. 教学期望之两面性及其反思［J］. 成都大学学报（教育科学版），2008，22（12）：31-33.

导思想。正确的思想指导正确的教学行为。二是教学的价值取向。课堂教学要坚持“不让一个学生掉队”“不用一把尺子来衡量”，为学生的终生发展奠定基础。三是教学理想与教学情怀。理想是对现实的一种批判，而情怀则是对某一事物所表现出的深刻的情愫。要有理想的教学情怀，就应该有用“心”去奉献的教学哲学观。

三、课堂教学定位系统：教学目标

课堂教学的定位就是课堂教学的具体目标，即教学目标。教学目标在教学活动中占据着非常重要的地位，不仅为教学活动指明了方向，还制约着教学实施的过程与方法，为教学评价提供了依据。[①] 尽管教学目标与教学动力、教学期望在方向的规定上是一致的，但在具体的指向上却有所不同。首先，教学目标是对课堂教学任务的具体化，只对特定范围内的教学活动起规范作用。其次，教学目标体现了教学活动主体的个性化要求，具有客观性和自主性，乃至于在具体的教学活动中，教师或学生都可以根据自身的需要对教学目标进行适当的调整变动。

课堂教学的定位系统有两个观测点。一是静态的教学目标系统，主要指新课改之后的三维目标体系：知识与技能，过程与方法，情感态度与价值观。然而，从语言逻辑和汉语思维来看，过程、态度、价值观并不能成为具体的、可掌控的目标，所以有效的教学目标应该理解为动作行为的三维：学会知识与技能、感受过程与方法，形成情感、态度、价值观。二是动态的教学目标转化，主要是课堂教学目标的编制艺术。课堂教学提倡以目标为导向展开教学，用教学目标引导学生的全面发展。在“目标任务化、任务问题化”的指导思想下，坚持整体系统、细目分解、确切表述和难度适中的原则，实现三维教学目标的统一，最终形成正确的知识观、教学观和教学实践的价值追求。

四、课堂教学条件系统：教学投入

【微视频】
课堂教学投入

课堂教学的条件系统囊括了课堂教学中的一切人、事、物，集中表现为课堂教学的各种投入。教学投入的研究发端于对教学工作量的研究。当前，对于教学投入内涵的认识已经从简单的课时数计算转入到在更复杂的场域里看待教师劳动。在国内，有研究者将教学投入视为教师在教育教学和专业成长过程中投入的时间、精力、情感的总和。[②] 也有研究者认为，教学投入既包括教师的个人投入，也包括学生的投入。[③] 教师的教学投入是教师的一种教学态度，也是一种教学品质。一般包括两个观测点：一是教师的远期投入，即教师个人的“功底”，这是早期有效教学教师品质研究的范畴；另一个是教师的近期投入，主要是教师为上好一堂课所花费的时间和精力，也是教师的“功夫”。学生的投入则主要是指在一堂课的时间与精力的分配。

然而，课堂教学的场域空间和时间都是有限的，在一节 40 分钟或者 45 分钟的课堂上，师生与教材和环境的交互时间有限，作为二重主体的师生之间的交互也是有限的。因

---

① 杜尚荣，王笑地. 我国中小学教学目标研究 70 年：回顾与展望［J］. 教育学报，2019，15（3）：28-39.

② 柳友荣. 教师“教学投入不足”：概念内涵、现实问题与实践向度［J］. 江苏高教，2020（11）：66-74.

③ 朱德全，李鹏. 课堂教学有效性论纲［J］. 教育研究，2015，36（10）：90-97.

此，所有的教学投入并非越多越好，而是需要坚持一定的“度”，选择比较合适的临界点。一方面，斯宾塞（Herbert Spencer）关于“什么知识最有价值?”的追问值得继续反思。如何从浩瀚的知识中选取对学生有用的知识和学生可以接受的知识进入教材，再投入课堂，这是课程与教学论永恒的课题。另一方面，要“把课堂还给学生”，合理掌控“课堂表演”。适当的“课堂表演”有利于提高学生的学习效率，但是如果控制不当，导致教师投入较多，那么学生能够有效投入的反而越少。

五、课堂教学运行系统：教学组织

【微视频】
课堂教学组织

教学组织是依据特定的教学目的和教学内容，将教学中各个要素有机组合起来，以一定的结构和程序形式存在并表现出来的形式。教学组织主要涉及的基本变量有教学活动发生的时间、空间、教学活动中学生之间的组合结构及师生之间的组合方式。① 在教育史上，先后出现过个别教学、班级授课、道尔顿制、分组教学、特朗普制等多种教学组织形式。在具体的课堂组织上，加涅（Robert Mills Gagné）的教学设计理论注重于“有序教学”，皮亚杰（J. Piaget）的建构主义教学设计寻求“整体教学”，梅里尔（M. David Merrill）则主张新平衡学习，将具体的教学任务（教事实、概念、程序或原理等）置于循序渐进的实际问题解决情境中，构建了“结构—指导—辅导—反思”的循环圈。

事实上，无论何种课堂组织形式，其核心工作无外乎教学程序组织、教学内容组织以及课堂教学事件管理三大要义。第一，在教学环节的组织上，既不能主导“机械式统一”的课堂，也要反对“有机式融合”的课堂。课堂教学不是世外桃源，也不是工业生产，不能把若干环节进行机械式整合，也不能使所有环节毫厘不差的对接。在教学环节的组织上，“自然地有序”才是最高法则，“问题导学式”的分步课堂可以被实践。第二，在教学内容的层次组织上，对于教材内容要精心解读，把教师与学生的角色进行置换，引领学生对教材内容进行“主编式”的深度解读；对于知识内容的组织，要基于学情，依托于教材结构，进行“编码式”的精心加工。第三，课堂常态管理要在做好时间管理、信息管理、环境管理、事件管理等具体工作的基础上，把握科学性与艺术性的原则，关注与课堂教学发生关联的全过程。教学的艺术就是教师把握预设与生成的艺术，在一节课中，教师要通过预设促进生成，通过生成完成预设，在预设中体现教师的水平，在生成中展现师生的智慧。

案例链接

有余数除法

一位教师的教学内容为“有余数除法”，在巩固练习时，他在黑板上列举了一组数字，让学生依次上台列竖式进行计算。在计算过程中出现了一些竖式计算错误的情况，是教师进行讲解还是同学们纠正，哪些知识点没有掌握，这些是预设生成的问题，教师

① 陈晓端，张立昌. 课程与教学通论［M］. 西安：陕西师范大学出版社，2017：311-312.

采用了同学们帮忙纠正的策略。等到一组数字计算完毕以后，几位同学出现了诸如“36÷4=8…4”的错误，并且很多同学认为列竖式的计算过程没有出错，教学因此出现了短暂的停顿，这是非预设生成的情况，教师应该如何应对和处理呢？这位教师灵机一动，让同学们拿出小棒，并问道：“3根小棒可以拼成1个三角形，用8根小棒，你最多能拼几个单个的三角形，还剩几根小棒？”问题提出后，同学们积极行动起来。他们发现有8根小棒，拼了1个三角形后，还剩5根小棒，想了想还能拿出3根小棒再拼1个，还剩下2根小棒。教师又问：“如果是11根小棒呢？”同学们积极动手，努力思考，热烈讨论，再由教师总结，最终得出了“余数要比除数小”的结论。在这里，教师智慧地利用生成情况提出有价值的问题，利用直观化的教学手段，调动学生的思维和情感积极参与到课堂行动当中，拓宽和加深了本节课的教学内容，将课堂教学推向了高潮。

在上述这堂课中，教师对课堂生成的处理体现了教学智慧，是成功处理课堂生成问题的范例。对课堂生成处理的测评主要体现在对课堂中非预设情况的处理，以及结果能否让学生在学习过程中，运用已经学习到的知识来处理课堂生成问题。课堂教学应该紧密联系学生生活实际、社会发展实际和学科发展，提高学生对学习价值的认识，促进学生理解系统的理论知识，为提高学生的创新能力奠定必要的知识基础。课堂教学要提供丰富的学习资源，提高自身的开放性。学生创新素质的形成与发展，不仅需要强烈的创新意识，更需要广泛的知识做保证。课堂教学应该为学生提供充分的学习源，只有知识面宽、信息量大、教学内容充实，才能激发学生的探索兴趣并开阔学生视野。教师在课堂教学过程中不仅要提供图书、资料、音像、图片等丰富的学习资源，更要充分利用网络资源，为学生的自主学习和创新提供必要的保障。

六、课堂教学输出系统：教学质量

教学输出系统就是课堂教学的质量问题。当前我国中小学普遍使用的课堂教学评价标准是从20世纪50年代初以来，在凯洛夫教育学课堂教学五环节基础上形成的评价标准，包含了教学目标、教学内容、教学方法、教学进程结构以及教师教学基本功等几个主要方面的评课要求。① 然而，随着教育实践的深入，这种评价标准的弊端也日益明显。在评价标准上奉行狭隘的知识观，对人的非理性发展不加重视；在评价方法上，将教学看作一个封闭系统，对于偶然事件、个体事件和动态事件的检测无能为力；在评价的目的上，实用功利主义倾向严重，“以评促教”的宗旨被工具化、手段化。这种程式化的质量观使得课堂教学质量越评价越偏离评价标准，形成了课堂教学质量评价的“二律背反”。

【拓展阅读】课堂评价的挑战

研究课堂教学的质量，必须树立科学的课堂教学质量观和质量标准意识。首先，基于教学统一说的观点，教学是教和学的相互作用与统一。② 所以课堂教学的质量观应该是指全面质量，教学质量是关于课堂教学系统内所有元素、所有方面的质量。其次，学生的发展变化是课程教学质量的直接体现，

① 裴娣娜. 论我国课堂教学质量评价观的重要转换［J］. 教育研究，2008（1）：17-22.
② 李轶芳. 过程哲学与当代交往教学重构［M］. 西安：西安交通大学出版社，2018：66.

因此，还应该确立课堂教学的“学生收获质量观”。基于系统论的视角和“全面质量”“学生收获质量观”，课堂教学的质量标准应该是“三维立体质量标准”。一维是纵向层面的课堂教学比较适宜的深度，体现为问题解决的分析过程，“跳起来就可以摘到的苹果”是可以参考的深度之一；二维是横向层面的课堂教学比较适中的广度，体现在课堂内容的知识面，学生“吃得比较饱”是可以借鉴的广度；三维立体层面的是课堂教学的厚度，体现在课堂教学的思想性和文化性，这个维度的标准则是需要因材而定的。

第三节　课堂教学测量与评价的设计与实施

课堂是实施素质教育的主要渠道。让每一个教师评价和分析课堂教学的质量，运用科学的方法了解自己和他人的长处及不足，有利于教师改进教学，在课堂教学中增加学生的知识，发展学生的潜力和创造力。课堂教学评价即对课堂教学过程中教师的教与学生的学的状态和进程进行价值判断。当前，我国课堂教学评价改革应坚持发展性取向，通过评价促进教师专业发展、提高教学质量、改善学校管理、满足学生全面发展的需要。

一、课堂教学测评的设计

课堂教学测评是对课堂教学过程中教师的教学行为和学生的学习行为及其效果进行衡量的系统过程。实施有效课堂教学测评的首要关键点就是测评的设计。课堂教学测评具有多种功能和意义，从测评目标、测评主体到测评方式都呈现出多元化的特点。因此课堂教学测评要根据实际情况和管理需求来进行设计。

（一）测评的目的

课堂教学测评具有考察和激励的作用，对教师来说，这就像是考试，能对教师产生一定的压力，促使教师增加自己的专业知识，提高自己的教学水平。课堂教学测评的目的主要有以下三种。

（1）以奖惩为目的，即把课堂教学测评的结果与教师的奖励结合起来，将测评结果视为教师获得奖励、晋升、薪酬增减的重要参考依据。

（2）以发展为目的，即以促进教师未来教学水平的提高和发展为目的，测评结果不与奖励和惩罚挂钩，而是为教师之间相互交流、发现各自的优点和缺点提供机会。测评结果成为学校对教师进行培训，改进教学工作，从而提高教学质量、优化学校管理的依据。

（3）以研究为目的，即测评结论只用作课题的研究，为教学发展和改革的理论研究奠定基础。

（二）测评主体

在课堂教学活动中，学生和教师是直接参与者和亲身体验者，对整个课堂教学活动最了解，也最具有发言权。另外，现在的家长能通过对孩子的作业、考试成绩、信息交流以及孩子在家里的表现等方面了解学校课堂教学活动的情况，从而对学校课堂的教学活动做出一定的评价。

1. 学生

学生是课堂教学活动的对象，也是教学活动的出发点和归宿。在整个教学活动中，他们作为受教育者最能体会到教师的教学是否满足了自己的学习需求，由此出现了学生评价教师课堂教学的活动。作为学习者，学生能认识和觉察到自己和其他同学在课堂上的各种学习表现和效果，因此，他们理所应当成为教师课堂教学活动和学习能力、学习心理品质的测评主体。但是，学生要当好这种测评主体必须要满足以下两个条件：一是要能够较好地认识和理解测评的目的和测评标准中指标体系的内涵及测评标准的尺度要求；二是应具有较高的诚信度，可对测评的对象能作出较为独立、客观的判断。

2. 教师自评

教师对自己的课堂教学活动进行评价，能激发教师的自尊心、自信心，使之自觉、主动地接受评价。由于教师对自身的情况比较了解，在态度端正的情况下，会有较高的准确性。同时，也可为教学中的他评提供丰富的自我评价信息和资料，便于评价工作顺利进行，减轻工作负担。但是这种评价缺乏外界参照体系，不便进行横向比较，且主观性强，容易出现评价偏高或偏低的倾向。

3. 内部评价

内部评价包括同行评价和领导评价两种。一般来说，同行评价比较切合实际。这是因为同行评价不仅是相互评价的过程，也是相互学习、取长补短的过程。由于同行较熟悉本行业的情况、工作和发展方向，评价失真度较小，因此同行评价的信度和效度较高。但是，为保障评价结果的真实有效性，参与评价的同行需要具备良好的职业道德和判断能力。

目前，领导评价是对教师影响较大的一种评价方式，其评价结果往往直接影响着评价对象的声誉和地位，也影响着管理决策，它是一种关键性、实质性的评价，但是由于领导是决策者，他们参与评价活动时有可能将倾向性意见带入评价中，从而影响评价的客观性。因此，参与评价的领导要有严肃、认真的态度，熟悉评价对象，并具备公正的品质，以保证评价结果的客观有效。

4. 家长

随着社会的发展和教育制度改革的深入，家长对教育的关注度越来越高，家长对课堂教学的评价意见也值得注意。家长评价有助于学校确立哪些方面需要加强教学质量，如师资培训等。但此种评价的不足之处在于：一是成本较高；二是由于家长对教学工作缺乏了解，容易导致评价偏差。因此，想要发挥好家长的作用，学校必须做好宣传和沟通工作，让他们能较好地认识和理解评价目的和评价标准。比如，学校可以定期开展家长旁听课，把家长请进教室，亲临现场感受学生的课堂学习，等等。

教学测评的主体是多元的，选择何种评价者取决于教学评价本身。在使用多种主体进行评价时，由于不同评价者的观察视角不同，对同一指标，不同评价者的权重会有所差别。比如，对于教师的课堂教学环节，学生是最了解的，所以在对此环节的评价中对学生的评价权重要多一些；然而在备课环节上，同行应该是最为了解的，因此在此环节的评价中要对同行评价赋予较高的权重。

（三）测评工具

课堂教学测评与教育测评的其他领域一样，积分评定式量表是最为普遍的一种工具。使用量表进行测评的主体是多元的，可以是教师、学生、学校领导、督学、教学行政人员等。可将教师的课堂教学行为或学生的课堂学习活动细化成一系列条目，对每个条目按照实际情况打分，最后将各条目的分

【拓展阅读】课堂教学测评量表

数累计得出总的结果。积分式评定量表的种类非常多，较为常用的是五分评定法，将评价意见分为五个等级，一次性给予 5 分至 1 分的评价，最后将各项指标的得分相加，如表 11-1 所示。

表 11-1　课堂教学测评表

表现指标	表现好的例证	评分					表现差的例证
		5	4	3	2	1	
教学编排	教学有明确的重点且符合课程标准的内容和精神						教学内容散乱 没有重点 重点明显偏离课程标准
	解决难点问题						回避难点问题
	符合学生的知识基础和能力水平 面向全体学生						内容明显低于或高于学生的认知水平 多数学生难以理解
	教师能根据学生学习情况调整授课速度和内容						讲课速度过快或拖沓
教学方法	注意直观，讲演结合 灵活运用多种教学方法						照本宣科 不利用教材和教具 教学方法单一
	将概念和技能充分应用于日常情况 联系学过的材料						没有启发性 不注意知识的迁移
教学的表达	教师的解释和指导均清楚并有系统 语言规范、简练						教师的语言逻辑混乱 口齿不清、语速过快
	抑扬顿挫、有激情						语调平板，不能吸引学生
教师的科学知识	内容与科目相关且正确 教师掌握正确的应用技能 教师对学科的内容、应用及教学趋势有透彻的认识						基本概念错误、运算顺序错误、题意理解错误 中心思想理解错误、句子与生词的意义理解错误
教师态度及管理方式	教师教学投入、热情关心学生、有耐心						对学生冷淡、不耐烦
	师生关系融洽 教师是指导者 用建议的方式解决纪律问题						教师是权威 用指责的方式解决纪律问题
学生情绪和课堂气氛	课堂气氛轻松活泼 学生情绪高涨，兴趣盎然						学生无精打采 气氛沉闷 师生缺乏交流
	活动的转换井然有序						课堂秩序混乱

积分式评定量表的优点是一目了然，便于操作和统计结果。它的评价指标经过了专门设计，比较全面且有针对性，可多人同时进行，评价结果也易于统计。但是其打分主要依靠主观判断，有所偏颇，并且评价计分的结果与职称奖励等相联系的时候容易被教师们视为总结性评价，很难起到形成性评价的作用。此外，将各项指标分数累加的是依据假设各项指标的结果是等值的，但实际上这是很困难的，所以编制科学的积分式评定量表是一项难度很高的活动。

影响量表测评的因素主要有两个：一是评价者的综合素质及专业水平；二是量表的制作水平。综合素质和专业水平一方面可通过对评价者进行必要的培训来提高，另一方面可综合分析多方面的评价意见，从而得出比较客观、全面的评价结论。而量表制作水平则是量表评价法成功的前提保障。在设计量表的过程中，应抓住主要评价内容，避免出现量表涉及指标虽多但无效的情况发生。

（四）测评方式

【拓展阅读】课堂教学测评主体及方法

课堂教学测评主要有课堂听课法、录像法、问卷调查法、“行为跟进式”评课法、庭辩式评课法、学生评教法等测评方式。不同的测评方式有着不同的特点和操作步骤，因此，为了达到特定的测评目的，可以同时使用多种测评方式。

1. 课堂听课法

课堂听课法也叫课堂观察法，是教学测评最常用的且最基本的办法之一，主要包括课堂观察、听课记录和评价结果反馈三个步骤。

第一步，课堂观察。课堂观察一般可以分为全方位观察和重点观察。在听课时，评价者既要关注教学效果，又要关注教学过程，包括教师的讲解和提问、学生的回答、小组活动和相互帮助等。重点关注以下问题：

- 学生是否积极地投入学习和主动进行思考与练习；
- 学生的学习兴趣是否被激发，学习过程中是否表现出兴趣；
- 教师设计的问题是否灵活化、生活化、丰富化；
- 学生能否在丰富多彩的活动中学到知识、增强能力；
- 课堂教学能否重视知识与技能，方法与过程，情感态度价值观全面发展。

第二步，听课记录。记录内容应该尽可能完整，在记录事实的基础上，加上相应的评语和意见。记录要突出重点，有所选择和侧重。在课堂记录的过程中，可以根据个人习惯采用一些速记的方法，及一些能起提示作用的关键词。课堂记录表是经常使用的记录工具，如表 11-2 所示。

表 11-2 课堂记录表

<table>
<tr><td colspan="2">学校：</td><td colspan="2">班级：</td><td colspan="2">学生人数：</td><td colspan="2">听课日期：</td></tr>
<tr><td colspan="2">教师姓名：</td><td>性别：</td><td colspan="2">年龄：</td><td colspan="2">学历：</td><td>职称：</td></tr>
<tr><td colspan="2">学科：</td><td colspan="3">课题：</td><td colspan="2">课时：</td><td>第几课时：</td></tr>
<tr><td colspan="8">记录人：</td></tr>
<tr><td colspan="4">课堂教学过程：</td><td colspan="4">板书、投影：</td></tr>
</table>

第三步，测评结果反馈。在课堂听课结束后，测评者和被测评教师之间要进行必要的交流与反馈。课堂听课评价以定性描述为主，从教学目标、教学内容、教学方法和手段等方面进行评价。教学结构、学生参与情况和学习效果都体现了课堂的“质”。测评者要根据评价标准进行初步的评价并与被测评者就存在分歧的问题展开讨论，达成共识后再提出对今后课堂教学的要求。

此外，近年来不少中小学倡导随堂听课，也叫“推门听课”，即事先不跟上课教师打招呼，由评课人员随时进入课堂听课。随堂听课的意义在于可以客观地了解教师真实的教学行为。但也存在一些问题，首先，在进入课堂前，测评者对教学进度和教学计划等毫不知情，因此取得预期效果的难度较大；其次，随堂听课缺乏民主，违背了“评价双方相互尊重”的原则。这种“突然袭击式”的评价方法有可能会遭到被测评教师的抵制，造成测评者与被测评教师之间的冲突。

2. 录像法

随着录像技术的普及，可以将其拓展使用到课堂教学的评价和研究中。录像一般包括准备工作、课堂纪实、教师访谈和录像分析四个基本步骤。

第一，准备工作。拍摄前准备好必要的设备，并营造较好的拍摄环境，可以提高拍摄质量。

第二，课堂纪实。录像调查的成效取决于录取视频的质量、提供的信息资料的可比性。将一节课从开始到结束的录制，要尽可能地反映出课堂教学的全部。教师教学过程的纪实应该把握好主要的教学环节，注意捕捉能够反映教学过程中教师情感变化的细节，但不能忽视学生的活动。可以重点拍摄一位或几位学生上课的全过程，体现教学活动的主线。

第三，教师访谈。在课堂纪实完成之后还要录下教师的访谈过程。访谈前应该把访谈大纲发给授课教师，说明访谈目的，让教师大致了解访谈主题，并有一定的心理准备。访谈的内容主要包括教师的教学设计、教学目标、教学背景以及教师对这节课的自我评价，例如下面的教师访谈提纲。

- 你这节课的教学目的是什么？你希望学生在这节课中学会什么？你做了哪些教学设计？这样设计的原因是什么？
- 教学过程中，你有没有根据学生的反应调整教学策略？具体是什么？
- 这节课与前后教学内容的联系，与单元教学内容的联系有哪些？
- 你接受过哪些教育和培训？
- 你对所教班级学生能力的总体印象如何？学生之间的差异有哪些？
- 你对这节课满意吗？你认为还有哪些地方需要改进？

第四，录像分析。首先，要把录像内容转述为文字，把课堂教学过程划分为几个有机的环节，对每个环节的教学活动进行概括性的描述并记录下准确的时间；其次，制作课堂记录表，概要地记录课堂教学活动的过程和主要内容，能让人对课堂教学的基本过程一目了然，主要包括课堂教学每个环节开始和结束的时间、学生活动的描述和教师活动的描述；最后，反复观察录像，对课堂教学的时间分配和活动频次做定量分析，主要包括学生主动参与的情况、课堂教学中的反馈情况、教师活动时间与学生学习时间的分配。

录像可以反复多次地观察，所以能够对其进行细致的分析。运用录像技术测评的一个好处就是可以对课堂教学的时间分配和活动频次做定量的分析，如表 11-3 所示。

表 11-3 课堂教学活动定量分析记录表

学生在课堂上主动参与的时间
学生参与个别活动和小组活动的时间、频次
学生回答有创意的人次
学生主动提问的次数
学生回答过程中教师加以引导或暗示的频次
教师对学生回答作出判断的频次
其他学生对回答作出判断的频次
教师分析与纠正错误的频次
学生分析与纠正错误的频次
掌握基本事实与知识的时间
技能训练与掌握时间
分析与解决问题的能力培养时间
语言表达能力培养时间

3. 问卷调查法

问卷调查法是在纸上列出问题的清单，由教师和学生根据他们对课堂教学过程和效果的主观印象来回答。教师自评内容应包括：基本教学能力、教学过程中的创新、对教学内容的熟悉程度、是否注重学法培养、课堂气氛、学生参与的积极性等，如表 11-4 所示；学生问卷的内容主要包括对自己掌握情况的反馈、对教师行为的评价、对教师行为的建议等，如表 11-5 所示。问卷一般是在课堂教学结束以后立即发放填写，然后收回并做研究分析。

表 11-4 教师课堂听课自我评价

项目	是	否	备注
你是否准备了相关的参考资料并将资料发给学生？			
你的讲解是否清楚？			
你认为学生是否能够充分理解？			
你是否正确地对待所有的学生？			
你是否注意关心学生以及学生小组？			
课堂作业是否适合不同能力水平的学生？			
你的语言是否流利，声音是否洪亮？			
你在下课前是否作了课堂小结？			
你认为学生是否对这节课感兴趣？			
你是否对这节课感兴趣？			

表 11-5 学生课堂教学调查问卷

项目	是	否	备注
老师的讲解你是否都能听懂?			
老师讲的内容对你来说是否具有启发性?			
老师的讲课是否有趣?			
老师在课堂上是否让你参加有趣的活动?			
老师在讲课时是否让你们解决一些问题?			
在课堂上，你是否与其他同学讨论过?			
你是否从这堂课中得到了启发?			
下课后，你是否有兴趣继续思考这节课讲到的内容?			
你是否能独立完成老师留的作业?			

4. “行为跟进式”评课法

“行为跟进式”评课法是指教师在上完一节课后，评课者与授课者共同讨论教学中的优、缺点，提出修改意见，授课者在此基础上再次进行教学，接受评价和修改，如此反复几次，可使教师的教学行为不断改变、教学水平不断提高。其实质是不断地评价、反馈，再评议、再反馈，通过持续的推进，不断促进教学发展的典型形成性评价。这种评课方式不仅可以促进教学，更重要的是能促进教师的成长。因此，“行为跟进式”评课法应该成为学校日常进行教学研究和评价的重要方式。

这一评课方式的优点在于可以更加关注教师的行为跟进、更加关注通过评课促进教师的成长，缺点是反复多次、耗时，评价周期过长，效率不高。但由于能够通过评课促进教师成长，这一方式在新课程改革中运用得越来越多，是校本教研的重要方式之一。

5. 庭辩式评课法

庭辩式评课法是在听课后，让授课教师解说教学思路，并针对评课者提出的各种问题进行辩论，从而促进评课者与授课教师之间的交流。主要步骤如下：授课教师自己准备授课；由评课小组听课；授课后，授课教师向评课小组陈述自己的上课情况、设计情况及创新之处等；评课小组与授课教师对课内涉及的相关问题进行问与答的交流；随后进入辩论阶段，由授课教师和评课小组进行直接的辩论，将各自的问题表述清楚；评课小组集体拟出有针对性的评议；最后评课小组听取意见，合议后得出结论。

庭辩式评课法改变了以往评课中评课者评、授课教师听的模式，可以让授课教授在课后解说自己的教学思路，并针对评课者提出的具体问题进行辩论，从而促进评课者与授课教师之间的交流，提升评课质量。

6. 学生评教法

学生评教的方式主要有两种，一是纸质量表打分，二是网上评教。网上评教也有两种，一是在网上用量表打分；二是在不公开或有限公开的情况下，学生在网上对教学自由发表意见。如，许多大学现在每个学期进行一次网上教学评价活动，并且只有进行了教学评价的同学才能查看自己的成绩。

网上评课法有利也有弊，一方面，在时间和空间上允许参评者加入评价过程，使评价范围更加宽泛，收集到的反馈信息也比较多，是拓展教师对自身认识的好办法；另一方面，因为在网上评课中，没有特定的依据，因此在评课过程中，并不一定能够收集到评价者预期所设想的评价内容。

二、课堂教学测评的实施

课堂教学测评活动的核心是测评的实施，其质量的好坏不仅决定着测评工作的成效，还决定着课堂教学测评工作能否在教学过程中发挥积极作用。因此对教学测评实施的正确把握成为了测评活动的重点。

（一）测评程序

通常情况下，课堂教学测评的程序包括以下四个环节（如图 11-1 所示）：首先，明确测评目标；其次，制订测评指标体系，做好组织准备工作；再次，实施测评；然后，反馈测评结论；最后，进行元评价。

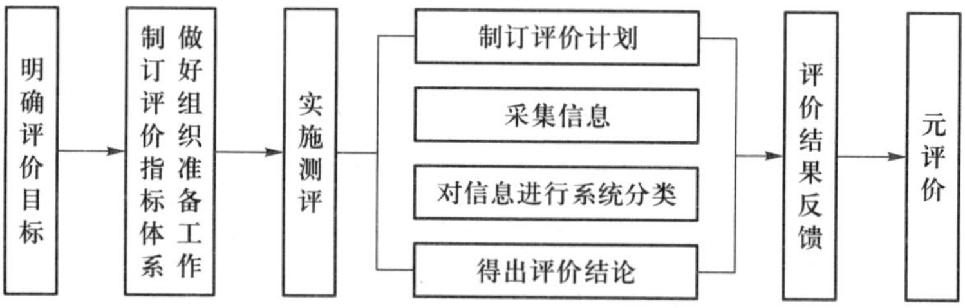

图 11-1 课堂教学测评流程

1. 明确测评目标

教学测评的总体目标是对教学行为及效果进行客观、科学的评价，以促进教师教学质量的提高，发展学生的能力。针对不同的评价对象，其具体目标应有所差异，具体评价方案的设计、组织和实施过程也各不相同。

2. 制订测评指标体系，做好组织准备工作

在明确测评目标的基础上，依据一定的测评原则和教育目标，制订测评指标体系，选择适当的方法，安排好具体的测评步骤。不同的测评内容和对象决定了不同的组织形式，评价者需要具备相关的知识和能力，正式测评前应接受正规的培训。

3. 测评实施

在测评的实施环节，首先要根据测评方案中的指标体系来制订测评计划。为了不引起被测评者的抵触情绪，要进行相关的宣传工作，使其了解测评的目的、作用和步骤等。其次，运用选好的测评方式采集测评需要的信息。再次，对收集到的信息进行技术处理，做筛选工作和统计分析，然后依照测评标准得出测评结论。

4. 反馈测评结论

测评工作的目的是通过测评使被测评的人对自己的行为和效果产生比较清楚的认识，因此测评结果的反馈是一个相当重要的环节。实施测评者使用适当的方式把测评结论反馈给被测评者，并就存在的问题与专家一同进行分析讨论，提供有意义的改进意见。

（二）测评监控

为了保证成功实现课堂教学测评的目标，获取准确的测评信息和得到科学的测评结

论，需要对测评进行监控，即监控课堂教学测评实施的每一个环节、步骤是否按照测评的指标体系进行，有没有出现偏离的情况，以保证测评按计划顺利进行。测评监控的主要内容包括以下四点。

第一，课堂教学测评是否符合课程标准。课堂教学测评是服从和服务于教育改革的，因此课堂教学评价应该与国家教育课程改革的基本理念和目标一致。课堂教学测评方案要始终具备充分的弹性，以适应教育教学目标的变化。

第二，效度。教学测评方案对教学绩效所有的相关方面进行测评的程度要有明确的测评指标体系，与教学无关的就不予考虑。

第三，评价者信度。这是信度的一种重要类型，即对课堂教学进行测评的人之间的一致性程度。如果不同的人对同一节课的测评结论是相对一致的，那么该测评的信度就比较高。

第四，可接受性。测评方案的公平性决定了它的可接受性。公平可以划分为程序公平、人际公平和结果公平。

三、课堂教学测评的结论

课堂教学测评经过设计与实施后，得到的结果将成为教学质量改进的有效依据。有效的教学测评可以较为客观地衡量出教师的教学水平和学生的学习情况等方面存在的问题，发现课堂教学的不足。通过将测评结果反馈给被测评者，进行互动和讨论，提出有效的改进措施或建议。在反馈测评结论的同时，测评本身也需要不断地改进。

（一）结果反馈

教学测评结束后，需要把结果反馈给被测评者，这样有助于被测评者了解自己在教学中的优点和缺点，从而明确自己继续发展努力的方向。反馈时要注意以下三点。

1. 强调具体行为

测评者不能只给出优秀、合格、不合格这种简单的结论，因为这样的话，测评就不能对被测评者起到帮助作用。测评者应该根据教师的具体行为，在第一时间，明确指出优缺点所在。针对具体行为进行反馈，使被测评者有针对性地认识到自己的不足之处，从而更好地接受测评结论。

2. 充分考虑被测评者

反馈要针对不同的对象采取不同的方式，要充分考虑被测评者的心理和接受能力，要针对教师的年龄、教学条件等提出切合实际的要求。对新教师要着重提出与其教学水平提高相关的具体建议和鼓励；对教学经验相对丰富的教师则应该着重对其教学中不符合素质教育的地方加以指正，促使其学习新的知识，持续进步；对贫困地区的教师进行反馈时，应充分考虑工作环境与待遇、职称评定、资源配置等问题，注意保护他们的积极性。

3. 反馈途径的选择

测评结果的反馈不仅要有一定的技巧，还要选择合适的途径。一般来说，面谈是最好的办法。在面谈的过程中，不仅可以把测评结论准确地告诉教师，还可以实现测评者与被测评者的直接交流，双方可以针对测评结论进行讨论，研究出改进的方案。面谈最好在恰当的时间与地点进行，测评者尽量营造出和谐融洽的气氛，对被测评者先进行表扬，再提出问题、给出意见，最后再给予鼓励，从而实现测评的良好效果。

反馈测评结论的时候，应当使用描述性，而不是判断性的语言；反馈时要注意恰当表达意见与建议，不能以偏概全，将误差控制在最低程度；与被测评者进行良好、友好的交流，尽量不要激起对方的抵触情绪。

教师根据反馈的结论，针对自己在教学中的不足之处采取有效措施，对教学加以改进，从而提升自己的教育水平、能力和素质，使教学工作得到改善。测评主体也应该根据测评结论向教师提供相应的建议和措施，学校也可以组织培训，让教师得到全面发展及提高，而不应该把测评结论简单作为奖惩或者晋升的依据。

（二）测评元评价

元评价即是对评价的评价。由于课堂教学测评的技术还不算完善，因此开展元评价研究和实践就显得更加重要。一个完整的元评价在对课堂教学测评的结构、过程、结论及其反馈进行评价，还要对评价结论进行修正。课堂教学测评元评价的内容主要包括：测评主体选择是否得当；测评过程是否合理、科学，要对测评指标的信度和效度进行检验；测评目的的定位是否准确以及目标的达成程度；此外还包括对组织实施的评价及其效益的评价等等。从而促进课堂教学测评的科学化、学校管理的民主化，实现教学质量的提高。

（三）测评优化

斯塔弗尔比姆对评价的目的做过精彩的阐述：评价最重要的意图不是为了证明而是为了诊断和改进。课堂教学测评的目的不仅仅是为了使对教师的奖惩有据可依，更是为了促进教师专业素养的提升、学校管理的完善、学生的全面发展，从而提高教学质量。因此，课堂教学测评本身也需要不断地优化、改进。以下主要从测评观念、方法和体系的优化方面进行简要的阐释。

1. 测评观念的优化

传统的课堂教学测评注重“统一”忽视“多元”，倡导“共性”而压制“个性”。这容易造成忽视教育活动的复杂性与创造性，抹杀师生个性及社会价值取向多样性的情况，不利于师生多元发展和全面素质的提高。因此要用发展的眼光进行发展性课堂教学测评。发展性教学测评要求针对每个师生的特点和个性进行，发现师生的特殊发展领域，并促进多元性发展，形成多样化的教学风格。

2. 测评方法的优化

在课堂教学评价中定性评价和定量评价各有其优缺点。定性评价比较注重过程，重视测评中多种因素的交互作用及深层次的原因分析，强调测评过程中人与人之间的交流，方法灵活，针对性较强。而定量测评有较强的可操作性和可移植性，有利于实现总结性的目的，但由于其重结果、轻过程，测评信息容易失真，灵活性不够。因此，在实际的测评工作中，可依据具体情况将定性测评与定量测评相结合，使二者能实现优势互补，充分发挥各自的长处。通过定性测评与定量测评相结合的方式，可避免在测评指标细化方面耗费过多时间和精力，提高测评的质量和效益。

3. 测评体系的优化

课堂教学具有丰富的内容和复杂的教学系统，课堂教学测评不能在一个封闭的系统中进行。在课堂教学中，教师与学生的活动具有不可预测性，预先设计的测评方案不能完全涵盖所有的教学行为，因此在课堂教学测评中要保持开放的心态，进行测评时要预先保留一定的空间，测评指标体系要有一定的开放性。许多测评指标体系关注了课堂教学的共同规律，没有想到课堂教学的动态生成，因此需要形成一种具有开放性的、弹性的测评指标体系。

本章小结

课堂教学测评的内容包括以下三个方面：第一，对学生学习的测评，主要在学生学习方法、学习能力、学习效果三个项目中进行测评；第二，对教师教学的测评，主要在教师角色把握、教师素养、教学内容、教学策略四个项目中进行评价；第三，对教学效果的评价，主要在学习环境的营造、教育技术的运用、课堂生成的处理三个项目中进行评价。课堂教学测评的设计与实施主要有课堂教学测评的设计、实施以及结果反馈等。

思考与练习

1. 课堂教学测量的功能有哪些？请具体说明。

2. 在教师课堂教学测评中，对教师素养的测评，主要包括哪些方面？

3. 你觉得哪种课堂教学测评方式比较好？请尝试用该课堂教学测评方式，对一堂课进行教学测评，并简要阐述测评目标、测评过程、测评方式、测评结论等。

推荐阅读

1. 朱丽. 从“选拔为先”到“素养为重”：中国教学评价改革40年［J］. 全球教育展望，2018，47（8）：37-47.

2. 毛刚，周跃良，何文涛. 教育大数据背景下教学评价理论发展的路向［J］. 电化教育研究，2020，41（10）：22-28.

3. 牛瑞雪. 教学评价研究40年回顾、反思与展望［J］. 课程·教材·教法，2018，38（11）：60-66.

4. 刘志军，徐彬. 面向未来的课程与教学评价：困顿、机遇与走向［J］. 课程·教材·教法，2020，40（1）：17-23.

第十二章　教师发展的测量与评价

学习目标

1. 了解教师发展测量与评价的意义。
2. 掌握教师发展测量与评价的内容。
3. 掌握教师发展测量与评价的设计与实施。

知识导图

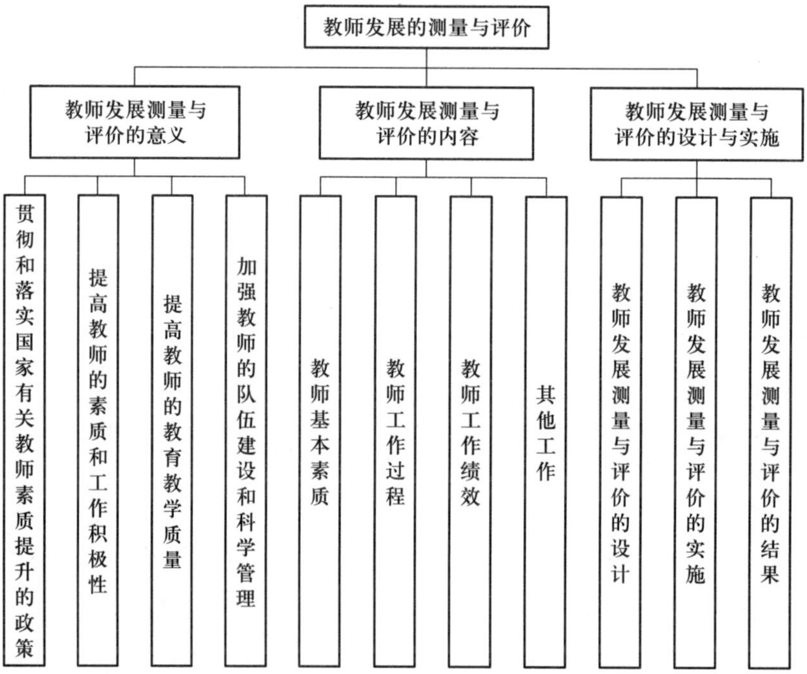

《中国教育改革和发展纲要》指出：“振兴民族的希望在教育，振兴教育的希望在教师”。开展科学的教师测量与评价，对于加强和建设高素质的教师队伍，培养德、智、体、美、劳全面发展的社会主义事业建设者和接班人，以及实现中华民族伟大的“中国梦”都有着举足轻重的作用。《深化新时代教育评价改革总体方案》指出，新时期教师的测量与评价必须坚持把师德师风作为第一标准的价值取向，整合教师测评的内容，提炼科学的教师测评方法，从而开展有效的教师测评。

第一节　教师发展测量与评价的意义

教师发展的测量与评价是指根据教育方针、政策、法规和学校的培养目标、要求，运用教育评价的理论、方法和技术，对教师的素质、工作过程以及工作绩效等进行全面、客观、公正的价值判断活动，也是一项内容多、层次多、涉及因素广的测评活动。教师发展测量与评价的最终目的不是获取教师的评价结果，以此对教师作出鉴定，而是通过定性和定量的测评活动来促进教师专业发展和教学技能的提高。实施教师发展的测量与评价对提高教师素质、改进教师工作，建设高质量高水平的教师队伍以及促进教育教学改革和社会发展都具有十分重要的意义，具体表现在以下四个方面。

一、贯彻和落实国家有关教师素质提升的政策

【拓展阅读】中华人民共和国教师法

开展教师发展测评工作是明确衡量教师工作的准则和尺度，为提高教师的能力和水平指明了方向，是国家教育政策得以落实的一项重要措施。例如，《中华人民共和国教师法》（以下简称《教师法》），以法律的形式明确了教师在我国现代化建设中的地位和作用，其中第二十二条提出："学校或者其他教育机构应当对教师的政治思想、业务水平、工作态度和工作成绩进行考核。"要求考核工作客观、公正、准确地贯彻落实《教师法》，必须在维护教师合法权益、改善教师工作条件和生活待遇的同时，采取各种有效措施加强教师队伍的建设，以全面提高教师队伍的素质。此后，《国务院关于全面深化新时代教师队伍建设改革的意见》强调，深化中小学教师职称和考核评价制度改革。适当提高中小学中级、高级教师岗位比例，畅通教师职业发展通道；完善符合中小学特点的岗位管理制度，实现职称与教师聘用衔接。教育部等五部门关于《教师教育振兴行动计划（2018—2022 年）》中明确提出，要建设全国教师教育基本状态数据库，建立教师培养培训质量监测机制；建立健全教育专业学位认证评估制度和动态调整机制，推动完善教育硕士培养方案，聚焦中小学教师培养，逐步实现教育硕士培养与教师资格认定相衔接。

2020 年 10 月 13 日，中共中央国务院印发的《深化新时代教育评价改革总体方案》（以下简称《方案》）中明确指出"教育评价事关教育发展方向，有什么样的评价指挥棒，就有什么样的办学导向"，同时要求"坚持把师德师风作为第一标准，认真履行教育教学职责作为评价教师的基本要求，引导教师上好每一节课、关爱每一个学生"，这些为教师素质的提高明确了努力的新方向。

二、提高教师素质和工作积极性

教师测评是调动教师积极性的重要管理手段。基于科学的测评标准和测评指标，可靠的信息资料和科学测量技术的支持，教师将会得到准确、科学、公正的测评结果的及时反馈，这有助于激发教师工作的积极性、主动性、创造性和竞争意识。被肯定的成绩可以使教师获得精神上的满足，不足的成绩反馈可以使教师明确改进的方向，进而不断地完善和发展自己。教师测评的指标和标准充分体现了党和国家对教师的要求，体现了国家

教育方针和学校培养目标对教师的工作要求，以及体现了教师工作的特殊性。这为广大教师树立了一个质量合格的教师标准，也给教师提高自身的政治、业务素质提供了明确的方向和客观标准，尤其是对教师测评结果的分析处理，结果数据有助于教师能正确地认识自己，充分利用各种有利条件，努力提高自身素养，以更好地适应教育教学工作的需要。

三、提高教师的教育教学质量

由于传统的教师考核工作缺乏客观标准和科学的程序与手段，教师测评工作重结果、轻过程；重定性分析、轻定量分析，重领导意见、轻教师参与，存在极大的主观性、随意性和片面性，因而缺乏科学性和客观性。近年来，针对教师评价中出现的重学历背景、轻教学能力，重科研成果、轻教学实绩等新问题，《方案》提出要“突出教育教学实绩”，尤其强调创新绩效考核办法，绩效工资分配向班主任倾斜，向教学一线和教育教学效果突出的教师倾斜，对提高教育教学质量作出了新要求。运用现代教育评价的理论和方法实施教师测评，可以运用科学的标准来有效测评教师的工作质量。学校依据科学标准要求和衡量教师，可以促使教师队伍结构和素质更加符合学校教育、教学工作的需要，建立有效的教师荣誉制度，发挥典型示范引领作用，为有效完成学校的教育教学任务提供保障和动力支持。同时，教师也能及时了解自身在教育教学工作中的成绩与不足，在自我认识、自我调节、自我反思和自我改进的过程中，不断提升教育素质与能力，使自己的教育教学质量和工作水平得到提高。

四、加强教师的队伍建设和科学管理

教师测评是依据教师测评内容、标准对教师的素质及工作进行检查、总结、评定、指导的过程。通过教师测评，可以了解教师队伍的结构、教师的素质及工作状况，从而发现教师需要改进的地方，为制定师资培训计划、调整教师队伍结构提供依据；可以强化评价标准对教师的规范、约束和指导作用，促使教师按照评价标准要求自己；可以发现和学习别人的先进经验，促进教师之间的交流与协作，带动整个教师队伍的全面提高。

教师测评是教师管理科学化的重要方法和手段。一方面，基于科学的测评理论，运用科学的测评技术和方法，收集分析有关信息，对教师做出客观、合理、准确的价值判断，可以有效地鉴定、监督、调控、指导教师工作。另一方面，通过对教师做出客观、准确的测评，可以使学校全面深入地了解教师整体的实况，如每个教师的政治业务素质、教育教学能力、职责和绩效等，为教师的使用、培养、奖惩等管理工作提供可靠、全面的决策依据，建立师德失范行为通报警示制度。对出现严重师德师风问题的教师，探索实施教育全行业禁入制度。从而保证教师队伍的优化组合，做到人尽其才、才尽其用，最大化地发挥教师队伍的整体效能，以促进学校管理工作的科学化和民主化。

第二节 教师发展测量与评价的内容

教师测评是一项复杂而有意义的工作，所涉及的方面和层次较多，评价内容相当丰

富，可分为教师基本素质、教师工作过程、教师工作绩效以及其他工作等四方面。

【微视频】教师发展的测评与评价基本内容

一、教师基本素质

教育是培养人的事业，教育的价值是通过教师的工作实现的，教师的基本素质直接决定着教育工作的成效，因而要求教师应具备良好的基本素质，主要包括以下四个部分。

（一）思想品德素质

思想品德素质主要包括政治素质、思想素质和师德素质。政治素质即为江泽民同志指出的："这里所说的政治，包括政治方向、政治立场、政治观点、政治纪律、政治鉴别力、政治敏锐性。"教师应热爱祖国，热爱中国共产党，热爱社会主义，具有坚定正确的政治方向，并通过平日的教育教学工作，把学生培养成为热爱党、热爱社会主义祖国的栋梁之材。思想素质是指作为教师应具有一定的马克思主义理论素养，善于运用辩证唯物主义的思想方法观察问题、处理问题，能够从实际出发，坚持理论联系实际，要树立现代教育思想观念。师德素质即教师的职业道德，是由教师所从事的特殊职业内容即培养人的工作所决定的，是教师从事教育活动的行为准则和规范，是一定社会对教师职业行为的基本要求。《方案》将教师师德评价置于中心位置，把师德师风作为第一标准，就是要求教师应有良好的思想品德素质，具备高尚的思想境界，只有这样才能为教师教育教学工作指明方向，才能更好地为社会主义培养合格人才。

（二）文化业务素质

教师的文化业务素质包括精深的专业知识、广博的科学文化知识和扎实的教育理论知识。专业知识包括学科知识和相关基本知识。学科知识是教师所具有的某一特定学科的知识，如语文知识、数学知识等。教师只有系统地掌握本学科知识，才能在教学中深入浅出，有效地提高教育教学质量。此外，教师还应广泛了解其他学科的基本知识，这样才有助于丰富教学内容，有利于培养学生的知识迁移和增进教学效果。科学文化知识是教师从事教育教学活动最基本的素质，因为教师的工作对象是身心正在发展、具有强烈求知欲的学生，只有教师掌握广博的科学文化知识，才尽可能回答学生提出的各种各样的问题并激发他们进一步学习的兴趣。教育理论知识是指教育学、心理学、学科教学论、教育测量与评价等方面的理论知识。教师要自主地学习这些知识，并能自觉地运用于实践。

（三）能力素质

教师能力素质包括教学能力、教育能力、教育科研能力、运用现代教育技术能力和开拓创新能力。教学能力指教师备课、分析教材、编写教案、课堂讲授、指导学生学习、布置和批改作业、做实验、评价教学等能力；教育能力指教师根据学生年龄特征和个性发展规律，选择恰当的方法正确教育学生，寓德育、美育、劳动教育于学科教学和各项活动中以及组织管理等能力；教育科研能力指教师主动思考教育教学中的实际问题，将教育教学理论与实践相结合，不断进行探索和研究的能力；运用现代教育技术能力是指教师能够熟练操作以计算机为核心的现代教育媒体，编制非纸制教材（主要指投影片、录音带、录像带以及计算机辅助教学软件），运用现代教育媒体设计组合进行授课，正确地指导学生进入信息高速公路检索信息、获取知识、解决问题的能力；创新能力是教师能力素质中的最高层次，是未来教师素质的核心，主要表现为教师乐于接受新的思想观念和行为方式，对问题能主动、独立地思考并具有质疑态度和批判精神，适应社会发展，勇于探索，具有科学思维、提出问题和解决问题的能力。

（四）身心素质

教师工作的特点和职责决定了教师必须要有健康的身体素质和健全的心理素质。身体素质是在先天素质和后天获得的基础上所表现出来的功能相对稳定的身体特性，包括体格、体能、适应能力等。教师只有拥有一个健康的身体素质，才能用充沛的精力、饱满的热情，以承担繁重的教育教学工作。心理素质包括观察力、记忆力、思维力、想象力等认知过程中的心理品质，情感、意志过程的心理表现以及需要、兴趣、气质、性格等个性心理特征。健全的心理素质是教师赢得学生的信赖和崇敬，取得良好教育效果的基本保障。良好的身心素质是教师其他素质赖以发展的基础，也是培养全面发展的人的根本保证。

二、教师工作过程

教师的教学工作质量，把对与教师教学相关的各项指标进行综合性评判和教师教学工作过程的整体优化作为基本保证。教师的工作过程有以下七个方面。

（一）备课

备课是进行课堂教学的基础，认真备课是提高教学质量的重要保证。备课是从教师钻研教材、了解学情、制定教学进度计划、选择教法到编写教案的完整过程。教师钻研教材，包括研读课程标准、教科书和有关的参考书。了解学情包括了解学生知识基础、他们的兴趣、需要与思想状况、学习方法和学习习惯等。对备课情况进行评价主要是通过检查教案来完成。教案是在认真研读教材、掌握教材的特点与重点、深入了解学情的基础上来进行编制，教案内容要经过精细组织和加工，主要包括课题、教学目标、教学重点和难点、教学方法与手段、教学过程、练习与作业、板书设计等。

（二）上课

课堂教学是教学工作的中心环节，是完成教学任务的主渠道，是提高教学质量的关键。课堂教学的水平不仅是教师业务素质和能力素质的具体体现，也是教师履行职责优劣的主要标志，是教师工作测评的重要内容。课堂教学主要应从教学目标、教学内容、教学过程、教学方法、教学能力以及教学效果等方面进行综合考察与评价。由于课堂教学质量测评有其独特的过程和特点，而且应用十分广泛，所以我们必须给予高度重视。

（三）课外辅导和布置作业

课外辅导和布置作业是教学工作的一个重要组成部分，这是课堂教学的继续和延伸，是帮助学生巩固在课堂学习中所获得的知识、培养学生分析和解决问题的能力及形成良好个性的有效手段。这就要求教师能够提供必要的辅导时间，根据不同类型的学生有针对性地进行指导，做到因材施教；指导学生的学习方法，使学生养成先复习理解、后完成作业的好习惯；所布置的作业要有很强的针对性，有利于巩固基本知识、训练基本技能；教师对作业的格式及完成的时间要提出明确的要求；作业数量适当，难易适度；作业要及时批改，及时反馈，及时讲评。

（四）课外活动

课外活动可以丰富学生的课余生活，充分发挥学生特长，实现学生个性化发展。教师组织或指导学生进行有计划、有目的的课外活动，可以给学生创造广泛接触社会的机会，培养学生的兴趣与特长，培养学生的独自动手能力和团队协作能力。教师作为学生在学校学习的指导者，理应对学生的课外活动进行科学合理地设计和组织，因此课外活动的组织也是教师测评的重要内容之一。

（五）学业成绩考评

学生的学业考评是教学活动的重要组成部分，它标志着学生是否完成了规定的学习任务。学业成绩考评要严格遵循评定标准，考试题目和内容要有针对性，既符合教学大纲的要求，又要做到基础知识、基本技能和智力方面的内容各占一定的比例，出完考题后能及时写出标准答案作为评卷的依据；监考认真负责，严肃考场纪律；评分按照标准，客观公正；考试结束后，能对考卷进行认真分析，写出质量分析报告。

（六）教研与科研

学校长期组织教师听课、评课及教学研讨活动，有利于促进教师间的相互交流和优势互补，使得他们在切磋交流中提高自身素质，进而提高教育教学质量。教师积极参加听课、评课和各种教学研讨活动，态度认真、保证出勤、有所收获。在教学方面，教师要主动进行教学研究方面的改革和实验，承担一定的教研任务，不断提高自身的创新能力和实践能力。学校对教师进行教研与科研的具体要求是：能主动参与学校的科研课题或自己选择适当的课题；制定科研计划并按照计划开展实验或研究工作，研究的态度要严肃认真，实事求是；有一定的研究成果，并对教育教学工作有所促进，发表撰写的论文或参加有关的学术交流。

（七）出勤

对教师的出勤情况进行考核，是对教师坚守工作岗位、履行工作职责进行评价的一项重要指标，其内容包括：按课表规定的时间上课；能够严格遵守学校规定的各项规章制度；积极参加政治学习、业务学习，教研活动，继续教育以及学校组织的其他各项活动，做到不迟到早退，不缺勤。对教师出勤的测量与评价可参考教育行政部门制订的标准，也可由学校自行制订。

三、教师工作绩效

教师工作绩效是教师业绩的综合体现，反映了工作中教师的基本素质，关系到学校教育质量的高低，是教师测评工作的核心内容。教师工作绩效的测评主要包括教育效果、教学效果、科研成果三项内容。

（一）教育效果

教育效果是指教师在教育教学的工作过程中，对学生进行教育活动后所取得的效果。教师高尚的个人品质、渊博的学识、娴熟的教学技能、得体的言谈举止能对学生产生潜移默化的教育影响。因而教师要善于挖掘教材中的深层次思想，要注重对学生进行学习目的、学习态度、学习习惯、意志品质、良好个性以及世界观、人生观和价值观等方面的教育，使学生得到良好的全面发展。教育效果较难进行量化考核，但可以从以下四个方面进行测评：一是教书育人，重视对学生进行思想品德教育，将德育渗透到学科教学中；二是采取科学的管理方法，对学生进行有效管理，使得班级教学秩序良好，师生关系融洽；三是关注每个学生的学习态度、学习品质和身心素质的发展；四是因材施教，善待学生，使他们拥有良好的学习习惯和个性品质。

（二）教学效果

教师的教学效果主要通过学生的学习习惯、学业成绩和学习能力体现出来。通常情况下，会以学生的学业成绩来考察教师的教学成绩，常用的指标有教师所任教班级学科考试的平均分、标准分、优秀率、及格率和进步率，这些指标能从不同侧面反映教师教学的成绩。这些指标主要关注学生的知识进步水平、学生对基础知识、基本技能的掌握程度、后进生的成绩及变化情况、学生智力因素的培养情况、学生的自学能力等。但必须注意的是，学生学业成绩是受多种因素制约的，例如，学生的学习目的、学习态度、学习方法与习惯以及原来的学习基础等对教师的教学成果影响很大，所以不能简单地把学生的学业成绩作为评价教师工作的唯一根据，而要视具体情况来定。此外，学校的教学条件也存在较大差异，不同学校学生的基础不同，因而应根据本校不同学科和班级的实际情况对教师的教学效果进行适切的测评。《方案》突出强调教育教学实绩在教师工作中的地位，将其作为教师发展评价的基础。

（三）教育教学科研成果

教育教学科研成果是教师对教育教学中某个方面深入研究的结果或是对个人长期教学经验的理论升华，是取得了一定学术价值和实际效用的创造性劳动的结果。它通过专著、论文、经验总结、教学参考资料、教学实验仪器设备、音像资料等形式体现出来。教育科研成果是对教育科学知识的创新，以事实为基础，通过观察、调查、设计、实验等方法，并耗费了作者一定的精力和时间所取得的。教育科研成果评价是指按照一定标准，运用科学可行的方法，对教育科研成果的学术价值、应用价值等进行的判断活动。除考虑科研成果获奖的等级，论文发表的数量、质量及发表报刊的级别，出版的著作、科研项目的级别外，教育科研成果评价的指标还应当包括重要性、先进性、科学性、成果效用、社会反应等方面，其中每一指标又可细化为若干二级指标。新时代教师科研评价根据不同学科、不同岗位特点，坚持分类评价，推行代表性成果评价，探索长周期评价，完善同行专家评议机制，注重个人评价与团队评价相结合。

四、其他工作

教师测评的内容除了包含教师基本素质评价、教师工作过程评价、教师工作绩效评价外，还有一些学校日常工作，下面简要介绍班主任工作和继续教育培训。

（一）班主任工作

《教育辞典》将班主任解释为对一个教学班的学生全面负责的教师，班主任是学生班集体的教育者、组织者和指导者，也是学校教育工作，尤其是学校思想品德教育工作的骨干和有力助手。① 班主任的班级管理对学生成长和学校发展有着重要意义，因而班主任工作考核已经成为教师测评的一项重要内容。班主任的工作测评内容主要包括以下几点：主题班会活动、教育活动、文体卫生、学习活动、家庭联系、班级手册、竞赛获奖等七方面。② 其次，对班级凝聚力、班风建设、班级面貌的考核也能充分反映班主任的工作情况。

---

① 朱作仁. 教育辞典［Z］. 南昌：江西教育出版社，1987：569.

② 李明森. 班主任工作评价探索［J］. 教学与管理，2003（14）：9-10.

（二）继续教育培训

教师测评的目的在于通过定性和定量的活动，对教师素质和教师工作质量的高低做出判断并提出改进建议，以促进教师的专业发展和教学技能的提高。继续教育培训作为教师职后专业化发展的有效途径，更应成为教师测评的基本内容，它不仅可以更好地完善教师的继续教育培训活动，激发教师主动参与继续教育培训的积极性，同时也能丰富和拓展教师测评的内容。继续教育的内容可包括教育理论培训、教育教学技能培训、新知识拓展培训和人文素养培训等项目。① 对教师继续教育培训的测评是促进教师职后发展的有效措施。

【拓展阅读】
霍林郭勒一中：教师评价的12345

第三节　教师发展测量与评价的设计与实施

教师发展的测评是一项涉及多方面要素的系统性活动，需要进行整体规划。从教师发展的测评设计到测评实施，再到最后测评结果的总结，都需要进行精心的设计与规划。

一、教师发展测量与评价的设计

在实施教师测评活动之前，首先要对整个活动进行整体设计，以便对教师测评的实施与开展提供方案指导。其内容主要包括测评目标的确定、测评主体、测评工具和测评方式的选取。

（一）测评目标

任何一项活动的开展都必须首先确定其目标，从而树立正确的价值导向。评价不是为了证明，而是为了改进和发展。因此教师发展的测评要坚持“发展性”评价取向，适当淡化以薪资和晋升为主要目标的绩效性测评。

1. 促进教师专业化水平提升

促进教师专业化是教师测评活动开展的根本性目标。首先，教师测评活动的开展是促进教师专业化发展的有效手段。通过测评，教师可以了解自身存在的不足，激发教师专业发展的内生需求，从而确立改进和自我发展的方向。其次，还可以为教师提供进修和自我发展的机会，提高其工作的能力与水平，激发教师成为具有现代教育思想、适应现代教育发展的现代人，从而促进教师和学校的发展。② 对于教师而言，内部需求比外部压力更具激励作用。因此，通过教师测评能催生教师的内部发展动机，使其主动提升其专业化水平。

2. 改进教师的教育教学实践

教学活动是学校的中心工作，而教师是教学活动的组织者和指导者，对教师进行有效的测评不仅可以了解当前教师的教学工作情况，也能激发教师的教学热情，因而改进教师的教育教学实践是教师测评活动开展的另一目标。教师发展测评包括教师备课、上课、作业批改、辅导活动、教学效果等多个方面，可以从多角度、多层次掌握教师的教学实践状

① 朱德全，宋乃庆. 教育统计与测评技术［M］. 重庆：西南师范大学出版社，2008：228.

② 夏心军. 中小学教师评价的目标、标准、内容和方式［J］. 人民教育，2004（12）：19-20.

况，从而为其提供改进建议，进而教师可以根据测评结果的建议来对自身的教学进行调整与优化，以重新树立新的发展方向。

3. 实现教师与学校的共同发展

教师发展与学校发展是和谐统一的关系。一方面，教师是学校教育发展的主体，对学校发展有着举足轻重的作用；另一方面，学校发展为教师提供了发展平台。因此，教师测评除了以促进教师发展为主要目标外，还应着眼于教师与学校的共同发展，通过教师自身的变革来推动学校的跨越式发展。因为教师发展是学校发展的助推器，教师测评的开展有助于促进教师的专业发展与教学实践的持续改进，进而有利于教师整体素质的提高与学校办学质量的整体提升。

（二）测评主体

1. 教师

教师是测评的主体之一，因而教师自评是常用的一种评价方法。教师自我评价是指教师通过使用自我评价量表以及自我报告等工具对自身教学行为进行自我分析，从而实现自我提高与专业成长。[①] 教师自评主要通过教师对自我行为的诊断以及反思，以规范自身教学行为的过程。教师自评的意义在于通过测评促进教师的自主发展，充分发挥教师的主动性。首先，教师自评有利于教师认识自我，实现自我认同。其次，教师自评可以激发教师自身的内在需求。因为内需动机是教师发展的根本动力，教师自评可以促进教师的自我完善，从而激发教师发展的内在动机。因此，在开展教师自评的过程中，要充分发挥教师的主动性和主体性精神，鼓励教师积极参与。

2. 同行

对教师测评而言，是重要的评价主体，因而同行评议是教师发展评价中常用的评价方法。教师同行评议是指用统一的测量标准，由本教研室（组）的教师对某一个教师的教育工作进行评议，逐项给出评语或评分。由于同行教师对被评教师的教育工作目的、要求、原则、标准有充分了解，因而他们可以在评价工作中对被评教师给出切合实际的正确判断。但正因为长时间的共同工作，彼此互相熟悉，评价也容易受到人际关系和感情因素的影响。例如，教师个人之间的矛盾、职务职称晋升的竞争导致的“同行相轻”的心理等，都可能使评价工作产生不同程度的偏差。因此，同行评议不能范围太广，应当有一定数量的同行教师参加评议，结果才能符合实际。

3. 学生

教师教育工作的直接对象是学生，他们与教师的接触最多，对教师教育工作的感受也最深，由学生来对教师的教育工作作出评议，具有忠实性和可靠性的特点。因而“学评教”活动在我国开展得较广，而且是评价教师工作的重要方法之一。但学生评价教师也有其难以克服的局限。由于学生对教师的教育工作并不全面了解，对教育工作的原则与方法、评价标准也掌握得相对较少，从学生自身学习的视角来看待教师的教育工作，可能会有一些片面。因此，对于学生评价而言，作为评价主体的学生首先应该具有正确、中肯的评价态度，而且要选择合适的时机进行。实践证明，一般在课程开始三分之一至一半的时候，开展学生测评的效果较好。

---

① 黄甫全. 现代课程与教学论［M］. 北京：人民教育出版社，2011：479.

4. 领导

上级部门或学校领导是教师评价工作的重要主体，因而领导评议是教师评价工作的重要方法。领导评议是一种自上而下的、由学校领导或上级教育行政部门领导实施的评价。领导评价常用的方法，首先是深入教育教学第一线，收集评价信息。这就要求领导特别是校长要经常到教研室、年级组、教室中去，多接触教师和学生，了解他们真实的教学情况，从而获得评价教师的第一手资料。其次，运用学生的学业成绩来评价教师。领导应通过多种途径收集学生的考试成绩、作品、学生成长记录袋、学习活动、学生的实践能力等信息来评价教师，同时还要适当考虑学生家庭、社会等其他综合因素的影响。领导应在课堂观察与调查的基础上，结合学生及同行教师等各类评价主体的意见，以做出合理、全面的建议。领导评价要注意客观公正，不能凭主观臆断，否则难以达到良好的、旨在促进教师发展的评价目的。

5. 专家

教育专家是教师测评工作中的重要主体之一，因而专家评议法是教师测评工作的重要方法之一，同时也是教师测评中的一种补充方法。通过聘请一些教育教学专家到学校听课，在此基础上对教师的教学进行诊断性评价，可以帮助教师发现问题，提高教学水平与质量。由于站在较为客观的立场上，专家往往能更加客观地对教师的教学工作做出科学判断。实践证明，专家测评有助于教师形成新的教学风格。专家评价的主要方法是课堂听课。通过观察教师的课堂表现，可以深入地收集有关教师上课的教学思想、教学方法、课堂气氛、师生关系、学生参与程度以及教学效果等方面的信息，从而达到肯定优点、找出缺点、提高教学效果的目的。

（三）测评工具

教师发展的测评需要正确理念的指引以及多元评价主体的参与，此外还需选取科学有效的测评工具，测评工具的开发与研制对测评活动的开展具有重要意义。

【微视频】教师发展的测量与评价

1. 教师发展的测评量表

教师发展的测评量表是将量化方法作为教师测评的主要方法，通过量表对教师进行测评，并经过数据分析得出测评结论。测评量表作为标准化的测量工具，编制极为严格，同时要求较高的信度和效度，编制完成后要经过长时间的检验并得到认可后才能够广泛使用，因而量表的编制极为困难。学校对教师发展的测评可以借鉴认可度较高的量表，不仅省时省力，也能够提高测评的有效性。也可以编制教师测评问卷来收集信息，虽然问卷没有量表规范性程度高，但是具有编制灵活、简单等优点，因此学校可以根据自身情况选择恰当的评价工具。

2. 教师发展的评价手册

教师发展的评价手册以“发展性评价”的理念为指引，重视评价对教师的激励和改进功能。评价手册包括教师个人计划、教学反思、听课研讨、课题研究、个人总结等多项内容，学校通过对评价手册的合理使用，推动教师及时进行反思和调整，从而促进教师的发展。教师发展评价手册具有阶段性和连续性特点，要求持续进行评价手册的记录工作，并在期末应进行一次完整的总结。同时，教师发展评价手册是由多元主体参与的，包括教师自评、同行互评、学生评价、领导评价以及专家评价等，通过多角度、多主体的评价，可以充分发挥评价手册的沟通与交流功能。无论是评价者还是被评价者，都要做到客观、务实、公正与及时认真的评价，以使教师发展评价手册成为促进教师专业化发展的有效途径。

（四）测评方式

【拓展阅读】教师发展的测量与评价常用方法

教师发展的测评方式主要有访谈法、行为观察法、问卷调查法、面谈法、工作记录分析等，学校可以根据不同的测评目的以及评价主体，选择适宜的测评方式。绩效考评法和课堂听课评价法是学校中比较常用的传统教师评价法，教学档案袋评价法和微格教学评价法是两种较为新颖的发展性测评方式。

1. 绩效考评法

绩效考评法是指学校在一定时期内，根据绩效管理的需要，针对教师所承担的工作，运用各种定性与定量的方法，对其工作结果和工作表现进行考评的方法。[①] 绩效考评法是教师发展测评中最常用的方式，主要考核教师的工作情况，而不是对教师个人兴趣、爱好的考核。《方案》强调完善绩效考核办法，绩效工资分配向班主任倾斜，向教学一线和教育教学效果突出的教师倾斜。绩效考评法的操作流程包括制定考评方案、确定考评周期、确定评价者、制定评价标准、选择考评方法、收集信息数据、开展考核评价和解析评价结果八个阶段，如图 12-1 所示。

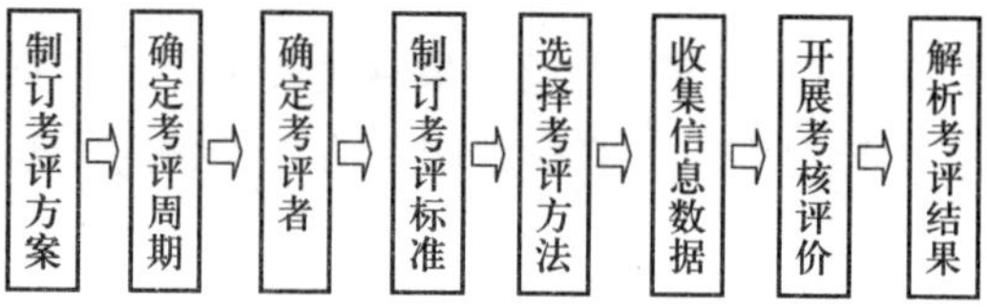

图 12-1 绩效考评法操作流程

2. 课堂听课评价法

课堂听课评价法又称为课堂观察法，主要指评价者深入课堂教学实践，通过现场观察并使用描述性的评语、教学评价表等对教师的教学实践做出评价的过程，其包括随堂听课评价法和常规听课评价法。随堂听课评价法不具预设性，事先不会通知评价对象，以便能够获得最为真实的评价结果。常规听课评价法事先会给予评价者心理预设和课前准备，通常包括预备会议、课堂听课和课后评价三个阶段。[②] 预备会议的目的在于确定听课内容、听课方式、听课时间地点等常规性内容。课堂听课是评价的重要环节，听课记录应尽量完整。课后评价主要是在听课结束后，由评价者对教师作出评价，对课堂效果作出反馈，并协助被测评教师制订完善的改进计划。课堂听课评价法的最终目标在于通过现场观察教师上课，以获取教师教学的真实性相关信息，从而科学合理地对教师教学作出评价。

3. 教学档案袋评价法

20 世纪晚期，档案袋评价开始进入人们的视野，后被广泛运用于美国社会的诸多领域中。教学档案袋评价又称为“教师档案袋评价法”或“教师成长记录册评价法”，是将

---

① 王斌华. 教师评价：绩效考评法［J］. 全球教育展望，2005，34（5）：47-51.

② 王斌华. 课堂听课评价法［J］. 当代教育论坛，2005（2）：38-42.

档案袋运用到教师评价中，要求教师建立自己的教学档案袋，通过开放的多层面评价，充分感受到自己进步的过程、自身的特点、所获的经验与教训等，以提高教师的反思能力并促进教师的专业化发展。一份教学档案袋必须包括：受评者一个时期里教与学情况的精华；受评者工作做得最好的代表作；部分学生作业样品；受评者的部分反思材料。① 教学档案袋评价法充分体现了教师的个性化，促进教师的自我反思，将教师发展作为评价的最终目的，能够有效克服传统教学评价存在的不足，具有重要的实践价值。

4. 微格教学评价法

微格教学评价法是由微格教学发展而来。在实施过程中，要求全体评价对象轮流上课并进行拍摄录像，然后重新播放录像，展示他们各自的教学行为和教学技能，并以教学视频为依据，对照教师教学技能评价量表来开展自我评价、同事评价以及专家点评。② 微格教学评价法的具体操作流程依次如下：设施准备；前期辅导；制作评分表；编写教案；上课录像；实施评价。微格教学评价法的目的在于通过科学有效的评价来革新现有教学实践中的不足，从而提高教师的教学实践能力。微格教学评价法具有省时、客观、及时反馈等优点，能够对教师的教学实践作出较为合理的评价，因而运用较广。

二、教师发展测量与评价的实施

教师发展的测评是依照一定程序展开的，需要进行科学合理的组织。同时，为了保障测评活动的有效性，还必须对测评过程进行监控。

【微视频】教师发展的测量与评价实施

（一）测评程序

教师发展的测评是根据一定程序开展的，主要包括测评前期准备、收集测评信息、分析测评信息和撰写测评报告四个阶段。

1. 测评前期准备

为保障教师的发展测评能够有效开展，必须做好测评前期准备，主要包含以下三方面的工作：第一，要建立教师发展的测评领导小组，以统整整个测评工作；学校里对教师发展的测评一般由校长作为测评领导者，并选派其他人员参与测评的领导。第二，确定测评的时间、形式、范围等基本内容，做好测评前期的准备工作。第三，确定评价者，即根据测评目的选择最为适宜的评价主体。③ 此外，还应消除被评价者的焦虑或紧张心理，积极沟通评价者和被评价者之间的关系。

2. 收集测评信息

教师发展测评的前期准备完成后，就可以通过各种测评方式收集信息。只有多角度、全方位地收集测评信息，才能够对教师作出科学合理的评价。信息的收集一般有以下三种渠道：第一，课堂听课，主要是对教师的教学进行评价；第二，问卷及量表调查，不仅包括对教师的调查，还包括对学生、家长、学校等多元主体的调查；第三，通过与教师的深入交流来加深了解，从而做出评价。无论是采用哪种收集信息的方式，都应保障收集过程的真实性和客观性。

---

① 黄甫全. 现代课程与教学论［M］. 北京：人民教育出版社，2011：483.

② 荣静娴，钱舍. 微格教学与微格教研［M］. 上海：华东师范大学出版社，2000：131.

③ 王巍然. 中学英语发展性教师评价的实践与研究［D］. 南京：南京师范大学，2004：40-41.

3. 分析测评信息

通过测评信息的收集来掌握与教师发展相关的大量翔实、具体的材料。而如何能够使收集到的材料转化为评价结果，就需要对测评信息进行有效的分析。不同性质的材料要采用不同的分析方法，通过问卷及量表获得的信息则需进行量化统计，使用统计软件来进行处理；而通过课堂观察以及听课等质性评价方法获得的材料，则需要给予质性判断。需要指出的是，对教师发展测评的信息分析应做到定量和定性相结合，才能从多角度对教师作出科学、适切的测评，避免由于单一方法而造成测评有效性欠缺现象的发生。

4. 撰写测评报告

测评报告是按照一定的格式，将测评过程中掌握的教师发展信息进行归纳整理，对教师发展的具体情况进行判断，从而为教师改进和提高教学绩效提供依据的书面报告。教师发展的测评报告一般包含测评概况简介、测评结论、测评发现的问题、提出建议四个部分。测评概况主要是对测评开展时间、测评开展形式、测评执行情况进行简要描述；测评结论主要是对教师发展的情况进行分析和总结，并作出一定的价值判断；测评中发现的问题是提出教师在发展测评过程中及其自身存在的问题；提出建议主要是针对存在的问题提出改进建议。测评报告的撰写要坚持格式规范、内容真实、分析客观、结论科学的原则，同时要做到图表结合，以使报告更加具形象性和可读性。

（二）测评监控

在教师发展测评的实施中，为保障测评结果的科学性，还须对测评过程进行监控，主要是要处理好测评者与被测评者之间的关系问题、测评取向问题、测评过程操控问题以及测评条件、过程和效果的相互关系问题。

1. 测评者与被测评者之间的关系问题

教师发展测评结果关乎教师的发展和切身利益，因此对被测评者来说，心理压力非常大。有的教师对于教育工作中的缺点和不足非常害怕，因而对教师测评持有反感和对立情绪；有的教师为了维护声望，认为测评制度与测评体系存在问题；有些教师考虑到职称、职务、工资等问题，对测评可能产生对抗、抵制等心理。因而测评者首先应当深入开展教师的思想政治工作，认真了解情况，搞好与被测评教师之间的关系，使绝大多数教师主动配合测评工作。[①] 其次是处理好被测评者之间的关系问题。教师和领导之间、教师和同行之间、优秀教师和普通教师之间，平常不可避免地会出现矛盾，这些问题常常会在测评的过程中激发出来。如果在工作中不加注意，可能会使矛盾激化与加深，这不仅影响测评工作，甚至还会影响到教育教学工作的正常进行。因此，测评者应当有思想准备，或采取适当的方法避免矛盾激化，或利用测评工作有效地处理好矛盾。

2. 实事求是与形式主义评价的价值取向问题

与所有其他测评一样，教师测评首先必须讲究实际，杜绝虚假、形式主义的做法。测评工作的形式主义，有些是对测评工作的目的与意义认识不清而产生的，其表现如下：按照规定的表格与程序机械地执行，填表马虎、评语简单、很难发挥教师测评的作用；有些不重视信息收集，不注意各种信息的真实性，进而使结果产生测评误差；而有些是测评工

① 苏渭昌，张笛梅. 教育评价技术［M］. 长沙：湖南教育出版社，1988：163.

作态度不认真，迁就敷衍、难以达到教师测评的应有成效。因此，必须防止形式主义，树立实事求是的态度以达到统一认识。其次，要认真收集真实信息作为测评依据，并对各种信息及指标的各个方面以及项目都进行认真分析；最后，要认真做出实事求是的测评，尽量使结果建立在真实信息的基础上。

3. 测评指标标准性与灵活性辩证统一的操控

教师测评是一项复杂与动态变化并存的系统工作，应当具体问题具体分析，而不能把指标作为固定的、僵化的模式去机械使用。如教学内容应当有先进性、反映最新的科技发展成果，但不一定要求每章、每节、每堂课都有新成果的体现。如在教学方法上要求教师讲述重点、难点时，一般情况下需要教师自身进行把握，但为了培养学生独立的学习能力，教师有意让学生自己去抓住重点、攻克难点也是可行的。如果恪守一套固定的模式，就容易使教师测评成了妨碍改革创新的阻力因素。此外，对于不同的测评对象，也应当有测评的灵活性处理。如在对待不同学习基础班级或是不同地区的教师时，测评都应该有所不同，以体现出差异性。

4. 测评条件、过程与效果的相互关系处理

任何测评都必然涉及条件、过程与效果三个方面的问题，它们是紧密联系、不可分割的。其中，测评条件是基础，它影响着过程和结果；过程展现了人们主观能动性的发挥，是测评人活动的重点；而效果则凝结着条件和过程，反映了测评目的和愿望达到的程度。教师测评和其他教育测评一样，人们常常在条件、过程和效果三个方面争论究竟应当以谁为主的问题。这些争论一方面反映了人们已经正确认识到条件、过程和效果的紧密联系和不可分割，另一方面也说明人们试图把三者加以割裂和孤立，这是不正确的做法。尽管为了不同的测评目的可以侧重某一方面，但如果要求全面测评，则必须把三者作为一个统一的、相互联系的有机整体，不可能彼此相互取代或绝对割裂开来。

三、教师发展测量与评价的结果

教师发展测评的最后工作是进行总结，包括测评结果反馈、测评元评价和测评优化三部分内容。

（一）测评结果反馈

测评结果反馈是指向学校相关部分及人员汇报测评的最终情况。它是教师测评中的重要环节，有效及时的测评结果反馈能够为学校改进和发展提供依据，也能促进教师的自我反思，进而实现教师的专业化发展。

1. 多元化的反馈主体

对测评结果的反馈要坚持多元化的反馈主体原则，从多角度对教师发展做出反馈，最具代表性的便是将360度反馈评价运用到教师测评中来。360度反馈评价由美国经济学家Edwards于20世纪80年代提出，是指根据一定的评价目标或标准，对被评价者从多角度进行评价，再将评价意见综合后反馈给被评价者，以达到改变其行为、提高其工作效率、促进其专业发展、增强组织效率的目的。① 因此，教师测评结果的反馈应包含同行、专家、领导、学生、家长等多个主体。

---

① 张家军. 360度反馈评价应用于我国教师评价的适切性分析［J］. 教育理论与实践，2014，34（23）：25-27.

2. 测评结果的双向反馈

当下教师测评结论的反馈多为单向反馈，往往仅向学校管理者进行反馈，而客观真实地向教师的反馈较少，因此这使教师发展的测评功能不能得到有效发挥，也使教师缺乏改进的依据。因此测评结果的反馈应做到双向反馈，以便保证测评的发展性目标，达到促进教师发展的目的。一方面，评价结果既要向学校管理者反馈，也要向一线教师进行反馈；另一方面，这还体现在教师对测评结果的反馈上，应及时做好沟通交流，以了解教师内心的真正需求。

（二）测评元评价

美国评价理论专家麦克·斯克里温（Michael Scriven）在1969年的教育产品报告中首次引入了“元评价”这一概念，目的是为了描述一个对教育产品设计的评价之评价，即对评价进行再评价的过程。① 教师发展的测评作为动态持续的过程，无论是在测评的设计阶段，还是实施阶段，都或多或少地存在一些不足之处需要改进。进行教师测评的元评价，不仅能够对测评过程进行改进，而且亦能为后续测评的开展积累经验。

教师测评的元评价分为内部元评价和外部元评价。内部元评价主要由学校领导、管理人员、评价人员进行，评价内容包括教师测评的方案设计、教师测评的方法、教师测评的组织形式、教师测评的过程监控等。外部元评价一般由专业评价人员主导进行，主要对测评的整体理论框架体系进行评价。此外，教师测评的元评价坚持形成性元评价与总结性元评价相结合，以确保元评价持续地进行。我国对元评价的研究尚处于学习探索阶段，完整的、规范的教师测评元评价体系还需进一步探索，但是在教师测评结束后，开展一定程度上的元评价是必不可少的。

（三）测评优化

教师测评是一个持续和动态的过程，为保障后期测评的有效开展，还须对测评进行优化。测评优化属于教师测评的后续工作，旨在通过对教师测评的设计与实施过程进行反思，找出测评中的问题，从而提出改进建议，以确保下一次测评活动能够顺利进行。

教师测评的优化主要从以下四个方面进行。第一，测评目的观的优化，要由传统的奖惩性教师测评转向发展性教师测评，将促进教师发展作为开展测评活动的最终目的。第二，测评技术方法的优化，由偏重量化评价转向定性和定量评价相结合，同时要加入现代化技术手段，如教师网络测评系统的构建等。第三，评价标准的优化，由普适性标准向差异性、个性化的标准转变，以促进教师个性化的专业发展；第四，重视教师发展测评的再测评，通过持续不断的改进来促进教师测评的可持续发展。

本章小结

教师发展的测量与评价是教育测评的四大基本内容之一。教师发展的测量与评价是指根据教育方针、政策、法规和学校的培养目标、要求，运用教育评价的理论、方法和技术，对教师的素质、工作过程以及工作绩效等进行全面、客观、公正的价值判断的活动。教师发展的测评不仅能够促进教师的素质提升，提高教师教育教学的质量，而且能够加强

① 高洁，蔡敏. 美国教育评价的元评价及其启示［J］. 世界教育信息，2007（6）：21-24.

教师队伍建设和管理。教师发展的测评内容较多，具体分为教师基本素质、教师工作过程、教师工作绩效以及其他工作四个方面。学校应根据测评目标的不同，选取相应的测评主体以及适宜的测评工具与方式，从而有效地开展教师发展的测评活动。

思考与练习

1. 教师发展的测量与评价有什么意义？
2. 教师发展的测量与评价有哪些具体的方法？
3. 教师发展的测量与评价有哪些程序？

推荐阅读

1. 朱旭东. 论教师专业发展的理论模型建构［J］. 教育研究，2014，35（6）：81-90.

2. 毛利丹. 中小学教师评价研究：基于教师评价的视角［D］. 上海：华东师范大学，2016.

3. 何阅雄，李茂森，高鸾. 教师发展视域下的教师评价机制的思考与实践［J］. 高等工程教育研究，2016（1）：107-112.

4. 叶澜. 教师角色与教师发展新探［M］. 北京：教育科学出版社，2001.

第十三章　学生学业成就的测量与评价

学习目标

1. 了解学生学业成就测量与评价的意义与功能。
2. 掌握学生学业成就测量与评价的基本内容。
3. 掌握学生学业成就测量与评价的基本方法。
4. 了解学生学业成就测量与评价的基本价值取向。

知识导图

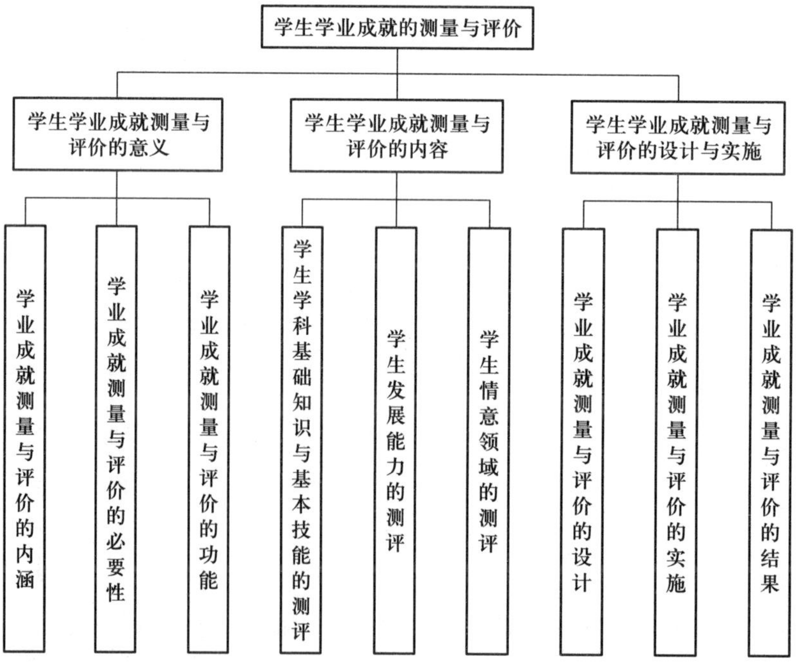

学生学业成就测评改革一直以来是贯穿于我国教育改革事业的重大难题，也是世界各国共同关注的教育改革核心话题。自教育评价诞生开始，学生学业成就测评就作为其重点核心模块，出现在教育理论研究和教育实践的过程中，成为新时代深化教育评价改革的重要使命。

第一节　学生学业成就测量与评价的意义

2020 年 10 月，中共中央 国务院印发了《深化新时代教育评价改革总体方案》（下文简称《方案》），其中提出：全面贯彻党的教育方针，坚持社会主义办学方向，落实立德树人根本任务，遵循教育规律，系统推进教育评价改革，发展素质教育，引导全党全社会树立科学的教育发展观、人才成长观、选人用人观，推动构建服务全民终身学习的教育体系，努力培养担当民族复兴大任的时代新人，培养德智体美劳全面发展的社会主义建设者和接班人。自《方案》出台以来，学生学业成就测评再次被提上教育体制改革的议事日程，成为了落实党的教育方针和立德树人根本任务的重要途径。因此，在新时代教育评价改革的背景下，了解学业成就测评的意涵与功能尤为必要且重要。

一、学业成就测量与评价的内涵

“学业”一词在我国有着较为悠久的历史，早在《墨子·非儒下》中就提到：“夫一道术学业仁义者，皆大以治人，小以任官，远施周偏，近以修身。”① 其基本含义是指“学问”。学者们也曾对学业成就进行较多探讨，比如郑日昌教授在其主编的《心理测量》中提出：学业成就指的是经过一定的教学或训练所学到的，在一个比较明确的、相对限定的范围内的学习效果。而学业成就测评是指对学生通过学校课程所取得的学业成就的测量和评价，是学生评价的重要组成部分，主要指以国家教育教学目标为依据，运用恰当、有效的工具和途径，系统地收集学生在各门学科教学影响下，认知行为上产生的变化信息和证据，并对学生的知识和能力水平进行价值判断的过程。②

总结而言，学业成就测评是指对学生学业水平、学业成就质量集合的测量与评价。从静态要素结构来看，学业成就测评关注的主要是学生在学校所学各门课程上的成就，而非在校外所学的内容。从测评的动态流程视角来看，学生的学业成就测评包括确定学业成就评价的依据、编制学业评价的试题、实施以测验为主的评价活动、对测验结果分析等四个方面。具体来说，学业成就测评主要是解决进行学业成就测评的目标、测评内容、测评工具、开展测评的方式、在测评中采取的价值取向等问题。学业成就测评结构如图 13-1 所示。

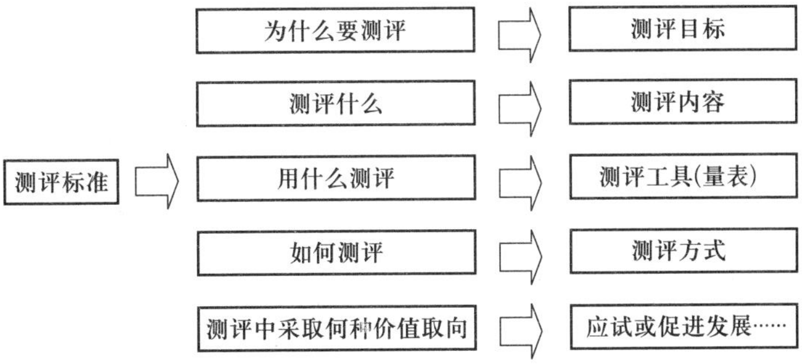

图 13-1　学业成就测评结构

① 孙诒让. 墨子间诂［M］. 北京：中华书局，2001：256.

② 袁振国. 当代教育学［M］. 北京：教育科学出版社，1998：249.

二、学业成就测量与评价的必要性

作为教育测评的重要组成部分，学业成就测评对测查学生学习表现、学校教育效能、改进教学方法方式和提高学校教育质量及学校管理水平等方面有着重要意义。因此，必须要了解学业成就测评对于新时代加快推进教育现代化、建设教育强国的必要作用。

（一）引领科学育人目标和确保教育正确发展方向

学校教育目标的确立在宏观层面上要遵循党和国家立德树人的根本育人目标，在微观层面上要以学生的学业发展水平为基础，从学生现有的知识和能力出发，做到“以人为本”的基本原则。只有这样，才能确保人的全面发展与社会的进步。《方案》就明确指出，“坚持立德树人，牢记为党育人，为国育才使命，充分发挥教育评价的指挥棒作用，引导确立科学的育人目标，确保教育正确发展方向”。因此，在教育教学与学习计划制订和实施前期，教师要在坚持立德树人原则，牢记为党育人、为国育才使命的基础上，对学习者的学习情况进行科学的了解，而这个基础是通过各种对学习者的学业成就测评来实现的。通过测评有助于教师了解学生学业发展的起点、基础和条件，把握学生学业成就的现状和存在的问题，为不同层次学生制订有针对性的改进建议，最终了解育人目标的实现程度，确保正确的教育教学发展方向。

（二）促进师生之间达成价值共识的重要手段

在传统的学业评价中，教师大多通过解题正确与否、考试成绩得分高低等有限的要素对学生进行学业评价，这必然会导致评价的片面性，对学生形成片面的认识，师生之间难以获得沟通和信任。[①]《总体方案》针对此提出，“坚决纠正片面追求升学率倾向”。可见，新理念下的学业测评将会更加多元、具体与准确。一方面，在具体的教育教学活动中，学校或教师通过对学生进行不同方面的测评活动，使得直接参与教育教学活动的教师与学生能够较为清楚地了解学生学业成就的得失、教师的教学效果以及学生的学习情况等，进而促使处于学习与发展中的学生能清楚地知道自己当前的学业成就与要求之间的差距。另一方面，教师可根据不同学生的情况，有针对性地提出相应的行动改进策略。对于教师来说，可以从学生学习的真实过程中，对学生提出中肯的建议，并总结自身经验，巩固已取得的成绩；当教学效果与预期目标有较大的差距时，就可以与学生协商，找出问题所在，及时改进教学行为。对于学生来说，可以通过各种测评信息，及时与教师进行沟通，对自己的不良学习行为进行纠正，尤其是通过形成性评价提供的反馈信息，可以做到及时调整学习策略，改善自己的学习、合作等各方面的行为表现，以达到教学要求。[②] 这样可使师生双方增进对评价过程的理解和评价结果的认同，从而奠定良好的师生关系基础。

（三）全面知晓学生学业成就发展状况的客观工具

就新时代教育评价的主要原则而言，《方案》中提到，“要充分利用信息技术，提高教育评价的科学性、专业性、客观性”。关于学生的学习质量如何、学校的教育效能怎样

---

① 刘绿芹. 学业述评的价值意蕴与实施路径：以普通高中数学“函数 y = Asin(ωx+?)”为例 [J]. 基础教育课程，2021 (11)：65-71.

② 冯建新. 现代教育评价与测量学 [M]. 北京：中国社会科学出版社，2005：162.

等问题，只有通过学业成就的评价才能得出答案。尤其是在一个学期结束后，家长、学校、教师都需要对学生学业成就的整体情况有一个全面的了解，即教师和学校要对教育质量进行检测。通过学业成就测评，可以客观地掌握学生的学业成就发展水平，进而帮助教师和学校了解到班级教育质量方面存在的问题，帮助家长了解孩子在校的学习状况。通过测量与统计方法对测评信息的分析和利用，得出的结论可以为教师和学校管理者提供必要的教学和管理信息，进而做出较为科学、准确的教育教学决策。

（四）推进落实立德树人根本任务的有效检视器

近年来，我国一直以课程改革的方式来促进教育的改革与发展。[①] 自2001年新一轮课程改革后，我国进入了全面深化课程改革的阶段，课程改革的核心就是落实好立德树人根本任务。[②] 由于教育评价的特殊作用，2014年4月，《教育部关于全面深化课程改革落实立德树人根本任务的意见》明确将“考试评价改革”作为其中的十大关键改革任务之一，而学生学业成就测评是考试评价的重要内容。长期以来，我国课程评价以学生的学业成就测评为依据，建立了学生学业成就的测评标准，以判断学生学业成就的发展水平，测评结果进而直接左右着教育教学活动。在课程改革不断推进的阶段过程中，《方案》的颁布，更是将“改革学校评价，推进落实立德树人根本任务”作为新时代教育评价改革的重点条例之一。这意味着学业成就评价不仅是课程改革的重要内容，更是落实立德树人根本任务的有效检视器。

【拓展阅读】开展大学生学业成就评价促进人才培养质量提升

三、学业成就测量与评价的功能

了解和认识学业成就测评的功能，对学业成就测评活动的顺利进行，教育系统及其他社会系统的协调发展，都具有不容忽视的作用。学业成就测评的功能是指运用学业成就测评理论、方法技术通过学业成就测评的实践活动，对测评对象进行测查、以作出价值判断的能力和功效。

【拓展阅读】学业成就测评的功能

（一）导向功能

《方案》提到，“教育评价事关教育发展方向，有什么样的评价指挥棒，就有什么样的办学导向”。当前学业成就测评的价值趋向多元化，因而就特别需要测评的导向作用。在学业成就测评的实践活动中，一般会根据测评的目标设计测评指标和标准，然后依据测评标准实施测评，而测评内容、标准与结论有着内在的相关性，因此测评的内容和标准就像指挥棒一样引导着人们测评活动的方向。正如自党的十八大报告第一次将“立德树人”明确为我国教育的根本任务后，党和国家就开始围绕“立德树人”的教育根本问题作出了一系列重要的论述，深刻地回答了新时代下“培养什么人、怎样培养人、为谁培养人”这一根本性问题，而立德树人的根本教育任务也成为了当前学校教育改革和人才培养的核心价值导向，发挥着它对学校办学方向和教学方向的指挥功能。因而，无论是从家长到学生，从教师到领导，从学校到社会，测评学生是否达成了

---

① 辛涛，姜宇，王烨辉. 基于学生核心素养的课程体系建构［J］. 北京师范大学学报（社会科学版），2014（1）：5-11.

② 田慧生. 落实立德树人根本任务　全面深化课程教学改革［J］. 课程. 教材. 教法，2015，35（1）：3-8.

立德树人根本任务下党和国家对人才培养的新要求，成为了学校教育改革走向成功的导向性指标。

（二）激励功能

学业成就测评的激励功能主要体现在激发测评对象朝着自己理想目标奋勇前进的内在动力。正如《方案》中指出的那样，“各级党委和政府要坚持正确政绩观，不得下达升学指标或以中高考升学率考核下一级党委和政府、教育部门、学校和教师，不得将升学率与学校工程项目、经费分配、评优评先等挂钩”。真正的学业成就激励功能主要指向的是，以调动积极性、合理恰当的、适时的测评有利于信息反馈和决策改进，有利于公平竞争，可以调动多方面的积极性。对学业成就的测评，一方面针对教师是让其在肯定学生成绩和优点的同时，诚恳地向学生提出富有建设性的意见和建议，这将进一步改进和完善学生的学习质量，促使教师能因为学生学习质量的提升获得成就感。另一方面，针对学生而言，让学生在测评中明晰自身的优缺点，可以促使他们追求好的评价结果，激励他们全力以赴地搞好学习和创造更大成就。

（三）诊断功能

学业成就测评的诊断功能就是对学习者的现状做出基本判断，对学习者的实际状况与测评标准、预设测评目标的符合度进行比较与分析。通过对学习者学业成就的测评可以掌握他们当前的实际表现，找出与标准之间存在的差距和产生差距的原因。如在新学期一开始，教师就可以通过对学生实施摸底考试，知晓他们的知识掌握情况，在哪些知识上的学习还存在困难等。在诊断的过程中，要求教师既要熟悉教育活动，又要摆脱自身经验的局限，把每一次的测评作为寻找新问题的途径，实时、实地地了解学生学业发展的各种信息，并认真分析，进而对学生的学业发展作出全面的、切合实际的、有价值的诊断。

（四）改进功能

学业成就测评的改进功能与诊断功能密切联系，学生的学业发展是一个发展变化的过程，需要不断地改进和完善才能保证和提高学业发展水平。通过测评中的信息反馈，可以及时强化学习者的学习行为，调节和控制不良行为，纠正错误的学习行为。通过改进与提高，达到整体优化，进而提高学生的学业发展水平。学业成就测评通过收集、筛选、分析、加工学习者的学业发展信息，真实地显示出学习者的学业发展水平。测评改进功能的实现，要求教师深入地了解学生的学业实际发展水平，与其进行深入地沟通、协商与讨论，进而帮助他们找出与理想目标的差距，以选择改进与提高的途径和方法。

（五）监控调节功能

学业成就测评是一个系统工程，处于不断发展变化的状态中，为了促使测评达到测评应有的目标，需要对其中的各个环节进行监控，主要表现在依据测评目标制定测评的指标体系或测验蓝图，对偏离测评目标的行为及时进行反馈调整，进而为学业成就测评的有效开展保驾护航。一般在一门课程结束，一个学期、学年结束，或学生毕业时，教师和家长知晓了学生学习的情况后，需要对那些仍需要提高的方面，改进的地方进行监控和调节，从而作出恰当、合理的教育决策。

【微视频】
学业成就测评的功能

第二节 学生学业成就测量与评价的内容

《方案》中将“改革学生评价，促进德智体美劳全面发展”作为学生评价改革的重点条例。在此基础上，可以看出德智体美劳是学生学业成就的外在表征，因此，学生的学业成就主要体现在德智体美劳的学习效果上。这其中，既包括学生接受知识的量和质的结果，也包括学生在情意方面的发展，是知识和能力的和谐统一。因而，学生学业成就测评的内在内容涵盖了三个范畴，即基础知识与基本技能测评、发展能力测评和情意领域测评。

【微视频】
学业成就测评的类型

一、学生学科基础知识与基本技能的测评

教育教学的重要任务之一就是要通过各个学科的教学，让学生掌握基础知识和基本技能，而这些则主要体现在培养学生德智体美劳全面发展的各门学科的课程目标中。

（一）学生学科基础知识的测评

基础知识是指构成各门学科的基本事实及其基本概念、原理和公式等，它是组成各门学科的基本结构，揭示了学科研究对象的规律，反映了科学文化发展的现代水平。在学生的学业成就测评中，所强调的学科基础知识并非固化结论或绝对真理，但它是学科基础知识的相对性基础所在，又是提升学生相关学科素养的关键契机。特别是在学习的启蒙阶段，对学生学业成就的测评应该注重从学生对知识的表征理解、领悟和整合三个层面去把握。

1. 关于学生对知识表征理解与掌握程度的测评

不仅要关注其对基本概念和基本规律的阐述，还要强调学生对基本概念与基本规律等之外的绝对性与相对性的理解，其目的就是要帮助学生感悟它们之间的辩证关系。基于知识相对性表征层面的学业成就测评应该从绝对性与相对性的范畴来对基本概念和基本规律进行测评。例如，《方案》在对完善学生德育评价方面的内容就提到，“根据学生不同阶段身心特点，科学设计各级各类教育德育目标要求，引导学生养成良好思想道德、心理素质和行为习惯，传承红色基因，增强‘四个自信’，立志听党话、跟党走，立志扎根人民、奉献国家”。《方案》在学生德育评价上的基本思路就是要根据不同阶段学生知识差异的层次，充分尊重学生的身心发展特点，找准学生群体的阶段性成长规律，分年级细化德育目标，分阶段落实德育知识内容。那么，在学生学习的初级阶段，就是要让学生从生活体验和教师教授过程中感受、掌握道德知识。此时，应该重点考察学生对一些基础道德知识和道德认知的理解。

2. 关于知识领悟的测评

注重强调知识内在的绝对性与相对性，帮助学生领悟学科概念等本身的含义。基于知识相对性领悟层面的学业成就测评应该从更加宽泛的视野来考察和领悟知识的本源问题。德育领域中，在学生学习的中级阶段，教师对德育知识的传授要从形象走向抽象，开始尝试建立道德目标，传授一定的道德知识。此时，要重点考察学生对道德标准、道德目标、道德追求的理解程度。比如，可以考查学生对一些道德难题、道德故事、道德活动的辨识度，引入具体情境，看其如何正确认识马路上老人跌倒“扶不扶”的问题，如何辩证地看

待善意的谎言，等等。其目的就是要帮助学生感悟道德知识的辩证关系，发展学生的逻辑思维。

3. 关于知识整合的测评

【拓展阅读】
论基于证据的学业质量评价

必须强调知识的相对性，以帮助学生在更加宽广的领域中把握学科知识本身的科学含义。基于知识相对性整合层面的学业成就测评应该重点测查，学生在知识的理解、运用及整合方面的能力层次与能力倾向。例如，在学生德育学习的高级阶段，教师要开始在马克思主义、毛泽东思想、中国特色社会主义理论体系等知识基础上，深挖德育过程中的内涵，加大理想教育中的延伸。重点考查学生理论与生活实践联系的认知能力，提高对社会道德的统一性认知，从不同的道德关系中，建立起微观中的人与宏观社会之间的联系。因而，从知识论的观点来看，应该从系统理论的观点出发，在上位层面的高度中对知识进行整合，才会对知识的相对性有一个深层次的把握。这也正是今天所进行的学业成就测评中需要提倡的主导理念。

（二）学生学科基本技能的测评

技能是指运用一定的知识和经验顺利完成某种活动的方式或心智活动方式。基本技能是指获得各门学科知识并运用其去完成某项活动时最主要、最常见的能力，如知育中的实验操作技能，体育中的专项运动技能，美育中的音乐、书法、美术技能等。具体而言，对学生学科基本技能的测评主要包括以下三个方面。

1. 口头语言表达技能的评价

口头语言表达技能包括使用特定语言回答问题的能力和为获取一定信息提出问题的能力，这种技能在人文科学领域最为常见和适用。其具体内容包括：正确运用语言知识进行交际；说话有条理，表达通顺、连贯；神态自然，并有恰当的表情；说话清楚明白；语言具体，用词丰富生动；能自主地控制音量和速度。口试是测评学生口头语言表达能力中最常用的方法，包括直接、间接、半直接三种形式。

2. 实验操作技能的测评

实验操作技能是一项综合性的技能，既包含对知识的理解分析，又包含实验态度、实验技术等。既可以通过观察学生的实验过程，又可以通过检查学生的实验报告来获取测评材料。在实践中一般采用观察法、实验操作法辅之以集体笔试、口试等，以测评学生对实验仪器、设备的使用情况，实验操作步骤的掌握以及熟练程度，实验记录和报告的完整性和正确性，实验设计的合理性、创新性等。

例如，可以根据学生在机械加工实训课上加工零件的实际操作能力进行评价，具体详见表 13-1。

3. 动作技能的测评

动作技能主要表现为动作的熟练化和自动化，对动作技能的测评，最重要的内容就是动作的协调性和准确性。这项技能是学生在体育学业成就上的一项重要内容，《方案》在“强化体育评价”一栏上指出，要建立日常参与、体质监测和专项运动技能测验相结合的考查机制。可见专项运动技能测验是学生体育学业成就评价中非常重要的一个指标。对动作技能的测评更多的是使用观察的方法给予定性的评价，实施时主要依据各个学科的教学目标以及对动作技能的发展要求进行等级化评定。

表 13-1　机械加工实训学生学业评价表

<table>
<tr><td colspan="3">姓名</td><td>学号</td><td colspan="2">班级</td><td colspan="2">工种：车工</td></tr>
<tr><td rowspan="2">序号</td><td rowspan="2">考核指标</td><td rowspan="2">权重</td><td rowspan="2">指标说明</td><td colspan="3">检查结果</td><td rowspan="2">最后得分</td></tr>
<tr><td>自评</td><td>互评</td><td>教师评价</td></tr>
<tr><td>1</td><td>基本技能</td><td>15%</td><td>工具、量具选用合理，操作姿势正确，使用熟练</td><td></td><td></td><td></td><td></td></tr>
<tr><td>2</td><td>零件加工</td><td>50%</td><td>加工尺寸、形状、位置、表面质量符合图纸技术要求；按要求工时完成</td><td></td><td></td><td></td><td></td></tr>
<tr><td>3</td><td>学习态度</td><td>5%</td><td>学习积极性高，谦虚好学，有创新</td><td></td><td></td><td></td><td></td></tr>
<tr><td>4</td><td>安全文明生产</td><td>5%</td><td>安全文明工作，具有良好的职业操守，设备完好，地面清洁</td><td></td><td></td><td></td><td></td></tr>
<tr><td>5</td><td>团队合作精神</td><td>5%</td><td>具有良好的团队合作精神，热心帮助小组其他成员</td><td></td><td></td><td></td><td></td></tr>
<tr><td>6</td><td>交流及表达能力</td><td>5%</td><td>用专业语言正确流利地展示实训成果，较好的亲和力</td><td></td><td></td><td></td><td></td></tr>
<tr><td>7</td><td>组织协调能力</td><td>5%</td><td>能根据工作任务，正确控制、激励和协调小组的活动过程</td><td></td><td></td><td></td><td></td></tr>
<tr><td>8</td><td>考勤</td><td>10%</td><td>不迟到、不早退，不旷课</td><td></td><td></td><td></td><td></td></tr>
<tr><td colspan="7">总分</td><td></td></tr>
</table>

例如，2016 年 6 月 27 日，教育部正式对外颁布的《学生足球运动技能等级评定标准（试行）》中就从球感、运球、踢球、身体素质和比赛能力 5 个方面综合评价学生的足球技能水平，根据学生所掌握的足球运动技能的规律，《标准》将学生足球运动技能划分为 5 个等级，每个等级的测评内容（项目）体系不同，具体详见表 13-2。①

表 13-2　《标准》不同等级测评内容（项目）体系表

等级	球感	运球	踢球	身体素质	比赛能力
1 级	颠球、踩拨球	往返运球	踢准	冲刺跑	小场地比赛（5 人制）
2 级	脚背正面颠球	绕杆运球	踢准	折线跑	小场地比赛（5 人制）
3 级	行进颠球	绕杆运球	运球踢准	绕杆跑	小场地比赛（8 人制）
4 级	头颠球	折线运球	定位球踢准	多向绕杆跑	比赛（11 人制）
5 级	多部位颠球	折线运球	运球射门	折返跑	比赛（11 人制）

① 黄寿军. 中、英两国青少年足球运动技能等级评定标准的比较［J］. 体育学刊，2018，25（1）：126-131.

二、学生发展能力的测评

在改革学生评价中，《方案》特别将“以德为先、能力为重、全面发展”视为树立科学成才观念的重点改革内容。可见，对学生发展能力的测评尤为重要，这将改变传统方式中以分数为标准的测评方式，完善学生的综合素质评价体系。总体而言，学生的发展能力主要涵盖了“专业能力”“方法能力”“社会能力”“创新能力”四个方面，涉及“生存和从业能力、创新精神和创业能力、社会适应能力、自我调控能力、不断学习和发展的能力”等具体内容。

（一）学生专业能力的测评

专业能力是学生的基本生存能力，是学生能够胜任职业工作、赖以生存的本领，也是其生存发展的基础能力以及个体发展得以进行的基本条件。对学生专业能力的测评主要指对学生从事职业活动所需要的技能与相应的知识（主要包括单项技能与知识、综合技能与知识）的测评，也是对学生知识和技能有机结合的测评，即对学生语言、知识、思维、技术、精神和道德等的测评。比如在《方案》中，为改进学生美育评价就提出要“全面提升学生感受美、表现美、鉴赏美、创造美的能力”。对学生专业能力的测评能使学生在未来的生活实践中，将获得的相关专业技术理论知识和技术实践知识加以融合、转化，从而能够专业地开展相关工作。

（二）学生方法能力的测评

方法能力是基本发展能力，是个体在发展过程中不断获取新技能和新知识、掌握新方法的重要能力，它强调方法的逻辑性和合理性。对学生方法能力的测评主要指对学生从事实践活动时所需要的工作方法和学习能力的测量与评价。具体包括在面临新的工作情境时，学生如何从容有效地应对新的工作，学习新的知识，处理新的问题，以及制定工作计划的方法、解决工作中实际问题的思路、独立获取知识的方式、评估工作结果的路径等测评。对方法能力的测评主要是让学生获得一种思维结构，使他们学会学习、学会工作。能够促使学生在新的工作情境中，超越已有的知识、方法和经验，不断地学习、创造解决问题的方法，灵活、有效地适应新的情境，以实现自我的发展。

（三）学生社会能力的测评

社会能力是学生在未来的社会实践活动中和一个开放的社会中工作、生活所必备的基本素质，它强调对社会的适应性和行为的规范性。一个人社会能力的大小是决定其职业生涯发展的重要因素，有时甚至会起到决定性的作用。对学生社会能力的测评就是指对学生从事社会实践活动所需要的行为能力进行测评，主要是对学生在学会共事、学会做人的过程中所形成的、正确的行为规范、价值观念和积极人生态度的测评。具体内容包括对人际交往、职业道德、公共关系等的测评，这既是对基本生存能力的测评，又是对基本发展能力的测评。

（四）学生创新能力的测评

“深化研究生考试招生改革，加强科研创新能力和实践能力考查”是《方案》深化考试招生制度改革的一项指示。可见，创新能力是新时代学生学业成就测评的一项关键指标。创新能力是指“善于发现问题，富有创新意识、创造思维和探索精神，能综合运用科学知识解决问题的一种综合能力”。对学生创新能力的测评要涵盖学生在校期间所进行的创新实践活动的各个环节，要能全面反映学生的创新实践历程、创新技能状况和所取得的创新成果，同时该指标体系也能体现出学校、企业对学生创新能力发展的引导方向。如表 13-3 所示，这是某高职工科类学校在梳理相关文献的基础上，利用问卷、访谈、统计技术、ANP 方法等确定了高职工科类学生创新能力评价指标体系及权重。

表 13-3　高职工科类学生创新能力评价指标体系①

目标	一级指标	二级指标	三级指标
高职工科类学生创新能力	创新精神 A	创新意识 A1	求知欲望 A11
			主动发现问题能力 A12
			自主学习能力 A13
			独立思考能力 A14
			发表自我见解 A15
		创新品质 A2	自信心 A21
			责任心 A22
			开拓进取精神 A23
			学术道德 A24
			团队协作精神 A25
		创新思维 A3	发散思维能力 A31
			逻辑推理能力 A32
			逆向思维能力 A33
			批判质疑能力 A34
			归纳总结能力 A35
	创新技能 B	知识技能基础 B1	人文、外语、计算机等基础知识能力 B11
			专业知识、技能掌握程度 B12
			选修学科知识能力 B13
			实验、实习、实训成绩 B14
			创新知识能力 B15
		创新学习能力 B2	信息检索能力 B21
			知识更新能力 B22
			经验迁移能力 B23
		创新实践能力 B3	实验动手能力 B31
			专业技能培训情况 B32
			社会实践活动能力 B33
			企业实习活动能力 B34
			参与教师科研课题情况 B35
		创新活动结果 B4	发表学术论文情况 B41
			获得专利情况 B42
			参与各级竞赛获奖情况 B43
			其他各类资格证书获取情况 B44

① 茆琦，郭南初. 高职工科类学生创新能力评价体系研究与实践 [J]. 职业教育研究，2014 (2)：12-15.

三、学生情意领域的测评

情意领域主要包括了情感、态度和价值观三个要素。其中情感既指学生的学习热情和学习兴趣，又涵盖了爱、快乐、审美情趣等丰富的内心体验；态度不仅是指学生的学习态度，还包括乐观的生活态度、求实的科学态度、宽容的人生态度等；价值观作为一个比较宽泛和抽象的概念，它强调的是个人价值与社会价值的统一，科学价值与人文价值的统一，以及人类价值与自然价值的统一。从横向上来看，这三个要素具有相对独立性，它们描述了人们情意领域的完整画面；从纵向上来看，这三个要素之间是递进关系，构成了一个由低级到高级的情意发展连续体。

多年来，研究人员广泛借鉴了教育心理学、社会心理学、心理测量学，乃至情绪心理学等学科领域的研究成果，对学生学业成就中的情意评价作了较多的研究，也总结出了学生学业成就中情意测评的经验。下面我们对学生学业成就中情意领域测评的基本框架一一作介绍。[①]

（一）学生学习价值观的测评

学习价值观，是指学生对学习目的、学习内容、学习要求以及学习结果重要性的认识和评价。它的突出特点是，在较长的时间里不会发生太大变化，具有相对的稳定性和持久性。由于这些特性，教师应尽早了解学生的学习价值观，最好在形成的过程中就及时进行引导和教育。学习价值观的评价一般包括以下 4 个方面：（1）对知识内容有用性的看法；（2）对学习活动目的的认识；（3）对学业要求的认同；（4）对培养自我学习能力意义的理解。[②] 教师可以结合教学的实际情况，从这些方面提出一系列有针对性的评价问题，让学生做出相应的回答。比如在劳动教育上，可以通过考查咨询学生感知劳动的乐趣，择业倾向以及劳动自立意识等问题，评价学生的劳动教育价值观。

（二）学生学习态度的测评

美国教育测量专家安得森（L. W. Anderson，1981）曾对态度给出了这样一个定义："态度是个人对某一特定事物的感觉，可能是好的或不好的，喜欢的或不喜欢的，支持的或不支持的。一旦某个事物与人的感觉建立了稳定的联结，那么当那个事物出现时，人就会产生相应的情绪体验。"[③] 从这个基本解释出发，就可以得出学生学业成就中关于学习态度的概念，即是指学生对那些与课程学习活动有关的事物的感觉或体验。在学习态度的考核中，教师不仅要做出"概括"性的评价，如"学习态度端正"或"学习态度不积极"等，更要指出学生究竟对哪些教学因素具有积极态度，并能描述学生们在学习活动中的实际感觉，评价者要特别注意态度指向的全面性和清晰性，从而使得评价结论有确切的含义。

（三）学生学习兴趣的测评

兴趣（interests）是个人力求探索某种事物或参与某种活动时带有情绪色彩的意识倾向，这种倾向和愉快的体验相联系。它对人的行为决定具有巨大的拉动和推动作用，可以

---

① 蔡敏. 论教学过程中的学生情感评价［J］. 中国教育学刊，2004（3）：54-58.

② Stiggins R J. Student-centered Classroom Assessment［M］. NewYork，NY：Macmillan College Publishing Company，1994：306.

③ Anderson L W. Assessing Affective Characteristics in the Schools［M］. Needham，MA：Allyn and Bacon，1981：33.

使人积极主动地从事各种喜爱的创造性活动，正如《方案》在改进美育评价中就提到要促进学生形成艺术爱好，进而增强其艺术素养。具体而言，对于学生的学习兴趣，教师可以从以下三个方面来进行评价：（1）兴趣的广度，即学生对于各类学习活动的参与倾向如何；（2）兴趣的持久性，即学生能否长久地专注于所喜欢的学习活动；（3）兴趣的效能，即带着兴趣参与活动是否可对学生的学习进步产生正面的影响。

（四）学生学习动机的测评

从心理学意义上讲，动机是激发和维持个体进行活动，并且使之朝着特定目标进行，以满足个人某种需要的一种内部驱动力。在学习过程中，学习动机发挥着激发、指向、维持和调节等重要功能。在学习动机评价中，教师可以从学生是否全力以赴去实现自己制订的目标，是否尽力达到教师的期望等方面来考查学生。同时，还应当分析他们的学习动机属于哪种类型，如表现动机、交往动机、领导动机、荣誉动机、成就动机等。了解到学习动机的来源、指向和程度之后，教师就可以在教学中巧妙地利用学生们正确的动机，削弱错误的动机。

（五）学生自我概念的测评

自我概念是个人持有的关于自己的总体认识，具有十分复杂的结构与内容。在评价学生的自我概念时，一般从以下三个方面来考察：现实自我、理想自我和镜中自我。现实自我是指学生从个人的理解出发，对自己实际学习潜能的认识；理想自我是对将来的或想象中的自我学习水平的期望；镜中自我则是从别人眼中反映出来的自我形象，也就是个体认为别人是如何看待自己的学习能力的。[①] 这些不同的自我概念，常常在学生对自己能力的反思和评价中建立起来。因此，教师要深入地了解学生并配合以发展性评价，帮助学生们形成有利于健康成长的自我概念，以使他们建立起较强的学习自信心。

第三节　学生学业成就测量与评价的设计与实施

学生学业成就是学生在校期间学习表现的结果，是达到学校教育目标程度的显示器，是反映学生发展水平和学校教育质量的核心指标。它是学生自身基于先前的经验，在教师指导下进行学习活动后，在知识与技能、过程与方法以及情感、态度、价值观等方面达到的发展水平。对学生学业成就开展测量与评价应当遵循设计、实施、结果的操作逻辑。唯有此，才能达成《总体方案》的改革目标。

一、学业成就测量与评价的设计

设计是一种解决问题的方法，是进行学业成就测量与评价的第一步，即根据一定要求对某项工作预先制定图样或方案。下面重点介绍学业成就测量与评价的设计内容中测评目标、测评主体以及测评方法的具体操作。

（一）测评目标

《方案》将“增强学生综合素质”视为改革学生评价的重点条例内容。具言之，学生的素质可以分为两类：一是共性素质，具体包括思想素质、身心素质、实践素质和文化素

① 韩永昌. 心理学［M］. 上海：华东师范大学出版社，2001：237-239.

质；二是个性素质，主要指学生基于个体发展的特长与爱好而具有的素质。就学生个体而言，学业成就测评具有奖惩与激励、诊断与矫正、巩固与提高的三大功能，因而其目标是促进学生在学习能力、知识技能和学业情感方面的发展和提升。学习能力包括五个层次的内容，一是发现、解决问题的能力；二是合作学习的能力；三是独立探究的能力；四是搜集、识别、管理、使用信息的能力；五是对学习过程和学习结果的反思能力。知识技能包括两个层次的内容，一是基础知识和基本技能水平；二是在相关学科和实际生活中的应用水平。学习情感包含四层面的内容：具体是学习态度、学习兴趣、学习意志和学业价值观。

学习能力、知识技能和学业情感既是开展学生学业成就测评的目标，也是其科学的测评维度。因而在设计测评目标时应注意三点：一是测评目标是否得到了明确的表述；二是测评目标是否共同表达了学校、教师和学生的利益诉求；三是测评目标的设计是否准确实现了评估价值。

（二）测评主体

【拓展阅读】学业成就测评的主体

所谓测评主体，就是指由谁来完成测评。现代心理学理论已经证明，个体的心理潜能优势领域是各异的。人类至少存在七种以上的智力，它们以不同的方式组合，每种智力都有不同的表现方式，很难找到一种适用于所有人的、统一的评价标准。正因如此，多元化已成为学业成就评价的发展和改革趋势。在多元主义价值观的支配下，学生学业成就测评的评价主体势必体现出多元化的特点。测评主体多元化就是要认同并了解学生个体发展之间的差异性和独特性，关注其在发展过程中不同方面的非一致性。同时，学业成就测评最重要的意义不是为了证明，而是为了改进；前提是要对评价对象进行全面、深入、真实的观察，进而能从多个渠道获取不同测评主体的评价信息。学业成就测评的主体评价应当包括以下五个方面：教师评定、学生自评、同学互评、家长评说、社区评鉴。其中，学生自评、同学互评使学生的主体性得到彰显，有助于更加客观全面地掌握学生的学习信息，发现和发展学生多方面的潜能；有助于了解学生在发展中的需求，帮助学生认识自我，建立自信，从而更好地发挥评价的教育功能，以促进学生在原有水平上得到提升。

（三）测评方法

【拓展阅读】学业成就测评的方法

受多元主义价值观和教育现代化的影响，学生的学业成就测评迎来了评价方法的多元化与科学化，《方案》特别提到，要“充分利用信息技术，提高教育评价的科学性、专业性、客观性”。为保证学生学业成就测评结果的科学性，以下是四种较为常用的学业成就测评方法。

1. 测验法

测验法是教师对学生进行认知学习考查最直接最常用的方法。无论是诊断性测评、形成性测评，还是终结性测评都离不开测验。通过测验，一方面可以帮助教师了解学生的知识准备情况和自己的教学效果，以此反思自身的教学过程，提高教学水平，并且最终促使学生更好地掌握知识与提升学生的学业成就水平。另一方面，有助于学生了解和弥补自己的不足与欠缺，同时还可以训练自己运用知识解决具体问题的能力。在实践中，对学生学业成就的测评主要有标准化测验和教师自编测验，其中以教师自编测验为主，即教师根据自己的教学实际、教学经验以及自己对教学目标、课程标准的认识和学生的学情，自行设计与编制测验，并确定相应的评分标准。

运用测验法对学生的学业成就进行评定，教师必须要尊重个体差异，命制富有弹性的考试题目。在学科考试中可以设置 A、B 卷，让学生根据自己的实际情况选做相应的试卷。在考试结果的评定上建议采用“等级+评语式”的反馈方式。教师要注意对测验结果的分析与反馈，并将其作为教学改进和学生学业提升的重要依据。

由于测验法存在自身的局限性，如果只是单纯使用它，就无法全面考察学生的学业成就发展情况，会导致课堂教学只重视学生的知识记忆和程序操作。因此，要控制选择题、填空题的比例，增加学生通过理解和探究来解决的开放性题目，如作品设计、问题解决等；还可以命制综合题，它既可以用于考察学生知识迁移、联系的综合能力，也可以考察学生的各种技能以及知识与技能相互整合的能力。同时，在学生学业成就测评中应改变单纯以一次测验为依据的做法，增加口试和实验操作测验，将平时的单元测验、阶段性测验以及期末的终结性测验结合起来，以加大过程性测评在模块成绩中的比重。例如，测评学生在信息技术课程中的学业成就可以采用测验的方法，综合使用纸笔测验和上机测验，通过上机测验方法来快速了解学生对知识的掌握情况，才能及时给学生反馈结果。

2. 问卷调查法和观察法

学生的发展包括认知、动作技能、情意等各方面的发展，而要了解学生动作技能、情意的发展情况，诸如学习兴趣、学习态度等，一般只能采用问卷调查和观察的形式进行。教师可以根据测评目标和内容自行编制问卷，也可以运用专家量表进行调查，还可以采用观察法对学生的学业成就进行测评等，观察包括平时观察和课堂表现观察两种方法。此外，教师还可以设计观察表来对课堂上学生的学习状态、交往与合作交流的表现、情感等方面进行评定。如对学生在学习前和学习结束时的表现进行记录，也可采用“轶事记录法”，即教师对所观察到的有意义的事件和片段，用短语的形式记录下学生的最佳表现或不如意的表现，并将其作为对学生学业成就进行测评的参考。

当然，要完成一个系统的观察记录需要较长时间，它受到教师个人主观思想的影响。因此，教师在使用问卷调查法和观察法时要注意以下四点：（1）选择、调查、记录有意义的、不能用其他方法进行有效评价的行为，以及积极的或消极的行为作记录；（2）观察后的记录要及时，对行为发生的情境也要进行详细记录，还要对结果进行合理的解释，以避免评价中的断章取义；（3）事件描述应当客观、准确，不能用评价性的语言或解释性语言来记录，要做到简明扼要；（4）在没有收集到充足信息之前，不能轻易下结论。轶事记录卡片设计样例如表 13-4 所示。

表 13-4 轶事记录卡片设计样例

班级	高一（1）班
学生	王庆
地点	信息技术电脑教室
事件	上课已经有很长一段时间了，同学们都在互联网上按要求搜索相关信息，完成作业。而王庆却专注地在网上浏览着世界杯的信息，小组同学提醒他，他也不理睬
解释	王庆是个世界杯爱好者

3. 表现性测评法

表现性测评法是通过观察学生在学业生活和学习场景中完成各种任务的情况，来对其学业成就进行测评。通常是学生在真实的情景中，应用其所学知识和技能参与感兴趣的作品创作和活动、从事专题研究、完成作业的表现。教师可以自行设计观察记录表、评价量表、轶事记录表等方式，也可以借助录音机、录像机、照相机等设备对学生的学业表现，如其与同伴的交流、合作、互动、互助、讨论、实验操作等加以记录，并作出评定。

表现性测评法能够弥补纸笔测验的不足，它适合于以下五种测评方式。(1) 结构性表现测验。包括纸笔表现和非纸笔表现，前者是一种强调在模拟情境中应用知识和技能的测评方式，一般是让学生创作一篇符合文体要求的文章，如诗、散文、短篇故事，用图来表述给定材料的数学思想等。后者是使用除了纸笔测验以外的器具来对学生的学业表现进行测评，如要求学生演示用高锰酸钾制氧气的过程。(2) 实验或调查。通过对学生在实验中的表现或对其学业表现的调查，可以帮助学生通过实验或研究直接感知和体验事物，以促进其动作、心智技能的发展，提高其解决问题、合作、交流的能力。(3) 课堂演讲。通过这种测评方式，有助于培养学生的表达能力、训练其逻辑思维能力以提升概括能力，并能在一定程度上掌握学生的思维过程以及理解力。(4) 作品创作。如要求学生创作一首诗歌、一篇文章、一首曲子、一幅字画、一个建筑模型等等。(5) 综合型项目。即对学生的综合性表现进行考察，一般要求学生运用资料、工具来解决“真实情景”中的问题，这需要学生把知识、技能、交流、合作等融为一体。

4. 成长记录袋法

档案袋，又称成长记录袋，主要是收集学生在学习过程中所取得的学习成果、学习记录、最佳作品样本等内容，是由学生的各种作品汇集而成的作品集。在学业成就测评中使用成长记录袋，可以为学生提供展示学习成果的机会，让其清楚地展示自己随着时间推移，进行学习的过程，以提高反思、评价自己作品的能力，还能促进学生之间的交流，进而增进教师对学生学业情况的了解及测评，促进教师教学反思能力的提升；同时也可以帮助学生家长、其他相关人员清楚地了解学生学习的进展情况等，这些都是其他测评手段所不具备的优点。

学生档案袋的测评主体是教师、同学、学生自身、家长及其他相关人员，测评对象是学生的学业情况。其主要的测评形式有：教师对学生、学生自身、学生之间及家长对子女四种测评方式。

在创建档案袋时要注意以下三点。

(1) 明确目的与用途。展示学生最好的作品；反映学生的进步，即通过形成性评价，证明学生的进步；可作为一种总结性的测评工具。

(2) 确定测评主体、测评对象。在测评的过程中，要注重学生的参与，如学生可以选择将什么材料装入成长记录袋中，可以用多种形式表现自己的能力和水平。学生、教师、家长、学校管理者、其他相关人员等也都参与到成长记录袋的测评中。如信息技术教师可通过搭建测评网站平台，供家长和学生方便地访问成长记录。

(3) 确定测评内容和收集作品样本。成长记录袋测评内容的设计与教学目标直接相关。如果目的只是“展示”，那么只要收集学生最满意的作品即可。如果目的是“反映学生的进步”，那么成长记录袋既要收集过程性作业，也要收集总结性作业；既要收集学生的作品样本，也要收集其他一切可以描述学生进步的材料（如观察记录、他人的测评等）；同时，学生的自我测评也要放入其中。在使用成长记录袋测评时，除了要对学生成长记录袋中的单个样本进行测评外，还需要对成长记录袋表现出的总体水平进行测评，对学生的进步和最终表现水平进行测评。

例如，在信息技术课程《信息技术基础》模块制作成长档案袋时就可以收集如下六个项目：

- 讨论交流活动记录；
- 实践体验活动记录；
- 综合探究活动记录；
- 代表自己水平的电子作品集；
- 总结性作品；
- 课堂学习情况记录表。

5. 大数据测评法

教育大数据的本质是对教师教学过程中产生的信息进行的数据量化，它的产生让教学从量的扩张转到质的变革。[①] 随着人工智能的出现，教育大数据的时代来临，不仅可以助推教师的教学产生质的变革，也能够为学生的学业成就测评方法带来新思路与新策略。传统的学业测评方法往往通过考试成绩结果来决定学校的教学决策是否合适，对影响学生成绩的其他因素关注过少，致使学生学业成就测评很难发挥导向作用，也削弱了评价的内在价值。然而，基于大数据的学业测评方法，则更加关注学生的学习过程，用“数据”说话，加强了对学生更高层次的学习行为分析，对于提高人才培养质量具有十分重要的作用。

利用大数据对学生的学业成就进行测评需要具备三个主要的步骤。首先，必须要建立数字化的学生资源库，以及构建一套科学可行的学业水平评价指标体系，这是必要条件。其次，要在“互联网+”的背景下，充分应用移动互联、大数据、大平台的优势，全过程实时记录学生的学习数据，比如，在课前，给学生推送预习任务，通过学生完成任务情况，掌握本节课教学的重难点和学生可能会遇见的问题；在课中，根据大数据对学生的课堂作业、课中问答情况与听课状态的信息反馈，及时调整教学策略，关注学生的个性化学习；在课后，教师可以利用学习平台布置作业，进行测试，随时掌握学生的学习情况，并对其进行跟踪记录。最后，在教育数据资源库较为完善时，教师要通过对学生学习数据的全方位分析，针对不同学生对知识掌握情况不同、学习风格不同的特点，给出针对性的诊断报告，提供个性化解决方案。同时，教师自身要通过学生的学习效果，判断自己的教学策略是否合理，从而可以及时改善。

二、学业成就测量与评价的实施

学业成就测量与评价的实施是在学业成就的设计完成之后，决定测评工作能否有效开展和达到预期目标的关键环节，从实施的操作逻辑来看，学业成就测评的实施主要包括测

---

① 熊善军. 大数据可以为教师改进教学提供什么？[J]. 基础教育课程，2019（11）：27-33.

评组织与测评程序和测评监控两个环节。

（一）测评组织与测评程序

学业成就测量与评价是一个有机的行为系统，从实施角度而言，包含组织系统与程序系统。

1. 测评组织

《方案》在新时代教育评价改革的“组织实施”中重点提出，要“构建政府、学校、社会等多元参与的评价体系，建立健全教育督导部门统一负责的教育评估监测机制，发挥专业机构和社会组织作用”。按照测评主体的不同，测评组织可以分为内部测评组织和外部测评组织。内部测评组织是测评对象开展自我测评而建立起来的，这种测评组织的大小取决于测评的范围、对象、任务和要求。就学校内部开展的整体合格测评和办学水平综合测评而言，学校一般要成立两级测评机构。一是学校测评领导小组，由学校党、政领导和主要部门负责人组成，以能够覆盖全校工作为准则。学校测评领导小组在党委（支部）和校长领导下负责全面的测评工作。还可下设测评办公室作为具体办事机构，以负责收集资料、汇总全校有关信息，协调各部门或各测评实施小组之间的工作；二是学校自评实施小组，包括各专题测评小组和测评数据处理小组。前者负责本专题测评信息的收集整理和专题测评报告的形成，后者主要负责各种测评用表的印制、保管、各种原始数据的标准化处理，各种测评分数的计算合成等。教育测评的外部测评组织机构，又可分为督导性测评组织、行政性测评组织、选拔性测评组织和中介性测评组织。

2. 测评程序

（1）前期准备

学生学业测评的前期准备包括三个方面的工作。一是明确测评的目的、内容和方法。对学生学业成就进行测评有多种目的，如为了教师、学生、学校的发展。不同的测评目的就有不同的工作重心。因此，在开展测评工作前必须明确为谁测评，评什么，怎样测评的问题；二是建立测评机构。学生学业成就测评必须有一个由有经验、懂技术的人员组成的测评机构，这是开展工作的“设备”保证；并且其中的工作人员应该目标统一，分工合作，各司其职，这能避免工作过程中的混乱无序等；三是准备测评材料。包括测评方案，测评指标体系，测评中必用的各种量表、问卷及图表，各种测量工具以及测评结果的各种记录工具等。

（2）收集信息

教育测评信息是根据测评指标的内涵和测评标准的要求，而采集的有关被评对象各项指标达标状况的事实性资料，它是对被评对象进行价值判断的事实依据。教育测评信息根据其载体的不同，可分为直接信息和间接信息。直接信息的载体是教育活动中的人和物，测评者只要深入实际，通过观察、走访、问卷等方式就可以获得；间接信息的载体是记录教育教学活动状况的语言文字和音像设备，测评者通过对文献资料的分析和音像资料的考察即可获得。测评信息采集方式的选择，取决于测评的目的、内容、技术经济条件以及对测评信息的质量要求。每项测评指标应当采取两种以上的方法，分别对涉及者、知情者和当事者搜集测评所需的资料信息。测验是收集资料信息的主要手段，根据测评的范围分类，可以分为综合成就测验和分科成就测验两种，综合成就测验包括斯坦福成就测验、教育进步序列测验和学术能力倾向测验等典型测验，分科成就测验则指语文、数学、物理等具有诊断、练习、选拔性质的测验。

（3）分析信息

分析信息的主要方式就是评价。评价是整个学业测评工作中非常重要的一环，它既是对前阶段学生学业水平作出判断的过程，又是以后学生学业进步的基础和依据。按照评价时机分类，可分为前期诊断性评价、中期形成性评价和后期总结性评价。前期诊断性评价发生在教育教学活动进行之前，内容是测定学生的学习基础和能力，判断其是否具备进行某项教育教学活动的能力；中期形成性评价发生在教育活动进行过程中，内容是测定学生对某一具体教学内容的掌握程度，目的是了解学生学习与教师工作过程中的情况；后期总结性评价发生在教育教学活动之后，内容是对学生达成目标的程度进行测评，目的是给决策人员提供参考依据。教育测评可采用学生自我评价、专家评价、教师评价三者相结合的方式进行，并科学地分配三者的权重。

（4）撰写报告

测评报告是对测评工作目的全面总结的书面形式，它有着决策咨询、检查督促、激励导向、交流提高等多方面的作用。教育测评报告按照测评主体可分为自我测评报告和他人测评报告；按照测评内容可分为综合测评报告和专题（单项）测评报告。测评报告的内容大致包括以下三个方面。

① 报告标引。标引内容主要有测评报告的题目、编写测评报告的单位或组织、测评报告执笔人姓名以及编写测评报告的时间等。

② 报告正文。这是报告的主体部分，涉及的内容包括以下四个方面：一是对测评工作的概括，简要说明测评机构，参加测评工作的人员、人数及构成，测评的时间、范围、测评的对象、目标、依据及其主要测评内容，测评的准备、实施和结果处理的基本过程、具体做法等；二是主要成绩和经验，即根据测评指标的内容、标准和测评结果，结合测评的事实依据，具体分析被评者的主要成绩，表现在哪些方面，是怎样取得的，有什么经验值得推广和借鉴等，肯定被评者的主要成绩，结论要适当，材料要真实，既要反映被评者在同类群体中所处的地位，又要反映被评者与原有基础相比的变化状况，实事求是地看基础、看起点、看发展；三是存在的问题和教训，即根据测评结果，结合典型事例，对被评者存在的问题和不足，有理有据进行适当地剖析，既要指出问题的表现，更要分析问题的成因，还要有的放矢地提出解决问题的办法和意见。如果对存在的问题尚感把握不大，或考虑到被评者的心理承受力，也可改写成“努力方向”。四是测评综合结论，包括对被评对象作出综合性的测评结论，对测评工作本身的质量作出总结性的鉴定意见，并分析测评工作的经验教训，以提出改进的建议和措施。

③ 评价附件。评价报告的附件，是与正文有密切关系的材料，附于正文之后，起补充、说明、证实作用。如学校综合评价报告可附“学校工作计划”“学校工作总结”以及学校获奖材料等。编写评价报告，必须反复征求评价者和被评者的意见，严把观点观、事实观和文字观；评价报告的内容要务求真实、详略得当；评价报告的行文要生动活泼，可采用文字描述，也可采用图表说明。

（二）测评监控

测评监控是学生学业成就测评质量的重要保障，测评结果的科学性离不开测评实施中的质量监控。

1. 测评标准是否合理

如今，学业成就评价越来越多地引入了“第四代评估”理念。“第四代评估”理论提出了多元评估主体共同建构的评估范式，却把评价的科学性与人文性对立起来。① 这就导致在制订学业成就评价标准时，容易出现科学性与人文性失衡的倾向。因此，在具体实施过程中，要找到两者的平衡点，纠正测评标准中的倚重倾向是学业成就测评监控的第一步工作。

2. 测评内容是否全面

传统的学生学业成就测评偏重对学生的知识和能力等“显性”教学目标的测评，而忽视了对学生学习价值观、学习动机、学习兴趣等情意领域的“隐性”目标的测评，而学生的情意领域不仅与学生学业密切相关，更与学生的价值观形成、心理健康直接相关，理应纳入学生学业成就测评的重要内容。因此，对学业成就测评内容的监控应重点检查学生情意领域五个方面的测评内容是否完整，包括学习价值观的测评、学习态度的测评、学习兴趣的测评、学习动机的测评、学习自我概念的测评。

3. 测评主体是否多元

开启学业成就评价的多元主体模式，将学生、社区、家长等影响学生学业发展的人或组织纳入测评的主体是现代学生学业测评的必然趋势。学业测评的实践证明，只有主体多元化，评价维度多元化，才能真正反映学生发展的客观情况。目前，在学校内部还没有形成全员主体的局面，评价主体向社会的延伸也远远不够。在实际操作中，学生学业成就测评的主体应当包括：教师评定、学生自评、同学互评、家长评说、社区评鉴。因此，检查学生学业评价是否遵循了主体多元原则是测评监控的重要内容。

三、学业成就测量与评价的结果

学生学业成就测评进行到最后就是对整个测评工作进行总结，包括测评结果反馈、测评元评价和测评优化三部分内容。《方案》中就明确提出，“完善评价结果运用，综合发挥导向、鉴定、诊断、调控和改进作用”。

（一）测评结果反馈

学业成就测评的结果反馈不仅是整个测评过程中非常重要的一环，其意义更在于能通过反馈测评结论，促进学生学业发展。斯蒂金斯认为，从促进学生学业评价的特征来看，其中有三个关键点：一是学生参与评价，即意味着学生学会利用评价信息来管理自己的学习；二是有效的教师反馈，即用学生能够理解的具体术语来描述为什么答案是对的或是错的；三是学生自我评价的能力。② 高质量的学业评价由两部分组成：（1）准确评价；（2）通过测评使学生受益，而不仅仅是对其划分等级和进行选拔。

学生学业成就测评反馈的实施内容包括以下四个方面：第一，教师准确地记录测评信息，适当地结合、概括评价信息来汇报情况（包括等级），这有助于了解学生的学习期望；第二，教师正确地解释、分析和使用标准化的测验结果，这有助于了解学生的个人学习特

---

① 刘五驹. 评价标准：科学性还是人文性：“第四代评估”难题破析［J］. 教育理论与实践，2014（16）：23-26.

② Chappuis, s. & Stiggins, R. J. Classroom assessment for learning［M］. portland, oregon: Assessment TrainingInstitute, 2002: 40-42.

征；第三，教师有效地与学生交流，比如针对学生的测评结果，教师应具体地分析“学生的错误答案究竟是因为粗心还是因为没有掌握知识点?”“学生是不是掌握了某种思维方法，而不是机械地记忆答案?”这些有助于及时有效地改进学生的学习；第四，教师有效地与班级以外的多个听众交流评价结果，包括父母、同事和其他相关人员，这有助于加深对学生全方位的了解，以帮助学生构建自我学习策略。

（二）测评元评价

元评价由美国评估专家斯克列文（Scriven）在 1969 年首次正式提出，他认为，元评价就是评价的评价。学生学业成就测评是一个复杂的系统，测评对象是复杂的人——学生，从设计到实施再到结果处理的整个过程中，难免有要进一步反思和改进的地方，此时就需要元评价的介入。

学生学业成就测评元评价可以按照测评逻辑过程进行，应当遵循“人本、公平、科学、发展”的价值取向。学生学业成就测评元评价的指标体系具体包括以下三个方面的内容：一是测评设计元评价，主要检测评价目标是否准确，评价方案是否合理，评价工具是否科学，评价主体是否多元；二是测评实施元评价，主要检测评价程序是否有序，评价组织是否有力，评价监控是否到位；三是测评结果元评价，主要检测结果形式是否明晰完整，结果质量的信度、效度以及项目区分度是否良好，结果应用是否切实得到认同。

（三）测评优化

学生学业成就测评是一个长期的动态的过程，在完成学业成就测评的元评价之后，如何根据其结论改进和优化原有的测评体系，以更好地推动学生的学业发展是不可或缺的实效性工作。

学业成就测评优化的内容可根据元评价的指标体系逐条进行审视、矫正和提升。学业成就测评优化应当遵循以下两个原则。一是明确所期望的成就目标。要准确评价学生的学业成就，教师和行政管理人员必须知道学生所需掌握的内容标准。因而课堂评价必须收集关于学生学习成就的信息，教师也要熟知课程标准，才能全面、准确地把握课程标准对学生成就的期望。进而据此设定课堂评价的目标、实施评价、提供反馈并做出教学决策。[①]因此，课堂评价的目标与教学目标、学习目标必须是高度一致的。二是为所有评价的使用者服务。不同的人在不同的时间需要获得不同的信息，因为课堂教学层面的使用者是学生、教师和家长。因而教师可以利用证据来支持学生个体或小组的学习；有时出于问责的目的，教师也可利用它来证实学习的发生；为了促进学生的学习，教师需要获取学生的学习证据，学生也需要根据评价信息来了解和调整自己的学习，以达到测评优化的目的。

本章小结

学生学业成就是学生自身基于先前的经验，在教师指导下进行学习活动后在知识与技能、过程与方法以及情感、态度、价值观等方面达到的发展水平；是促进师生之间达成价值共识的重要手段，是学校落实“立德树人”根本任务达到程度的重要显示器。对学生的学业成就进行测评即对学生学业发展活动及结果作出测量和价值判断，它具有导向、激

① 刘辉. 促进学习的课堂评价结果处理研究［D］. 上海：华东师范大学，2010：4.

励、改进和鉴定等功能。学生学业成就测评的内容及关注面较广，内在地包含了对学生学科基础知识与学科基本技能、学习能力、学习情意领域的测评。因而要强调综合使用多样化测评方法来对学生学业在三维目标上的达成度进行测查。除了标准化测验外，还应采用表现性测评、轶事记录、成长记录袋等，教师应该根据具体测评内容的不同而灵活采用多种评价方式，以保证评价结果的客观性、准确性和有效性。

思考与练习

1. 试分析在新时代教育评价改革背景下，中小学进行学生学业成就测评的意义和价值。
2. 试论述不同学业成就测评方法的优缺点？
3. 在学生学业成就测评中，教师应持何种价值取向以促进学生的发展？

推荐阅读

1. 张雨强. 基础教育学业成就评价［M］. 北京：北京师范大学出版社，2017.
2. 陆璟. PISA 测评的理论和实践［M］. 上海：华东师范大学出版社，2013.
3. 诺尔曼·E. 格朗伦德. 学业成就测评［M］. 南京：江苏教育出版社，2008.
4. 安德森. 布鲁姆教育目标分类学：分类学视野下的学与教及其测评［M］. 北京：外语教学与研究出版社，2009.

第十四章　教育测评工具的质量分析

学习目标

1. 了解 SPSS 统计软件的基本常识。
2. 掌握教育测评项目分析、因素分析的原理与操作。
3. 学会使用 SPSS 统计软件对问卷、量表进行质量分析。

知识导图

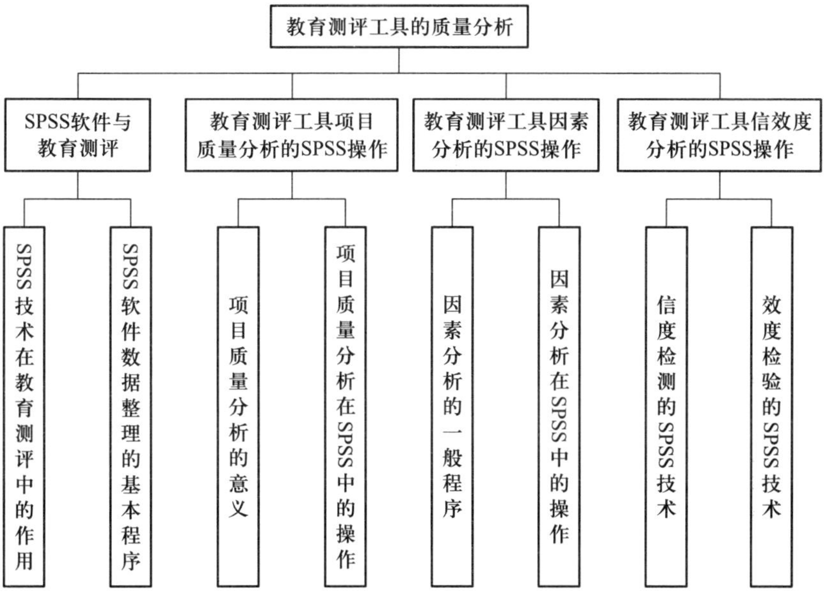

标准化的测评工具能够提供客观的量化数据，已经被社会与行为科学研究者大量采用。① 教育测评工具主要有试卷、教育测评问卷、量表等。测评工具的质量分析是实施和完成一项测评的重要前提，通常谓之前测或预测。② 目前，教育测评工具开发与质量分析较为常见的方法就是借助 SPSS 统计软件，对测评工具进行项目质量分析和因素分析。

① 邱皓政. 量化研究与统计分析：SPSS 中文视窗版数据分析范例［M］. 重庆：重庆大学出版社，2009：277.
② 吴明隆. 问卷统计分析务实：SPSS 操作与应用［M］. 重庆：重庆大学出版社，2010：157.

第一节 SPSS 软件与教育测评

SPSS 软件最初的全称是“社会科学统计软件包”，2000 年更改为“统计产品与服务解决方案”，它是一种集成化的计算机数据处理应用软件。最早的 SPSS 统计软件 1968 年诞生于美国，斯坦福大学的三位研究生在开发该软件后于 1975 年在芝加哥成立了 SPSS 公司，并将该软件广泛应用于通信、医疗、银行、证券、保险、商业、市场研究、科研、教育等多个领域和行业。1988 年中国高教学会首次在国内推广了这种软件，从此它便成为国内教育科研人员最常用的工具之一。如今 SPSS 已出至 28.0 版，下面即以该版本为例，进行操作说明。

一、SPSS 技术在教育测评中的作用

国际上常用的统计软件有 SPSS、SAS、BMDP、GLIM、GENSTAT、EPILOG、Minitab 等，而 SPSS 在这些软件的用户总体评价中得分最高[①]，主要是因为：第一，SPSS 操作简单，其中大多数操作可通过“菜单”“按钮”“对话框”来完成；第二，SPSS 能够读取及输出多种格式的文件，比如由 dBase、Fox BASE、FoxPro 产生的 dbf 文件，文本编辑器软件生成的 ASC Ⅱ 数据文件，Excel 产生的 xls 文件等均可转换成可供分析的 SPSS 数据文件；第三，SPSS 软件功能强大，集数据录入、数据编辑、数据管理、数据统计分析、图表制作于一体。SPSS 软件统计功能包含了教育测量与评价中的所有项目。[②] 在教育测评的统计中，SPSS 软件的作用主要表现在以下两个方面。

（一）替代教育测评中繁杂的数学计算

SPSS 统计软件具有第四代语言的典型特点，即用户只需告诉系统“要做什么”而无需告诉它“怎样做”，它的操作界面简洁且运算速度快，已经成为非专业统计人员的首选统计软件之一。对于非数学、统计学专业的使用者而言，使用 SPSS 软件只需要知晓某个问题应该采用何种统计方法和初步掌握对计算结果的解释，而不需要了解其具体运算过程，就可以在使用手册的帮助下定量分析各类数据。即便是许多极为复杂的统计分析方法，SPSS 软件也为用户提供了操作简便的对话框界面。另外，SPSS 软件具有灵活的功能模块组合，用户可以根据自己的分析需要和计算机的实际配置情况灵活选择。

（二）简化教育测评中复杂的结果呈现

SPSS 软件除了能够简化统计过程外，它的输出界面也比较美观、合理。它可以快速读取并分析大量数据，迅速生成各类图表，如条形图（Bar Chart）、线图（Line Chart）、面积图（Area Chart）、饼图（Pie Chart）、高低图（High-1000），等等，使分析结果清楚明了。研究者可以根据自身需要制作出精美的统计图，使教育统计分析、实验报告、教学评估报告等研究成果图文并茂，更具说服力。SPSS 软件的统计图简单、直观，通过点的分别、线条的变化、条形图的高矮及圆面积的大小等来表达数据和变量之间的关系；如果配上简单的文字解释，就能更加深刻地反映统计结果所蕴含的意义，如变化趋势、分布状

---

① 陈胜可．SPSS 统计分析从入门到精通［M］．2 版．北京：清华大学出版社，2013：5.

② 这些分析项目包括常规的集中量数、差异量数、相关分析、回归分析、方差分析、卡方检验、t 检验和非参数检验，多元回归分析、聚类分析、判别分析、主成分分析和因子分析等。

态等，从而提高统计分析结论报告的明晰性与可读性，还能增强后续研究的可行性。另外SPSS 软件还加强了对各种输出结果的编辑能力，如目前对于小数值的科学计数法可以选择在输出结果中不显示。另外，分析结果也全面支持网络中的几种格式，不仅可以将结果文件导出为 HTML 格式的网页阅读，也可以将其存为 XML 格式，供用户生成交互式网页使用，文件菜单中还提供了 E-mail 功能，可直接将结果以电子邮件附件的形式发送出去。

二、SPSS 软件数据整理的基本程序

数据整理是数据分析的前置工作。教育测量与评价的各种原始数据并不能直接在 SPSS 软件中进行操作和分析，需要先进行整理。

（一）数据录入

通过教育测评，研究者可以搜集到大量数据，要对其进行分析首先要将数据录入到计算机中，数据录入要求研究者录入最原始形态的数量化数据，不能做任何修改或者计算。一般来说，数据录入可以是直接录入，也可以是数据导入。

【微视频】SPSS 中数据整理的一般过程

1. 直接录入

直接录入基本上要经历以下四个步骤：（1）建立数据文件；（2）定义变量；（3）录入数据；（4）保存文件。直接录入中，有以下四个特别需要说明的要点：

第一，一个完整的 SPSS 文件的数据结构包括变量名称、变量类型、变量名标签、变量值标签等内容。SPSS 的数据结构是对 SPSS 每列变量及其相关属性的描述。它的定义通过数据编辑窗口中的变量视图来实现。其中有些内容是必须定义的，而有些内容则可以根据具体情况省略。

第二，变量名（name）是变量访问和分析的唯一标志。在定义 SPSS 的数据结构时应首先给出每列变量的变量名。在 SPSS 的数据编辑窗口中，变量名将显示在数据视图中列标题的位置上。变量名的定义应符合以下要求：具有唯一性；变量名的首字符不能是数字；不能使用键盘上的#、￥、%等符号；变量名不能使用系统内部保留字，如 all、and、by、with、not、eq 等；变量名不能以“.”结尾。

第三，明显错误或明显不合理的数据以及漏填的数据可看作缺失值。在实际工作中，因各种原因会出现数值缺失现象，如果在待分析的数据中存在大量的缺失值会对分析产生重大的影响。为此，SPSS 提供了缺失值处理技术。如果定义了缺失值，SPSS 就能够将缺失值与正常数据区分开来，并依据用户选择的处理策略对其进行处理或分析。SPSS 有两类缺失值：系统缺失值和用户缺失值。在 SPSS 中有两种定义缺失值的方式，既可以定义三个单独的缺失值，也可以定义一个缺失值范围和一个单独的缺失值。

【拓展阅读】SPSS 中数据整理的一般过程

第四，变量可以分为连续性变量和离散性变量。连续性变量的数值是连续不断的，相邻数值之间可作无限分割，无限取值，既可用整数表示，也可用小数表示，如面积、产量、工资额等。离散性变量的相邻数值间只能以整数位断开，且只能用整数表示，如企业数、机器数等。

2. 数据导入

数据导入可以通过【文件（F）】→【导入数据（D）】命令来实现，在弹出的对话框

中用户需指明导入数据的文件所处的位置和文件名、文件类型，选中文件后单击【打开(O)】按钮，SPSS 就可以识别该文件的数据格式，并正确地将文件中的数据导入到 SPSS 当前的数据文件中。

（二）数据整理

为了探究教师信息化学习力的现状与影响因素，“教师信息化学习力发展研究”课题组在全国范围内开展了问卷调查，共发放 2 778 份问卷，回收问卷 2 559 份。数据整理的过程如下：

第一步：新建数据文件。启动 SPSS，依次点击【文件（F）】→【新建（N）】→【数据（D）】，即可进入新建数据文件的工作状态。

第二步：定义变量。分别用 T1、T2、T3……T12 代表被试的背景变量，以 B1、B2、B3……B20 代表行为变量。点击左下角数据编辑器状态区域的【变量视图】，出现的工作界面如图 14-1 所示，在各个单元格输入相应内容。

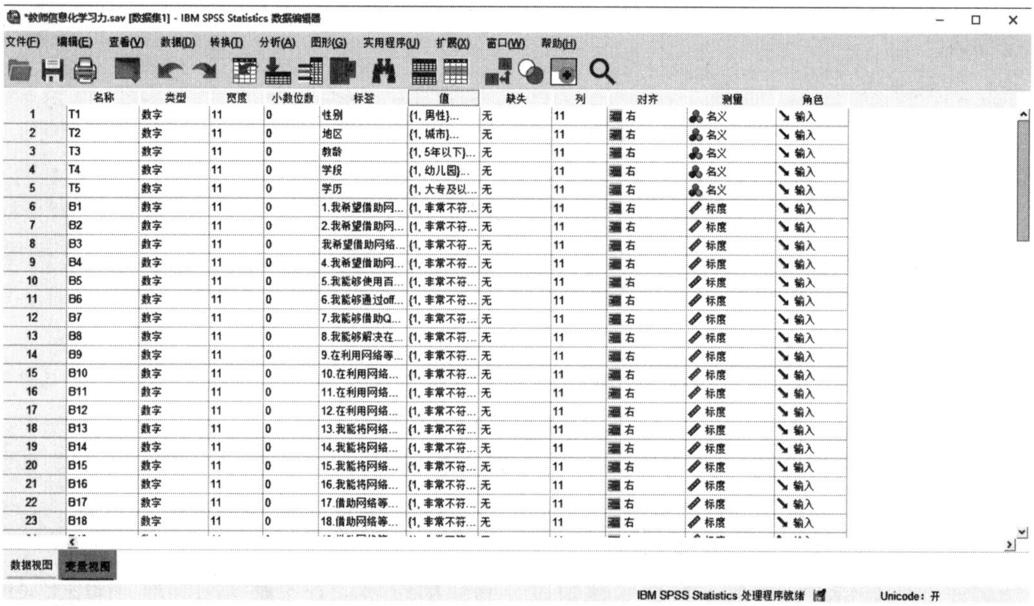

	名称	类型	宽度	小数位数	标签	值	缺失	列	对齐	测量	角色
1	T1	数字	11	0	性别	{1, 男性}...	无	11	右	名义	输入
2	T2	数字	11	0	地区	{1, 城市}...	无	11	右	名义	输入
3	T3	数字	11	0	教龄	{1, 5年以下}...	无	11	右	名义	输入
4	T4	数字	11	0	学段	{1, 幼儿园}...	无	11	右	名义	输入
5	T5	数字	11	0	学历	{1, 大专及以...	无	11	右	名义	输入
6	B1	数字	11	0	1.我希望借助网...	{1, 非常不符...	无	11	右	标度	输入
7	B2	数字	11	0	2.我希望借助网...	{1, 非常不符...	无	11	右	标度	输入
8	B3	数字	11	0	我希望借助网络...	{1, 非常不符...	无	11	右	标度	输入
9	B4	数字	11	0	4.我希望借助网...	{1, 非常不符...	无	11	右	标度	输入
10	B5	数字	11	0	5.我能够使用百...	{1, 非常不符...	无	11	右	标度	输入
11	B6	数字	11	0	6.我能够通过off...	{1, 非常不符...	无	11	右	标度	输入
12	B7	数字	11	0	7.我能够借助Q...	{1, 非常不符...	无	11	右	标度	输入
13	B8	数字	11	0	8.我能够解决在...	{1, 非常不符...	无	11	右	标度	输入
14	B9	数字	11	0	9.在利用网络等...	{1, 非常不符...	无	11	右	标度	输入
15	B10	数字	11	0	10.在利用网络...	{1, 非常不符...	无	11	右	标度	输入
16	B11	数字	11	0	11.在利用网络...	{1, 非常不符...	无	11	右	标度	输入
17	B12	数字	11	0	12.在利用网络...	{1, 非常不符...	无	11	右	标度	输入
18	B13	数字	11	0	13.我能将网络...	{1, 非常不符...	无	11	右	标度	输入
19	B14	数字	11	0	14.我能将网络...	{1, 非常不符...	无	11	右	标度	输入
20	B15	数字	11	0	15.我能将网络...	{1, 非常不符...	无	11	右	标度	输入
21	B16	数字	11	0	16.我能将网络...	{1, 非常不符...	无	11	右	标度	输入
22	B17	数字	11	0	17.借助网络等...	{1, 非常不符...	无	11	右	标度	输入
23	B18	数字	11	0	18.借助网络等...	{1, 非常不符...	无	11	右	标度	输入

图 14-1 定义变量

其中，【类型】表示变量类型，以说明变量的数据类型，系统默认为数值型，数据宽度，系统默认为 8，即数据不能超过 8 个字符，此案例修改为 11；【小数位数】系统默认为 2，此案例中将其设置为 0；【标签】表示变量特征，可以用简洁的文字说明所定义变量的含义；【测量】是变量数据的类别，具体包含名义、有序和标度三种。

第三步：录入数据。定义好所需要的变量后，点击状态区的【数据视图】选项，将原始分数输入到相应的单元格。工作界面如图 14-2 所示。

第四步：保存文件。依次点击任务栏中的【文件】→【保存】或者直接使用“Ctrl+S”键来保存文件。第一次保存时要给数据文件命名，本案例中用容易记忆的“教师信息化学习力”来命名该数据文件。为了避免数据意外丢失，研究者应该及时保存文件，可以直接点击完成。

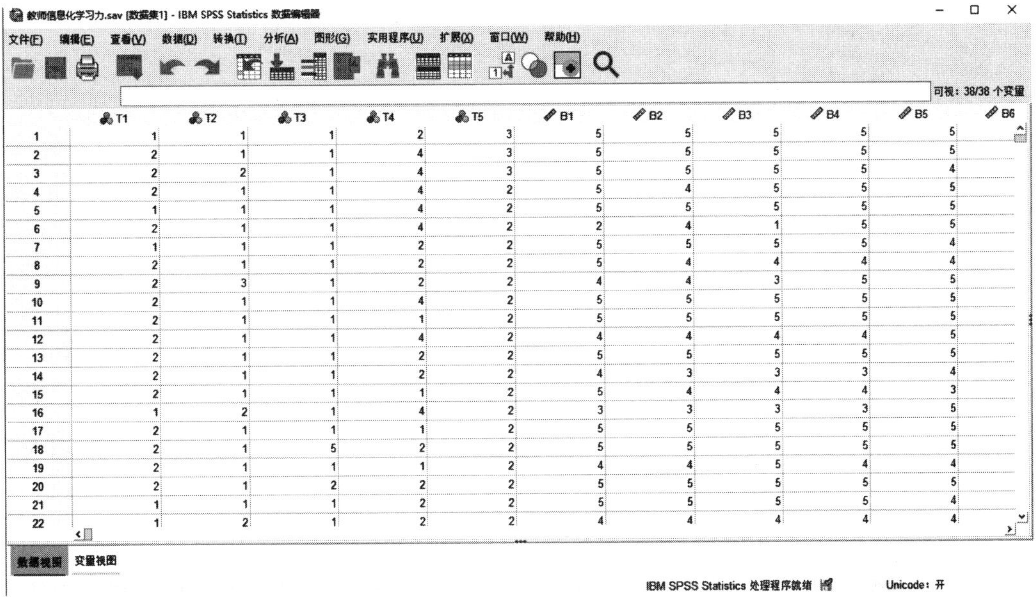

	T1	T2	T3	T4	T5	B1	B2	B3	B4	B5	B6
1	1	1	1	2	3	5	5	5	5	5	
2	2	1	1	4	3	5	5	5	5	5	
3	2	2	1	4	3	5	5	5	5	4	
4	2	1	1	4	2	5	4	5	5	5	
5	1	1	1	4	2	5	5	5	5	5	
6	2	1	1	4	2	2	4	1	5	5	
7	1	1	1	2	2	5	5	5	5	4	
8	2	1	1	2	2	5	4	4	4	4	
9	2	3	1	2	2	4	4	3	5	5	
10	2	1	1	4	2	5	5	5	5	5	
11	2	1	1	1	2	5	5	5	5	5	
12	2	1	1	4	2	4	4	4	4	5	
13	2	1	1	2	2	5	5	5	5	5	
14	2	1	1	2	2	4	3	3	3	4	
15	2	1	1	1	2	5	4	4	4	3	
16	1	2	1	4	2	3	3	3	3	5	
17	2	1	1	1	2	5	5	5	5	5	
18	2	1	5	2	2	5	5	5	5	5	
19	2	1	1	1	2	4	4	5	4	4	
20	2	1	2	2	2	5	5	5	5	5	
21	1	1	1	2	2	5	5	5	5	4	
22	1	2	1	2	2	4	4	4	4	4	

图 14-2 录入数据

第二节 教育测评工具项目质量分析的 SPSS 操作

测评工具预测后，要进行项目质量分析、因素分析、信度检验、效度检验，以作为完善修订工具的依据。其中，项目分析的目的主要在于检验编制的量表或个别题项的难度和区分度。

一、项目质量分析的意义

项目质量分析有两方面的作用：一是可以为筛选、修改试题提供依据，提高教育测评质量，使教育测评逐步科学化；二是可以为改进教学、提高教育质量服务。①

（一）有助于教育测评科学化

首先，只有通过项目质量的分析，才能发现在项目编制过程中的成功经验及失败教训。只有在不断总结经验，修正错误的过程中，项目编制的技能才能不断提高。其次，项目质量分析可以提供测评中哪些试题需要修改以及如何修改等重要信息。例如，缺乏足够区分度的多项选择题，经分析后发现，若某一干扰项无人选择，那么就需要修改这个选择项，以增加它的似真性，使其具有足够的诱答作用，这样可提高整个试题的区分能力。再次，项目质量分析的一个重要目的是发现并淘汰劣质题目。这不仅使工具缩短，节约测评时间，而且可以提高测评的信效度。最后，经项目质量分析，鉴定出的达到各项指标要求的高质量试题，可保留起来，以备将来预配试卷使用。日积月累后，就可以建立高质量的题库，以后的测评就可以根据已经确定的测验目的，从题库中抽取试题，拼配试卷。这样做不仅省时、省力，而且可以保证测评的高质量，提高测评的科学性。

---

① 王汉澜. 教育测量学［M］. 开封：河南大学出版社，1987：154.

（二）有助于提高教学质量

首先，测评虽是教育活动中的有机组成部分，但测评本身并不能改进教学，只有通过对测评结果的深入分析，才能发现教学中存在的问题，起到改进教学的作用。通过测评，可以了解教学内容是否适合学生的实际情况。如果多数学生一再出现同样类型的错误，教师就应检查自身教学上有无失误之处，并做出相应的改进。其次，测评分析的结果可使教师洞悉教学中的弱点和问题，起到改进教学、提高教育效果的作用。通过测评分析，既可以发现学生在学习上的共同弱点，也可以诊断个别学生在学习上的症结所在。最后，如果只向学生笼统地报告一个综合考试分数是没有多大意义的，正确的做法是向学生报告各分项的测评成绩（各项测评内容得分，各项测评目标得分，各个类型试题得分，等等），以及这些成绩在被试学生群体中的相对位置。这样，学生就能知道自己哪些内容掌握得好，哪些内容掌握得差，才便于学生把自己的成绩与常模或目标做比较，有助于学生最大限度地利用测验所提供的信息来促进自己的学习。

二、项目质量分析在 SPSS 中的操作

项目质量分析主要是针对测评工具中的每一个具体问题展开的，主要的分析指标有难度和区分度。

（一）难度的分析

【微视频】客观题难度计算操作演示

试题的难度是指全体被试对该题的得分率，计算公式为：P = Mean/W，其中 P 为难度系数，Mean 为该题均分值，W 为该题满分值。基于这个公式，可运用 SPSS 软件计算难度值，如案例 14-1 所述。

案例 14-1 某初中数学测评有选择题和应用题两种题型，共由 15 道题构成（具体如表 14-1 所示），有 100 名学生参加了此次测评。请问，应如何进行项目质量分析以检验此数学测评 15 个题项的难度适切性。

表 14-1 某初中数学测评题目分值分布

题型	单项选择题										应用题				
题号	Q1	Q2	Q3	Q4	Q5	Q6	Q7	Q8	Q9	Q10	Q11	Q12	Q13	Q14	Q15
分值	5	5	5	5	5	5	5	5	5	5	7	8	9	11	15

步骤 1：计算每道题的平均分。在 SPSS 工具栏中，点击【分析（A）】→【描述性统计（E）】→【描述（D）】，在【描述（D）】中，将“Q1”“Q2”“Q3”……“Q15”全部选入【变量（V）】中（如图 14-3 所示），然后单击【确定】按钮，便可得到各题的平均分。

【拓展阅读】客观题难度计算操作演示

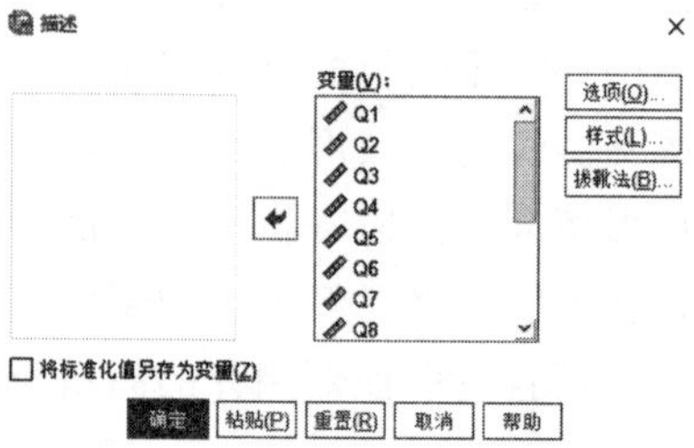

图 14-3 描述统计对话框设置图

步骤 2：建立一个包含均值 Mean 和各题满分 W 的数据文件。在 SPSS 中，单击【变量视图】标签，在【名称】标题下，定义均值（Mean）、满分值（W）；单击【数据视图】标签，分别输入“Q1”“Q2”“Q3”……“Q15”的均值（Mean）和满分值（W）。

步骤 3：利用上述所得的数据文件，在工具栏执行【转换（T）】→【计算变量（C）】，在跳出的对话框中，在【数字表达式（E）】栏输入公式 Mean/W，在【目标变量（T）】栏输入难度系数 P，如图 14-4 所示；最后单击【确定】按钮，即可得到各题的难度系数（如图 14-5 所示）。

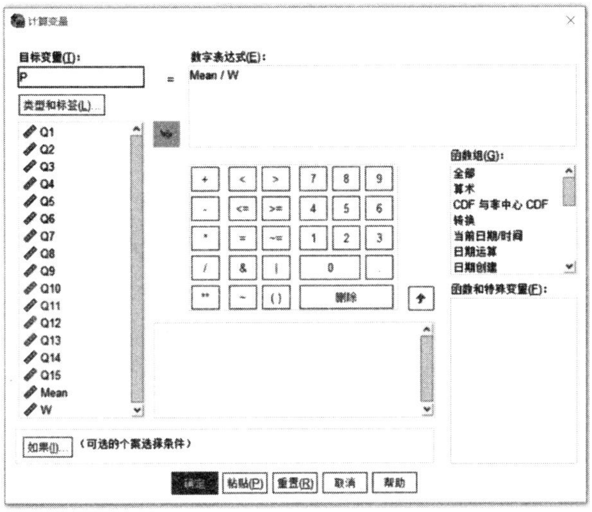

图 14-4　计算变量对话框设置图

Mean	W	P
4.6	5.0	.91
4.4	5.0	.88
4.3	5.0	.86
3.3	5.0	.66
4.1	5.0	.82
3.9	5.0	.78
3.7	5.0	.74
3.2	5.0	.65
2.8	5.0	.55
1.2	5.0	.24
5.8	7.0	.83
5.9	8.0	.74
6.7	9.0	.74
7.0	11.0	.64
7.7	15.0	.51

图 14-5　项目难度运行结果图

至此，运用 SPSS 软件就可以求出本次初中数学测评中 15 道题的难度值。难度值越大，说明题目的难度越小，当难度值等于 0.5 时，说明该题的难度适中。如图 14-5 所示，本次数学测评的第 4、8、9、14、15 这 5 道题的难度值分布在 0.3~0.7 之间，说明难度系数适中；第 1、2、3、5、6、7、11、12、13 这 9 道题过于容易，尤其是第 1 题和第 2 题，通过率太高；第 10 题属于困难题目，通过率较低。

（二）区分度分析

区分度的分析方法有相关分析法、求 CR 值法。其中相关分析法又包括点二列相关、二列相关、Φ 相关、斯皮尔曼相关等，而不同的方法有不同的适用范围，在运用时要选择适应的方法。

1. 相关分析法

在进行项目区分度分析时，常以测评总分作为被试的实际能力水平（校标分数），而把被试在某题上的得分与总分之间的相关关系作为该题的区分度。因此，可以运用 SPSS 中的相关性分析技术进行项目区分度分析。其中，客观题和主观题的区分度分析技术有所不同，前者采用的是斯皮尔曼系数，后者采用的是皮尔逊系数。

（1）客观题的区分度分析程序

步骤 1：从工具栏执行【文件（F）】→【打开（O）】→【数据（D）】，打开“某高中数学测评. sav”数据文件。

步骤 2：从工具栏执行【分析（A）】→【相关（C）】→【双变量（B）】，开启【双变量相关性】窗口（如图 14-6 所示）。

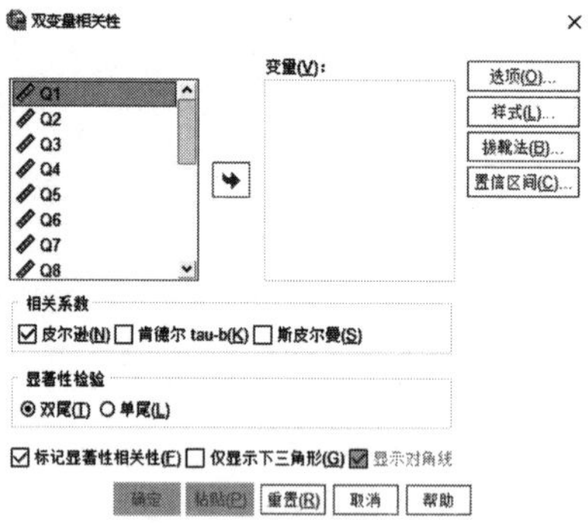

图 14-6　双变量相关性窗口图

步骤 3：在【双变量相关性】窗口的左边变量清单中，将“Q1”“Q2”“Q3”……“Q10”以及“Total”全部选入【变量（V）】中，并在下方【相关系数】方框中勾选【斯皮尔曼（S）】选项，在【显著性检验】方框中选取默认的【双尾（T）】（如图 14-7 所示），最后单击【确定】按钮，即可得到客观题的项目区分度分析结果。

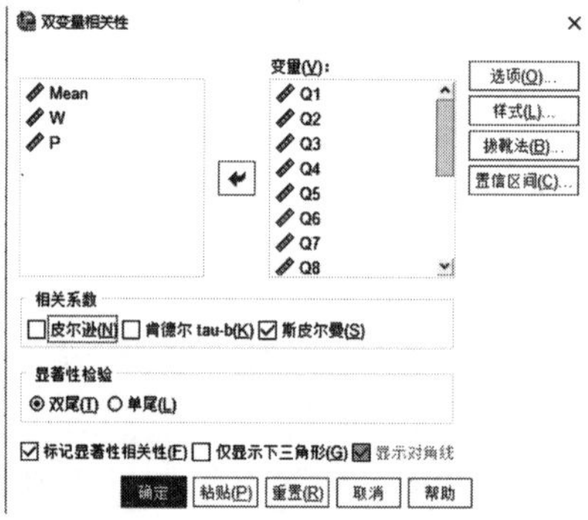

图 14-7　双变量相关性对话框设置图

步骤 4：对图 14-7 运行结果进行进一步梳理，“Q1”“Q2”“Q3”……“Q10”的区分度（即每道题与总分的点二列相关系数）如图 14-8 所示。

这样，我们运用 SPSS 就求出了该数学测评 10 个客观题的区分度。所有题项均达到了显著水平，说明这 10 道题均具有较高的区分度。

			Q1	Q2	Q3	Q4	Q5	Q6	Q7	Q8	Q9	Q10	Total
斯皮尔曼 Rho	Q1	相关系数	1.000	.314**	.377**	.217*	.216*	.423**	.292**	.179	-.004	.177	.449**
		显著性（双尾）	.	.001	<.001	.030	.031	<.001	.003	.075	.972	.079	<.001
		N	100	100	100	100	100	100	100	100	100	100	100
	Q2	相关系数	.314**	1.000	.472**	-.070	.308**	.547**	.202*	.411**	-.025	.208*	.514**
		显著性（双尾）	.001	.	<.001	.488	.002	<.001	.044	<.001	.807	.038	<.001
		N	100	100	100	100	100	100	100	100	100	100	100
	Q3	相关系数	.377**	.472**	1.000	-.046	.261**	.481**	.221*	.402**	.041	.227*	.527**
		显著性（双尾）	<.001	<.001	.	.648	.009	<.001	.027	<.001	.689	.023	<.001
		N	100	100	100	100	100	100	100	100	100	100	100
	Q4	相关系数	.217*	-.070	-.046	1.000	-.171	-.024	.056	.083	.157	.206*	.348**
		显著性（双尾）	.030	.488	.648	.	.088	.809	.581	.410	.119	.040	<.001
		N	100	100	100	100	100	100	100	100	100	100	100
	Q5	相关系数	.216*	.308**	.261**	-.171	1.000	.065	.256*	-.023	.361**	.263**	.430**
		显著性（双尾）	.031	.002	.009	.088	.	.518	.010	.823	<.001	.008	<.001
		N	100	100	100	100	100	100	100	100	100	100	100
	Q6	相关系数	.423**	.547**	.481**	-.024	.065	1.000	.456**	.345**	-.141	.185	.588**
		显著性（双尾）	<.001	<.001	<.001	.809	.518	.	<.001	<.001	.163	.065	<.001
		N	100	100	100	100	100	100	100	100	100	100	100
	Q7	相关系数	.292**	.202*	.221*	.056	.256*	.456**	1.000	.226*	.105	.280**	.549**
		显著性（双尾）	.003	.044	.027	.581	.010	<.001	.	.024	.297	.005	<.001
		N	100	100	100	100	100	100	100	100	100	100	100
	Q8	相关系数	.179	.411**	.402**	.083	-.023	.345**	.226*	1.000	-.002	.126	.431**
		显著性（双尾）	.075	<.001	<.001	.410	.823	<.001	.024	.	.987	.213	<.001
		N	100	100	100	100	100	100	100	100	100	100	100
	Q9	相关系数	-.004	-.025	.041	.157	.361**	-.141	.105	-.002	1.000	.320**	.404**
		显著性（双尾）	.972	.807	.689	.119	<.001	.163	.297	.987	.	.001	<.001
		N	100	100	100	100	100	100	100	100	100	100	100
	Q10	相关系数	.177	.208*	.227*	.206*	.263**	.185	.280**	.126	.320**	1.000	.627**
		显著性（双尾）	.079	.038	.023	.040	.008	.065	.005	.213	.001	.	<.001
		N	100	100	100	100	100	100	100	100	100	100	100
	Total	相关系数	.449**	.514**	.527**	.348**	.430**	.588**	.549**	.431**	.404**	.627**	1.000
		显著性（双尾）	<.001	<.001	<.001	<.001	<.001	<.001	<.001	<.001	<.001	<.001	.
		N	100	100	100	100	100	100	100	100	100	100	100

**. 在 0.01 级别（双尾），相关性显著。

*. 在 0.05 级别（双尾），相关性显著。

图 14-8 梳理后的运行结果

【微视频】
区分度计算
操作演示

（2）主观题的区分度分析程序

步骤 1：从工具栏执行【分析（A）】→【相关（C）】→【双变量（B）】，开启【双变量相关性】窗口。

步骤 2：在【双变量相关性】窗口的左边变量清单中，将“Q11”“Q12”“Q13”“Q14”“Q15”以及“Total”全部选入【变量（V）】中，并在下方【相关系数】方框中勾选【皮尔逊（N）】选项，在【显著性检验】方框中选取默认的【双尾（T）】（如图 14-9 所示），最后单击【确定】按钮，即可得到客观题的项目区分度分析结果。

【拓展阅读】
区分度计算
操作演示

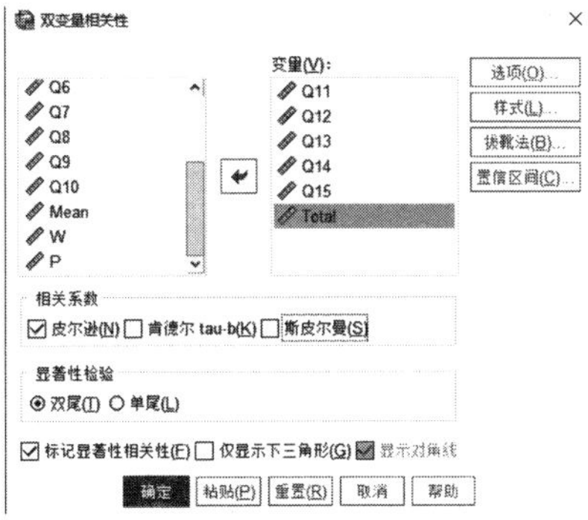

图 14-9 双变量相关性对话框设置图

步骤 3：对如图 14-9 所示的运行结果进行进一步梳理，“Q11”“Q12”“Q13”“Q14”“Q15”的项目区分度（即每道题与总分的积差相关系数）如图 14-10 所示。

		Q11	Q12	Q13	Q14	Q15	Total
Q11	皮尔逊相关性	1	.705**	.769**	.794**	.724**	.812**
	显著性（双尾）		<.001	<.001	<.001	<.001	<.001
	个案数	100	100	100	100	100	100
Q12	皮尔逊相关性	.705**	1	.820**	.882**	.908**	.906**
	显著性（双尾）	<.001		<.001	<.001	<.001	<.001
	个案数	100	100	100	100	100	100
Q13	皮尔逊相关性	.769**	.820**	1	.870**	.788**	.878**
	显著性（双尾）	<.001	<.001		<.001	<.001	<.001
	个案数	100	100	100	100	100	100
Q14	皮尔逊相关性	.794**	.882**	.870**	1	.881**	.919**
	显著性（双尾）	<.001	<.001	<.001		<.001	<.001
	个案数	100	100	100	100	100	100
Q15	皮尔逊相关性	.724**	.908**	.788**	.881**	1	.911**
	显著性（双尾）	<.001	<.001	<.001	<.001		<.001
	个案数	100	100	100	100	100	100
Total	皮尔逊相关性	.812**	.906**	.878**	.919**	.911**	1
	显著性（双尾）	<.001	<.001	<.001	<.001	<.001	
	个案数	100	100	100	100	100	100

**. 在 0.01 级别（双尾），相关性显著。

图 14-10 双变量相关性的运行结果

至此，我们运用 SPSS 就求出了该高中数学测评 5 个主观题的项目区分度。这 5 道题的积差相关系数均达到了显著性水平，表明这 5 道题的区分度达到显著水平，具有区分考生水平的作用。

2. 求 CR 值法

在项目分析的判别指标中，最常用的分析法是临界比值法，此法又称为极端值法，主要目的是求出某个题项的决断值，即 CR 值（又称临界比）。项目临界比的理念与区分度的观念类似，它根据测评总分划分出高分组被试和低分组被试，再求出高、低两组在每个题项的平均数差异的显著性，其原理与独立样本 t 检验相同。项目分析后再将未达显著性水平的题项删除，如果题项均达显著，但使用者觉得题项太多会影响被试填答意愿，则可以根据临界比的某一标准作为题项删除的准则，如为提高题项鉴别的功能，可以用临界比值大于 3.00 作为题目筛选的依据。其主要操作步骤如下：

（1）测评总分排序，找到高低分组的临界分数点

步骤 1：从工具栏执行【数据（D）】→【个案排序（O）】，开启【个案排序】窗口，如图 14-11 所示。

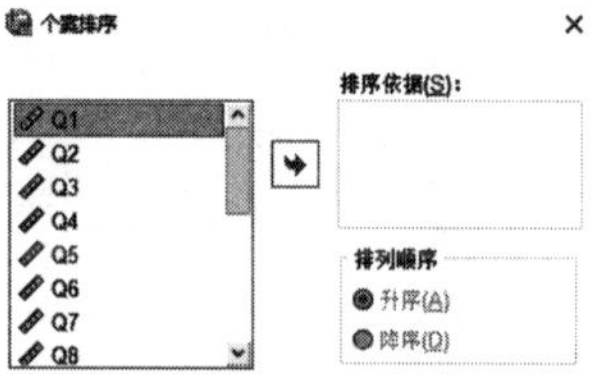

图 14-11 个案排序对话框

步骤 2：找出高分组 27%处的分数。将左边列表框中的“Total（D）”变量选入右边【排序依据（S）】下的框中，在【排列顺序】选项框中选择排序的方式，【升序（A）】或【降序（D）】。这里先以【降序（D）】方式排列，如图 14-12 所示，最后点击【确定】按钮。

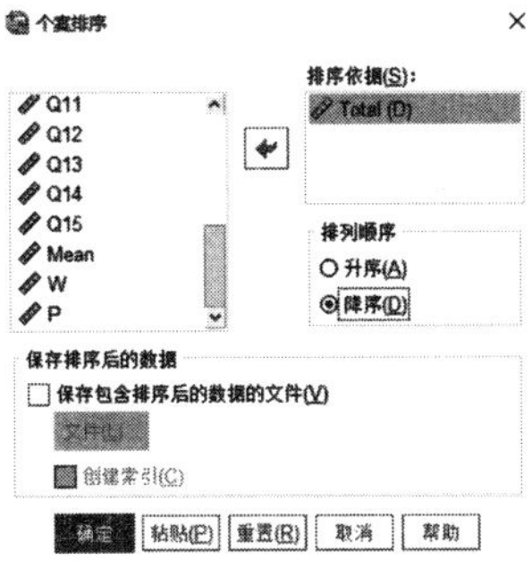

图 14-12 个案排序对话框设置图

此时，数据窗口以“Total（D）”变量的分数为依据，由高到低进行排列（如图 14-13 所示）。操作者要将总人数 27%处的分值记下（本案例中有 100 名被试，故高分组第 27 位被试的分值为 87.0）。

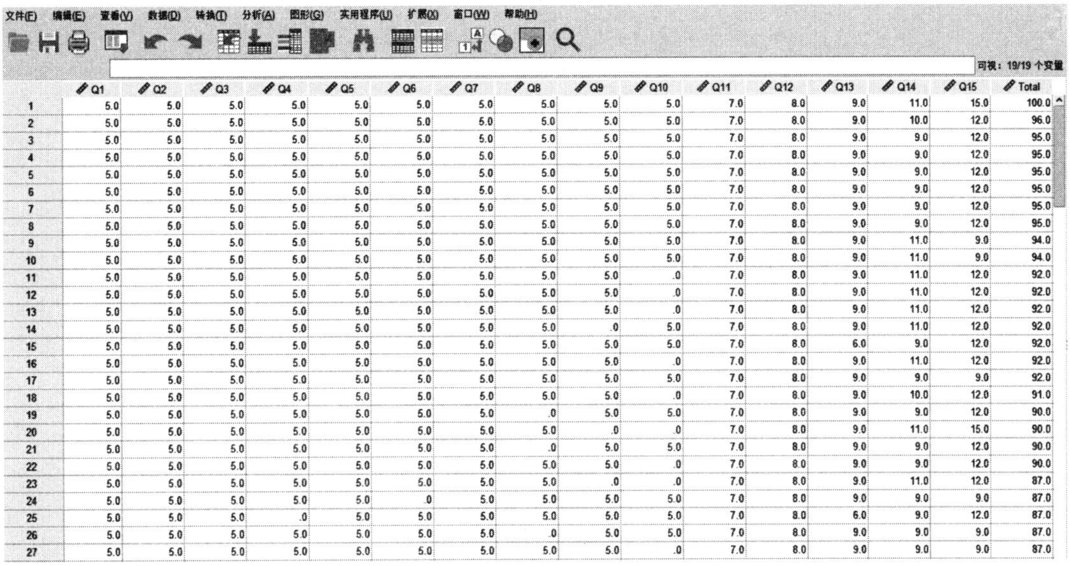

	Q1	Q2	Q3	Q4	Q5	Q6	Q7	Q8	Q9	Q10	Q11	Q12	Q13	Q14	Q15	Total
1	5.0	5.0	5.0	5.0	5.0	5.0	5.0	5.0	5.0	5.0	7.0	8.0	9.0	11.0	15.0	100.0
2	5.0	5.0	5.0	5.0	5.0	5.0	5.0	5.0	5.0	5.0	7.0	8.0	9.0	10.0	12.0	96.0
3	5.0	5.0	5.0	5.0	5.0	5.0	5.0	5.0	5.0	5.0	7.0	8.0	9.0	9.0	12.0	95.0
4	5.0	5.0	5.0	5.0	5.0	5.0	5.0	5.0	5.0	5.0	7.0	8.0	9.0	9.0	12.0	95.0
5	5.0	5.0	5.0	5.0	5.0	5.0	5.0	5.0	5.0	5.0	7.0	8.0	9.0	9.0	12.0	95.0
6	5.0	5.0	5.0	5.0	5.0	5.0	5.0	5.0	5.0	5.0	7.0	8.0	9.0	9.0	12.0	95.0
7	5.0	5.0	5.0	5.0	5.0	5.0	5.0	5.0	5.0	5.0	7.0	8.0	9.0	9.0	12.0	95.0
8	5.0	5.0	5.0	5.0	5.0	5.0	5.0	5.0	5.0	5.0	7.0	8.0	9.0	9.0	12.0	95.0
9	5.0	5.0	5.0	5.0	5.0	5.0	5.0	5.0	5.0	5.0	7.0	8.0	9.0	11.0	9.0	94.0
10	5.0	5.0	5.0	5.0	5.0	5.0	5.0	5.0	5.0	5.0	7.0	8.0	9.0	11.0	9.0	94.0
11	5.0	5.0	5.0	5.0	5.0	5.0	5.0	5.0	5.0	.0	7.0	8.0	9.0	11.0	12.0	92.0
12	5.0	5.0	5.0	5.0	5.0	5.0	5.0	5.0	5.0	.0	7.0	8.0	9.0	11.0	12.0	92.0
13	5.0	5.0	5.0	5.0	5.0	5.0	5.0	5.0	5.0	.0	7.0	8.0	9.0	11.0	12.0	92.0
14	5.0	5.0	5.0	5.0	5.0	5.0	5.0	5.0	.0	5.0	7.0	8.0	9.0	11.0	12.0	92.0
15	5.0	5.0	5.0	5.0	5.0	5.0	5.0	5.0	5.0	5.0	7.0	8.0	6.0	9.0	12.0	92.0
16	5.0	5.0	5.0	5.0	5.0	5.0	5.0	5.0	5.0	.0	7.0	8.0	9.0	11.0	12.0	92.0
17	5.0	5.0	5.0	5.0	5.0	5.0	5.0	5.0	5.0	5.0	7.0	8.0	9.0	9.0	9.0	92.0
18	5.0	5.0	5.0	5.0	5.0	5.0	5.0	5.0	5.0	.0	7.0	8.0	9.0	10.0	12.0	91.0
19	5.0	5.0	5.0	5.0	5.0	5.0	5.0	.0	5.0	5.0	7.0	8.0	9.0	9.0	12.0	90.0
20	5.0	5.0	5.0	5.0	5.0	5.0	5.0	5.0	.0	.0	7.0	8.0	9.0	11.0	15.0	90.0
21	5.0	5.0	5.0	5.0	5.0	5.0	5.0	.0	5.0	5.0	7.0	8.0	9.0	9.0	12.0	90.0
22	5.0	5.0	5.0	5.0	5.0	5.0	5.0	5.0	5.0	.0	7.0	8.0	9.0	9.0	12.0	90.0
23	5.0	5.0	5.0	5.0	5.0	5.0	5.0	5.0	.0	.0	7.0	8.0	9.0	11.0	12.0	87.0
24	5.0	5.0	5.0	5.0	5.0	.0	5.0	5.0	5.0	5.0	7.0	8.0	9.0	9.0	9.0	87.0
25	5.0	5.0	5.0	.0	5.0	5.0	5.0	5.0	5.0	5.0	7.0	8.0	6.0	9.0	12.0	87.0
26	5.0	5.0	5.0	5.0	5.0	5.0	5.0	.0	5.0	5.0	7.0	8.0	9.0	9.0	9.0	87.0
27	5.0	5.0	5.0	5.0	5.0	5.0	5.0	5.0	5.0	.0	7.0	8.0	9.0	9.0	9.0	87.0

图 14-13 高分组排序运行结果图

步骤 3：找出低分组 27%处的分组。再次开启【个案排序】窗口，此时点击【排列顺序】选项框中的【升序（A）】，使“Total”变量由低到高按升序排列，最后点击【确定】按钮。此时，数据窗口以“Total”变量的分数为依据，由低到高进行排列（如图 14-14 所示）。操作者要将总人数 27%处的分值记下（本案例中有 100 名被试，故低分组第 27 位被试的分值为 50.0）。

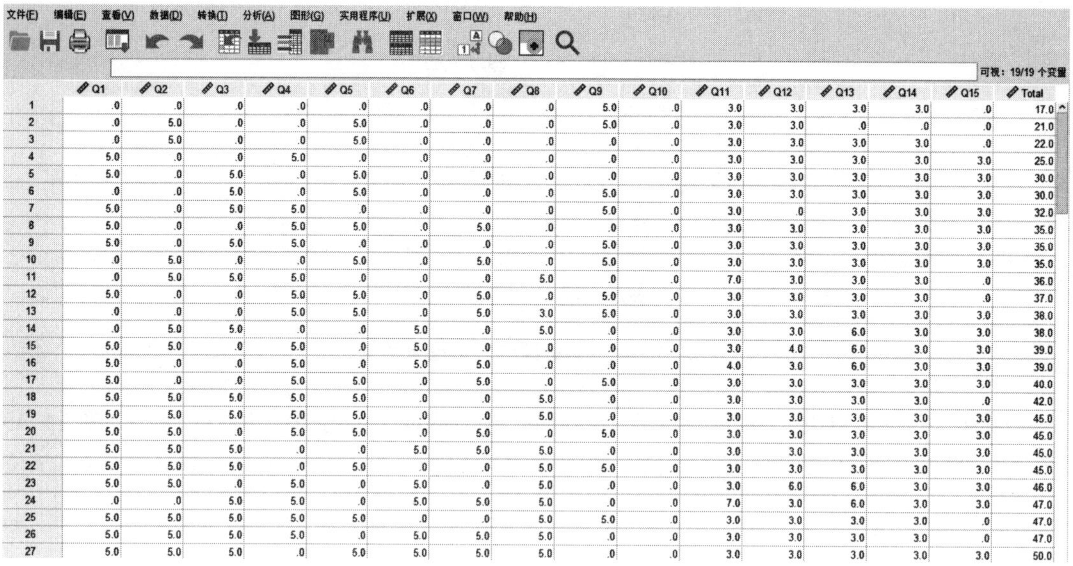

	Q1	Q2	Q3	Q4	Q5	Q6	Q7	Q8	Q9	Q10	Q11	Q12	Q13	Q14	Q15	Total
1	.0	.0	.0	.0	.0	.0	.0	.0	5.0	.0	3.0	3.0	3.0	3.0	.0	17.0
2	.0	5.0	.0	.0	5.0	.0	.0	.0	5.0	.0	3.0	3.0	.0	.0	.0	21.0
3	.0	5.0	.0	.0	5.0	.0	.0	.0	.0	.0	3.0	3.0	3.0	3.0	.0	22.0
4	5.0	.0	.0	5.0	.0	.0	.0	.0	.0	.0	3.0	3.0	3.0	3.0	3.0	25.0
5	5.0	.0	5.0	.0	5.0	.0	.0	.0	.0	.0	3.0	3.0	3.0	3.0	3.0	30.0
6	.0	.0	5.0	.0	5.0	.0	.0	.0	5.0	.0	3.0	3.0	3.0	3.0	3.0	30.0
7	5.0	.0	5.0	5.0	.0	.0	.0	.0	5.0	.0	3.0	.0	3.0	3.0	3.0	32.0
8	5.0	.0	.0	5.0	5.0	.0	5.0	.0	.0	.0	3.0	3.0	3.0	3.0	3.0	35.0
9	5.0	.0	5.0	5.0	.0	.0	.0	.0	5.0	.0	3.0	3.0	3.0	3.0	3.0	35.0
10	.0	5.0	.0	.0	5.0	.0	5.0	.0	5.0	.0	3.0	3.0	3.0	3.0	3.0	35.0
11	.0	5.0	5.0	5.0	.0	.0	.0	5.0	.0	.0	7.0	3.0	3.0	3.0	.0	36.0
12	5.0	.0	.0	5.0	5.0	.0	5.0	.0	5.0	.0	3.0	3.0	3.0	3.0	.0	37.0
13	.0	.0	.0	5.0	5.0	.0	5.0	3.0	5.0	.0	3.0	3.0	3.0	3.0	3.0	38.0
14	.0	5.0	5.0	.0	.0	5.0	.0	5.0	.0	.0	3.0	3.0	6.0	3.0	3.0	38.0
15	5.0	5.0	.0	5.0	.0	5.0	.0	.0	.0	.0	3.0	4.0	6.0	3.0	3.0	39.0
16	5.0	.0	.0	5.0	.0	5.0	5.0	.0	.0	.0	4.0	3.0	6.0	3.0	3.0	39.0
17	5.0	.0	.0	5.0	5.0	.0	5.0	.0	5.0	.0	3.0	3.0	3.0	3.0	3.0	40.0
18	5.0	5.0	5.0	5.0	5.0	.0	.0	5.0	.0	.0	3.0	3.0	3.0	3.0	.0	42.0
19	5.0	5.0	5.0	5.0	5.0	.0	.0	5.0	.0	.0	3.0	3.0	3.0	3.0	3.0	45.0
20	5.0	5.0	.0	5.0	5.0	.0	5.0	.0	5.0	.0	3.0	3.0	3.0	3.0	3.0	45.0
21	5.0	5.0	5.0	.0	.0	5.0	5.0	5.0	.0	.0	3.0	3.0	3.0	3.0	3.0	45.0
22	5.0	5.0	5.0	.0	5.0	.0	.0	5.0	5.0	.0	3.0	3.0	3.0	3.0	3.0	45.0
23	5.0	5.0	.0	5.0	.0	5.0	.0	5.0	.0	.0	3.0	6.0	6.0	3.0	3.0	46.0
24	.0	.0	5.0	5.0	.0	5.0	5.0	5.0	.0	.0	7.0	3.0	6.0	3.0	3.0	47.0
25	5.0	5.0	5.0	5.0	5.0	.0	.0	5.0	5.0	.0	3.0	3.0	3.0	3.0	.0	47.0
26	5.0	5.0	5.0	5.0	.0	5.0	5.0	5.0	.0	.0	3.0	3.0	3.0	3.0	.0	47.0
27	5.0	5.0	5.0	.0	5.0	5.0	5.0	5.0	.0	.0	3.0	3.0	3.0	3.0	3.0	50.0

图 14-14 低分组排序运行结果图

（2）依临界分数将测评得分分成两组，即高分组和低分组

步骤 1：执行工具栏【转换（T）】→【重新编码为不同变量（R）】，开启【重新编码为不同变量】对话框，如图 14-15 所示。

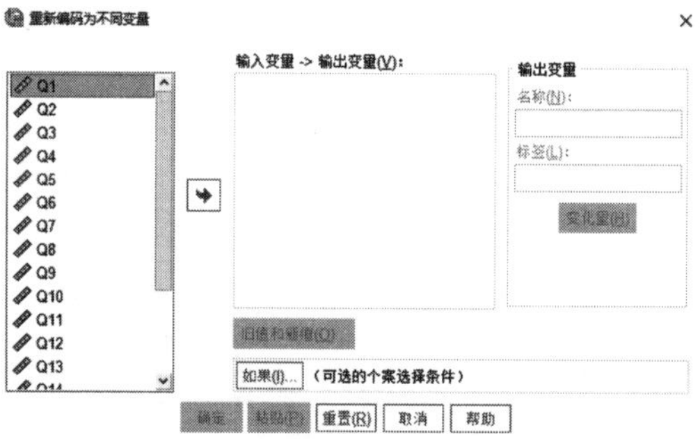

图 14-15 重新编码为不同变量对话框设置图

步骤 2：在【重新编码为不同变量】对话框中，将左边变量清单栏中的“Total”变量选入中间【数字变量->输出变量（V）】下的空白框→右边【输出变量】框下的【名称（N）】文本框中输入分组新变量名称（这里设为“Group”）→点击【变化量（H）】按钮，此时在【输入变量->输出变量】下的方格中，文字由“Total->?”变更为“Total->Group”，如图 14-16 所示。

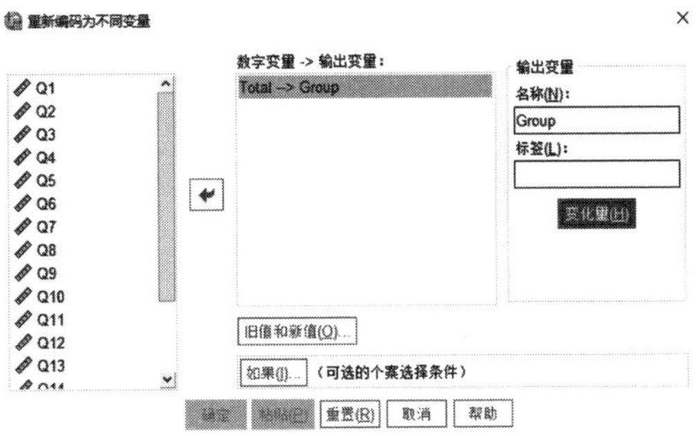

图 14-16 纳入分析变量

步骤 3：在步骤 2 的基础上，点击【旧值和新值（O）】按钮，开启【重新编码为不同变量：旧值和新值】对话框，如图 14-17 所示。

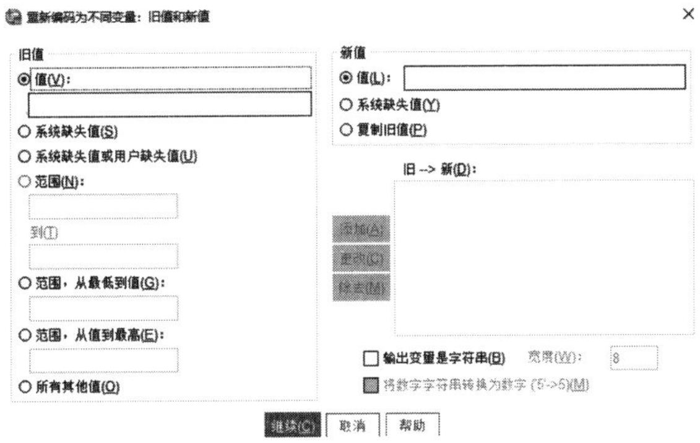

图 14-17 重新编码为不同变量：旧值和新值对话框

步骤 4：在【重新编码为不同变量：旧值和新值】对话框中，在左边【旧值】选项框中选第六个选项，即点击【范围，从值到最高（E）】，并在空白文本框中输入高分组临界值（本案例为 87.0）→在右边【新值】选项框中，点选【值（L）】，并在右边的方格中键入 1（即设高分组为第 1 组）→点击【添加】按钮，此时【旧->新（D）】下的方框中会出现“87.0 thru Highest->1”的信息，如图 14-18 所示。

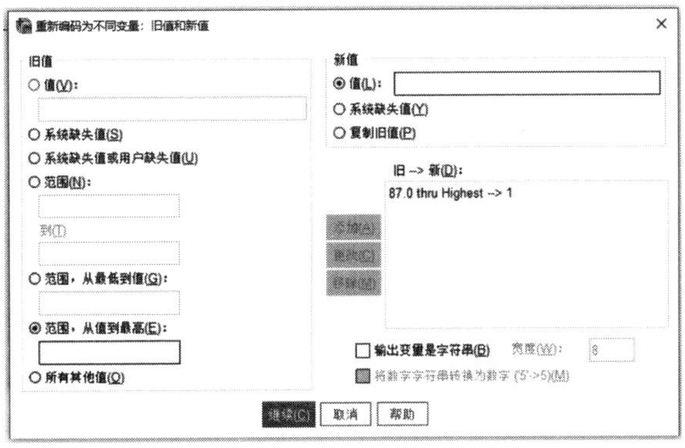

图 14-18 设置新旧分组

步骤 5：在【重新编码为不同变量：旧值和新值】对话框中，在左边【旧值】选项框中选第五个选项，即点击【范围，从最低到值（G）】，并在空白文本框中输入低分组临界值（本案例为 50.0）→在右边【新值】选项框中，点选【值（L）】，并在右边的方格中键入 2（即设低分组为第 2 组）→点击【添加】按钮，此时【旧->新（D）】下的方框中会出现“Lowest thru 50.0->2”的信息，如图 14-19 所示。

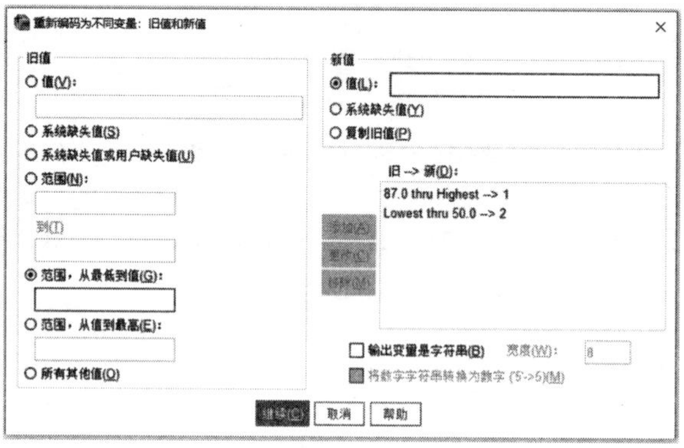

图 14-19 高低分组对话框

步骤 6：在步骤 5 的基础上，点击【继续（C）】按钮，重新回到【重新编码为不同变量】对话框中，最后点击【确认】按钮。此时 SPSS 数据文件窗口中会新增一个“Group”变量，变量的取值为 1（高分组）或 2（低分组），分别如图 14-20 和图 14-21 所示。

	Q1	Q2	Q3	Q4	Q5	Q6	Q7	Q8	Q9	Q10	Q11	Q12	Q13	Q14	Q15	Total	Group
72	5.0	5.0	5.0	5.0	5.0	5.0	5.0	5.0	.0	.0	7.0	8.0	9.0	11.0	12.0	87.0	1.00
73	5.0	5.0	5.0	5.0	5.0	.0	5.0	5.0	5.0	5.0	7.0	8.0	9.0	9.0	9.0	87.0	1.00
74	5.0	5.0	5.0	.0	5.0	5.0	5.0	5.0	5.0	5.0	7.0	8.0	6.0	9.0	12.0	87.0	1.00
75	5.0	5.0	5.0	5.0	5.0	5.0	5.0	.0	5.0	5.0	7.0	8.0	9.0	9.0	9.0	87.0	1.00
76	5.0	5.0	5.0	5.0	5.0	5.0	5.0	5.0	5.0	.0	7.0	8.0	9.0	9.0	9.0	87.0	1.00
77	5.0	5.0	5.0	5.0	5.0	.0	5.0	5.0	5.0	5.0	7.0	8.0	9.0	9.0	9.0	87.0	1.00
78	5.0	5.0	5.0	.0	5.0	5.0	5.0	5.0	5.0	5.0	7.0	8.0	6.0	9.0	12.0	87.0	1.00
79	5.0	5.0	5.0	5.0	5.0	5.0	5.0	.0	5.0	5.0	7.0	8.0	9.0	9.0	12.0	90.0	1.00
80	5.0	5.0	5.0	5.0	5.0	5.0	5.0	5.0	.0	.0	7.0	8.0	9.0	11.0	15.0	90.0	1.00
81	5.0	5.0	5.0	5.0	5.0	5.0	5.0	.0	5.0	5.0	7.0	8.0	9.0	9.0	12.0	90.0	1.00
82	5.0	5.0	5.0	5.0	5.0	5.0	5.0	5.0	5.0	.0	7.0	8.0	9.0	9.0	12.0	90.0	1.00
83	5.0	5.0	5.0	5.0	5.0	5.0	5.0	5.0	5.0	.0	7.0	8.0	9.0	10.0	12.0	91.0	1.00
84	5.0	5.0	5.0	5.0	5.0	5.0	5.0	5.0	5.0	.0	7.0	8.0	9.0	11.0	12.0	92.0	1.00
85	5.0	5.0	5.0	5.0	5.0	5.0	5.0	5.0	5.0	.0	7.0	8.0	9.0	11.0	12.0	92.0	1.00
86	5.0	5.0	5.0	5.0	5.0	5.0	5.0	5.0	5.0	.0	7.0	8.0	9.0	11.0	12.0	92.0	1.00
87	5.0	5.0	5.0	5.0	5.0	5.0	5.0	5.0	.0	5.0	7.0	8.0	9.0	11.0	12.0	92.0	1.00
88	5.0	5.0	5.0	5.0	5.0	5.0	5.0	5.0	5.0	5.0	7.0	8.0	6.0	9.0	12.0	92.0	1.00
89	5.0	5.0	5.0	5.0	5.0	5.0	5.0	5.0	5.0	.0	7.0	8.0	9.0	11.0	12.0	92.0	1.00
90	5.0	5.0	5.0	5.0	5.0	5.0	5.0	5.0	5.0	5.0	7.0	8.0	9.0	9.0	9.0	92.0	1.00
91	5.0	5.0	5.0	5.0	5.0	5.0	5.0	5.0	5.0	5.0	7.0	8.0	9.0	11.0	9.0	94.0	1.00
92	5.0	5.0	5.0	5.0	5.0	5.0	5.0	5.0	5.0	5.0	7.0	8.0	9.0	11.0	9.0	94.0	1.00
93	5.0	5.0	5.0	5.0	5.0	5.0	5.0	5.0	5.0	5.0	7.0	8.0	9.0	9.0	12.0	95.0	1.00
94	5.0	5.0	5.0	5.0	5.0	5.0	5.0	5.0	5.0	5.0	7.0	8.0	9.0	9.0	12.0	95.0	1.00
95	5.0	5.0	5.0	5.0	5.0	5.0	5.0	5.0	5.0	5.0	7.0	8.0	9.0	9.0	12.0	95.0	1.00
96	5.0	5.0	5.0	5.0	5.0	5.0	5.0	5.0	5.0	5.0	7.0	8.0	9.0	9.0	12.0	95.0	1.00
97	5.0	5.0	5.0	5.0	5.0	5.0	5.0	5.0	5.0	5.0	7.0	8.0	9.0	9.0	12.0	95.0	1.00
98	5.0	5.0	5.0	5.0	5.0	5.0	5.0	5.0	5.0	5.0	7.0	8.0	9.0	9.0	12.0	95.0	1.00
99	5.0	5.0	5.0	5.0	5.0	5.0	5.0	5.0	5.0	5.0	7.0	8.0	9.0	10.0	12.0	96.0	1.00
100	5.0	5.0	5.0	5.0	5.0	5.0	5.0	5.0	5.0	5.0	7.0	8.0	9.0	11.0	15.0	100.0	1.00

图 14-20 高分组运行结果图

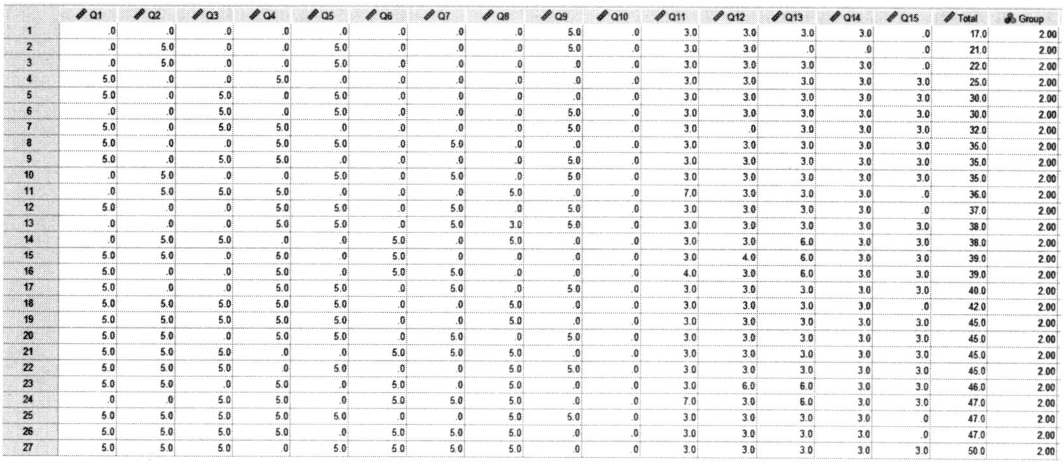

	Q1	Q2	Q3	Q4	Q5	Q6	Q7	Q8	Q9	Q10	Q11	Q12	Q13	Q14	Q15	Total	Group
1	.0	.0	.0	.0	.0	.0	.0	.0	5.0	.0	3.0	3.0	3.0	3.0	.0	17.0	2.00
2	.0	5.0	.0	.0	5.0	.0	.0	.0	5.0	.0	3.0	3.0	.0	.0	.0	21.0	2.00
3	.0	5.0	.0	.0	5.0	.0	.0	.0	.0	.0	3.0	3.0	3.0	3.0	.0	22.0	2.00
4	5.0	.0	.0	5.0	.0	.0	.0	.0	.0	.0	3.0	3.0	3.0	3.0	3.0	25.0	2.00
5	5.0	.0	5.0	.0	5.0	.0	.0	.0	.0	.0	3.0	3.0	3.0	3.0	3.0	30.0	2.00
6	.0	.0	5.0	.0	5.0	.0	.0	.0	5.0	.0	3.0	3.0	3.0	3.0	3.0	30.0	2.00
7	5.0	.0	5.0	5.0	.0	.0	.0	.0	5.0	.0	3.0	.0	3.0	3.0	3.0	32.0	2.00
8	5.0	.0	.0	5.0	5.0	.0	5.0	.0	.0	.0	3.0	3.0	3.0	3.0	3.0	35.0	2.00
9	5.0	.0	5.0	5.0	.0	.0	.0	.0	5.0	.0	3.0	3.0	3.0	3.0	3.0	35.0	2.00
10	.0	5.0	.0	.0	5.0	.0	5.0	.0	5.0	.0	3.0	3.0	3.0	3.0	3.0	35.0	2.00
11	.0	5.0	5.0	5.0	.0	.0	.0	5.0	.0	.0	7.0	3.0	3.0	3.0	.0	36.0	2.00
12	5.0	.0	.0	5.0	5.0	.0	5.0	.0	5.0	.0	3.0	3.0	3.0	3.0	.0	37.0	2.00
13	.0	.0	.0	5.0	5.0	.0	5.0	3.0	5.0	.0	3.0	3.0	3.0	3.0	3.0	38.0	2.00
14	.0	5.0	5.0	.0	.0	5.0	.0	5.0	.0	.0	3.0	3.0	6.0	3.0	3.0	38.0	2.00
15	5.0	5.0	.0	5.0	.0	5.0	.0	.0	.0	.0	3.0	4.0	6.0	3.0	3.0	39.0	2.00
16	5.0	.0	.0	5.0	.0	5.0	5.0	.0	.0	.0	4.0	3.0	6.0	3.0	3.0	39.0	2.00
17	5.0	.0	.0	5.0	5.0	.0	5.0	.0	5.0	.0	3.0	3.0	3.0	3.0	3.0	40.0	2.00
18	5.0	5.0	5.0	5.0	5.0	.0	.0	5.0	.0	.0	3.0	3.0	3.0	3.0	.0	42.0	2.00
19	5.0	5.0	5.0	5.0	5.0	.0	.0	5.0	.0	.0	3.0	3.0	3.0	3.0	3.0	45.0	2.00
20	5.0	5.0	.0	5.0	5.0	.0	5.0	.0	5.0	.0	3.0	3.0	3.0	3.0	3.0	45.0	2.00
21	5.0	5.0	5.0	.0	.0	5.0	5.0	5.0	.0	.0	3.0	3.0	3.0	3.0	3.0	45.0	2.00
22	5.0	5.0	5.0	.0	5.0	.0	.0	5.0	5.0	.0	3.0	3.0	3.0	3.0	3.0	45.0	2.00
23	5.0	5.0	.0	5.0	.0	5.0	.0	5.0	.0	.0	3.0	6.0	6.0	3.0	3.0	46.0	2.00
24	.0	.0	5.0	5.0	.0	5.0	5.0	5.0	.0	.0	7.0	3.0	6.0	3.0	3.0	47.0	2.00
25	5.0	5.0	5.0	5.0	5.0	.0	.0	5.0	5.0	.0	3.0	3.0	3.0	3.0	.0	47.0	2.00
26	5.0	5.0	5.0	5.0	.0	5.0	5.0	5.0	.0	.0	3.0	3.0	3.0	3.0	.0	47.0	2.00
27	5.0	5.0	5.0	.0	5.0	5.0	5.0	5.0	.0	.0	3.0	3.0	3.0	3.0	3.0	50.0	2.00

图 14-21　低分组运行结果图

（3）求决断值——临界比

步骤 1：从工具栏执行【分析（A）】→【比较均值（M）】→【独立样本 T 检验】，开启【独立样本 T 检验】对话框，如图 14-22 所示。

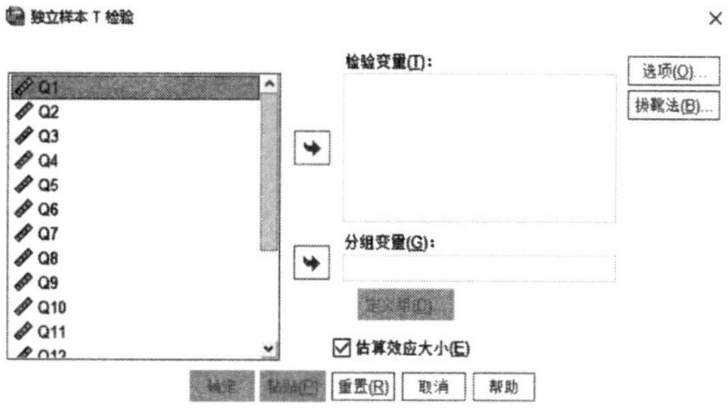

图 14-22　独立样本 T 检验对话框

步骤 2：在【独立样本 T 检验】对话框中，将左边变量清单中“Q1”“Q2”“Q3”……“Q15”十五个变量选至右边【检验变量（T）】下的方框中→将左边变量清单中 group 变量点选至右边【分组变量（G）】方框中，此时【分组变量（G）】方框中将会出现“group（??）”→点选【定义组（D）】按钮，开启【定义组】次对话框→在【定义组】次对话框【使用指定的值（U）】选项中，在［组 1:］的右方格中键入高分组的数值编码 1，在［组 2:］的右方格中键入高分组的数值编码 2，如图 14-23 所示。

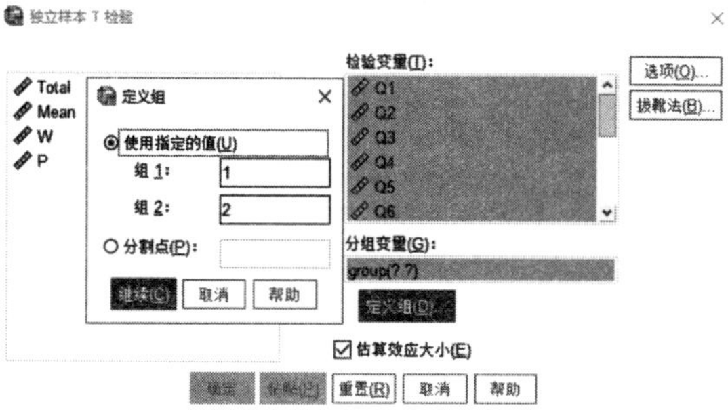

图 14-23　独立样本 T 检验对话框设置图

步骤 3：点击【定义组】次对话框【继续（C）】的按钮，回到【独立样本 T 检验】对话框，此时【分组变量（G）】方框中的变量由“group（??）”转为“group（1 2）”（如图 14-24 所示），最后点击【确定】按钮，则出现运行结果窗口。

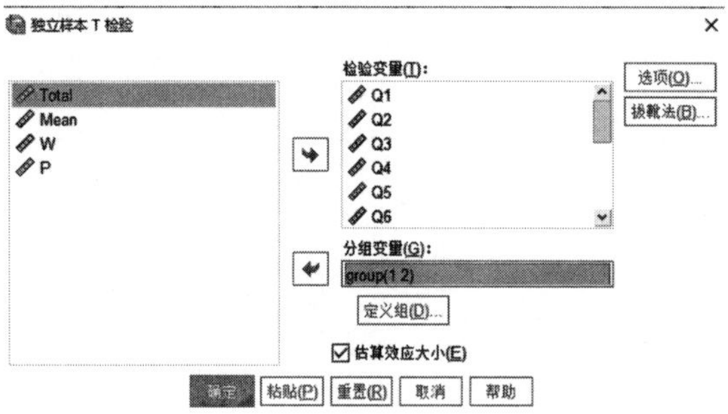

图 14-24　独立样本 T 检验对话框设置图

（4）以 t 检验结果判断高低分组在每个题项中的差异

执行【独立样本 T 检验】最终会呈现两个结果，一个是“组别统计量”，如表 14-2 所示；一个是“独立样本检验”，如表 14-3 所示。

表 14-2　高低分组组别统计量

	group	个案数	平均值	标准差	标准误差平均值
Q1	1.00	29	5.000	.0000	.0000
	2.00	28	3.393	2.3780	.4494
Q2	1.00	29	5.000	.0000	.0000
	2.00	28	2.857	2.5198	.4762
Q3	1.00	29	5.000	.0000	.0000
	2.00	28	2.679	2.5394	.4799
Q4	1.00	29	4.655	1.2894	.2394
	2.00	28	3.036	2.4867	.4699
Q5	1.00	29	5.000	.0000	.0000
	2.00	28	2.857	2.5198	.4762
Q6	1.00	29	4.655	1.2894	.2394
	2.00	28	1.607	2.3780	.4494
Q7	1.00	29	5.000	.0000	.0000
	2.00	28	1.964	2.4867	.4699
Q8	1.00	29	4.483	1.5497	.2878
	2.00	28	2.071	2.4635	.4656
Q9	1.00	29	4.483	1.5497	.2878
	2.00	28	2.143	2.5198	.4762

续表

	group	个案数	平均值	标准差	标准误差平均值
Q10	1.00	29	3.448	2.3541	.4371
	2.00	28	.000	.0000	.0000
Q11	1.00	29	7.000	.0000	.0000
	2.00	28	3.464	1.2615	.2384
Q12	1.00	29	8.000	.0000	.0000
	2.00	28	3.036	.8381	.1584
Q13	1.00	29	8.690	.9298	.1727
	2.00	28	3.536	1.4268	.2696
Q14	1.00	29	9.759	.9508	.1766
	2.00	28	3.000	.8165	.1543
Q15	1.00	29	11.483	1.6173	.3003
	2.00	28	2.143	1.3801	.2608

表 14-3 高、低分组独立样本检验

		莱文方差等同性检验		平均值等同性 t 检验						
		F	显著性	t	自由度	显著性（双尾）	平均值差值	标准误差差值	差值 95% 置信区间 下限	差值 95% 置信区间 上限
Q1	假定等方差	191.400	<.001	3.641	55	<.001	1.6071	.4414	.7225	2.4918
	不假定等方差			3.576	27.000	.001	1.6071	.4494	.6851	2.5292
Q2	假定等方差	1343.158	<.001	4.581	55	<.001	2.1429	.4678	1.2055	3.0803
	不假定等方差			4.500	27.000	<.001	2.1429	.4762	1.1658	3.1199
Q3	假定等方差	5456.579	<.001	4.925	55	<.001	2.3214	.4714	1.3767	3.2661
	不假定等方差			4.837	27.000	<.001	2.3214	.4799	1.3368	3.3061
Q4	假定等方差	56.330	<.001	3.102	55	.003	1.6195	.5220	.5733	2.6656
	不假定等方差			3.070	40.223	.004	1.6195	.5274	.5537	2.6852
Q5	假定等方差	1343.158	<.001	4.581	55	<.001	2.1429	.4678	1.2055	3.0803
	不假定等方差			4.500	27.000	<.001	2.1429	.4762	1.1658	3.1199
Q6	假定等方差	34.323	<.001	6.045	55	<.001	3.0480	.5043	2.0375	4.0586
	不假定等方差			5.986	41.296	<.001	3.0480	.5092	2.0199	4.0762
Q7	假定等方差	581.413	<.001	6.576	55	<.001	3.0357	.4616	2.1106	3.9608
	不假定等方差			6.460	27.000	<.001	3.0357	.4699	2.0715	4.0000

续表

		莱文方差等同性检验		平均值等同性 t 检验					
		F	显著性	t	自由度	显著性（双尾）	平均值差值	标准误差差值	差值 95% 置信区间	
									下限	上限
Q8	假定等方差	32.995	<.001	4.440	55	<.001	2.4113	.5431	1.3229	3.4997
	不假定等方差			4.406	45.209	<.001	2.4113	.5473	1.3091	3.5135
Q9	假定等方差	39.608	<.001	4.240	55	<.001	2.3399	.5519	1.2338	3.4460
	不假定等方差			4.206	44.587	<.001	2.3399	.5564	1.2190	3.4608
Q10	假定等方差	160.766	<.001	7.748	55	<.001	3.4483	.4450	2.5564	4.3401
	不假定等方差			7.888	28.000	<.001	3.4483	.4371	2.5528	4.3437
Q11	假定等方差	19.675	<.001	15.099	55	<.001	3.5357	.2342	3.0664	4.0050
	不假定等方差			14.831	27.000	<.001	3.5357	.2384	3.0466	4.0249
Q12	假定等方差	3.681	.060	31.909	55	<.001	4.9643	.1556	4.6525	5.2761
	不假定等方差			31.344	27.000	<.001	4.9643	.1584	4.6393	5.2893
Q13	假定等方差	5.020	.029	16.214	55	<.001	5.1539	.3179	4.5169	5.7910
	不假定等方差			16.097	46.193	<.001	5.1539	.3202	4.5095	5.7984
Q14	假定等方差	18.714	<.001	28.746	55	<.001	6.7586	.2351	6.2874	7.2298
	不假定等方差			28.824	54.273	<.001	6.7586	.2345	6.2886	7.2287
Q15	假定等方差	.013	.910	23.414	55	<.001	9.3399	.3989	8.5405	10.1393
	不假定等方差			23.480	54.194	<.001	9.3399	.3978	8.5425	10.1373

表 14-2 为高低分组的组别统计量，每题包括高分组和低分组的 N（个数）、Mean（平均数）、Std. Deviation（标准差）、Std. Error Mean（平均数的估计标准差）。独立样本 t 检验即检验高分组、低分组在每个题项测量值的平均数的差异值上是否达到显著，以了解样本在每个题项中的平均数高低是否因组别（高分组、低分组）的不同而有差异。以 Q1 为例，高分组的平均数为 5.000，标准差为 0.000，低分组的平均数为 3.393，标准差为 2.3780，两组的平均数差异越大，其差异值越有可能达到显著。

表 14-3 为高低分组独立样本 t 检验结果。在 t 的判别上，操作者首先要判别两组的方差是否相等，若是两组的方差相等，则要看“假定等方差”一行的 t 值数据；相对地，如果两组的方差不相等，则要看“不假定等方差”一栏的 t 值数据。“假定等方差”和“不假定等方差”两个数据列均包括 t 值统计量、自由度（df）、显著性（Sig.）、平均值差异（Mean Difference）、标准误差差值（Std. Error Difference）以及差值 95%置信区间。

那么，如何判定两组的差异是否相等呢？“莱文方差等同性检验”（方差相等的 Levene 检验）栏则用于检验两组方差是否同质。在该栏中，若是“Sig.”的数值小于 0.05，说明两组方差的差异达到了 0.05 的显著水平，此时应拒绝虚无假设（即两组方差相等的假设)，接受对立假设（即两组方差不相等的假设)。若是“Sig.”的数值大于 0.05，说明两组方差的差异未达到 0.05 的显著水平，即方差齐性，此时应接受虚无假设，拒绝对立假设。

以本例中的 Q1 为例，方差相等的 Levene 检验结果显示：$F=191.400$，$p=.000<0.001$，即达到了 0.001 的显著水平，应拒绝虚无假设，接受对立假设，表示两组的方差不相等，此时 t 检验数据要看第二栏“不假定等方差”中的数值，t 值统计量为 3.576，显著性概率值 $p=0.001<0.01$，即达到了 0.01 的显著水平，表示该题项的临界值达到了显著，具有项目区分度。其余各题项的分析如同 Q1，这里不作赘述。值得一提的是，在测验项目分析中，若采用极端值的临界比，一般将临界比值的 t 统计量的标准值设定为 3.000，若是题项高低分组差异的 t 统计量小于 3.000，则表示题项的鉴别度较差（即使达到显著水平)，可以考虑将之删除。

第三节　教育测评工具因素分析的 SPSS 操作

项目分析完成后，为检验工具的整体结构，需要对工具进行因素分析。因素分析的目的在于找出工具潜在的结构，减少题项的数目，使之变为一组题目数量较少而彼此相关较大的变量，此种因素分析是一种探索性的因素分析方法。[①]

一、因素分析的一般程序

项目分析是针对问卷或量表中的每一个具体问题而言的。但是，要在整体上对问卷或量表的质量进行把握，就必须对教育测评工具进行因素分析。因素分析是探讨工具结构效度最有效的方法。因素分析的主要过程，可简述成以下四个步骤。

（一）计算变量间相关矩阵

如果一个变量与其他变量相关很低，在下一个分析步骤中，就可考虑剔除此变量，但实际排除与否，还要考虑到变量的共同性与因素负荷量。如以原始数据作为因素分析的数据时，SPSS 通常会自动先转化为相关矩阵的方式进行因素分析。

（二）估计因素负荷量

决定因素抽取的方法，有主成分分析法、主轴因式分解法、广义最小平方法、未加权最小平方法、最大似然法、Alpha 因式分解法与映像因式分解法等。操作者通常使用的是主成分分析法与主轴法，其中，又以主成分分析法的使用最为普遍，SPSS 使用手册也建议研究者采用主成分分析法来估计因素负荷量。

（三）决定转轴方法

转轴法使得因素负荷量易于解释。转轴以后，使得变量在每个因素中的负荷量不是变大就是变小，而不像转轴前，每个因素的负荷量大小均差不多。

常用的转轴方法，有最大方差法、四次幂极大法、等量最大法、直接斜交法、最优斜交法。其中前三者属于直交转轴法，因素与因素之间没有相关，亦即其相关为 0；而后两者（直接斜交法、最优斜交转轴法）属于斜交转轴法，表示因素与因素之间彼此有某种程

---

① 吴明隆. 问卷统计分析实务：SPSS 操作与应用［M］. 重庆：重庆大学出版社，2010：194.

度的相关。

（四）决定因素与命名

转轴后，要决定因素数目，选取较少因素层面，从而获得较大的解释量。在因素命名与结果解释上，必要时可将因素计算后的分数进行保存，作为其他程序分析的输入变量。

二、因素分析在 SPSS 中的操作

案例 14-2 学习是个体与环境互动的过程，学习环境的优劣直接关系着学习的质量与成效。长期以来，我们习惯把教师学习的成效归因于教师的学习兴趣、学习意愿、学习投入等与教师自身紧密相关的内在因素上，而缺乏把教师学习放在学习环境的框架下进行思考。基于此，本调查旨在从学校层面、从教师对环境感知的视角出发，探索我国中小学教师职场学习环境的结构，并考察所编制测量问卷的性能。[①] 其中，问卷因子分析的过程与结果如下。

（一）操作过程

第一步：在 SPSS 工具栏中，点击【分析（A)】→【降维（D)】→【因子（F)】，弹出的对话框如图 14-25 所示。将左边框中鉴别度达显著性题项 Q1-Q15 选入右边【变量（V)】中。然后，分别点击右侧 5 个按钮进行设置，在每完成一个按钮设置后需点击【继续（C)】按钮回到图 14-25，最后点击【确定】按钮进行因子分析。其中，图中右侧 5 个按钮的图标勾选意义如下：

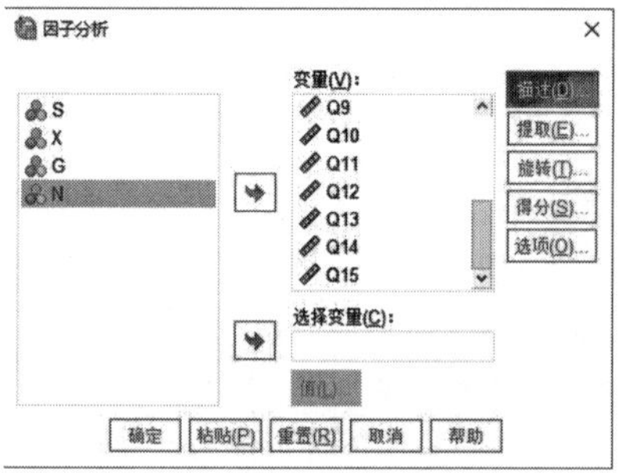

图 14-25 纳入分析变量

点击【描述（D)】按钮，会出现【因子分析：描述】对话窗口。其中的【统计】选项框中，有下列两个选项：(1) 勾选【单变量描述（U)】，分析结果将显示每一题项的平均数、标准差；(2) 勾选【初始解（I)】，显示因素分析未转轴前的共同性、特征值、变异数百分比及累积百分比。

第二步：点击【提取（E)】按钮，会出现【因子分析：提取】对话窗口，其中，因素提取的方法有七种，如图 14-26 所示。

① 林克松，朱德全. 教师职场学习环境：结构与测量［J］. 教育学术月刊，2013（4）：50-54.

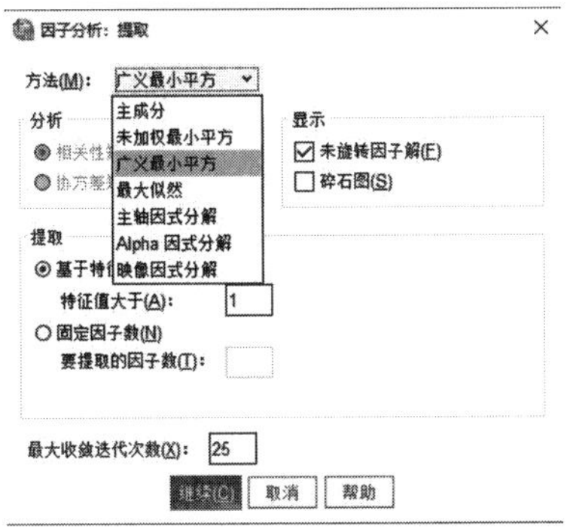

图 14-26　因素提取对话框

如图 14-27 所示，在【分析】选项方框中，选择其中一种因素抽取方法；在【显示】选项方框中，选择碎石图。在【提取】选项方框中，选择“基于特征值”并进行设定。在【方法】栏选择一种因子旋转，在【显示】栏设定输出的结果，然后点击【继续（C）】。

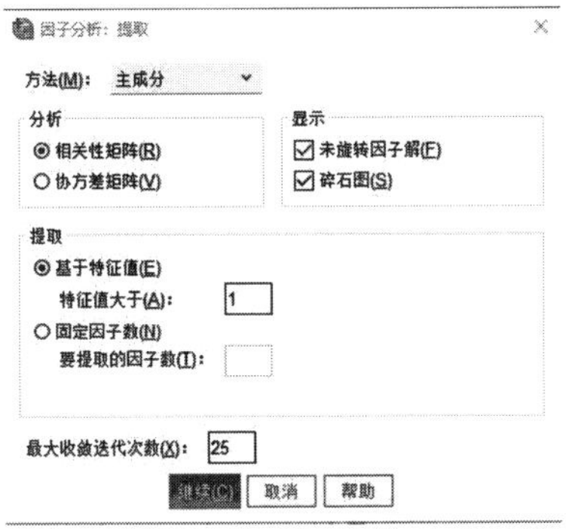

图 14-27　因子分析：提取对话框设置图

第三步：点击【旋转（T）】按钮，会出现【因子分析：旋转】对话窗口，如图 14-28 所示。

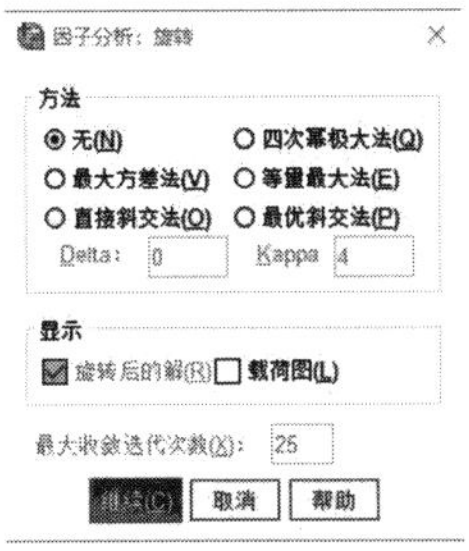

图 14-28　因子分析：旋转对话框

第四步：点击【得分（S）】按钮，弹出如图 14-29 所示的对话框。

在【方法】框中选择一种计算因素分数的方法；勾选【显示因子得分系数矩阵（D）】时可显示因素分数系数矩阵；然后点击【继续（C）】。

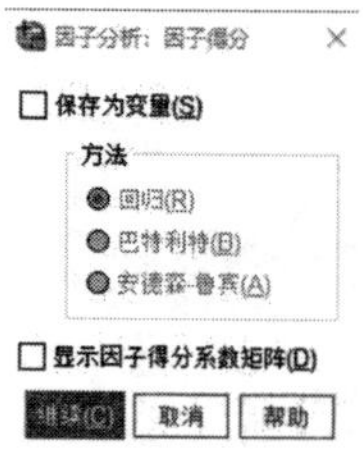

图 14-29 因子分析：因子得分对话框

第五步：点击【选项（O）】按钮，打开【因子分析：选项】对话窗口，如图 14-30 所示。

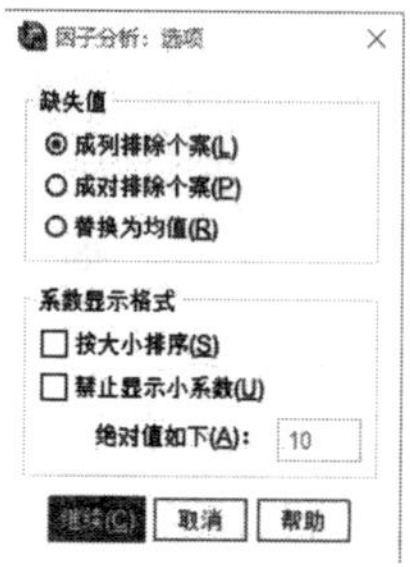

图 14-30 因子分析：选项对话框

在【缺失值】选项框中勾选遗漏值的处理方式；在【系数显示格式】选项框中选择一种因素负荷量出现的格式；点击【继续（C)】按钮，在返回的对话框中再点击【确定】按钮。

（二）结果解释

按以上操作程序，得到“中小学教师职场学习环境的结构”的因素分析结果如下[①]：

1. KMO 与 Bartlett 检验

在因素分析之前，研究者先对问卷进行了 KMO 和 Bartlett 检验，检验结果如表 14-4 所示。其中 KMO 值为 0.742，大于公认的最低值 0.5，说明问卷比较适合进行因素分析；Bartlett 球形检验的卡方值为 1567.087，p 值为 0.000，小于 0.001，达到显著性水平，表明样本所在总体的相关矩阵中存在共同因素，适合进行因素分析。

表 14-4 KMO 和 Bartlett 的检验结果

	取样足够度的 Kaiser-Mwyer-Olkin 度量	.742
Bartlett 的球形检验	近似卡方	1.506E3
	df	528
	Sig.	.000

① 林克松. 初中教师校本学习环境研究［D］. 重庆：西南大学，2011：22-23.

2. 主成分因子抽取结果

由于本研究在设计初始问卷中预设了 4 个维度，研究者在运用主成分分析法对问卷进行因素分析时，控制了因子提取进程的参数。研究者主要是想对所构想的 4 个维度是否合适进行验证性的探索分析，分析结果如表 14-5 所示。

表 14-5　问卷的总方差解释表

成分	合计	初始特征值 方差的%	累积%	合计	提取平方和载入方差的%	累积	旋转平方和载入合计
1	9.653	29.252	29.252	9.653	29.252	29.252	5.958
2	3.169	9.603	38.854	3.169	9.603	38.854	4.550
3	2.409	7.300	46.154	2.409	7.300	46.154	4.072
4	2.319	7.028	53.183	2.319	7.028	53.183	2.971

3. 因子旋转负荷表

由图 14-34 可以看出，如果问卷构想维度为 4 个的话，那么所能够解释的总方差为 53.183%，大于 50%，因此可以认为本问卷分为 4 个构想维度是行得通的。为进一步判别不同因子主要来自于哪个理论构想下的维度，其对应分布是否与研究者所预设的一样，研究进一步得出了因子旋转后的负荷表，如表 14-6 所示。

表 14-6　旋转后的因子分析

	因素 1	因素 2	因素 3	因素 4
q21	.757			
q16	.717			
q17	.705			
q19	.682			
q20	.639			
q26	.634			
q18	.609			
q24	.576			
q22	.548			
q23	.533			
q31		.797		
q33		.789		
q28		.787		
q35		.641		
q29		.630		

续表

	因素 1	因素 2	因素 3	因素 4
q27		.513		
q30		.496		
q32		.488		
q12			.440	
q9			.664	
q8			.646	
q13			.645	
q10			.619	
q14			.609	
q7			.573	
q15			.568	
q34			.427	
q4				.412
q5				.706
q6				.703
q1				.666
q2				.497
q3				.455

从表 14-6 可以看出，题项 11、25 由于因素负荷值小于 0.4，被剔除在外。在剩下的因子中，题项 1、2、3、4、5、6 包含于因素 4 中，而在构想维度中，这几个因子都属于物质环境维度，因此这几个因子被归于同一因素中，说明物质环境维度的题项设计是合理的。题项 7、8、9、10、12、13、14、15、34 归于因素 3 中，在构想维度中，除题项 34 原本属于社会环境维度外，其余题项均属于制度环境维度外，总体说明制度环境维度的设计也是较理想的。题项 16、17、18、19、20、21、22、23、24、26 落入因素 1 中即心理环境维度，这也和预想的判断相一致。最后，题项 27、28、29、30、31、32、33、35 均落入因素 2 中，除题项 34 未与原构想社会环境维度相同外，其他都一致，表明社会环境维度的设计是合理的。

【拓展阅读】幼儿园保教质量评估指标体系建构研究

4. 因子命名

通过因子分析，问卷最后剩下了 33 个题项，研究者重新对其题号进行了排序编码，为了便于数据处理以及行文，将问卷中四个维度的题项分别排序如下：

物质环境维度：1—6 题；

制度环境维度：7—14 题；

心理环境维度：15—24 题；

社会环境维度：25—33 题。

第四节　教育测评工具信效度分析的 SPSS 操作

项目分析针对的是教育测评工具中的每一个具体项目，因素分析是针对整个测评工具的结构，信度和效度则是对测评工具的内容质量和结构维度质量进行全面检测。为了保证工具有较高的可靠性和有效性，在形成正式工具之前，应当对工具进行试测，并对试测结果进行信度和效度分析，根据分析结果筛选题项，调整工具结构，从而提高工具的信度和效度。

一、信度检测的 SPSS 技术

信度是指工具的可信度，即所测量结果的一致性、稳定性和可靠性程度。① 一般来说，克隆巴赫 α 系数是检验工具信度最重要的指标。此外，再测信度、复本信度也是两个重要的衡量指标。

（一）内部一致性系数分析

案例 14-3　为了探究中小学学校变革型领导的行为效能，“学校变革型领导行为效能研究”课题组根据国外问卷改编而成《学校变革型领导行为效能调查问卷》。除了基本的背景变量提问外，学校领导行为调查粗略分为四个维度 22 题，围绕学校变革型领导的魅力影响、愿景激励、智性刺激和个别关怀四大行为展开。学校领导行为效能共设计了 21 题，围绕学校组织目标、学校组织氛围、员工组织承诺和员工工作满意度四个维度展开。课题组在重庆随机抽取了 86 名被试，试分析该问卷的信度如何。

【拓展阅读】《学校变革型领导行为效能调查问卷》的信度效度分析

1. 操作过程

第一步：录入并整理数据，选择分析方法。选择菜单栏中的【分析（A）】→【刻度（A）】→【可靠性分析（R）】命令，弹出【可靠性分析（R）】对话框，如图 14-31 所示。

图 14-31　选择分析方法

① 王重鸣. 心理学研究方法［M］. 北京：人民教育出版社，2001：134.

第二步：选择信度分析变量。在该对话框左侧的候选变量列表框中选择一个或几个变量，将其移入【项（I）】列表框中，作为信度分析的变量。【标度标签】主要是对信度分析的信度系数做一个标签，如图 14-32 所示。

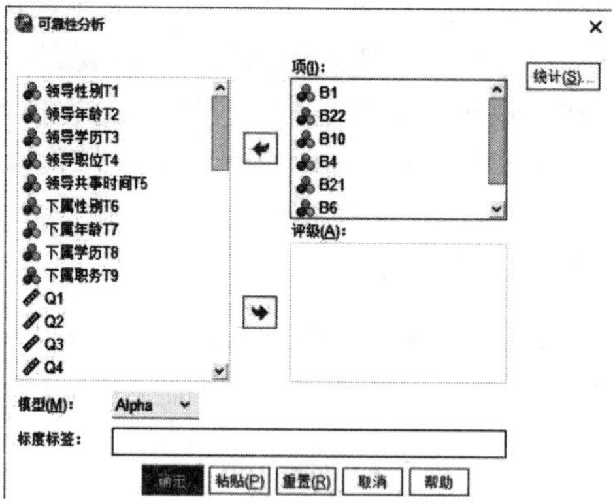

图 14-32 纳入分析变量

第三步：选择信度分析的方法。在【模型（M）】下拉列表框中选择信度分析的信度系数，从而对变量进行信度分析，如图 14-33 所示。

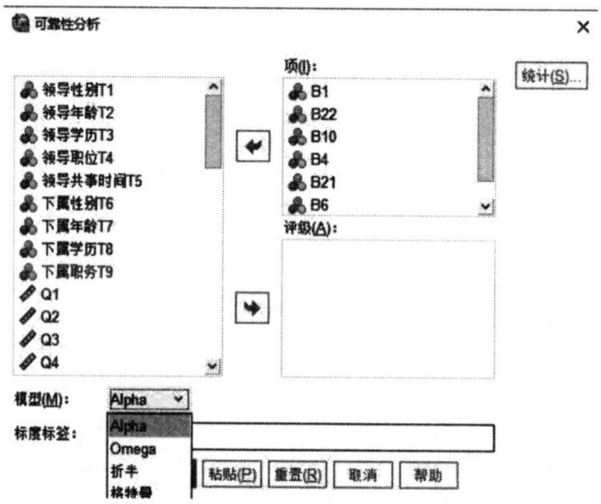

图 14-33 选择克隆巴赫系数指标

第四步：其他选项设置。点击【统计（S）】，在弹出的对话框如图 14-34 所示中选择输出结果。

其中，结果检验可选择【霍特林 T 平方（G）】【同类相关系数（T）】【图基可加性检验（K）】等统计分析中的一个；在【描述】中勾选结束的描述性统计结果；在【项之间】中选择输出各评估项目的协方差系数矩阵或相关系数矩阵；在【摘要】中勾选输出评估项目总分的平均分的基本描述性统计；在【ANOVA 表】中选择检验同一评估对象在评估项目上的得分是否具有一致性的方法。选定之后，点击【继续（C）】按钮，在返回的对话框中点击【确定】按钮，SPSS 软件将自动输出结果。

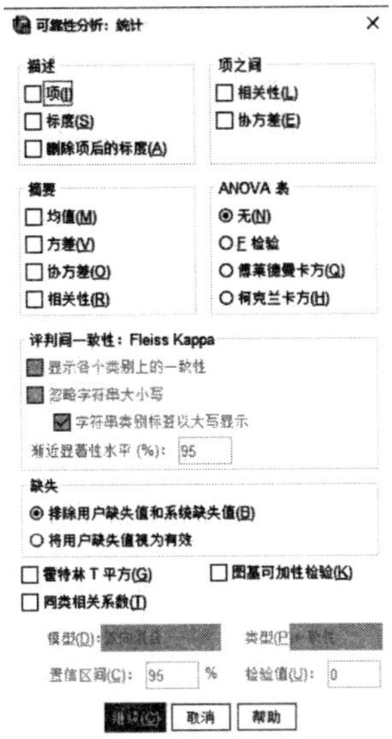

图 14-34 设置输出量数对话框

同样的分析程序，从菜单中选择【分析（A)】→【刻度（A)】→【可靠性分析（R)】→【模型（M)：折半】→【确定】，可分析该问卷的分半信度，如图 14-35 所示。

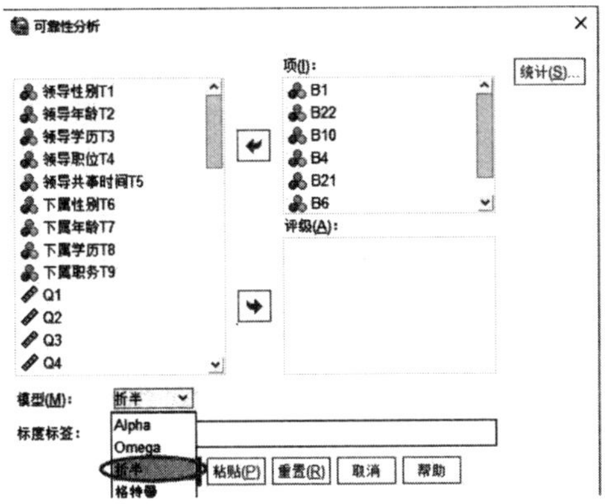

图 14-35 选择分半信度对话框设置图

2. 结果解释

分别对《行为分问卷》《效能分问卷》和《学校变革型领导行为效能调查问卷》及其各因子进行信度分析，得到的结果如表 14-7 所示。其中发现，各因子的内部一致性 α 系数在 0.550 到 0.613 之间，分半信度在 0.696 到 0.808 之间；分问卷信度良好，其中，《行为分问卷》的内部一致性 α 系数为 0.625，分半信度为 0.810，《效能分问卷》的内部一致性 α 系数为 0.591，分半信度为 0.785。总问卷的内部一致性 α 系数为 0.651，分半信度为 0.816。①

① 李鹏. 学校变革型领导行为效能多维测度研究［D］. 重庆：西南大学，2014：36.

表 14-7 问卷信度分析结果

问卷	因素	N	α 系数	Guttman Split-Half Coefficient
行为分问卷	魅力影响	5	.613	.808
	愿景激励	5	.592	.775
	智性刺激	5	.601	.792
	个别关怀	5	.557	.702
	分问卷信度	20	.625	.810
效能分问卷	学校组织目标	5	.588	.735
	学校组织氛围	5	.550	.696
	员工（组织）承诺	5	.591	.773
	员工工作满意度	5	.572	.723
	分问卷信度	20	.591	.785
总问卷	—	40	.651	.816

（二）再测信度分析

案例 14-4 某单元测验的试卷有 20 道单选题，分别在当年 10 月与次年 4 月施测同一组的 10 名学生，表 14-8 所示为测验结果，请计算信度。

表 14-8 学生单元测验分数

考生	A	B	C	D	E	F	G	H	I	J
当年 10 月	18	16	5	13	15	16	12	5	8	10
次年 4 月	18	18	6	16	17	16	14	5	7	11

第一步：整理数据，选择分析方法。按【分析（A）】→【相关（C）】→【双变量（B）】的分析路径，得到分析界面，如图 14-36 所示。

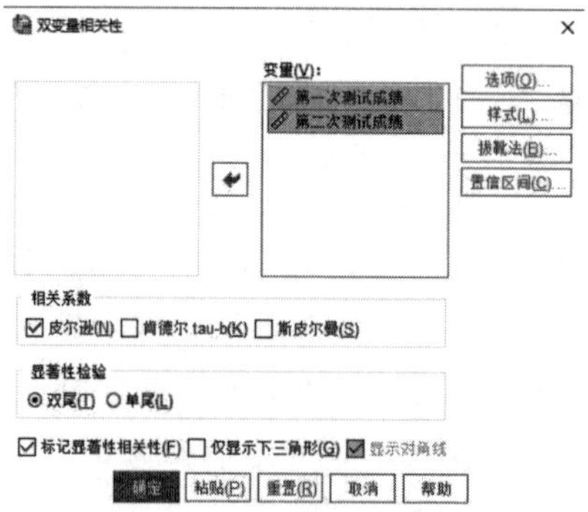

图 14-36 纳入分析变量

第二步：将左边的两个变量选入右边【变量（V）】内，在【相关系数】方框内选取【皮尔逊（N）】；在【显著性检验】方框内选取【双尾（T）】；勾选最下面的【标记显著性相关性（F）】，如图 14-37 所示。

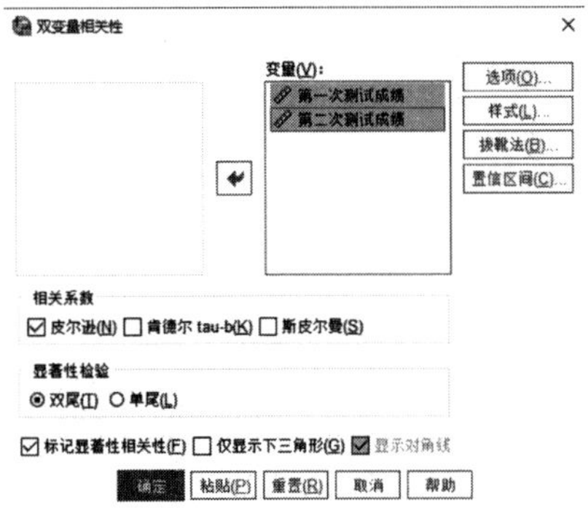

图 14-37　选择分析方法

若想呈现平均值及标准偏差，则可点击【选项（O)】，在弹出的对话框的【统计】方框内选取【均值和标准差（M)】，如图 14-38 所示。

图 14-38　设置输出量数

点击【继续（C)】，在返回的对话框中点击【确定】，得出再测信度的结果，如表 14-9 所示。

表 14-9　运行结果

		第一次测试成绩	第二次测试成绩
第一次测试成绩	皮尔逊相关性	1	.972**
	显著性（双尾）		<.001
	个案数	10	10
第二次测试成绩	皮尔逊相关性	.972**	1
	显著性（双尾）	<.001	
	个案数	10	10

**. 在 0.01 级别（双尾），相关性显著。

（三）复本信度分析

案例 14-5　某自我概念量表中有 20 道是非题，题本 A 与 B 分别施测同一组 10 个人，分数越高表示越具有正向自我概念，以下是施测结果（如表 14-10 所示），请计算信度。

表 14-10 自我概念量表施测分数

Person	A	B	C	D	E	F	G	H	I	J
Form A	16	12	14	10	9	11	13	9	16	12
Form B	15	12	15	10	10	12	14	9	16	13

其具体操作方法与再测信度相同，请参照上述步骤，计算结果如表 14-11 所示。

表 14-11 运行结果

		Form_ A	Form_ B
Form_ A	皮尔逊相关性	1	.963**
	显著性（双尾）		<.001
	个案数	10	10
Form_ B	皮尔逊相关性	.963**	1
	显著性（双尾）	<.001	
	个案数	10	10

**. 在 0.01 级别（双尾），相关性显著。

二、效度检验的 SPSS 技术

效度是指工具能够测量到预测心理或行为特质的程度，也就是教育测评的有效性及正确性。[①] 美国心理学会于 1974 年出版的《教育与心理测评标准》一书中，将效度分为了三大类：内容效度、结构效度和效标关联效度。

（一）内容效度的 SPSS 分析

1. 内容效度分析的一般方法

在编制测验时，内容效度是一个相当复杂的问题。一般来说，估算内容效度有两种方法。一是由专家进行逻辑分析，即请相关专家分析测验题目与原来的内容范围是否符合并作出判断，看测验题目是否较好地代表了原来的内容。二是统计分析，克隆巴赫（Cronbach）认为内容效度可以进行数量估计，方法是从同一教学内容总体中抽取两套测题，分别对同一组被试进行测验，两种测验的相关系数可用来估计内容效度。若相关系数大，则内容效度高；若相关系数小，则两个测验中至少有一个的内容效度较低。

2. 内容效度分析的 SPSS 操作——肯德尔和谐系数法

案例 14-6 某次作文竞赛中 5 位评委对最后入围的 8 篇作文进行了排序，评委最后的排序结果如表 14-12 所示，问：5 位评委对 8 篇作文的评价结果一致性程度如何？

① 向德全. 教育评价的技术与方法［M］. 西安：西北大学出版社，2006：233.

表 14-12　5 位评委对 8 篇作文的排序结果

文章编号	5 位评委所排名次				
	评委 1	评委 2	评委 3	评委 4	评委 5
1	6	6	7	8	6
2	7	7	8	7	7
3	3	3	3	1	2
4	4	5	6	4	3
5	5	4	4	5	5
6	2	1	2	2	1
7	8	6	5	6	8
8	1	2	1	3	4

要分析多个评定者对同一组被试进行等级评定的一致性程度，其中变量是各个评定者给出的等级，因此选用肯德尔和谐系数。一般情况下，评分者的评分一致性越高，说明内容效度越好。① 在 SPSS 中使用肯德尔和谐系数进行分析的过程有如下两个步骤：

第一步：运行 SPSS，定义变量。“专家 1”“专家 2”“专家 3”“专家 4”“专家 5”分别表示参与作文评定的 5 位评委，输入数据后并加以保存。依次点击【分析（A）】→【相关（C）】→【双变量（B）】命令，进入两两相关分析设定对话框，如图 14-39 所示，将原变量框中的五个变量移至【变量（V）】框中。

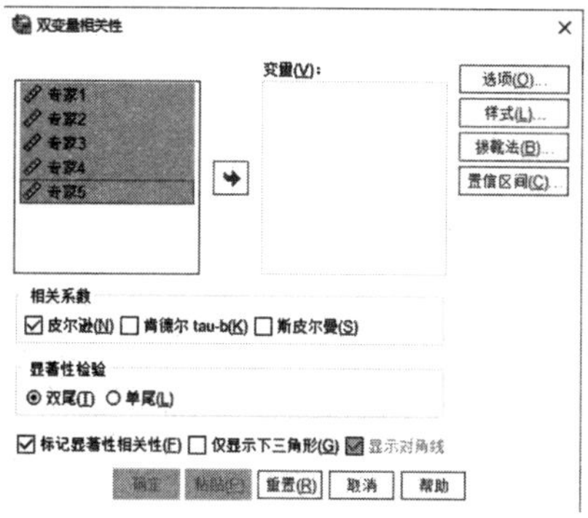

图 14-39　双变量相关性

第二步：在【相关系数】方框中选择【肯德尔 tau-b（K）】选项，表示使用肯德尔和谐系数法求这五个评委对 8 份作文所评等级间的相关系数，如图 14-40 所示，点击【确定】按钮完成等级分析过程。其分析结果如表 14-13 所示。

① 朱德全，宋乃庆. 教育统计与测评技术［M］. 重庆：西南师范大学出版社，2007：154.

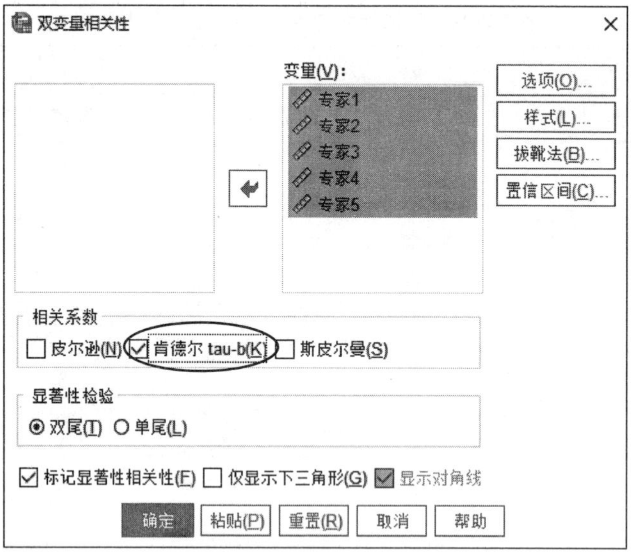

图 14-40　选择分析方法

表 14-13　运行结果

			专家 1	专家 2	专家 3	专家 4	专家 5
肯德尔 tau_ b	专家 1	相关系数	1.000	.764**	.714*	.571*	.764**
		显著性（双尾）	.	.009	.013	.048	.009
		N	8	8	8	8	8
	专家 2	相关系数	.764**	1.000	.837**	.691*	.667*
		显著性（双尾）	.009	.	.004	.018	.024
		N	8	8	8	8	8
	专家 3	相关系数	.714*	.837**	1.000	.571*	.473
		显著性（双尾）	.013	.004	.	.048	.105
		N	8	8	8	8	8
	专家 4	相关系数	.571*	.691*	.571*	1.000	.691*
		显著性（双尾）	.048	.018	.048	.	.018
		N	8	8	8	8	8
	专家 5	相关系数	.764**	.667*	.473	.691*	1.000
		显著性（双尾）	.009	.024	.105	.018	.
		N	8	8	8	8	8

**. 在 0.01 级别（双尾），相关性显著。

*. 在 0.05 级别（双尾），相关性显著。

从上面所呈现的相关分析矩阵中，可以看出这 5 位评委对 8 份作文的等级排序一致性程度较好。除了评委 5 和评委 3 之间的相关程度不显著以外，其他的评委两两之间比较，都存在显著相关。

（二）结构效度

结构效度又称构想效度，是对某一理论概念或心理特质测量的程度，即某测验对所要测量的结构或心理特质实际测量的程度。一般情况下，学科测验主要看内容效度，心理测验主要看结构效度。判断内容效度更容易一些，因为有课程标准作依据；判断结构效度则要困难一些，因为理论结构和心理特质不易把握。因此，要编制有构想效度的测验，首先要建立理论结构，例如智力测验，先要确定关于智力的一套理论，如智力的概念、结构、与环境的关系、与年龄的关系、与性别的关系等，在理论的基础上提出若干假设并编制测验。

确定结构效度的方法有如下三种：

（1）对测验题目进行分析：主要是分析测验的内容，被试对题目所作的反应，测验题目的同质性以及分测验之间的关系来判断测验的构想效度。

（2）计算与同类权威测验的相关：某一个新测验，如果与同类的大家公认有效的测验之间在测验结果上相关很高，说明这两个测验测的是相同的特质，即新测验也有较高的结构效度，如后编的智力测验常与斯坦福—比纳智力量表进行比较。

因素分析：通过因素分析找到影响测验分数的共同因素，在测验分数的总变异中来自有关因素的比例，可以作为构想效度的指标。

（三）预测效度

预测效度又称实证效度，是指一个测验对个体将来的行为或获得的成就进行预测时的准确性。一个测验预测得越准确，预测效度越高。被预测的行为或成绩是检验预测效度的标准，简称效标，即衡量测验有效性的参照标准。

估计预测效度的主要方法有如下三种。

（1）相关法：即求某测验分数与效标测量间的相关，所得结果即效标系数。当测验分数与效标测量分数都是连续变量时，用积差相关公式求相关系数。当测验分数是连续变量，而效标测量分数是二分变量时，可用二列相关公式计算相关系数。

（2）区分法：即看原先测验的分数是否可以区分由效标测量所划分的团体。例如，某工厂通过测验录用了一批工人，一段时间后，根据工作成绩将其分为称职和不称职两种，然后再来检查他们的测验分数，运用 t 检验分析两组工人在测验上的平均分数是否有显著差异。若有，说明测验是有效的；若无，说明测验是无效的。

（3）功利率：为了判断测验的功效，人们还可对使用测验所花掉的费用与得到的利益进行比较，看其利弊大小，这种效度指标叫功利率。用公式表示为：

$$U=B(N\mathrm{s})-C(N\mathrm{u})-S$$

式中，U 代表功利率，B 表示录用一个合格的工人所产生的平均利润，C 表示录用一个不合格的工人所造成的损失，$N\mathrm{s}$ 和 $N\mathrm{u}$ 分别代表所录用的人中成功和不成功的人数，S 代表整个选人程序的费用。

本章小结

教育测评工具的质量检测是教育测评的关键步骤。一般来说，针对测评工具的具体项目，可采用项目分析技术，从而检测工具的难度与区分度。针对测量工具本身的维度结构，一般采用因素分析。信度和效度是测评工具重要的质量特性。一般来说，信度主要采用克隆巴赫 α 系数，效度则采用相关分析、因素分析等方法，要综合考虑测评工具的内容效度、结构效度和预测效度。

思考与练习

1. SPSS 对于分析教育测评问卷或量表质量有什么优势？
2. 简要区分项目分析和因素分析。
3. 信度分析和效度分析有何不同？

推荐阅读

1. 吴明隆. 问卷统计分析实务：SPSS 操作与应用［M］. 重庆：重庆大学出版社，2010.

2. 温忠麟. 心理与教育统计［M］. 广州：广东高等教育出版社，2016.

3. 庄榕霞，杨俊锋，李冀红，等. 中小学生数字化学习能力测评框架研究［J］. 中国电化教育，2018（12）：1-10.

第十五章　教育测评结果的统计处理

学习目标

1. 了解教育测评结果统计处理的一般程序。
2. 熟悉教育测评结果的描述性统计。
3. 会运用推断性统计方法分析教育测评的结果。

知识导图

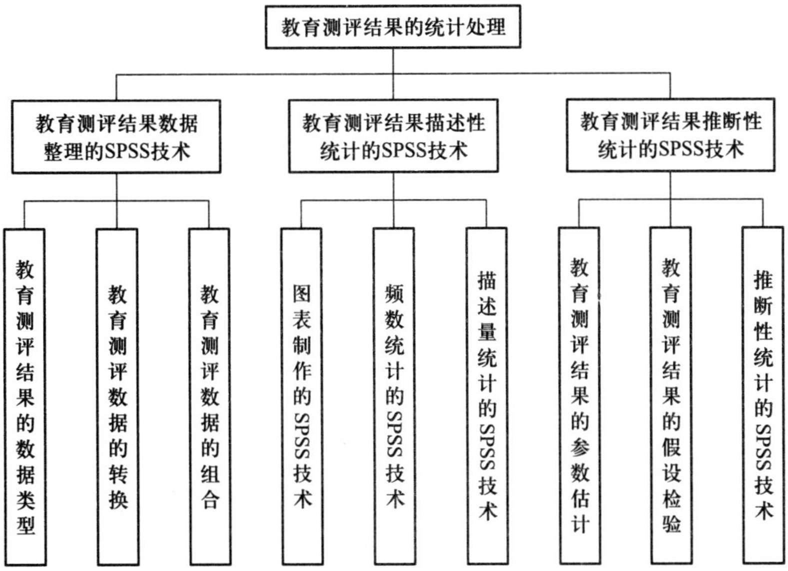

教育测评结果的统计处理是教育测评过程的重要环节。为确保教育测评结果的基本质量，研究者需要整理、修正并完善在教育测评中获得的数据信息。同时，还需运用统计分析方法，对测评结果予以检测。根据检测结果，对测评中存在的问题加以修正，以便最大限度地实现科学测评，全面发挥教育测评的功能，达到教育测评的目的。

第一节 教育测评结果数据整理的 SPSS 技术

教育测评的结果往往体现为各种各样的数据。然而，通过测评所获得的大量数据，往往以毫无规律、零乱的数字形式出现，研究者很难从这些杂乱无章的数字中看出教育现象的规律与趋势。为了对测评结果进行分析与评价，首先需要对测评数据进行整理，使其具有系统性和条理性，为测评结果的进一步统计与处理奠定基础。

【拓展阅读】PISA 带给我们的启示

一、教育测评结果的数据类型

教育测评结果的数据包括了两种类型，一种是数据本身的结构类型，另一种是统计学意义上的数据统计指量。

（一）教育测评数据的基本类型

教育测评数据，按不同的分类标准基本上可以分为两大类：一类是离散型数据和连续型数据；另一类则是根据测量尺度划分的定类数据、定序数据、定距数据、定比数据。

1. 离散型数据和连续型数据

根据一个数据紧挨着的两个观测值之间是否有空隙（缺口），可以把数据分为两类：离散型数据和连续型数据。如果一个数据的观测值之间无空隙，即两个观测值之间无法加入另一个值，则该数据称为离散型数据，否则称为连续型数据。例如，性别、企业数量、分组情况等数据为离散型数据；身高、体重、血压、GDP 等数据为连续型数据。

2. 定类数据、定序数据、定距数据和定比数据

定类数据是按照某个属性对事物进行平行的分类，用符号=、≠表示，定类数据没有顺序和大小区别。定序数据是对事物类别间等级或顺序差别的计量，用符号<、>表示，定序数据不能计量差别的多少。定距数据是对事物类别或次序之间差距的测度，用符号+、-表示，定距数据不能计算比值。定比数据是对事物类别或次序之间差距及差距程度的计量，用符号×、÷表示，定比数据可以计算比值。四类数据的区别如表 15-1 所示。

表 15-1 四类数据的比较

数据类型		品质型数据		数值型数据	
		定类数据	定序数据	定距数据	定比数据
计量尺度	定类（=、≠）	√	√	√	√
	定序（<、>）		√	√	√
	定距（+、-）			√	√
	定比（×、÷）				√

（二）教育测评数据的统计指标量

1. 集中量数

集中量数是指代表一组数据典型水平或集中趋势的量。在教育研究中，常用的集中量数有平均数、中位数和众数。集中量数还可以用于组与组之间的差异比较。具体而言，集

中量数在教育研究中的应用主要表现在以下三个方面：一是描述教育研究对象的一般水平；二是将教育研究对象与另一同质的研究对象进行比较；三是将教育研究对象与另一标准参照组进行比较。

2. 差异量数

反映一组数据差异程度或离散程度的量叫作差异量数。较为常用的差异量数有全距、平均差、方差、标准差和差异系数。差异量数一般可分为绝对差异量数和相对差异量数。全距、平均差和标准差是反映数据离散趋势的统计量，称为绝对差异量数。相对差异量数是一个比率值，不以数据单位为单位，通常用于比较两种测量单位的不同，或者虽然测量单位相同但平均数相差较大的数据资料。绝对差异量数反映的是一组数据的变异程度，即反映教育研究中观测数据的绝对变异值。相对差异量数则是比较两组数据的变异程度大小，即反映教育研究中观测数据的相对变异值。

3. 地位量数

地位量数是描述个别观察值在团体中所在相对位置的统计量数，它常用于反映一个数值在总体中所处的位置，还可以将两个不同单位的数值进行比较。常用的地位量数有百分等级和标准分数。在常模参照的测评或考试中，原始分数的意义并不明确，只有转换成具有相对位置信息的数据时，才能进行评价或比较。百分等级具有很明确的相对位置信息，但是它失去了原始数据的等距性，不具有可加性，因而不是最好的转换。要保证可加性，一般选择用标准分数。

集中量数、差异量数和地位量数都可以在 SPSS 软件中计算，其计算程序以案例 15-1 进行说明。

案例 15-1　为了探究学校变革型领导行为效能与领导者年龄之间的关系，“学校变革型领导行为研究”课题组在江苏省（东部地区）、湖北省（中部地区）和重庆市（西部地区）分别展开问卷调查，共发放问卷 396 份，回收问卷 391 份，其中有效问卷为 371 份，并对学校领导者年龄的集中量数、差异量数和地位量数作了探究。

第一步：运行 SPSS，依次点击【分析（A）】→【报告（P）】→【个案摘要（M）】，如图 15-1 所示，选择分析方法。

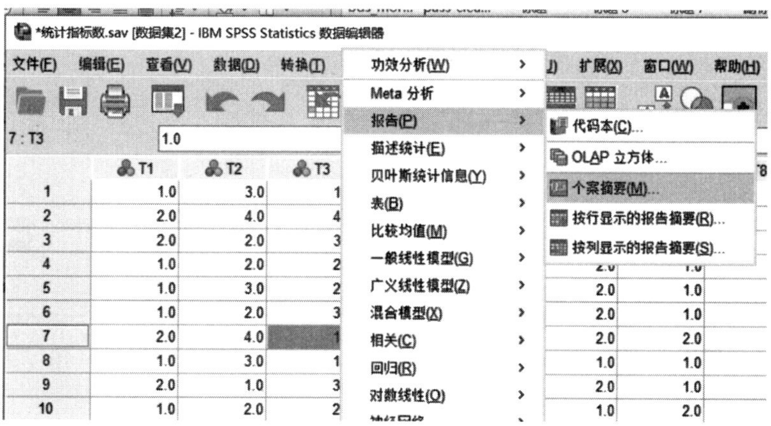

图 15-1　选择分析方法

第二步：在弹出的对话框中，将“领导年龄”变量移至【变量（V）】框中，如图 15-2 所示。

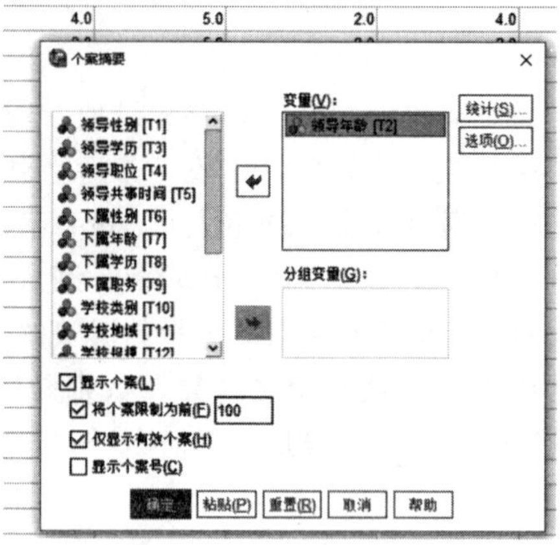

图 15-2 纳入分析变量

第三步：计算集中量数。点击【统计（S）】，在弹出的对话框中，选择【统计（S）】中的个案数、均值、中位数、分组中位数等特征量并将其移至【单元格统计（C）】中，如图 15-3 所示。

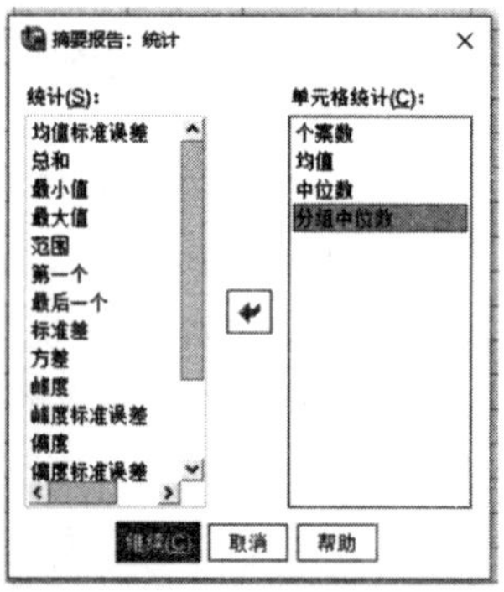

图 15-3 选择分析指标

再点击【继续（C）】返回主对话框，最后点击【确定】按钮即可输出统计结果，如表 15-2 所示。

表 15-2 集中量数运算结果

个案数	平均值	中位数	分组中位数
371	2.72	3.00	2.80

第四步：计算差异量数。选择【统计（S）】框中的范围、标准差和方差等特征量并将其移至【单元格统计（C）】框中，如图 15-4 所示。

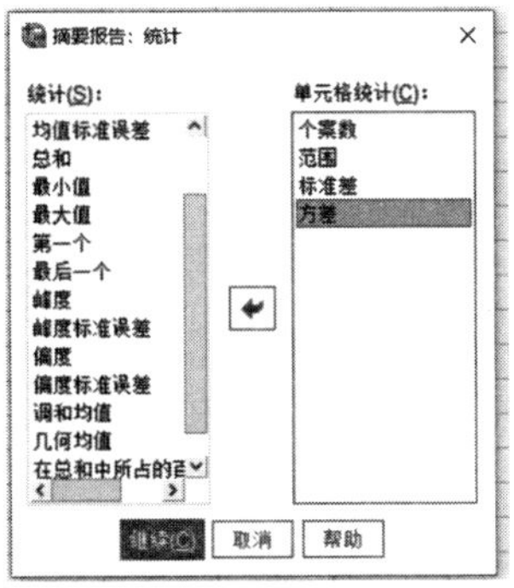

图 15-4 选择分析指标

再点击【继续（C）】返回主对话框，最后点击【确定】按钮即可输出统计结果，如表 15-3 所示。

表 15-3 差异量数运算结果

个案数	范围	标准偏差	方差
371	3	1.125	1.061

同理，选中地位量数进入【单元格统计（C）】框中也能计算出地位量数的分布情况。另外，运用描述性统计的频数统计法也能够计算出一组数据的集中量数、差异量数和地位量数，下面仍以探究领导者的年龄为例。

第一步：运行 SPSS，按照【分析（A）】→【描述统计（E）】→【频率（F）】的分析路径，选择分析方法，如图 15-5 所示。

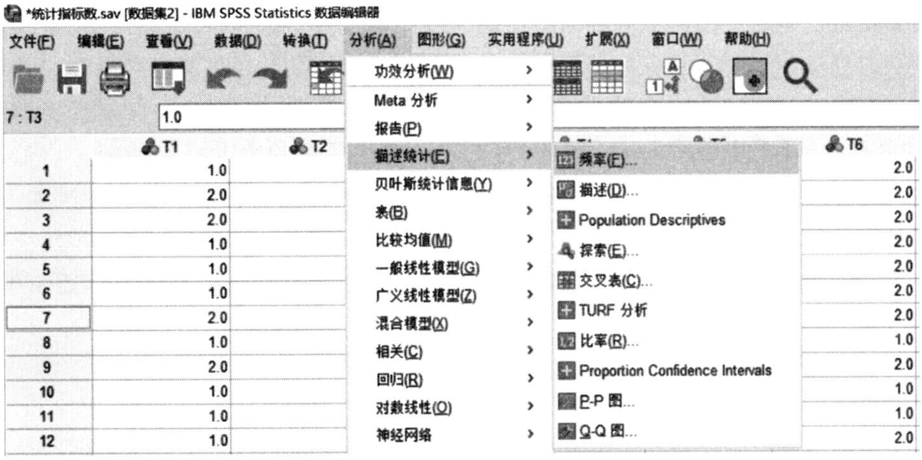

图 15-5 选择分析方法

第二步：在弹出的对话框中，在【变量（V）】框中，选入“领导年龄”变量，如图 15-6 所示。

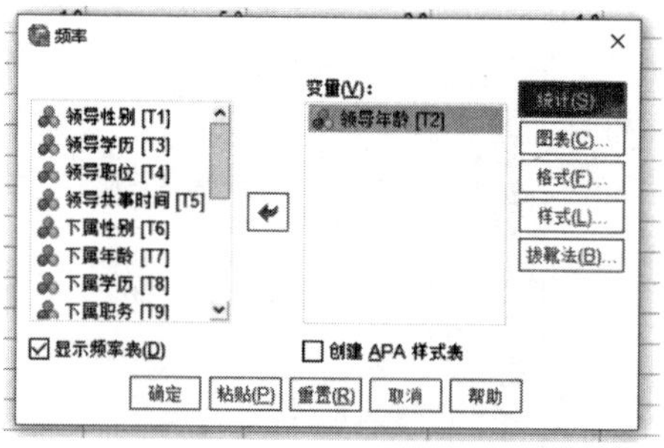

图 15-6 纳入分析变量

第三步：单击【统计（S）】钮，选择需要分析的特征量数，如图 15-7 所示。

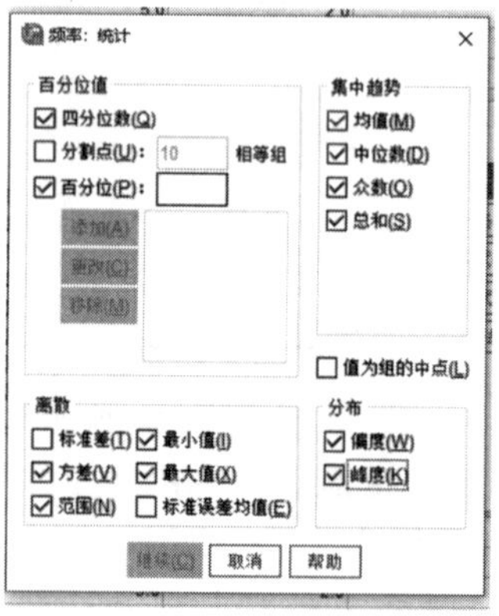

图 15-7 设置输出量数

需要特别说明的是，这个对话框的功能和图 15-4 所示的一样，也可以完全实现所有特征量数的分析。其中【百分位值】复选框组用于定义需要输出的百分位数，可计算四分位数、每隔指定百分位输出当前百分位数，或直接指定某个百分位数，如直接指定输出 P2.5 和 P97.5；【集中趋势】复选框组用于定义描述集中趋势的一组指标：均值、中位数、众数、总和；【离散】复选框组用于定义描述离散趋势的一组指标：标准差、方差、范围、最小值、最大值、标准误差均值；【分布】复选框组用于定义描述分布特征的两个指标：偏度系数和峰度系数；当输出的数据是分组频数数据，并且具体数值是组中值时，可选中【值为组的中点（L）】复选框以通知 SPSS，避免出错。

二、教育测评数据的转换

在教育测量中，通过教育测验直接获得的数据称为原始数据。对同一测验获得的原始数据进行比较是可行的、有意义的，但不同测验所得的原始数据间的直接比较并没有多大价值。比如，某学生在某次期末考试中的语文成绩为 78 分，英语成绩为 85 分，也不能就此说明该生的英语成绩比语文成绩好。为了使不同测验所得数据间的比较有意义，需要通过一定的规则，将原始数据转换成可以相互比较的同类数据，也叫导出数据。导出数据的种类很多，常见的有百分等级数据、标准分数和标准分数导出分数。

（一）百分等级数据

百分等级数据是一种相对地位量数，用符号 P_R 表示。它把参加测验的全体人数看作一百份，通过转换原始数据得出其在全体中所占的位置。将原始数据转换得来的百分等级数据是多少，就代表有百分之多少的人的测验得分小于该原始数据。百分等级数据不仅可以反映一个数据在全体数据中所处的位置，还可以对比同一人两次或多次不同测验成绩的优劣，同时可以对比两个或多个不同团体在同一次测验成绩的优劣。

1. 百分等级数据的计算

已知原始数据，求百分等级数据的计算公式如下：

$$P_R=100-\frac{100R-50}{N} \qquad \text{（公式 15-1）}$$

式中，P_R 为百分等级数据，N 为总频数，R 为全体数据从大到小排列后指定原始数据所占的名次。

当数据个数较多时，可以先将测验数据整理到频数分布表中，要想得到指定原始数据的百分等级数据，可以用以下公式进行计算：

$$P_R=\left[\frac{f(X-L_b)}{i}+F_b\right]\cdot\frac{100}{N} \qquad \text{（公式 15-2）}$$

式中，P_R 为百分等级数据，X 为原始数据，f 为数据 X 所在组的频数，L_b 为数据 X 所在组的下限，i 为组距，F_b 为小于 L_b 的所有组的频数之和，N 为总频数。

2. 百分等级数据的应用

百分等级数据的应用范围广泛，计算简单，易于理解，但在应用时需要注意以下三个要点。①

首先，百分等级数据是一种相对地位量数，它只能表示指定数据所处的位置，是一种顺序量数，并不能反映出各数据之间的差值大小，因此它只具有可比性，不具有可加性。

其次，百分等级数据受两极端原始数据的变化影响较小。由公式 15-1 可以看出，百分等级数据 P_R 只与总频数 N 和指定原始数据的名次 R 有关，与两极端原始数据的大小并无直接关系。因此，当两极端原始数据发生较大改变时，百分等级数据不会发生改变。

最后，当原始数据较为集中时，极小的变化也可能引起百分等级数据极大的改变。如中考或高考这种大规模考试，原始数据的一分之差都会引起名次的极大变化，因而也会引起百分等级数据的极大改变。

（二）标准分数

标准分数是原始数据与平均数之差除以标准差所得的商，用符号 Z 表示，又叫 Z 分数。它是以标准差为单位衡量原始数据处于平均分之上或之下多少个标准差的位置，反映的也是原始数据在全体中所处的相对地位。

1. 标准分数的计算

标准分数的计算公式如下：

$$Z=\frac{X-\overline{X}}{\sigma} \qquad \text{（公式 15-3）}$$

---

① 王汉澜. 教育测量学［M］. 开封：河南大学出版社，1987：377.

式中，Z 为标准分数，X 为原始数据，$\overline{X}$ 为全体原始数据的平均分，σ 为全体原始数据的标准差。

2. 标准分数的性质

当原始数据服从或近似服从正态分布时，经原始数据转换得到的标准分数具有以下五个性质。

第一，标准分数的平均数 $\overline{Z}$ 为 0，标准差 Z_{σ} 为 1。

第二，标准分数的范围大致从-3 到 3。

第三，原始数据转换成标准分数是线性变换，不会改变原始数据的分布形状和次序。因此，标准分数的分布情况和原始数据相同。

第四，标准分数是一种相对地位量数，能反映指定原始数据在分布中所处的相对位置，因此它具有可比性。

第五，标准分数具有可加性。标准分数是以标准差为单位，平均分为相对零点的等距量数，不同分布中的原始数据转换得来的标准分数相同，说明它们在各自的分布中处在相同的相对位置上，因此标准分数可以直接进行合成运算。

（三）标准分数的导出分数

标准分数是以标准差为单位，平均分为相对零点的等距量数，它既克服了原始分数不可比的缺点，也克服了百分等级分数不可加的缺点，是教育测评分数转换中常用的方法。但标准分数有时是正值，有时是负值，有时还可能包含小数，不太符合研究者表示测验分数的习惯。因此，在标准分数的基础上进行线性变换，能够得出一系列标准分数的导出分数。

1. T 分数

T 分数是将标准分数乘以 10，再加上 50 后得到的数据，用符号 T 表示。其计算公式为：

$$T=10Z+50 \qquad \text{（公式 15-4）}$$

式中，T 为 T 分数，Z 为标准分数。

标准分数的平均数是 0，标准差是 1，取值范围大致在-3 到 3 之间。依据 T 分数与标准分数的关系式可以知道 T 分数的平均数是 50，标准差是 10，取值范围大致为 10~90，比较符合百分制的计分习惯，可以避免出现负数和小数，弥补了标准分数的不足。因此，T 分数是教育测评数据转换中使用最广泛的导出数据。

2. 离差智商

离差智商是以 100 为平均数，以 15 为标准差提出的一种标准分数的导出数据，用符号 IQ 表示，其取值范围为 40~160，常被用于智商测验中。它的均值和标准差值是由斯坦福—比奈智商分布得来的，是为了使得取值能够接近比率智商分布。其计算公式为：

$$IQ=15Z+100 \qquad \text{（公式 15-5）}$$

式中，IQ 为离差智商，Z 为标准分数。

3. 标准九分

标准九分，全称为标准化九级分制，它是以 0.5 个标准差为单位，将正态分布下的横轴分为九段，其中，最低一段是 1，最高一段是 9，正中一段是 5，各段等距分布。其平均数是 5，标准差是原始数据标准差的一半，其计算公式为①：

$$\text{标准九分对应的分数}=\frac{X-\overline{X}}{\sigma/2}+5=2Z+5 \qquad \text{（公式 15-6）}$$

式中，X 为原始数据，$\overline{X}$ 为全体原始数据的平均分，σ 为全体原始数据的标准差，Z 为标准分数。

4. *CEEB* 分数

CEEB 分数是美国大学入学考试委员会采用的一种标准化数据，其计算公式为：

$$CEEB\ \text{分数}=100Z+500 \qquad \text{（公式 15-7）}$$

式中，Z 为标准分数。

CEEB 分数的平均数是 500，标准差是 100，其取值范围为 100～900，*CEEB* 分数常用于高校的录取与毕业记录量表。

三、教育测评数据的组合

在教育测评中，仅仅分析某一次测验的结果并不能客观全面地了解某个个体或团体，有时候需要将不同的测验数据进行组合，从整体上对个体或团体在不同方面的综合水平进行评价。但往往不同测验的难度不同，评定标准不同，在整体中所占的比重就不同，即使测验数据相同，其意义也不同，若将测验数据直接相加并不科学。因此，为了科学合理地综合评价多个教育测验数据，就需要掌握以下不同的组合教育测验数据的方法。

（一）加权求和法

权重就是各分变量在总变量中所占比重的大小，权重越大，其在整体中发挥的作用就越大，反之亦然。加权求和法就是将不同测验数据按照相应的权重相加的一种组合数据的方法。依据权重的不同进行分类，常见的有等权相加、加权求和、多科测验数据加权评定标准化。

1. 等权相加

等权相加，即各个数据的权重相等，都是 1，将各个数据直接相加就可以得出组合数据。其计算公式为：

$$X_c=X_1+X_2+\cdots+X_n \qquad \text{（公式 15-8）}$$

式中，X_c 为组合数据，X_i 为各分变量数据。等权相加是加权求和的一种特殊情况，是在各分变量重要性相同的情况下加以运用的。

2. 加权求和

更多的情况下，各部分变量的重要性并不相同，这时就需要使用加权求和。依据各分变量的重要程度为其附上相应的权重系数，如学分、课时等都能代表课程的重要性，可以作为其权重系数，研究者也可以自行设定权重系数。其计算公式为：

$$X_c=W_1X_1+W_2X_2+\cdots W_nX_n \qquad \text{（公式 15-9）}$$

式中，X_c 为组合数据，X_i 为各分变量数据，W_i 为各分变量对应的权重系数。

在实际生活中，加权求和是计算组合数据最常用到的方法。例如，大多数高校在评定

---

① 胡中锋. 教育测量与评价［M］. 2 版 . 广州：广东高等教育出版社，2006：157.

学生学习成绩的优劣时，不会将各科数据直接相加，而是把各科的学分作为权重系数，通过加权求和得到组合数据，以科学评价学生的综合学习成绩。

3. 多科测验数据加权评定标准化

在组合多科测验的数据时，经常会遇到这样的情况：各科测验的总分各不相同，某些测验之间存在相关性，各科数据的平均分和标准差相差太大，以致同一数据的意义有很大差别。这时候由于缺乏统一的解释标准，直接运用加权求和来组合并不能对各科的综合情况做出科学评价，因此需要进行多科测验数据加权评定标准化。

（1）多科标准分数加权平均

为了使各科测验数据具有统一的解释标准，就需要将数据转换后再组合。标准分数具有可比性和可加性，可以将各科原始数据转换成标准分数后再求出加权平均数，这就是多科标准分数加权平均。其计算公式为：

$$\overline{M}=\frac{\sum_{i=1}^{n}W_iZ_i}{\sum_{i=1}^{n}W_i} \qquad \text{（公式 15-10）}$$

式中，$\overline{M}$ 为多科标准分数加权平均数，Z_i 为各科数据 X_i 对应的标准分数，W_i 为各科对应的权重系数，n 为科目数。

$\overline{M}$ 通过服从正态分布的 Z_i 线性变换得来，也服从正态分布，从而可以得出：

$\overline{M}$ 的平均数 $E(\overline{M})=0$，$\overline{M}$ 的标准差 $\sigma(\overline{M})=\dfrac{\sqrt{\sum_{i=1}^{n}\sum_{j>1}^{n}r_{ij}W_iW_j}}{\sum_{i=1}^{n}W_i}$。但 $\overline{M}$ 不服从标准正态分布，不利于合理评定学生在团队中的综合水平，需要将其标准化。

（2）多科标准分数加权平均标准分数

由于多科标准分数加权平均数 $\overline{M}$ 不服从标准正态分布，就需要将其再转换成标准分数，即多科标准分数加权平均标准化，其计算公式为：

$$\overline{Z}=\frac{\overline{M}-E(\overline{M})}{\sigma(\overline{M})}=\frac{\sum_{i=1}^{n}W_iZ_i}{\sqrt{\sum_{i=1}^{n}\sum_{j=1}^{n}r_{ij}W_iW_j}} \qquad \text{（公式 15-11）}$$

式中，$\overline{Z}$ 为多科标准分数加权平均标准分数，Z_i 为各科数据 X_i 对应的标准分数，W_i 为各科对应的权重系数，n 为科目数，r_{ij} 为科目 i 与科目 j 之间的相关系数。

$\overline{Z}$ 服从标准正态分布，此时的组合数据有了统一的参照点和单位，可以合理地评价学生的多科综合水平在团体中的位置。

（3）$\overline{Z}$ 的导出数据——$\overline{T}$ 数据

$\overline{Z}$ 虽然服从标准正态分布，但其计算结果有正有负，不太符合日常的计分习惯。可依照标准分数导出数据的做法对 $\overline{Z}$ 进行线性变换，从而得出 $\overline{Z}$ 的导出数据——$\overline{T}$ 数据，其计算公式为：

$$\overline{T}=\sigma\overline{Z}+\mu \quad (公式 15-12)$$

式中，σ 为 $\overline{T}$ 分布的标准差，μ 为 $\overline{T}$ 分布的均值。显然可以看出，$\overline{T}\sim N(\mu,\ \sigma)$。

通常，在单科测验的情况下，研究者可以取 $\mu=50$，$\sigma=10$，这时 $\overline{T}$ 会在 [0，100] 之间变化。在 n 科测验的情况下，研究者可以取 $\mu=50n$，$\sigma=10n$，这时 $\overline{T}$ 会在 [0，100n] 之间变化，即：

$$\overline{T}=10n\overline{Z}+50n \quad (公式 15-13)$$

这种组合数据的方法不仅可以在日常测验中评定学生多科综合成绩在团体中的位置，还可以用于各类学校的招生录取。

（二）其余组合数据的方法

1. 直觉判断

直觉判断是根据直觉和经验对测验数据进行组合的一种方法。具体操作是测评者凭借直觉和自身的经验，对各分变量的重要性、在整体中发挥的作用以及两两变量的相关性等做出估计，再综合考虑后得出结论。它是实际生活中常用、操作简单的组合数据方法，要求测评者具有丰富的经验和较高的素质，这样得出的结论才有价值。例如，当教师在对学生填报高考志愿提建议时，一般会针对该生平时的学习情况、学习能力、性格、兴趣爱好以及擅长科目等各方面进行综合分析，选出该生适合报考的院校和专业，由于教师经验相对丰富，给出的建议也颇有价值。

2. 多重选择

当整体中的各个测验数据之间不具备互偿性，即某一数据的劣势无法用另一数据的优势来弥补时，就需要使用多重选择来组合数据。其做法是，对每个测验都设定一个数据线，将测验数据划分为合格与不合格，只有当测验者的每一个测验数据都合格时，其组合数据才为合格，否则即为不合格。例如，对 A、B 两个测验进行多重选择的模式，如图 15-8 所示。

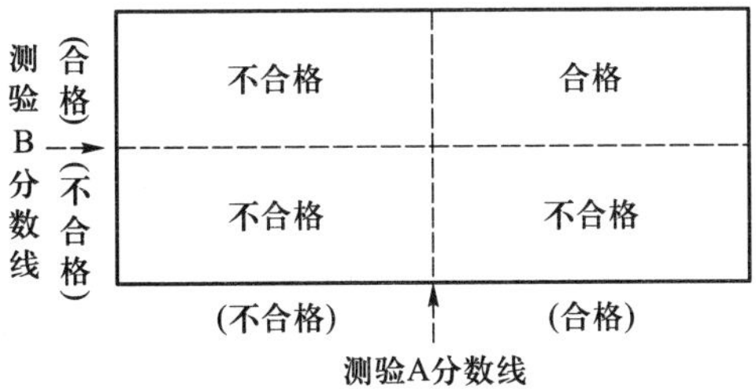

图 15-8　两项测验多重选择组合模式图

【拓展阅读】
教育测验分数的整理案例

多重选择是实际工作中常见的一种组合数据的方法，例如，全国硕士研究生招生考试初试的录取就是采用多重选择的方式。假设某考生的各科初试成绩分别是数学 130（满分 150），英语 45（满分 100），政治 70（满分 100），专业课 110（满分 150），总成绩 355（满分 500），而该考生所报考学校的录取分数线分别是数学 100，英语 50，政治 50，专业课 90，总成绩 330。可以看出，该生的成绩中除了英语未通过录取分数线外，其余成绩均合格，且数学成绩优异。但数学成绩优异并不能弥补英语成绩不合格，因此，英语成绩不合格导致该生不能通过初试。

3. 连续选择

连续选择与多重选择有相似之处，都是在各个测验数据之间不具备互偿性的情况下使用的，两者都需要设定数据线，将各测验数据划分为合格与不合格。不同之处在于，多重选择中的各个测验结果是相互独立、互不影响的，不存在逻辑先后顺序，而连续选择是有一定顺序的且顺序不可颠倒，只有当被试者的第一项测验合格后，才有资格进入第二项测验，否则直接淘汰。依此类推，若被试有某一项测验不合格，那么就会立即被淘汰并失去进行下一项测验的资格，只有进行到最后一项测验并合格者才算过关。其模式如图 15-9 所示。

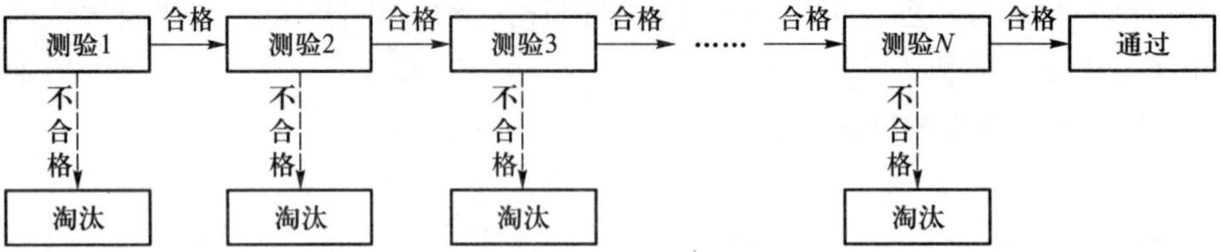

图 15-9 *N* 项测验连续选择组合模式图

连续选择也是实际工作中常见的组合数据的方法。例如，全国硕士研究生招生考试的整个录取流程就是连续选择，录取流程是初试、复试、政审、体检。只有通过初试的被试才有资格参加复试，复试通过者才能进入政审，政审通过后再进行体检，体检通过后才能被正式录取。

4. 多重回归

多重回归是研究一种事物或现象与其他多种事物或现象在数量上相互联系和相互制约关系的一种统计方法，常常在各测验之间可相互补偿的情况下进行数据组合和预测。如某些被试擅长语言文字但不喜计算推理，某些被试爱好逻辑推理但不擅长语言文字，这两类被试的情况不同但都可能达到相同的成就。若采用多重选择或连续选择，会淘汰掉一部分可能成功的人，这时就应该选择多重回归来组合数据，预测被试是否有成功的可能。多重回归的基本方程如下：

$$\hat{Y}=a+b_1X_1+b_2X_2+\cdots+b_nX_n \qquad \text{（公式 15-14）}$$

式中，$\hat{Y}$ 为预测的效标数据（即组合数据），X_i 为第 i 项预测源数据，b_i 为 X_i 对应的偏回归系数，a 为校正预测源数据与效标平均数之间差异的常数。

运用多重回归法组合数据，需要先求出多重回归方程。多重回归方程的计算过程相当复杂，一般通过计算机来完成。还可以运用阶梯式线性回归法，即先得出两个预测源的线性回归方程，再建立第三个预测源与前两个预测源组合数据的线性回归方程，依此类推。下面给出二元线性回归方程的计算公式：

假设预测源 A 的数据 $X_1(x_{11}, x_{12}, \cdots, x_{1n})$，$B$ 的数据 $X_2(x_{21}, x_{22}, \cdots, x_{2n})$，预测效标数据 $\hat{Y}(y_1, y_2, \cdots, y_n)$，由公式 15-20 可以知道二元线性的回归方程如下：

$$\hat{Y}=a+b_1X_1+b_2X_2 \qquad \text{（公式 15-15）}$$

式中，

$$b_1=\frac{S_{\hat{Y}}}{S_{X_1}}\cdot\frac{r_{\hat{Y}X_1}-r_{\hat{Y}X_2}\cdot r_{X_1X_2}}{1-r_{X_1X_2}^2},$$

$$b_2=\frac{S_{\hat{Y}}}{S_{X_2}}\cdot\frac{r_{\hat{Y}X_1}-r_{\hat{Y}X_1}\cdot r_{X_1X_2}}{1-r^2_{X_1X_2}},$$

$$a=\overline{\hat{Y}}-b_1\overline{X}_1-b_2\overline{X}_2。$$

公式 15-15 中，$S_{\hat{Y}}$，S_{X_1}，S_{X_2}分别是 $\hat{Y}$，X_2，X_2 的标准差；$r_{\hat{Y}X_1}$，$r_{\hat{Y}X_2}$，$r_{X_1X_2}$分别是 $\hat{Y}$ 与 X_1，$\hat{Y}$ 与 X_2，X_1 与 X_2 的相关系数。$\overline{\hat{Y}}$，$\overline{X}_1$，$\overline{X}_2$ 分别是效标数据 $\hat{Y}$ 和两个预测源数据 X_1，X_2 的平均数。除此之外还有组合数据的效度 R，即两个预测源数据组合效标的相关系数，$R=\sqrt{\frac{r^2_{\hat{Y}X_1}+r^2_{\hat{Y}X_2}-2r_{\hat{Y}X_1}\cdot r_{\hat{Y}X_2}\cdot r_{X_1X_2}}{1-r^2_{X_1X_2}}}$，$R$ 通常用来衡量组合数据与预测源数据之间的相关性。①

第二节　教育测评结果描述性统计的 SPSS 技术

教育测评的结果要能够为教育决策起指导性作用，就必须对数据进行描述性分析，并对数据结果做出解读。

一、图表制作的 SPSS 技术

统计图表是测验数据整理结果的表现形式。编制统计图表不仅可以用简单的图表来代替繁杂的文字描述，直观反映统计项目之间的数量关系，还便于数据的进一步分析与处理。

（一）统计图的编制与 SPSS 技术

1. 统计图的类型与功能

统计图是用来表达统计指标与被说明的事物之间数量关系的图形。② 它能将数量关系直观形象、生动醒目地表达出来，一般是根据统计表绘制统计图。统计图的种类有表示间断变量的统计图，如直条图、圆形图；有表示连续变量的统计图，如线形图、直方图、多边图、累积多边图。无论是哪一种统计图，都由标题、图号、标目、图形和图注构成。常见的统计图如表 15-4 所示。

表 15-4　常见统计图列表

图形名	图样	适用范围
条形图		描述定类或定序变量的分布，用长条的高度来表示变量不同取值下的频数
线图		描述连续性变量的变化趋势，非连续性变量通常不宜采用此种统计图

① 王汉澜. 教育测量学［M］. 开封：河南大学出版社，1987：368.

② 朱德全，宋乃庆. 教育统计与测评技术［M］. 重庆：西南师范大学出版社，2007：19.

续表

图形名	图样	适用范围
饼图		描述定类变量的分布，用圆中扇形面积大小表示不同类别变量所占的频数
箱图	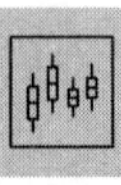	显示变量的中位数、四分位数、极值，显示数据的实际分布
散点图		直观反映两个或两个以上变量的聚合大小及相互关系
直方图		描述定距变量的分布。与条形图不同的是直方图不是用长条的高度来表示变量的频数，而是通过长条的面积来表示的

2. 绘制统计图的基本原则

（1）统计图的标题要能准确地概括图的基本内容，做到简明易懂，并写在图的下方中央；

（2）图号一般以图出现的先后次序排列，并写在标题的前面；

（3）统计图的类型多种多样，要依据绘图目的和数据的性质选取合适的图形，同时绘制要清晰美观；

（4）图形的设计要严格依据所给数据进行精密绘制，针对某些图示进行的再次加工和计算要准确无误，保证统计图的科学性和严谨性。

3. 统计图绘制的 SPSS 技术

（1）简单条形图

第一步：运行 SPSS，点击【图形（G）】菜单，选择【旧对话框（L）】的【条形图（B）】命令，如图 15-10 所示。

图 15-10 选择条形图指令

第二步：点击选项，弹出【条形图】导航对话框，如图 15-11 所示。

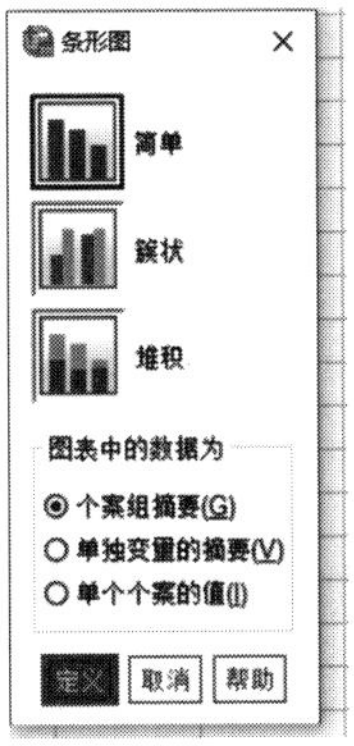

图 15-11 条形图对话框

第三步：在图 15-11 中，选择图表类型【简单】，选择数据描述方式为【个案组摘要(G)】，单击【定义】后，如图 15-12 所示。

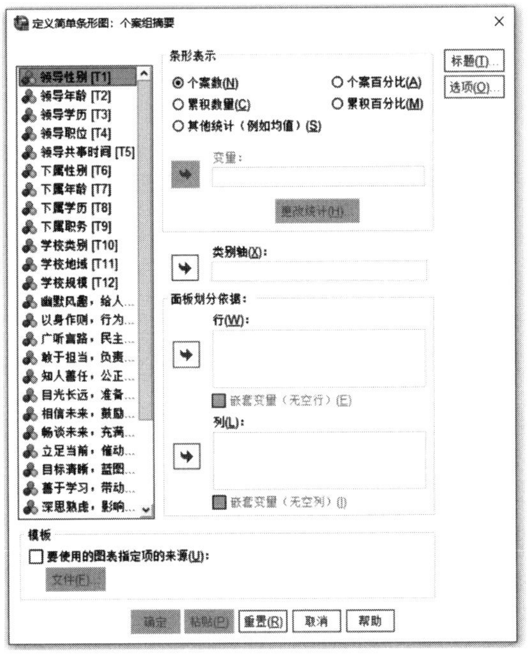

图 15-12 选择数据

第四步：单击【标题（T）】按钮，打开【标题】对话框，如图 15-13 所示。

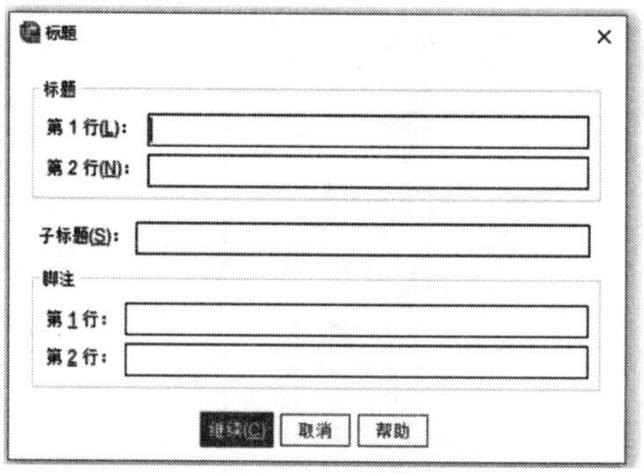

图 15-13 输入标题

第五步：输入标题后，单击【继续（C）】按钮，即可返回【定义简单条形图：个案组摘要】对话框中，单击【选项（O）】按钮，打开【选项】对话框，如图 15-14 所示。

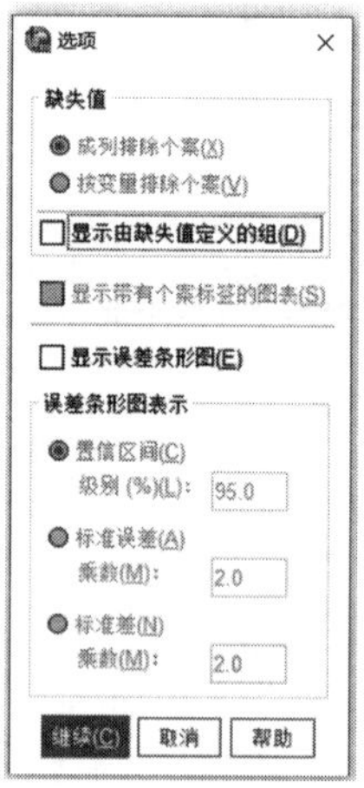

图 15-14 选项选择

第六步：指定缺失值的处理方式和误差条的设定形式后，单击【继续（C）】按钮，即可返回【定义简单条形图：个案组摘要】对话框，单击【确定】按钮，即可在结果输出窗口中得到简单条形图，如图 15-15 所示。

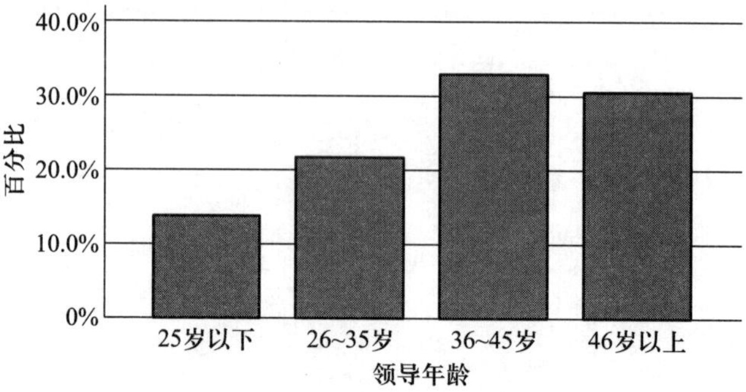

图 15-15 简单条形图输出结果

（2）分组条形图

分组条形图的绘制步骤与简单条形图大致相似。

第一步：在图 15-10 中选择【条形图（B）】，弹出的对话框如图 15-16 所示。

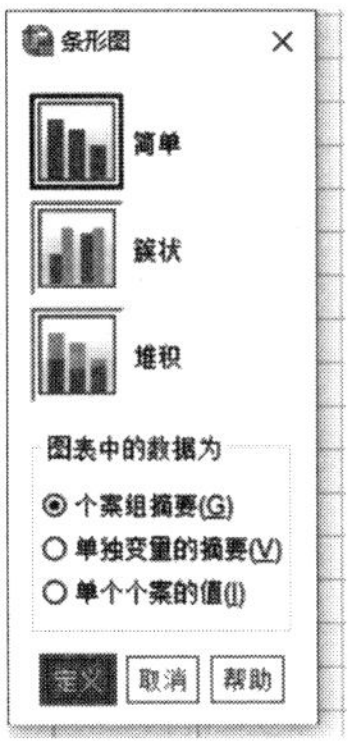

图 15-16　选择图表类型

第二步：类型选择，选择【簇状】数据描述方式，选择【单独变量的摘要（V）】，单击【定义】进行定义，如图 15-17 所示。

【微视频】
SPSS 中图形
制作的操作
演示

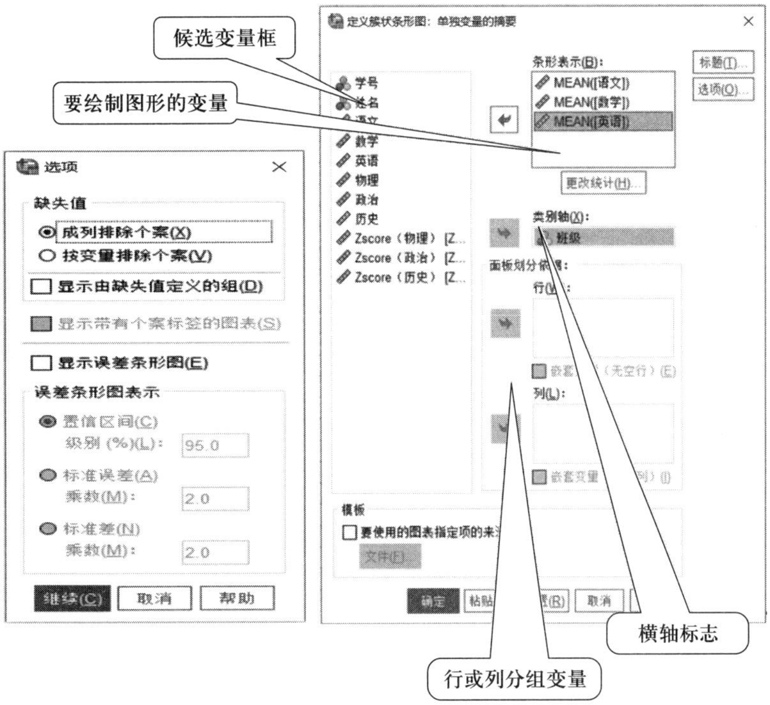

图 15-17　图形定义

第三步：出图，如图 15-18 所示。

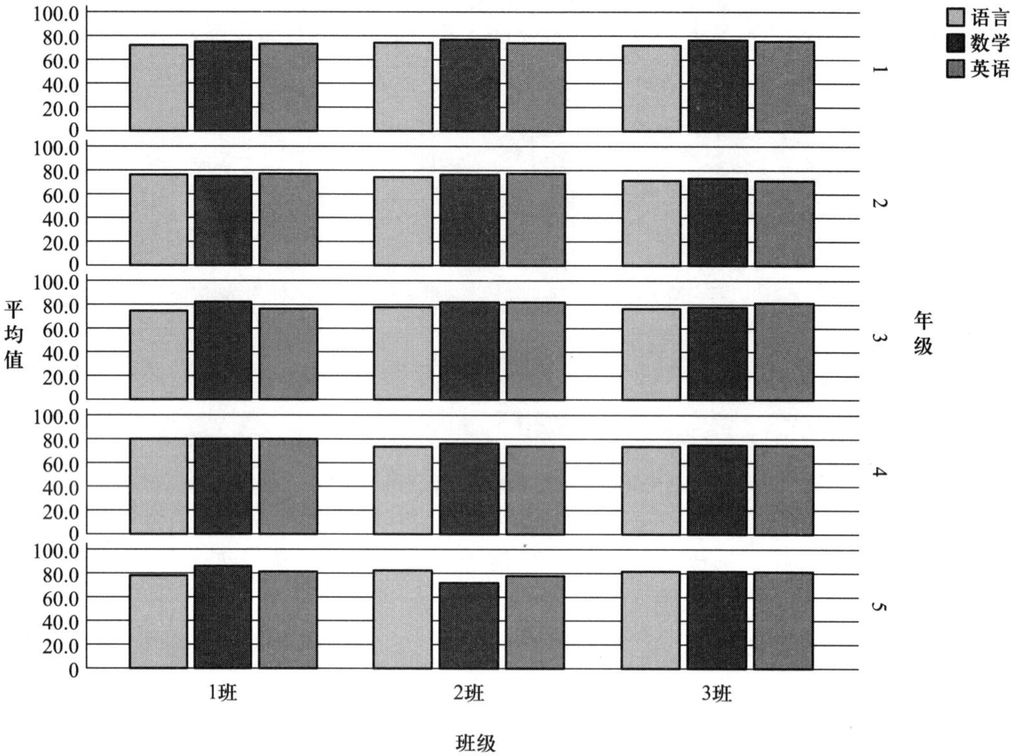

图 15-18 分组条形图输出结果

（3）线形图

线形图多用来描述连续性变量的变化趋势，非连续性变量通常不宜采用。线形图包括以下三种：简单线图、复式线图和垂线图。承上例，其操作步骤如下。

第一步：在图 15-10 中选择【折线图（L）】，如图 15-19 所示。

图 15-19 选择图表类型

第二步：定义，其定义方法与条形图完全对应。

第三步：出图，如图 15-20 所示。

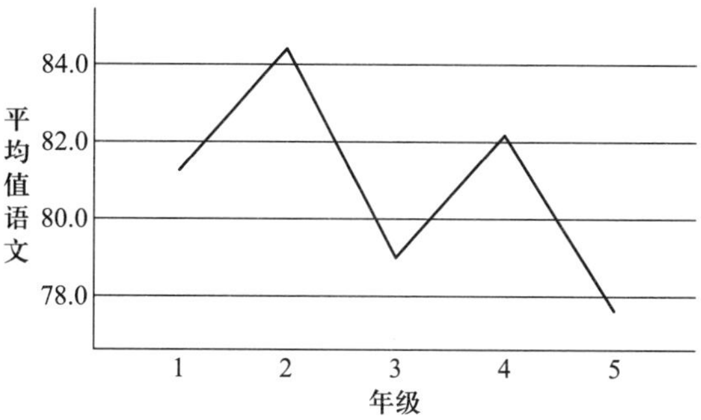

图 15-20 线形图输出结果

【拓展阅读】SPSS 中图形制作的操作演示

（4）饼图

线形图、条形图和面积图都是描述变量在不同取值下的分布，饼图则是用来表示部分与整体之间的关系。

第一步：建立数据文件，在图 15-10 中选择【饼图（E)】，弹出的对话框如图 15-21 所示。

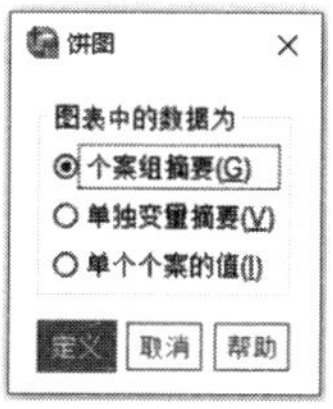

图 15-21 选择图表类型

第二步：单击【定义】按钮，定义变量，如图 15-22 所示。

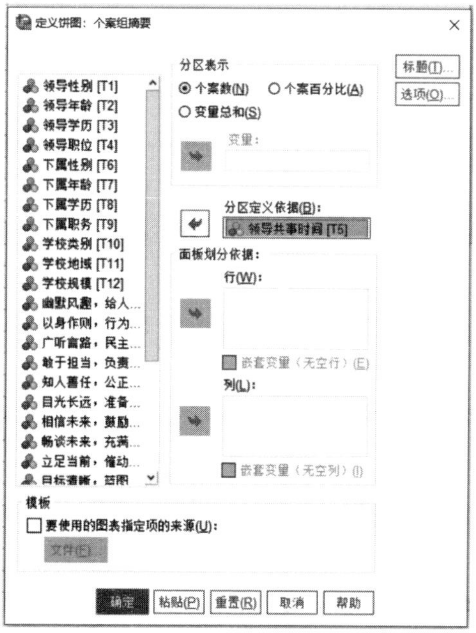

图 15-22 定义变量

第三步：出图，如图 15-23 所示。

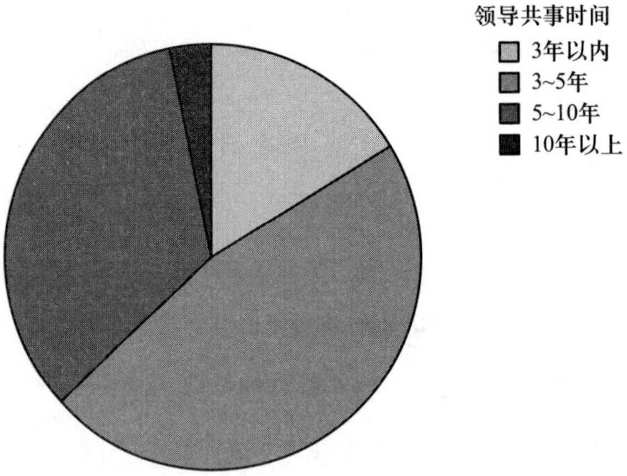

图 15-23 饼图输出结果

（二）统计表的编制与 SPSS 技术

1. 统计表的编制

统计表是用来表达统计指标与被说明事物之间数量关系的表格。[1] 它能将数量关系清晰简洁地反映出来，便于进一步分析比较。统计表按分类标准和数目的不同可分为简单表、分组表和复合表。无论是哪一类表，都由表号、标题、标目、线条、数字和表注构成（如表 15-5 所示）。

表 15-5 统计表的基本格式

横标目的总标目 （可空白）	纵标目 （一般设谓语）
横标目 （一般设主语）	数字

2. 编制统计表的基本原则

编制统计表的基本原则有以下六点。

（1）统计表的标题要能够准确概括表的基本内容，并写在表的上方中央；

（2）表号一般以表出现的先后次序排列，并写在标题的前面；

（3）统计表要简单明了，横标目和纵标目要按一定的顺序排列，如果标目较多，可附上编号；

（4）线条不宜过多，顶线、底线、隔开纵标目与数字的横线，以及隔开横标目与数字的纵线，是表的四种基本线条，表的左右两端一般不封闭；

（5）表内数据要填写完整，数位对齐，表中暂缺的数据用“……”表示，不存在的数据用“-”表示；

① 朱德全，宋乃庆. 教育统计与测评技术［M］. 重庆：西南师范大学出版社，2007：16.

（6）表注不是表的必要组成部分，一般是资料来源、附记或其他文字说明，写在表的下方。

3. 频数分布表的编制

频数分布表是一种反映数据频数分布情况的统计表，是整理测验数据最常用的统计方法。频数分布表的编制不仅需要通过数据整理得到组中值和频数，还要通过计算得出累积频数，进而较为全面地反映数据的分布情况、平均水平和差异特征。

频率分布表是反映总体数据频率分布的统计表。它在频数分布表的基础上增加了各组频率和累积频率两个标目。频率即各组频数在总体中的所占比例，计算公式如下：

$$频率 = 频数/总数 \qquad （公式 15-16）$$

研究者可以通过样本的频率分布表来估计总体的频率分布，在一定程度上起到预测作用。为了操作方便，可以将频数分布表和频率分布表合并在同一张表中，如案例 15-2 所示。

案例 15-2 某班 90 名学生的数学考试数据如下：

86	78	84	72	75	64	83	78	84	77
91	85	88	94	61	76	67	80	93	60
78	68	67	84	61	87	59	68	71	82
76	85	45	43	55	61	45	77	72	62
41	64	70	94	73	40	81	94	64	52
72	30	69	78	70	83	72	58	70	47
62	49	68	75	52	67	58	70	54	71
74	78	48	75	61	77	94	64	49	89
67	62	54	85	90	79	61	55	92	71

请对这组数据进行整理。

操作步骤如下，所得结果如表 15-6 所示。

表 15-6 某班 90 名学生数学考试数据频率分布表

组别	组中值	频数	频率	累积频数	累积频率
30—	32.5	1	0.01	1	0.01
35—	37.5	0	0.00	1	0.01
40—	42.5	3	0.03	4	0.04
45—	47.5	6	0.07	10	0.11
50—	52.5	4	0.04	14	0.15
55—	57.5	5	0.06	19	0.21
60—	62.5	13	0.14	32	0.35
65—	67.5	8	0.09	40	0.44
70—	72.5	13	0.14	53	0.58

续表

组别	组中值	频数	频率	累积频数	累积频率
75—	77.5	14	0.16	67	0.74
80—	82.5	8	0.09	75	0.83
85—	87.5	7	0.08	82	0.91
90—	92.5	8	0.09	90	1.00
合计	—	90	1.00	—	—

（1）求全距：$X_{max}=94$，$X_{min}=30$，由公式 15-1 可得 $R=64$；

（2）定组数：$N=90$，那么定组数为 13 组；

（3）求组距：由公式 15-4 可得 $i=(64+1)/13=5$；

（4）定组限：组限定为 30-35、35-40、40-45……85-90、90-95；

（5）求组中值：由公式 15-5 可得组中值分别为 32.5、37.5、42.5……87.5、92.5；

（6）编制频数（率）分布表。

从表 15-6 中可以看出，频数分布图与频率分布图的形状基本一致。因此，在实际操作中，只需绘制出其中一种，即可直观形象地判断频数和频率的分布情况。

二、频数统计的 SPSS 技术

事实上，SPSS 中有一种分析方法，可以一次性完整地呈现出教育测评结果的特征量数，同时还可以一次性生成教育测评所需要的统计图表。这种方法就是 SPSS 的频次统计法。

（一）频次分析的 SPSS 操作程序

频次统计法可以统计某一变量的基本特征量数，在 SPSS 中的操作大致可以分为以下三步：运行程序，选择分析方法；选择目标变量，定义输出统计量；输出统计数据。此处以"学校变革型领导行为研究"课题为例，介绍教育测评频次分析的 SPSS 操作，如案例 15-3 所示。

案例 15-3 为了探究学校变革型领导行为效能与领导者学历的关系，"学校变革型领导行为研究"课题组在江苏省（东部地区）、湖北省（中部地区）和重庆市（西部地区）展开问卷调查，共发放问卷 396 份，回收问卷 391 份，其中有效问卷 371 份，并对学校领导者学历的集中量数、差异量数和地位量数作了探究。

SPSS 的操作程序如下。

第一步：运行 SPSS，打开整理好的数据，按照【分析（A）】→【描述统计（E）】→【频率（F）】的操作程序，选中分析方法，如图 15-24 所示。

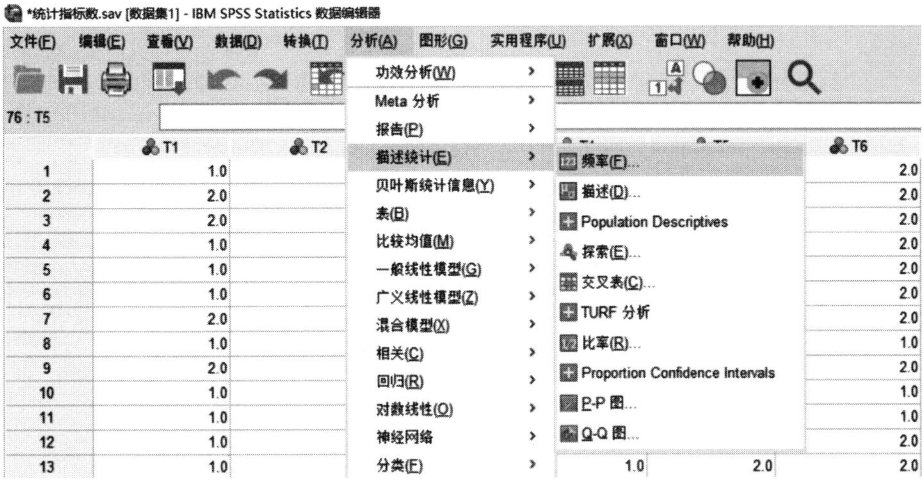

图 15-24 方法选择

第二步：点击【频率】，进入频数分析的对话框界面，如图 15-25 所示。

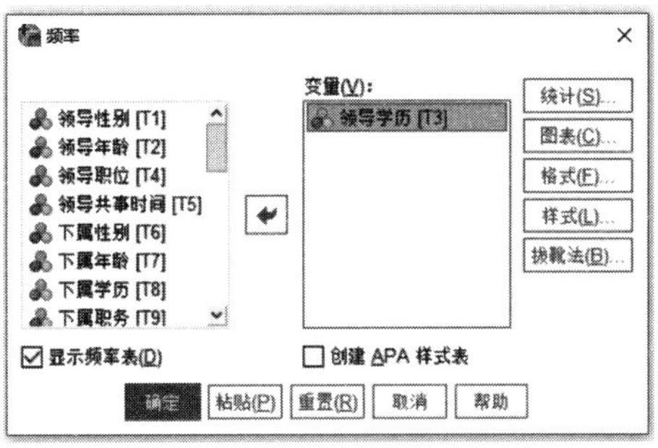

图 15-25 变量选择

第三步：将领导者学历变量纳入分析变量框，勾选【显示频率表（D）】，确定在结果中输出频数表，打开【统计（S）】，如图 15-26 所示，选择输出的数据。

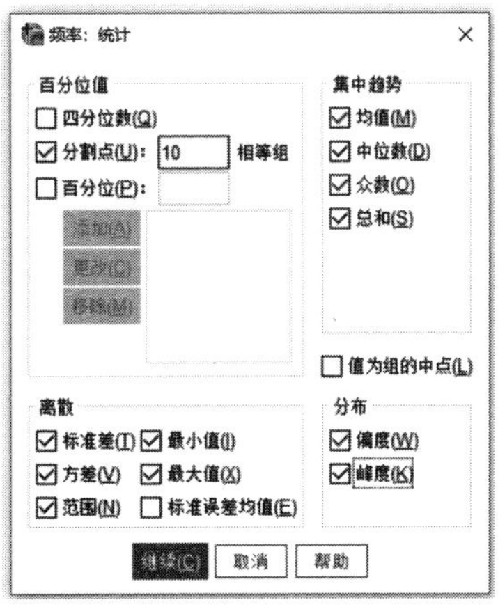

图 15-26 定义数据

第四步：单击【继续（C）】，回到图 15-25，点击【图表（C）】，弹出【图表】对话框，如图 15-27 所示，设定要编制的统计图。需要说明的是，在 SPSS 28.0 中，以及大部分的 SPSS 分析软件中，一次统计分析只能输出一种统计图形，若需要输出多种图形，则需要多次分析，每次选中不同的统计图形，本次分析以输出饼图为例。

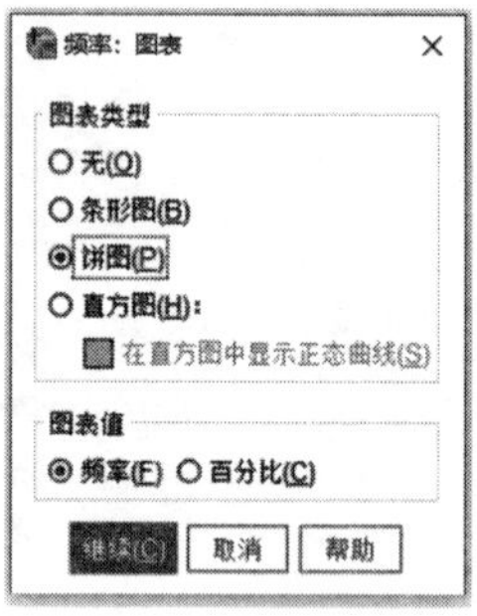

图 15-27 选择输出图表

第五步：弹出【格式】对话框，定义输出频数表的格式，如图 15-28 所示。

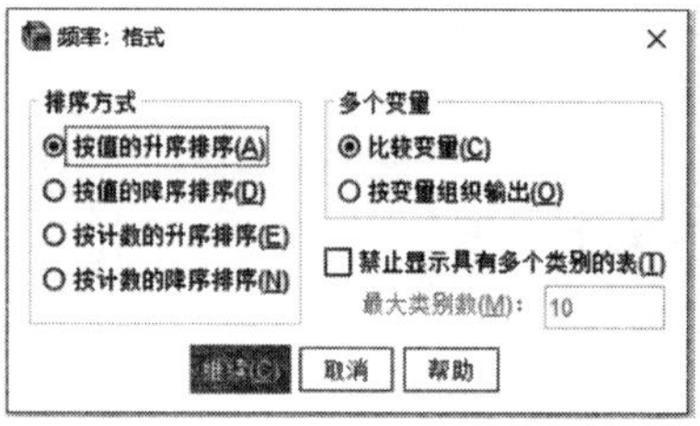

图 15-28 定义数据

第六步：输出结果，单击【继续（C）】，在返回的对话框中，单击【确定】。

（二）频次分析的 SPSS 结果输出

1. 关于学校领导者学历的频数统计

学校领导者学历的频数统计表明，专科及以下 61 人，占 16.4%；本科 252 人，占 67.9%；研究生 58 人，占 15.6%，如表 15-7 所示。

表 15-7 学校领导者学历的频数统计

		频率	百分比	有效百分比	累积百分比
有效	专科及其以下	61	16.4	16.4	16.4
	本科	252	67.9	67.9	84.4
	研究生	58	15.6	15.6	100.0
	总计	371	100.0	100.0	

2. 关于学校领导者学历的特征量数

学校领导者学历的特征量数如下：平均数为 1.992，中位数和众数均为 2.00，标准差为 0.567，方差为 0.322，偏度系数为-0.002；范围（全距）为 2，最小值为 1，最大值为

3，如表 15-8 所示。

表 15-8　学校领导者学历的频数统计

个案数	有效	371
	缺失	0
平均值		1.992
中位数		2.000
众数		20
标准 偏差		.5671
方差		.322
偏度		-.002
偏度标准误差		.127
峰度		.136
峰度标准误差		.253
范围		2.0
最小值		1.0
最大值		3.0
总和		739.0

3. 关于学校领导者学历的统计图

基于以上数据分析，课题组整理出了学校领导者学历层次比的饼状图，如图 15-29 所示。

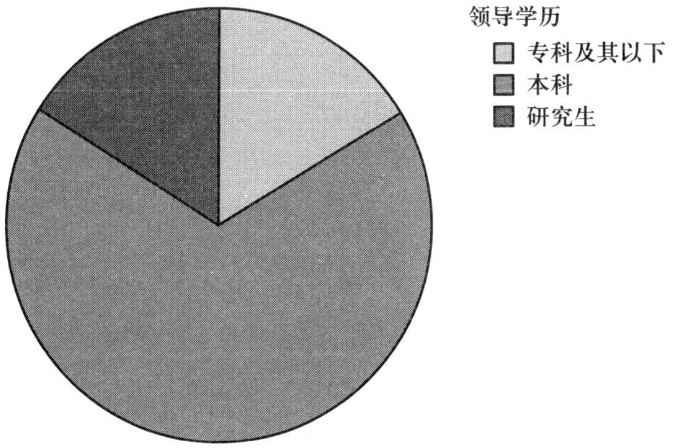

图 15-29　饼图结果

三、描述量统计的 SPSS 技术

教育测评结果的描述性统计与频次统计的操作大同小异。但是，在分析结论上，却比后者更加深刻。此处以“学校变革型领导行为研究”课题为案例，分析教育测评频次分析的 SPSS 操作。

（一）描述量统计的 SPSS 操作程序

案例 15-4 为了探究学校变革型领导行为效能现状，“学校变革型领导行为研究”课题组在江苏省（东部地区）、湖北省（中部地区）和重庆市（西部地区）展开问卷调查，共发放问卷 396 份，回收问卷 391 份，其中有效问卷 371 份，并对学校领导者领导行为水平作了探究。

第一步：运行 SPSS，打开整理好的数据，按照【分析（A）】→【描述统计（E）】→【描述（D）】的操作程序，选中分析方法，如图 15-30 所示。

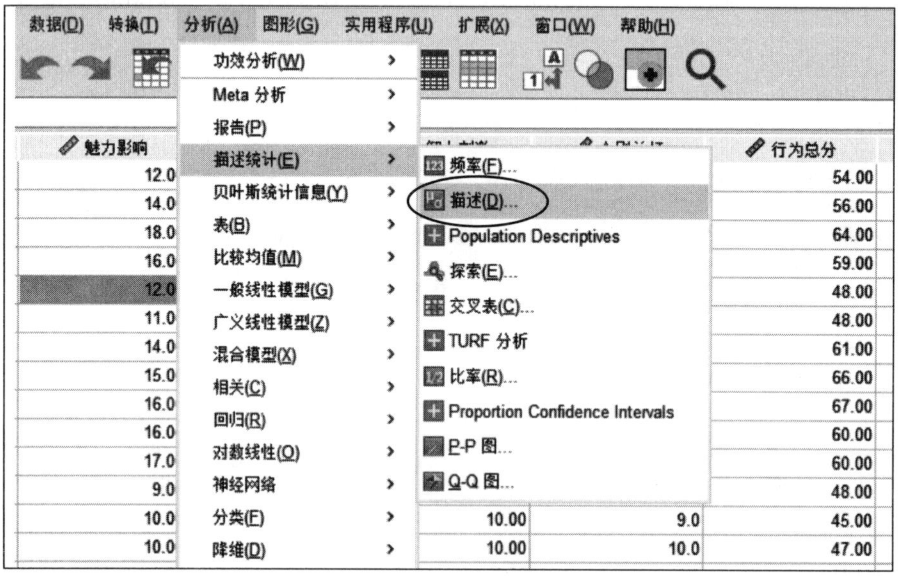

图 15-30 选择分析方法

第二步：点击【描述（D）】，进入频数分析的对话框界面，并把四个领导的行为变量和领导行为总水平选入分析变量框，如图 15-31 所示。

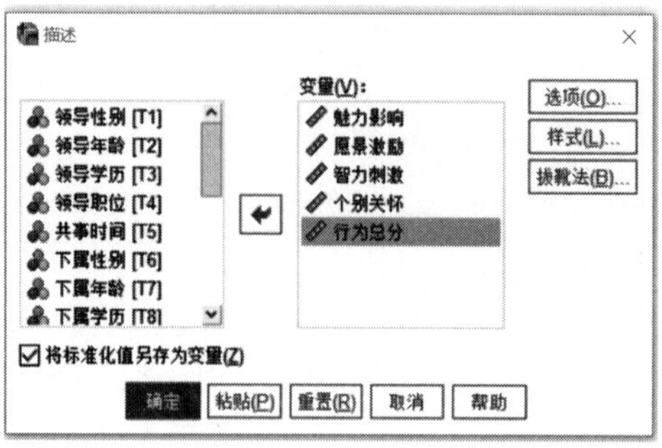

图 15-31 变量纳入

第三步：勾选【将标准化值另存为变量（Z）】复选框，确定得出结果后将标准化值另存为变量，打开【选项（O）】，定义输出的数据，如图 15-32 所示。

图 15-32 定义数据

第四步：单击【继续（C）】，返回到【描述】主对话框里，单击【拔靴法（B）】，弹出对话框【拔靴法】，勾选【执行拔靴（P）】复选框，并确定样本数，如图 15-33 所示。点击【继续（C）】，返回到【描述】主对话框，单击【确定】。

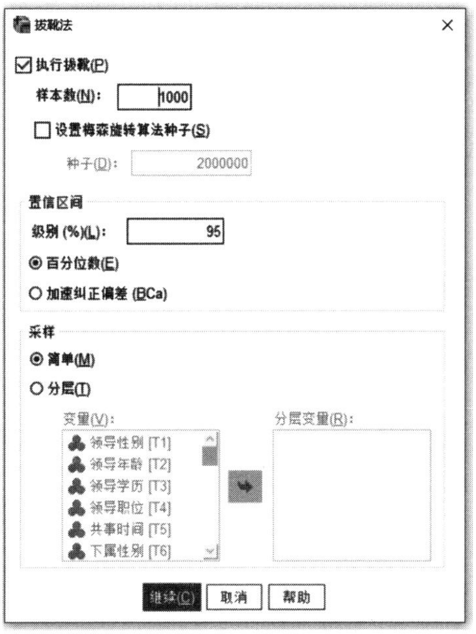

图 15-33 执行拔靴

（二）描述量统计的 SPSS 结果输出

学校领导者的领导行为水平分析结果如表 15-9 所示。

表 15-9 学校领导者领导行为水平分析结果

		统计	拔靴法[a]			
			偏差	标准误差	95%置信区间	
					下限	上限
个别关怀	N	371	0	0	371	371
	最小值	5				
	最大值	23				
	平均值	15.05	-.00	.19	14.70	15.43
	标准差	3.641	-.010	.125	2.501 70	3.879
魅力影响	N	371	0	0	371	371
	最小值	5				
	最大值	22	0			
	平均值	14.80	.00	.17	14.47	15.14
	标准差	3.299	-.010	.099	3.107	3.486
愿景激励	N	371	0	0	371	371
	最小值	7				
	最大值	24				
	平均值	16.22	-.00	.18	15.88	16.59
	标准差	3.524	-.006	.112	3.300	3.750
智力刺激	N	371	0	0	371	371
	最小值	9				
	最大值	24				
	平均值	15.55	.01	.16	15.25	15.85
	标准差	2.939	-.005	.110	2.709	3.145
行为总分	N	371	0	0	371	371
	最小值	38				
	最大值	78				
	平均值	61.61	-.01	.37	60.88	62.39
	标准差	7.026	-.030	.255	6.516	7.522
有效个案数（成列）	N	371	0	0	371	371

如表 15-9 所示，个别关怀、魅力影响、愿景激励和智力刺激共同构成了学校变革型领导行为集合。学校变革型领导行为平均水平为 61.61，标准差 7.026。其中，个别关怀平均水平为 15.05，标准差为 3.641，魅力影响平均水平为 14.80，标准差为 3.299；愿景

激励平均水平为 16.22，标准差为 3.524；智力刺激平均水平为 15.55，标准差为 2.939。

第三节　教育测评结果推断性统计的 SPSS 技术

"你对数据越苛刻，数据就会越多地向你供认。"史蒂芬·司丁格（MStephen M. Stigler）的名言告诉我们，在数据背后，隐含着各种各样的结论，需要我们去推导和判断。让数据背后的事实说话，就要借助于推断性统计方法。一般来说，推断性统计方法主要包括参数估计、假设检验、差异性分析等。

一、教育测评结果的参数估计

参数估计就是用样本统计量来推算总体参数。① 一般来说，包括点估计和区间估计两种方法。

（一）教育测评参数估计概述

教育测评参数估计一般按正态分布理论对参数进行估计，主要有点估计和区间估计两种方式。

1. 点估计

点估计也称定值估计，它是直接用样本平均数代替总体平均数或用样本成数代替总体成数。用字母表示为：$\bar{x}\approx\bar{X}$；$p\approx P$。点估计不认为 $\bar{X}=\bar{x}$，而是认为 $\bar{X}$ 在点估计值 $\bar{x}$ 的附近。点估计又可以分为总体平均数的点估计、总体成数的点估计、总体方差的点估计和总体总量的直接推算法。

2. 区间估计

区间估计是在一定概率的保证下，用样本统计量和抽样误差估计总体参数可能范围的推断方法。区间估计在用样本统计量估计总体参数时，用某一个区间范围的数值作为总体参数的估计值，并说明总体参数落在这一区间的可能性（概率）有多大，统称这一区间为置信区间。置信区间两端的点数值称为置信上限和置信下限。总体参数落在置信区间内的概率称为可靠程度。区间估计就是根据样本统计量确定置信区间和可靠程度。

区间估计的步骤有以下四个：

（1）抽取样本，计算样本平均数和标准差，计算抽样误差；

（2）根据给定概率查找概率度；

（3）根据概率度和抽样误差，计算极限误差；

（4）根据样本平均数和极限误差确定置信区间的上限和下限。

（二）教育测评参数估计的计算

教育测评参数估计的 SPSS 技术需要根据具体的数据类型，选择不同的估计方法。通常的参数估计有以下四类：一个总体均值的区间估计、一个总体比率的区间估计、两个总体均值之差的区间估计、两个总体比率（成数）之差的区间估计。参数估计的计算方法有下列三种。

【拓展阅读】参数估计类型与计算

---

① 贾俊平. 统计学［M］. 3 版. 北京：中国人民大学出版社，2008：72.

1. 矩法

矩分为原点矩和中心矩两种。所谓矩法就是利用样本各阶原点矩来估计总体相应各阶原点矩的方法，即

$$\overline{y^k}=\frac{1}{n}\sum_{i=1}^{n}y_i^k \rightarrow E(y^k) \qquad (公式 15-17)$$

并且也可以用样本各阶原点矩的函数来估计总体各阶原点矩同一函数，即若

$$Q=f(E(y),\ E(y^2),\ \cdots,\ E(y^k)) \qquad (公式 15-18)$$

则

$$\hat{Q}=f(\overline{y},\ \overline{y^2},\ \cdots,\ \overline{y^k}) \qquad (公式 15-19)$$

由此得到的估计量称为矩估计量。

2. 最小二乘法

从总体中抽出的样本观察值与总体平均数是有差异的，这种差异属于抽样误差。因而，在进行总体平均数估计时要尽可能降低这种误差，使总体平均数估计值尽可能准确，参数估计的最小二乘法就是基于这种考虑提出的。其基本思想是使误差平方和取得最小值，达到在误差之间建立一种平衡，以防止某一极端误差对决定参数的估计值起支配地位，这有助于揭示更接近真实的状况。具体方法是为使误差平方和 Q 为最小，可通过求 Q 对待估参数的偏导数，并令其等于 0，以求得参数估计量。

3. 极大似然法

极大似然法是参数估计的重要方法。所谓极大似然法估计就是使似然函数为最大以获得总体参数估计的方法。其中，所获得的估计总体参数的表达式称为极大似然估计量，由该估计量获得的总体参数的估计值称为总体参数的极大似然估计值。为了计算上的方便，一般将似然函数取对数，称为对数似然函数，因为取对数后似然函数就由乘积变为加式，其表达式为：

$$\ln L(\theta)=\ln L(y_1,\ y_2,\ \cdots,\ y_n;\ \theta)=\sum_{i=1}^{n}\ln f(y_i,\ \theta) \qquad (公式 15-20)$$

通过对数似然函数和似然函数的极大化以估计总体参数的结果是一致的，一般说来，前者在计算上要容易处理些。因此，往往利用对数似然函数极大化的方法来获得极大似然估计。求极大似然估计量可以通过令对数似然函数对总体参数的偏导数等于 0 来获得，即当 $\theta=(\theta_1,\ \theta_2,\ \cdots,\ \theta_l)$ 时，有

$$\begin{aligned}&\frac{\partial}{\partial\theta_k}\ln L(y_1,\ y_2,\ \cdots,\ y_n;\ \theta_1,\ \theta_2,\ \cdots,\ \theta_l)\\&=\sum_{i=1}^{n}\frac{\partial}{\partial\theta_k}f(y_i;\ \theta_1,\ \theta_2,\ \cdots,\ \theta_l)=0 \quad (k=1,\ 2,\ \cdots,\ l)\end{aligned} \qquad (公式 15-21)$$

由此，可获得总体参数的极大似然估计量。

二、教育测评结果的假设检验

假设检验是推断统计中的重要内容，是指先提出一个假设，一般是对总体参数或总体分布形态的假设，然后通过检验样本统计量的差异来推断总体参数之间是不是存在差异。①

---

① 朱德全，宋乃庆. 教育统计与测评技术 [M]. 重庆：西南师范大学出版社，2007：72-73.

（一）假设检验的原理

小概率事件是指一个发生概率接近于 0 的事件，也就是一般情况下不会发生的事件。例如，有人计算过，“7+2”双色球复式彩票的中奖率，中一等奖的概率为 1/17 721 088，中二等奖的概率为 1/1 181 406，中三等奖的概率为 1/109 389。可见，中一等奖的概率几乎接近于 0，因此这就是一个小概率事件。

假设检验以 H_0 为真作为前提，当有不合理的现象出现时就拒绝 H_0。这里的“不合理现象”就是指发生了小概率事件。小概率事件原理认为，在一次试验中，小概率事件是几乎不可能发生的，但在某次试验中却真实地发生了，那么就认为假设的前提是错误的。一般概率为 0.05，因此将概率不超过 0.05 的事件称为“小概率事件”，也可以根据数据处理和精确度的需要将概率定为 0.01 或 0.001。其基本的图示如图 15-34、图 15-35、图 15-36 所示：

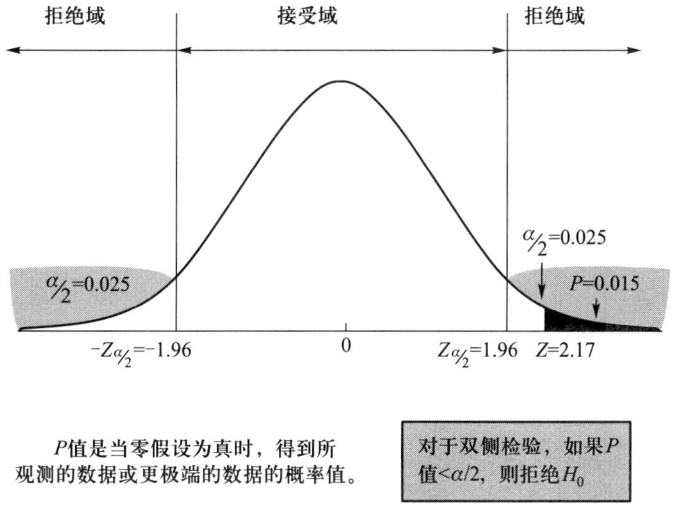

图 15-34 双侧检验

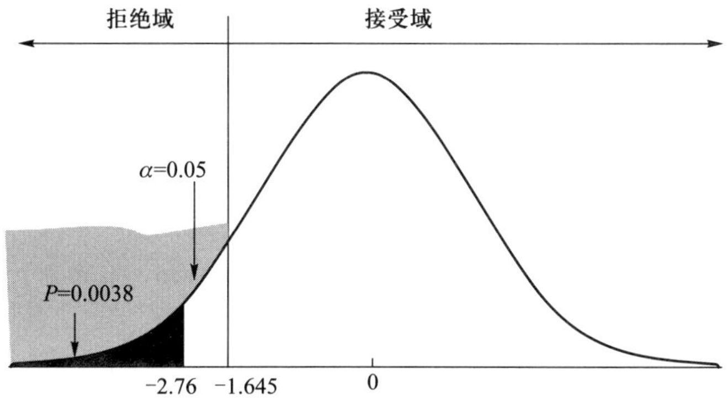

图 15-35 左侧检验

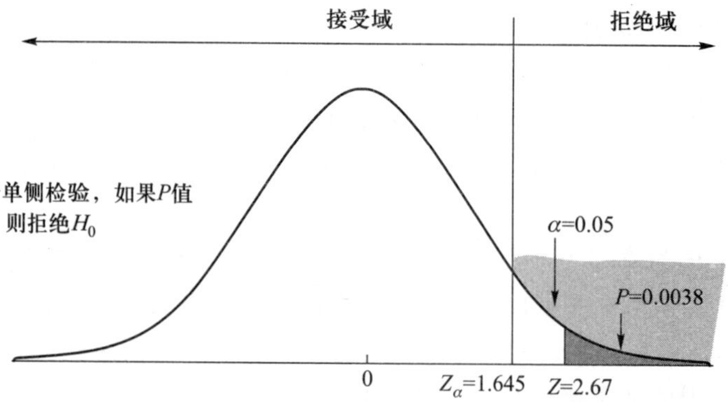

图 15-36 右侧检验

（二）假设检验的步骤

假设检验一般分为以下三个步骤。

第一步：建立假设，确定检验水准。一般假设检验中的检验假设 H_0（又称为零假设、无效假设）是指假设样本来自同一总体，即其总体参数相等。除建立检验假设外，还要建立备择假设 H_1，作为拒绝检验假设时的备选假设。检验水准为拒绝检验假设时犯第一类错误的概率。

第二步：选择检验方法，计算统计量。数据的类型不同、变量的分布类型不同、研究目的不同，都会影响选择何种检验方法。因此需选择合适的检验方法，并计算统计量。

第三步：根据统计量确定 P 值，做出统计推断。根据计算的统计量，查阅相应的统计表，确定 P 值，以 P 值与检验水准 α 进行比较。若 $P<\alpha$，则拒绝 H_0，接受 H_1；若 $P>\alpha$，则不拒绝 H_0。

三、推断性统计的 SPSS 技术

参数估计和假设检验都是用来讨论抽样与总体、样本与样本、总体与总体之间关系的。主要方法有单样本 t 检验、独立样本 t 检验、配对样本 t 检验，可根据数据的特征，选择运用合适的检验方法。

（一）单样本 t 检验的 SPSS 技术

在教育测评中，常常需要比较某一样本的平均数与某一确定总体均值是否有统计学意义上的差异，这就是单样本 t 检验。用样本的平均数来估计样本所代表的未知总体的平均数，通过检验样本平均数与确定总体平均数值是否存在差异来推论未知总体是否和确定总体一致，如案例 15-5 所示。

案例 15-5 为确认某高中学校的一年级学生是否达到了 163.0 cm 的标准身高，该校对一年级学生做了一次抽样调查，所获得的样本数据如表 15-10 所示。试以 0.05 的显著性水平对其作出统计推断。

表 15-10 某高中学校一年级学生身高

序号	1	2	3	4	5	6	7
身高/cm	157.0	158.9	163.1	162.8	165.3	163.8	164.9

整个分析过程如下。

第一步：运行 SPSS，打开或建立数据文件，按照【分析（A）】→【比较均值（M）】→【单样本 t 检验（S）】，选择分析方法，如图 15-37 所示。

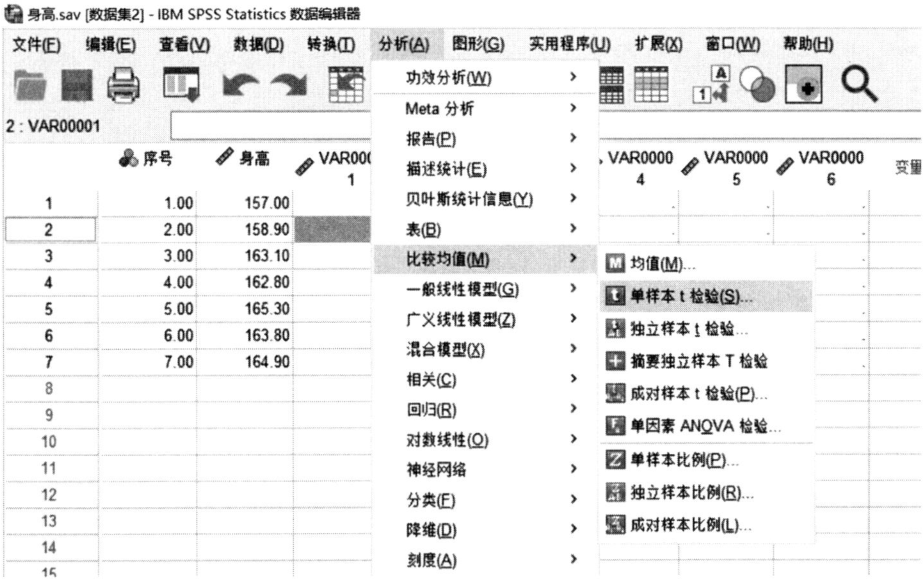

图 15-37　选择分析方法

第二步：在弹出的【单样本 t 检验】主对话框中，把【身高】变量纳入进检验变量框，如图 15-38 所示。

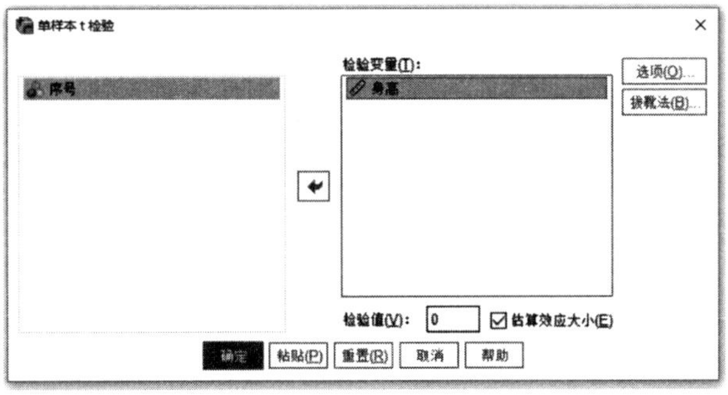

图 15-38　纳入变量

第三步：输入检验值。在【检验值（V）】列表框下方的文本框中输入要进行检验的确定的均值 163.0，如图 15-39 所示。

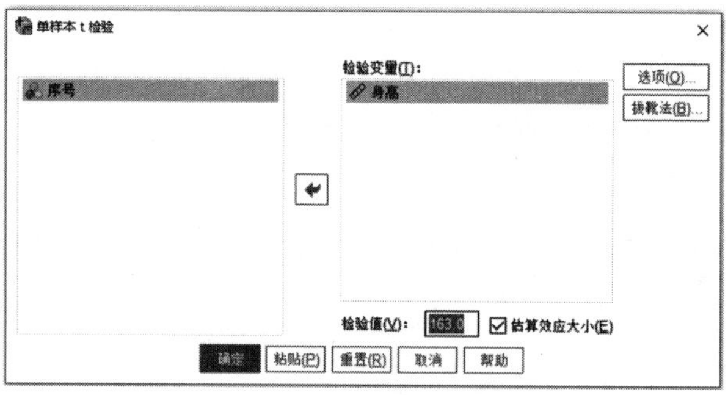

图 15-39 输入比较值

第四步：设置置信度，选择缺失值处理方法。单击【选项（O）】按钮，弹出【单样本 t 检验：选项】对话框。【置信区间百分比（P）】文本框是用来设定检验的置信度的，默认为 95%，即假设检验的显著性水平为 0.05，也可根据需要调整该数值。如图 15-40 所示。

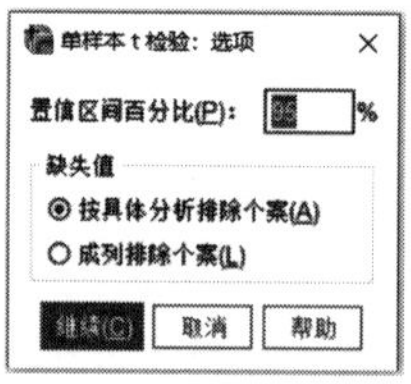

图 15-40 设置置信区间

第五步：单击【继续（C）】，单击【确定】输出结果，如表 15-11 所示。

表 15-11 分析结果单样本检验

	检验值＝163.0						
	t	自由度	显著性		平均值差值	差值 95%置信区间	
			单侧 P	双侧 P		下限	上限
身高	-.629	6	.276	.552	-.742 86	-3.631 6	2.145 9

如表 15-11 所示，$t=-0.629$，$p=0.552>0.05$，所以，被试组的身高与 163.0 差异不明显。

（二）配对样本 *t* 检验的 SPSS 技术

在进行两样本平均数差异检验时，根据两个样本数据之间是否有关联性，分为独立样本和配对样本。配对样本 t 检验是对两个配对样本的平均数之间进行差异检验。配对样本一般是来自配对组或是对同一个样本的两次施测，适用于以下情况：同一被试处理前后的数据；同一被试两个部分的数据；同一样品用两种方法检验的结果；配对的两个被试分别接受两种处理后的数据。如案例 15-6 所示。

案例 15-6 某教育课题组对一个班的学生进行语文教法实验，其中随机抽取 10 人，这 10 人的实验前后数据如表 15-12 所示：

表 15-12　实 验 数 据

序号	1	2	3	4	5	6	7	8	9	10
实验前	72	75	73	81	79	66	68	72	73	85
实验后	88	89	82	92	85	86	76	80	88	79

整个分析过程如下。

第一步：运行 SPSS，打开或建立数据文件，按照【分析（A）】→【比较均值（M）】→【成对样本 t 检验（P）】，选择分析方法，如图 15-41 所示。

图 15-41　选择分析方法

第二步：在弹出的【成对样本 T 检验】主对话框中，把“实验前”和“实验后”的变量纳入进分析变量框，如图 15-42 所示。

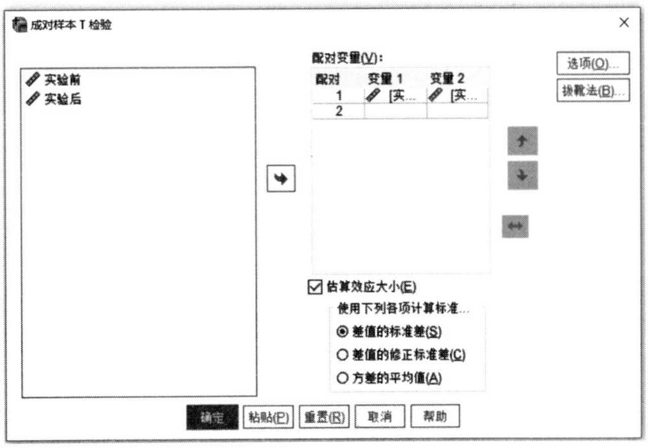

图 15-42　纳入变量

第三步：单击选择【选项（O）】按钮，在弹出的对话框中选择置信区间，如图 15-43 所示。

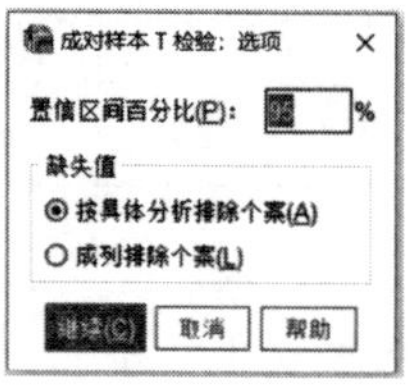

图 15-43 定义置信区间

第四步：单击【继续（C）】，选择输出结果，如表 15-13 所示。

表 15-13 分析结果成对样本检验

	配对差值					t	自由度	显著性
	均值	标准差	标准误差平均值	差值 95% 置信区间				双侧 P
				下限	上限			
配对 1 实验前-实验后	-10.100 00	7.140 65	2.258 07	-15.208 11	-4.991 89	-4.473	9	.002

如表 15-13 所示，$t=-4.473$，$p=.002<0.05$，所以，实验前试验后差异明显。

（三）独立样本 *t* 检验的 SPSS 技术

【微视频】独立样本 T 检验的 SPSS 操作

在教育与心理测评中，很难对一组被试进行两次测验，某些类型的研究也不便于对同一组被试进行两次测量。在实际操作中，常常用独立样本的总体平均差异去替代配对样本的 *t* 检验。两个独立样本 *t* 检验过程，就是对两个不同总体均值之间的差异进行检验，用于检验两个独立样本是否来自具有相同均值的总体。

对于独立样本 *t* 检验而言，需要满足以下三个条件：被比较的两组样本彼此独立，没有配对关系；两组样本均来自正态分布的总体；均值是对于检验有意义的描述统计量。①

案例 15-7 某中学两个班的数学课程分别由两位老师独立负责，从两个班中各随机抽 10 名同学的期末测试成绩，如表 15-14 所示。试分析两个班的成绩差异是否显著。

表 15-14 数据分布

班别	1	2	3	4	5	6	7	8	9	10
A 班	145	121	123	115	136	128	119	121	135	148
B 班	132	122	133	110	108	125	129	131	125	135

操作程序如下。

第一步：数据输入后，点击菜单【分析（A）】→【比较均值（M）】→【独立样本 *t* 检验】，选择分析方法，如图 15-44 所示。

① 潘玉进. 教育与心理学研究中的数据分析方法［M］. 北京：科学出版社，2010：107.

【微视频】
独立样本 T 检验
的 SPSS 操作

图 15-44　选择分析方法

第二步：在弹出的【独立样本 t 检验】主对话框中，把“得分”变量纳入进检验变量框，把班级变量纳入进分组变量，如图 15-45 所示。

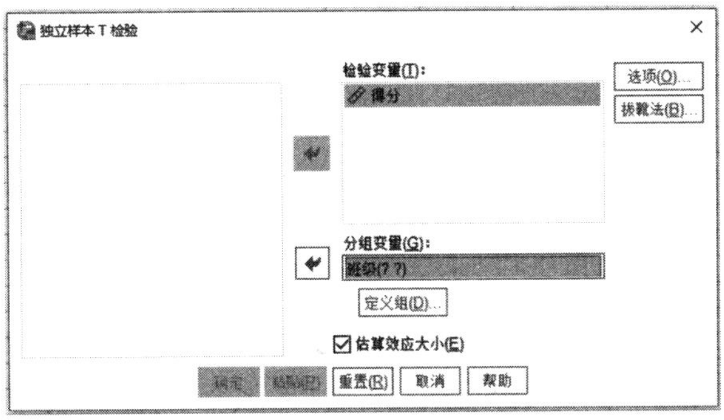

图 15-45　选择分析变量

第三步：分组。单击【定义组（D）】，对被试进行分组，如图 15-46 所示。

第四步：点击【继续（C）】，回到图 15-45，单击【选项（O）】按钮，在弹出的对话框中选择置信区间，如图 15-47 所示。

图 15-46　对被试分组

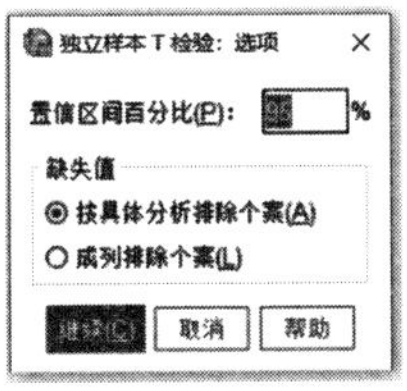

图 15-47　选择置信区间

第五步：单击【继续（C)】，回到图 15-45，点击【确定】，输出结果，如表 15-15 所示。

表 15-15 独立样本 t 检验结果

独立样本 t 检验											
		莱文方差等同性检验		平均值等同性 t 检验							
		F	显著性	t	自由度	显著性		平均值差值	标准误差差值	差值 95% 置信区间	
						单侧 P	双侧 P			下限	上限
得分	假定等方差	1.031	.323	.881	18	.195	.390	4.100 00	4.655 82	−5.681 52	13.881 52
	不假定等方差			.881	17.359	.195	.391	4.100 00	4.655 82	−5.707 47	13.907 47

如表 15-15 所示，Levene 检验表明，$F=1.031$，$p=0.323>0.05$，假设方差齐性。A、B 两班的数学成绩比较结果为 $t=-0.881$，$p=0.391>0.05$，因此，A、B 两班的数学成绩差异不明显。

本章小结

教育测评结果的处理包含了数据整理、数据分析两大部分，其中，数据整理主要是针对测验分数而言的。需要明确测评数据整理的分组与汇总，同时要学会数据的转化与整合。教育测评结果的分析则包括描述性统计与推断性统计，其中，统计图表、特征量数是测评结果分析中必须掌握的技能。同时，描述性统计需要掌握教育测评的频数统计与描述量分析；推断性统计则需要掌握参数估计和假设检验。在 SPSS 中常常使用单样本 t 检验、配对样本 t 检验和独立样本 t 检验。

思考与练习

1. 简述标准分数的计算公式与性质。
2. 简述教育测评中描述性统计的功能。
3. 教育测评结果推断性统计的主要方法及 SPSS 操作要领分别是什么？

推荐阅读

1. 温忠麟. 心理与教育统计［M］. 广州：广东高等教育出版社，2016.
2. 朱德全. 教育研究方法［M］. 重庆：重庆出版社，2006.
3. 钱旭升，方晨阳. 中小学教研员自我效能的内在结构与水平特征［J］. 教育研究，2019，40（12）：59-68.

郑重声明

高等教育出版社依法对本书享有专有出版权。任何未经许可的复制、销售行为均违反《中华人民共和国著作权法》，其行为人将承担相应的民事责任和行政责任；构成犯罪的，将被依法追究刑事责任。为了维护市场秩序，保护读者的合法权益，避免读者误用盗版书造成不良后果，我社将配合行政执法部门和司法机关对违法犯罪的单位和个人进行严厉打击。社会各界人士如发现上述侵权行为，希望及时举报，我社将奖励举报有功人员。

反盗版举报电话　(010)58581999　58582371

反盗版举报邮箱　dd@hep.com.cn

通信地址　北京市西城区德外大街4号

高等教育出版社知识产权与法律事务部

邮政编码　100120

读者意见反馈

为收集对教材的意见建议，进一步完善教材编写并做好服务工作，读者可将对本教材的意见建议通过如下渠道反馈至我社。

咨询电话　010-58556259

反馈邮箱　zz_dzyj@hep.com.cn

通信地址　北京市朝阳区惠新东街4号富盛大厦1座

高等教育出版社教师教育出版事业部

邮政编码　100029